Reinhold Dey

Dänemark

Land zwischen den Meeren

Kunst · Kultur · Geschichte

DuMont Buchverlag Köln

Umschlagvorderseite: Kopenhagen, Nyhavn (Foto: Francis J. Dean, Kopenhagen)
Umschlagrückseite: Möns Klint (Foto: G. Kerff, Hamburg)
Vordere Umschlaginnenklappe: Fresken in der Elmelunde Kirche, Mön
(Foto: Danish Tourist Board, Kopenhagen)
Frontispiz S. 2: Der Öresund von Süden, links Schloß Kronborg, Mitte 19. Jh.

Für Heidi

© 1978 DuMont Buchverlag, Köln
5. erweiterte Auflage 1986
Alle Rechte vorbehalten
Satz und Druck: Rasch, Bramsche
Buchbinderische Verarbeitung: Bramscher Buchbinder Betriebe

Printed in Germany   ISBN 3-7701-0971-6

Inhalt

INHALT

Ein Land, das zum Umtun lockt

Dänemark ist ein Land ohne soziale Problematik. Und gerade das ist das größte Problem der Dänen. Sie behaupten, kein Land sei langweiliger als ihres. Und damit kommen sie der Wahrheit vermutlich so nahe, wie man überhaupt nur kommen kann.

Die Dänen sind aber mit einer Frage konfrontiert, die auf andere Völker erst noch zukommt – und für viele noch in sehr weiter Ferne ist: Wenn man den Wohlfahrtsstaat erst einmal geschaffen und sein Land politisch und sozial ausgewuchtet hat, so kann es geschehen, daß man sich nach neuen Aufgaben umsieht und dabei entdecken muß: Es gibt keine. Keine jedenfalls, an die heranzugehen man sich traut. So entsteht die seltsame Situation der dänischen Bewußtseinslage: Man empfindet sein eigenes Gemeinwesen als äußerst langweilig, erklärt aber zugleich mit Nachdruck, daß man in keinem anderen leben möchte.

Früher hatten die Dänen ein handfestes Problem, und die älteren von ihnen können sich nur zu gut daran erinnern: Deutschland. Schon vor den Zeiten Karls des Großen entstand am Grenzfluß Schlei ein nach Süden abdämmender Limes, und Valdemar der Große machte im 12. Jahrhundert daraus eine Dänische Mauer, das erste ganz aus Ziegelstein errichtete Bauwerk Dänemarks. Zum letzten Mal haben die Dänen das Danewerk gegen die übermächtigen Truppen des Deutschen Bunds 1864 zu verteidigen versucht.

Permanent und unüberschaubar ist der deutsche Einfluß in allen anderen Formen, nicht zuletzt der kulturelle. Am nachhaltigsten und zugleich banalsten spürt man ihn im Einzugsgebiet der deutschen Fernsehprogramme. Dort bietet der Großhändler den Kaufleuten die Waren an, die bei ARD und ZDF als Reklamespots laufen – denn sie werden von den Kunden verlangt.

Natürlich war die hautnahe Nachbarschaft nicht immer nur von Nachteil für die Dänen. Und auch heute ist sie es keineswegs. Das geht über eine ganze breite Skala. Von dem Prediger Ansgar über den von Luther entsandten Bugenhagen, von Gutenberg über den Rostocker Ludwig Dietz, der die Christians-Bibel druckte, von der edlen Kunst des Bierbrauens bis zur wirtschaftlichen Entwicklung zurückgebliebener Gebiete unter Stützung auf den Urlauberstrom aus der Bundesrepublik Deutschland.

Im 10. Jahrhundert sah es vorübergehend so aus, als ob Dänemark zwischen den Staatenbildungen im Norden und Süden zerrissen werden würde. Aber schon im 11. eroberten Dänen große Teile Englands, im 13. dehnten sie ihren Einfluß bis nach Estland aus. Beim Zerfall der Kalmarer Union verblieben Norwegen, die Färöer, Island und Grönland im Besitz der dänischen Krone. Ein Königreich von der Elbe bis fast zum Nordpol.

Dann die Rückschläge: 1660 gehen die Ostprovinzen, das heutige Südschweden, verloren, 1814 muß Norwegen an Schweden abgetreten werden, und nach 1866 kassiert Bismarck die vom Deutschen Bund besetzten Herzogtümer Schleswig und Holstein für Preußen. 1920 fällt durch eine Abstimmung nur ein Teil von Schleswig wieder an Dänemark, 1944 kündigen die Isländer die Personalunion auf und machen sich als Republik selbständig, 1948 werden die Färöer autonom und 1979 folgt Grönland. Dänemark ist nur noch *das kleine Königreich.*

Die Dänen hören es gar nicht gern, wenn man herablassend ihr Land *klein* nennt. Sie sind froh und zufrieden mit dem, was sie aus dem Rumpfreich gemacht haben. Es gibt in ganz Europa – und wohl in der ganzen Welt – kein Land, das sauberer und adretter ist als Dänemark, bis zum letzten gelben Halteverbotsstreifen an den Straßenkanten von Kopenhagen.

Dänemark ist keineswegs ein Land, das für andere in allem beispielhaft ist. Wohl aber eins, in dem man Anregungen und Stoff zum Nachdenken bekommen kann.

Im Ausbau des Wohlfahrtsstaats sind die Dänen Vorreiter. Für die anderen Westeuropäer ist ihre Entwicklung deswegen interessanter als etwa die der Schweden oder Norweger, weil die Dänen weniger bereit zum Konformismus sind. Alkoholverkauf als Staatsmonopol – das würde in Dänemark zur ersten Revolution der ganzen Geschichte führen.

Wie richtet man sich ein in seinem Land, wenn es innerhalb weniger Generationen zu einer drittrangigen Macht abgerutscht ist? Um auch hierauf Antworten zu suchen, darum sollte man sich in Dänemark umtun.

Vom Findling zum Fachwerk

Die dänische Landschaft übt einen Reiz besonderer Art aus: Sie lockt den Menschen, etwas in sie hineinzubauen. So hineinzubauen nach bestem Können, bester Möglichkeit, daß die Gebäude der Landschaft einen neuen Charme verleihen, das vorhandene Schöne eher unterstreichen als es unterdrücken. Dazu Tobias Faber, Professor an der Kgl. Akademie für Schöne Künste, in seinem Buch *Architektur in Dänemark:* »Die hochentwickelte Bautechnik der letzten hundert Jahre hat natürlich dem Bauherrn mehr Freiheit beschert, aber die äußerlichen Bedingungen sind unverändert, und die Architekten haben die hübschesten Ergebnisse dann erzielt, wenn sie wesentliche Rücksicht auf die Bodenformation, das Klima und die Vegetation genommen haben.«

Zeugnisse von Ansiedlungen mögen in Dänemark bedeutend jünger sein als im Zweistromland, in Ägypten oder auf Kreta, aber sie sind doch alt genug, um Rätsel aufzugeben. Vereinzelte Funde hier und dort, aber keine Schrifttafeln.

Als in der Endphase der letzten Eiszeit um ca. 15000 v. u. Z. die Eismassen im heutigen Dänemark allmählich abtauten, breitete sich hier arktische Tundravegetation aus. Die Jäger der ausgehenden *Älteren Steinzeit* (bis ca. 8000 v. u. Z.) folgten den Rentieren nach Norden.

In der *Mittleren Steinzeit,* vor 10000–7000 Jahren, mag es in Dänemark so ausgesehen haben wie heute in den nördlichen Nationalparks von Schweden und Finnland: Weite Nadelwälder, in denen Stürme und natürlicher Verfall dafür sorgten, daß neue Bäume nachwachsen konnten. Die Menschen jagten Wild und Fische, waren mit Zelten unterwegs von einer Mark zur nächsten. Es gab jedoch auch feste Behausungen: In den Boden gesteckte Holzstöcke liefen von beiden Längsseiten her etwas über Menschenhöhe zusammen, an ihnen entlang geflochten und sie verbindend Weidenstöcke als Wände. Das schon damals feuchte Klima machte einen Bodenbelag aus Rinde notwendig, den man nach jedem größeren Regen gewiß auswechseln mußte.

In der *Jüngeren Steinzeit* (4200–1800 v. u. Z.) hatte nach einer Klimaverbesserung die Eiche die Kiefer verdrängt, der Bauer den Jäger. Handfestes Holz war das Baumaterial dieser Epoche. Schon damals hat es in Dänemark Ein- und Mehrfamilienhäuser gegeben. In Barkär in Djursland, Jütlands ›tropfender Nase‹ östlich der Straße Århus – Randers, wurden Häuserreste ausgegraben, die parallel zu beiden Seiten eines langgestreckten Hofs lagen und vermeßbar waren: 5–6 m breit und 85 m lang. Hier dürften insgesamt etwa fünfzig Familien gewohnt haben. Basis der Konstruktion waren senkrecht aufgestellte Stangen, die Zwischenräume ausgefüllt mit Reisig und Lehm.

Diese Häuserreste vermögen nur Archäologen zu faszinieren; weit wuchtigere Denkmäler jener Zeit sind aber die Steinsetzungen der Dolmen und Ganggräber. In Größe und Masse fallen sie gegenüber den Grabstätten am Mittelmeer weit ab, geben aber den Beweis dafür, daß auch in weniger weit entwickelten und straff organisierten Gemeinwesen die Menschen bereit waren, den Toten viel zu opfern. In den hierarchisch aufgebauten Gesellschaften des Orients konnte man für die Grabbauarbeiten Sklaven einsetzen, für deren arbeitskrafterhaltende Ernährung die Bauern sorgten. In Nordeuropa dürfte es damals diese Arbeitsteilung nicht gegeben haben, sondern die Menschen leisteten ihren Anteil in der Form, die man heute in sozialistischen Ländern ›Subbotnik‹ nennt: freiwillige Schichten neben der eigenen harten Arbeit für das Überleben. Damals natürlich nicht wegen der Aussicht auf eine Medaille oder den Titel ›Held der Arbeit‹, sondern wohl aus Verehrung für den Toten – oder aus Furcht, von ihm, wenn er zürnt, bald ins Jenseits abberufen zu werden.

Wie sie sich mit den großen Findlingen abgerackert haben, kann man nur ahnen, und wenn mal ein Hebebaum abglitt, mag mancher ›Mitarbeiter‹ als letztes auf dieser Welt den fallenden Stein gesehen haben. Vielleicht gar galt dieser Tod – wie bei den Arabern der im Heiligen Krieg – als sichere Garantie für eine lichtvolle Ewigkeit. Wir wissen es nicht, wir sehen nur das Ergebnis dieser Mühen.

Tobias Faber: »Die dänischen Steindolmen sind in all ihrer Einfachheit vollendet hingestellte Bauwerke. In der Landschaft zeichnen sie sich kraftvoll und stark ab, wobei der fein gezeichnete Bogen des sorgfältig ausgewählten Decksteins den Abschluß bildet«.

Grabstätten sind auch die eindrucksvollsten Zeugen der *Bronzezeit* (1800–500 v. u. Z.), aus der es fast keine Häuserreste gibt, wohl aber an die 50 000 Gräber. (Diese Zahl ist nicht gar so überwältigend, hat man doch auf den verhältnismäßig kleinen Inseln der Ålands im Bottnischen Meerbusen zwischen Finnland und Schweden ihrer 11 000 entdeckt.)

Die dänischen Grabhügel der Bronzezeit liegen entweder zu zweit oder in Gruppen von sieben beisammen, immer an hervorragenden Stellen. Unten im Grab lag der Tote mit den Opfergaben, konzentrische Findlingsringe schützten ihn, ein Grassodenhügel deckte die Grabstelle ab. Sie hatte Bedeutung – so wenigstens vermutet man – auch für die Lebenden. Die haben sich dort wohl zur Sonnenverehrung versammelt, denn die Gräber sind ja immer so angelegt, daß man von ihrem Plateau den Sonnenaufgang früher erleben konnte als in der Umgebung.

Die Menschen der *Eisenzeit* (500 v. u. Z. bis 800 n. u. Z.) haben aus ihrem Alltag den Archäologen ein wenig mehr überliefert. Außer Resten von Fundamenten auch Bilder auf Geschirr zeigen eine Bauweise, die noch lange charakteristisch bleiben sollte: Pfahlbauten mit Giebeln nach Osten und Westen und dem Eingang nach Süden. Das Sparrendach wurde von Pfosten in der Mitte oder an den Seiten getragen. Grassoden, außerhalb der tragenden Pfähle aufgeschichtet oder zwischen den Pfählen durchgeflochtenes Reisig – mit oder ohne Lehmschicht – waren die Wände.

Um die *Zeitenwende* herum änderte sich das Klima und damit die Bauweise: Feuchtigkeit und Regen ließen Lehmwände zusammenrutschen, die Außenwände mußten aus Erde oder Torf hochgestapelt werden. Diese Bauweise findet sich noch vereinzelt an der Westküste, wie auch auf den fernen Nordmeerinseln, den Shetlands und den Färöern (S. 243 ff.).

Aus dem Gemeinschaftshaus für Tier und Mensch im selben Raum entwickelte sich das Reihenlanghaus aus drei Teilen: das ›Feuerhaus‹ für die Menschen, die Stallungen und die Scheune. Größere Höfe bestanden aus mehreren Häusern, einander gegenüberstehend oder im Winkel am Hofplatz.

Mit den *Wikingerzügen* um 800 bis 1050 taucht ein neuer Bautyp auf, für den es früher in Nordeuropa keinen Bedarf gegeben hatte: das Heerlager. Drei von ihnen sind freigelegt worden, eins wurde wieder abgedeckt (Aggersborg in Jütland). Das Prinzip war einfach und übersichtlich: jeweils vier Häuser um einen quadratischen Hof herum, jedes etwa 30 m lang. Trelleborg, wo man ein Haus rekonstruiert hat, war um vier Höfe herum gebaut, Aggersborg am Limfjord um zwölf.

In den sechzehn Gebäuden von *Trelleborg* (Abb. 76) bei Slagelse auf Seeland konnten 1300 Mann untergebracht werden, im Winter, wenn selbst die seetüchtigen Wikingerschiffe vom Nordmeer verunsichert wurden. Das Grundmaß (Modul) der Anlage war der römische Fuß (29,5 cm). Davon ging man beim Bau aus, wenn die Landschaft sich ihm nicht anpassen wollte, wurde sie eingeebnet. Diesen Akzent militärischer Rücksichtslosigkeit hatte es bis dahin in Dänemark nicht gegeben. Tobias Faber: »Man muß bis hin zum Ende des 17. Jahrhunderts gehen, um in Dänemark Beispiele ähnlicher formbetonter militärischer Anlagen zu finden.«

In der Wikingerzeit entstand das Königreich Dänemark. Dabei spielte zeitweise ein Mönch aus der Picardie eine Zuschauerrolle, der den germanischen Namen Ansgar (Speer Gottes) angenommen hatte. Ludwig der Fromme taufte den dänischen Wikinger Hårik I. und gab ihm 826 Ansgar als Christianisierer mit. Indes war nicht lange seines Bleibens am Hofe des Neugetauften. Die dänischen Wikinger zeigten sich ausgesprochen aggressiv. Ansgar setzte sich nach Norden ab und predigte in Birka, im Svealand nahe beim heutigen Stockholm, und wurde Bischof des Nordens. Mit den Dänen sollte er später als Erzbischof von Hamburg noch einmal schlechte Erfahrungen machen: 845 brannten sie Hammaburg nieder, und Ansgar mußte nach Bremen fliehen. 864 wurde das Erzbistum Hamburg-

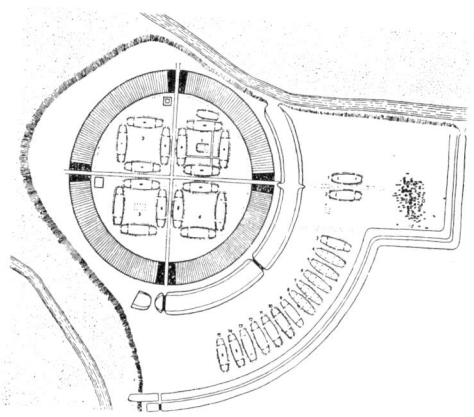

Wikingerlager Trelleborg bei Slagelse,
Rekonstruktion

Bremen gegründet, das lange Zeit weit in den Norden hineingewirkt hatte. Ansgar erlebte
nicht mehr viel davon, er starb schon 865.

Getauft wurden die Dänen unwiderruflich am Ende des 10. Jahrhunderts von König
Harald Blauzahn. Er hat durch einen Runenstein vor der Kirche von *Jelling* geschichtsnoto-
risch gemacht, wer er war: »...derjenige Harald, der ganz Dänemark und Norwegen
gewann und die Dänen zu Christen machte« (Abb. 22).

Die Norweger setzten sich wieder aus dem Reichsverband ab, aber das Königreich Dänemark blieb erhalten – und Christen blieben die Dänen auch. Zu jener Zeit war einer der
größten Handelsplätze des Nordens die Stadt Hedeby (Haithabu) an der Schlei, etwa 2 km
südlich vom heutigen Schleswig, am Heerweg, der in Nordjütland begann und in die mitteleuropäische Salzstraße überging. Südlich von Hedeby bildete sich die Grenze zwischen
Dänemark und Sachsen, später dem Karolingerreich, heraus, eine Grenze, die 1000 Jahre
unverändert bleiben sollte.

Zwischen der seebreiten Schlei im Osten und Sümpfen im Westen entstanden zum Schutz
der Stadt und der Grenze Wälle und Gräben, später auch Mauern, das Danewerk (dän.
Danevirke). Nach Jahresringvergleichen werden die ersten Anlagen auf 737 (Haupt- und
Nordwall) datiert. Die Verbesserungs-, Verstärkungs- und Ausbauarbeiten dauerten über
vierhundert Jahre. Der Hauptwall besteht zu einem Teil aus Findlingen, und der unter
Valdemar d. Gr. (1157–1182) gemauerte Teil des Hauptwalls gilt als das erste völlig aus
Ziegeln errichtete Bauwerk Dänemarks.

Schon in der ersten Hälfte des 12. Jahrhunderts waren die meisten der Dorfkirchen
entstanden, die heute für Dänemarks Landschaft so charakteristisch sind, nachdem Generationen Gläubiger ihnen Seitenschiffe an- und Türme aufgesetzt haben.

Von Dänemarks ersten Kirchen weiß man eigentlich nur, daß sie aus Holz waren und
vielleicht so ähnlich ausgesehen haben wie die bekannten norwegischen Stabkirchen. Die
erste Steinkirche entstand zwischen 1040 und 1084 in *Roskilde,* wo schon 960 ›derjenige
Harald‹ eine hölzerne Dreifaltigkeitskirche hatte errichten lassen. Nachdem Roskilde Stift
geworden war, ließ Bischof Valdemar aus Kalktuff eine Kathedrale für den Märtyrerpapst

*Frühe dänische Holzkirche, Rekonstruktions-
zeichnung*

Lucius bauen. Ihre Grundmauern wurden unter dem Boden des jetzigen Doms gefunden, der von Bischof Absalon, dem Gründer Kopenhagens, konzipiert und aus Backsteinen gebaut wurde (Abb. 86).

Der Bau von Dorfkirchen ist eine der ungewöhnlichsten Phasen dänischer Architektur. Innerhalb von zweihundert Jahren entstanden etwa 1650 romanische und 130 gotische Kirchen, wobei die Initiative vielfach von der jeweiligen Gemeinde ausgegangen sein mag. Um 1250 herum war Dänemark mit Kirchen ›gesättigt‹, neue sind außerhalb der Städte kaum noch gebaut worden.

Weil der Zeitraum so kurz war, zeichnete sich außer der technischen Entwicklung weg vom Findling und hin zum Backstein kaum irgendeine andere ab, weder im Baustil noch in der Größe.

Fünf Generationen hatten der Nachwelt ein Netz von Kirchen hingestellt, dessen Kapazität auch dann ausreichte, als bei stark gewachsener Bevölkerungszahl der Gottesdienstbesuch am Sonntag immer noch zu den Selbstverständlichkeiten des Dorflebens gehörte. Nur Umbauten – meist im gotischen Stil – zeugen von der Betriebsamkeit der Nachfolgegenerationen.

Von vier romanischen Kathedralen, die im 12. und 13. Jahrhundert begonnen wurden, liegen heute nur noch zwei – Ribe und Viborg auf Jütland – innerhalb der Landesgrenzen, die beiden anderen gehören heute den Schweden (Lund) oder den Deutschen (Schleswig). Und gerade der imposante Dom zu *Lund* zeigt die dänische Variante des romanischen Baustils am besten: Anklänge an den Dom zu Speyer im architektonischen Aufbau, lombardischer Einfluß in der Ornamentik. Der Dom zu *Ribe* (Abb. 3), eine dreischiffige Basilika mit zwei Westtürmen, wie die anderen auch, ist der einzige in Dänemark mit einem gemauerten romanischen Gewölbe. Baumaterial waren teils rheinischer Tuff, teils Backsteine. Der etwas 1225 vollendete Dom erhielt später einen Verteidigungsturm, der in mehreren Phasen auf die Höhe von 50 m wuchs. Damals war es notwendig, denn Ribe lag am Meer und mußte mit Plünderungen rechnen. Heute liegt es infolge von Landaufschwemmungen ein gutes Stück von der Küste weg, und von weitem schon sieht man den Turm in der flachen Marsch.

Der Dom zu *Viborg* existiert in seiner ursprünglichen Form nicht mehr (Baubeginn 1130). Er war verfallen und wurde zwischen 1862 und 1876 im romanischen Stil – aber nicht in der ursprünglichen Form – neu errichtet, jetzt die größte Quadersteinkirche Europas (Abb. 7, 9). Nur die Krypta stammt noch aus dem alten Dom. Diese Kirche ist eindrucksvoll und sehenswert – aber ein Zeuge grauer Vergangenheit ist sie nicht.

Eine originelle Kopie des Doms im nahegelegenen Roskilde ist die Kirche von *Tveje Merlöse* (Abb. 79; s. S. 14). Freilich ragen aus ihren Türmen – die in dänischen Kirchenkörpern an sich schon eine Seltenheit sind – keine himmelan strebenden Spiere heraus, sondern den Abschluß bilden ›Bienenkörbe‹, aber im übrigen verrät sie deutlich, daß der Weg von Roskilde nach Tveje Merlöse nicht weit ist.

Einen Kirchentyp ganz besonderer Art stellen die Rundkirchen dar, deren bekannteste auf *Bornholm* stehen (Farbt. 37, 38, Abb. 118). Sie dienten zum Schutz vor Invasoren ebenso

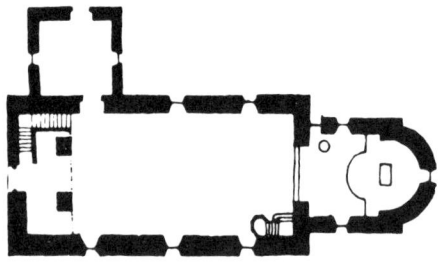

Tveje Merlöse, um 1100, Grundriß

wie zum Gottesdienst. In diesen Zentralbauten ruht das Dach auf der Außenmauer und auf einem dicken Pfeiler oder Pfeilersystem in der Mitte des Raums. Diese Kirchen sind mehrstöckig, und die Zugänge so angelegt, daß man bei der Flucht in das oberste Stockwerk gute Möglichkeiten hat, sich gegen Nachdrängende zu verteidigen.

Während die Kirchen und Dome als Andachts- und Gotteshäuser keine normgebende Funktion für die Wohnumwelt des Untertanen hatte, kam den Klöstern größere Bedeutung zu. Wer aus dem Volk – Bauer oder Bürger – Gelegenheit bekam, ein Kloster zu betreten und den Alltag der Mönche in Augenschein zu nehmen, dem mag es die Sprache verschlagen haben: große – im Vergleich zur eigenen Unterkunft – Räume mit Fensterscheiben, die Wände mit Fresken oder Teppichen geschmückt. Ein sauberer, mit Steinen ausgelegter Hof, der wohl auch bei längerem Regen nicht zu einer Morastgrube wird – und nirgendwo Gestank, weder von tierischen noch von mönchlichen Exkrementen.

Weltliche Herren versuchten zeitweise mit den geistlichen zu konkurrieren, und in ihrem Lebensbereich wirkten die Standardforderungen der ausländischen Klosterleute bestimmt niveauverbessernd. Aber mithalten konnten auf die Dauer auch sie nicht, und manch einer von ihnen dürfte voller Häme begeistert zugeschaut haben, als die Mönche nach der Reformation im Jahre 1536 fast von einem Tag auf den anderen verschwinden mußten.

Es gab keine spezielle dänische Klosterarchitektur, und von den Klosteranlagen jener Zeit sind nur wenige erhalten.

Schon bald nach seiner Fertigstellung mußte das Franziskanerkloster in *Nyköbing* (Falster) geräumt werden. Mönche dürften dort kaum mehr als dreißig Jahre gelebt haben. Als sie das Kloster verließen, erlebte es ein höchst profanes Schicksal: Frederik I. schenkte die Klosterkirche der Stadt, wie auch den Westflügel, wo sich der Stadtrat einrichtete und den Keller zum Gefängnis umbauen ließ. Auch die Domschule kam in diesem Flügel unter. Als im Laufe der Zeit sowohl die Lehrer als auch die Ratsherren ausgezogen waren, diente das Kloster als Militärlazarett.

Gut bewahrt sind die Klöster in *Ribe* (auch Dom) und *Ålborg* (auch Aquavit). Mehr als nur ein Kloster bietet die Stadt *Helsingör*, die bestimmt niemand bei einer Dänemarkreise auslassen wird. Hier stehen die Gebäude des Karmeliterklosters, das zwar Anfang des 20. Jahrhunderts ein wenig ungenau restauriert wurde, aber dem Laien dennoch viel über die Klöster jener Zeit zu sagen vermag. Die Gebäude stammen aus der Zeit von 1480–1500.

Zum Programm von Helsingör gehört natürlich auch das *Schloß Kronborg* (Farbt. 22, Abb. 113–115, Frontispiz S. 2), dessen Rittersaal man gesehen haben muß, ehe man Seeland wieder – in Richtung Osten oder Westen – verläßt. Das Schloß war ursprünglich eine Burg mit dem Namen Krogen, die auf eine Burg mit dem Namen Flynderborg zurückgeht (s. a. ›Kunst und Land‹).

Schon im Mittelalter waren Burgen gleich Krogen im gesamten Königreich angelegt worden. Dabei handelte es sich tatsächlich um eine strategisch durchdachte reichsumfassende Planung, die Burgen an den Handelswegen errichtete, und das südlichste Glied bildete das *Danewerk*, wo die Heerstraße durch ein Tor im Hauptwall aus dem Land hinausführte.

Die Burgen des Mittelalters hatten mit den Militärcamps der Wikingerzeit nichts gemein. Sie paßten sich der Landschaft schon deswegen an, weil sie deren natürliche Verteidigungsmöglichkeit nutzen wollten. Im frühen Mittelalter, als es noch keine Kanonen gab, bestand solch eine Burg aus einem geschützten Hof, den ein Wall oder ein Palisadenwerk umgab. Dazu gehörte dann ein mehrstöckiger Turm, der sich mit den damaligen militärischen Mitteln nicht knacken ließ. Der Turm *Kärnan* in Helsingborg (Schweden) und der *Gänseturm* in Vordingborg (Seeland) erinnern an dieses Maginotdenken der Wikingernachfahren (Abb. 81).

Die Kanone zwang den Burgbauern andere Methoden auf. Mauern reagierten auf Kanonenkugeln zu wenig elastisch, wurden erst ›angeknabbert‹ und stürzten schließlich ein. Der

Schloß und Festung Kronborg, 1844

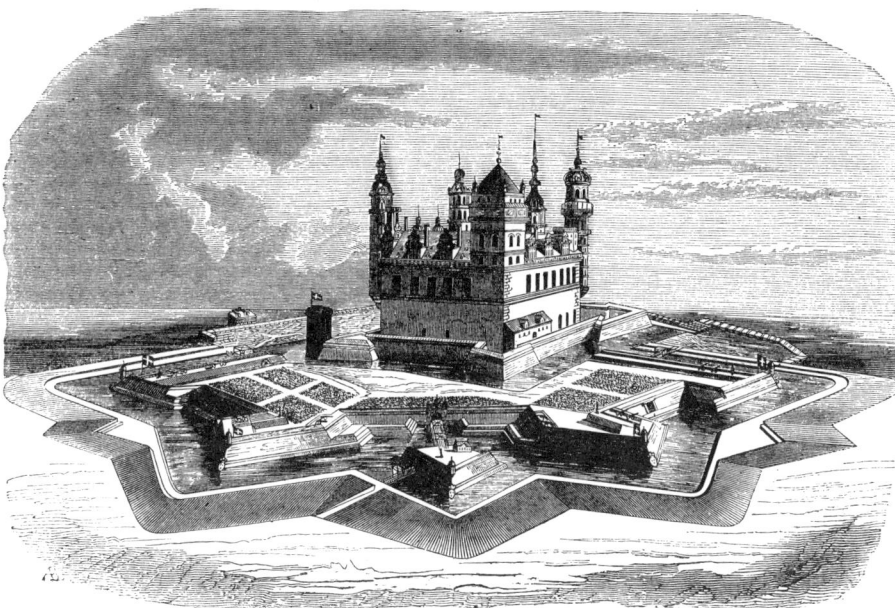

15

Erdwall war da besser: Die Kugel verschwand darin mit einem schlürfenden Geräusch, und wenn der Sprengsatz dann explodierte, flog kaum ein bißchen Dreck umher. Man baute Burgen mit einem Erdwall, hinter dem eine Mauer lag, an die dann mit der Blickrichtung nach innen Nutzgebäude herangebaut wurden. Für die eigenen Kanonen baute man Türme, deren Wände aus 3,5 m dickem Mauerwerk bestanden. Der frühere Wohnturm wurde jetzt zum Ritterhaus, dessen Erdgeschoß aus Wohnräumen bestand. Darüber lag der Rittersaal und über ihm der Wehrgang mit Zinnen und Schießscharten. Wie bei den Bornholmer Rundkirchen und den Türmen des frühen Mittelalters waren auch hier die Gänge und Treppen eng.

Die Burgen *Spöttrup* (Farbt. 6) bei Viborg (Jütland) und *Glimmingehus* (Südschweden) repräsentieren die eben behandelte Phase des Festungsbaus.

Von der Auseinandersetzung zwischen weltlicher und geistlicher Macht, die durch die Reformation obsolet wurde, wie auch von den Gegensätzen zwischen den weltlichen Mächten – sie führten dazu, daß Königin Margarete I. dem Adel das Burgenbauen verbot und alte Anlagen schleifen ließ – von alledem merkten die Dorfbewohner wenig. Sie hatten sich schon daran gewöhnt, daß es ihnen immer nur schlechter gehen konnte. Die Abgaben und Steuern stiegen stetig, und um leben zu können, mußte man sich an die verkaufen, die die Lasten festsetzten. So begann – anfangs noch schleichend – die Zeit der Erbuntertänigkeit.

Im Bauwesen hatten sich keine Veränderungen ergeben. Erst im Mittelalter wurde das Bauernhaus solider gestaltet, und das Fachwerkprinzip zeichnet sich klarer ab, weil man als Basis der Gesamtkonstruktion jetzt Balken wählte. Die Zwischenräume wurden nur in Gebieten mit reichem Waldwuchs durch Holzplatten abgedeckt, wie etwa in Teilen Nordschleswigs die *bulhuse*. In den anderen Gegenden, wo das Holz schon in der Eisenzeit knapp geworden war, nahm man zum Ausfüllen Weidengeflecht, das mit Lehm beworfen wurde. Stroh – auf kleineren Inseln auch Tang – war das Material für die Dächer.

Diese Häuser hatten natürlich keine Fenster, Licht fiel ins Innere nur durch den Rauchabzug über der Feuerstätte. Der Boden war Lehm, Holz gehörte schon zum Luxus. Und aus der Erde kroch die Feuchtigkeit in die Fasern der Balken hinein.

In den Städten sah es etwas besser aus. Nach dem Ende der Wikingerzeit wurden die dänischen Küsten noch über ein Jahrhundert lang von der Invasorenpest geplagt. Valdemar

Bauernhäuser, Gabelpfosten- und Kehlbalkendachkonstruktion

I. (d. Gr.) räumte mit den Wenden auf, die Städter fühlten sich sicherer, und in den Handel rund um die Ostsee herum kam mehr Schwung. Valdemar II. (der Sieger) verleibte dem Reich Holstein und Estland ein, die Dänen und die Hanse machten gute Geschäfte miteinander.

Die großen Taten, für welche die beiden Valdemare so ehrenvolle Prädikate bekommen hatten, waren auf Kosten der sozialen Infrastruktur gegangen, der Adel wurde stärker als die Krone. Aber auch das begünstigte schließlich die Städte: 1282 veranlaßte der Adel mit großem Nachdruck Erik V., die *Handfeste* zu unterzeichnen, womit die Macht größtenteils auf ein Gremium Adliger (Danehof) überging, die regelmäßig zusammentreten sollten, jeweils in einer Stadt, die am Wasser liegt, also mit dem Schiff gut zu erreichen ist.

Die dänischen Hafenorte, zu denen auch das von Erzbischof Absalon gegründete Hafn am Sund gehörte, und die dänischen Städte entwickeln sich gut. Das schlägt sich auch in Architektur und Planung nieder. In der Stadt dominiert jetzt das Fachwerkhaus, aber gewöhnlich steht jedes mitten auf seinem Grundstück, und darum kann von städtisch wirkenden Straßenfluchten noch keine Rede sein.

Mit der weiteren Entwicklung und Standardisierung des Fachwerkhauses in der Stadt begann die dänische Handwerkertradition im Bauwesen, die erst jetzt im Zeitalter der vorgefertigten Teile, des industriellen Bauens, erlischt. Das Modul des Häuserbauers war der Abstand zwischen zwei Fachwerkbalken. Die Größe war von Stadt zu Stadt verschieden, wies aber keine erheblichen Unterschiede auf; innerhalb der Stadt gab dieses Grundmaß dem Straßenbild ein einheitliches Gepräge und gewährleistete trotzdem die Individualität der einzelnen Häuser.

Ab 1500 gelingt es auch, zweistöckig in Fachwerk zu bauen. Die Dachbedeckung bestand nach wie vor aus Stroh, und immer wieder wurden ganze Viertel – wenn nicht gar ganze Städte – vom Roten Hahn zerstört. Die Krone gab jedem Steuerfreiheit und andere Anreize, der in Stein zu bauen gedachte. Indes: Damals galt noch, was heut schon wieder gilt, nämlich, daß Ziegelsteine teuer sind. Nur ganz Reiche konnten sich solche Häuser leisten, und nur ganz reiche Städte brachten es zu durchgehenden Straßenzeilen mit Steinhäusern.

Sind Sie noch in Helsingör? Wandern Sie im Fußgängerbezirk umher. Manche der Häuser stammen aus jener Zeit, und für den ganzen Bezirk hat der Staat 1975 im Rahmen des Denkmalschutzjahres der Vereinten Nationen ein Restaurierungsprogramm entwickelt.

Enge Wälle und offene Plätze

Viele der dänischen Marktflecken waren in guten Zeiten spontan entstanden, zumeist an Knotenpunkten von Handelsstraßen. Je besser sie florierten, desto schlechter war es um ihre äußere und innere Sicherheit bestellt. Das Gebiet um den Marktplatz, wo die großen Umsätze gemacht wurden, mußte durch Wall und Graben und durch ein Stadttor geschützt werden, das zur Nacht geschlossen wurde. Diese einmal angeordnete Selbstschutzmaßnahme hat zahlreiche dänische Städte lange Zeit in ihrer Entwicklung behindert, am stärksten bestimmt Kopenhagen, das schon lange an Atemnot gelitten hatte, bevor 1852 die Anger vor den Befestigungen zur permanenten Bebauung freigegeben wurden.

Christoffer III., ein Bayer und letzter König des Unionsreichs, machte in seiner Regierungszeit (1440–1448) *Kopenhagen*, das von Absalon gegründete *Hafn*, zur Hauptstadt. Es mag damals 4000–5000 Einwohner gehabt haben. Mit dem Dekret von Christoffer begann eine Entwicklung, die – man darf das keinesfalls übersehen – ganz Dänemark an Vielfalt ärmer gemacht hat. Nachdem Kopenhagen mit der Reformation in seine Rolle als Hauptstadt hineingewachsen ist, konzentrieren sich mit dem Geistesleben auch Kunst und Architektur auf Kopenhagen. Was außerhalb der Stadt und ihrer Umgebung gebaut wird, sind Adelsburgen und Schlösser – von denen nicht wenige der Krone gehören.

Das ganze Reich zwischen Altona und Reykjavik ist auf die Hauptstadt ausgerichtet. Und in den Jahrhunderten des Absolutismus beginnt man sich im Reich derart stark daran zu gewöhnen, daß die von der Kamarilla gezeugte und hochgepäppelte Bürokratie vom Übergang zur konstitutionellen Monarchie 1849 keine Kenntnis zu nehmen braucht. Noch immer gilt: Was gut ist für Kopenhagen, das ist auch gut für Dänemark.

Die Begeisterung einiger dänischer Könige am Bauen und Planen und Bauen vor allem in Kopenhagen dürfte ihre Wurzel teilweise im beklemmenden Gefühl machtpolitischer Impotenz gehabt haben. Aus dem Kampf um die Vorherrschaft über die Ostsee war Dänemark bereits ausgeschieden, Estland war schon lange verlorengegangen, 1660 mußte Dänemark die ganze östliche Reichshälfte abtreten, alle dortigen Investitionen waren verloren. Da lag es nahe, mit dem noch Vorhandenen vorsichtig umzugehen, denn zeitweise war es durchaus möglich, daß bestimmte Teile Dänemarks durch einen Aufstand der Bauern gegen den Adel oder einen Aufstand des Adels gegen die Krone hätten verlorengehen können.

Einige Zeit lang kann man die Bautätigkeit noch zweispurig nennen. Als die Renaissance Mitte des 16. Jahrhunderts endlich auch Dänemark erreicht, wird sie von einem Adel aufgegriffen, der sich große Neubauten leisten kann und will; die Einkommen aus der eigenen

Börse und damaliger Hafen, 1862, Kopenhagen

Landwirtschaft und von den zinspflichtigen Bauern sind ausgezeichnet, ein neues Lebensgefühl gibt sich mit den Häusern früherer Generationen nicht zufrieden. Von Wällen und Gräben umgebene Schlösser entstehen, bei denen der Sicherheitsaspekt noch insofern eine Rolle spielt, als die Mauern dick sind und die Fenster von oben nach unten kleiner werden.

Dänemarks erster königlicher Schlösserbauer war Frederik II. (1559–1588). Das Umbauen von Krogen zum *Schloß Kronborg* (Farbt. 22, Abb. 113) kann man immerhin noch zu den sinnvollen Investitionen rechnen, denn eine starke Anlage an der engsten Stelle des Öresund sorgte ja dafür, daß Geld – der Sundzoll – in die königliche Schatulle kam. Frederiks zweites Projekt, der Bau von *Frederiksborg* (Farbt. 21, Abb. 110, 111) in Hilleröd zwischen Helsingör und Kopenhagen, war ganz auf Repräsentation zugeschnitten. Frederik erlebte die Fertigstellung des Gesamtkomplexes nicht. Nur das kleine Schloßgebäude, die ›Badestube‹, wurde fertig. Hier ist der spätere König Christian IV. aufgewachsen. Dieses Renaissancegebäude sollte den Stil vieler Bauten von Frederiks Nachfolgern bestimmen.

Die über Holland nach Dänemark gekommene Renaissance war der Lieblingsstil von Christian IV. (geb. 1577, 1588–1648) und prägt – weil Christian gern und viel und gut gebaut

Kopenhagen, Runder Turm und Trinitatis-Kirche (1637–1656), Mitte 19. Jh.

hat – Kopenhagen bis auf den heutigen Tag. Da Kopenhagen damals noch klein war, begegnet man Christians Hinterlassenschaften fast überall. Am bekanntesten ist wohl die *Börse* (Abb. 105) mit den vier Drachen, deren Schwänze sich ineinander verringeln und als Spier hoch in die Luft wachsen. Sehr originell ist der *Runde Turm*, ein Turm für die Trinitatiskirche der Studenten. Er war zugleich Observatorium (zum Observieren der Sterne also – nicht der Studenten), man kann ihn zu Fuß treppenlos ersteigen. Und am nachhaltigsten hat auf seine Zeit und die Nachwelt das *Schloß Rosenborg* (Farbt. 23) nicht weit vom Runden Turm, eingewirkt. Es verkörpert den Baustil jener Zeit so konzentriert, daß man die holländisch-dänische Renaissance in Dänemark als ›Rosenborg-Stil‹ bezeichnet.

An verlorenen Investitionen wären zu nennen: Wiederaufbau von Oslo nach einem Brand 1624 (das dann den Namen Christiania bekam), Stiftung der südnorwegischen Stadt Christiansand (heute Kristiansand) sowie von Kristianstad in Schonen. Nicht verloren ging die nach holländischem Vorbild geplante Seemannsstadt Christianshavn, direkt südlich von Kopenhagen, heute Stadtteil.

Wenig Rühmliches ist von Christians Versuchen zu vermelden, sich einen anderen Beinamen zu verschaffen als ›Baumeister Kopenhagens‹. Er trat gegen Schweden in den 30jährigen

Krieg ein, verlor einen Feldzug und mußte dafür einen Teil des Reichs – als östlichsten die Insel Ösel vor der estländischen Küste – für dreißig Jahre an Schweden verpfänden.

Frederik III. (geb. 1609, 1648–1670) führte als Bauherr fort, was sein Vater unvollendet gelassen hatte. Er erweiterte die Stadt und befestigte sie. Das Kastell mit seiner Mühle und den zugehörigen Parkanlagen – die bei der vielgeknipsten Meerjungfrau – gehören heute zu den grünen Lungen der Stadt.

Diese Konsolidierungsbemühungen zahlten sich noch unter seiner eigenen Herrschaft aus. Der verschlossene König führte einen Revanchekrieg gegen Schweden und verlor. In der letzten Phase belagerten die Schweden Kopenhagen – erfolglos, die neuen Wälle hielten.

Frederik bezahlte Dänemarks Schulden in Hamburg und bekam so die Krone seines Vaters zurück, die der als Sicherheit hinterlegt hatte. Er begründete das dänische Museumswesen mit seinem heutigen Weltruf, und bei dem Ständetag 1665 ließ er sich, gestützt auf die Bürgerschaft und gegen die Ambitionen des Adels, zum absoluten Herrscher machen. Dänemark wurde nun auch juristisch eine erbliche Monarchie.

Dieser Schritt spiegelte sich deutlich in der Architektur wider. Der König verfügte jetzt frei über das Budget, er konnte junge dänische und eingewanderte Architekten auf Studienreise ins Ausland schicken. Sie kamen zurück und brachten auf ihren Papierrollen das Barock mit.

Aber Barock nicht wie in Italien – ausufernd, explodierend, gewaltsam –, sondern wieder die niederländische Art, man kann es wohl bürgerlich-bescheidenes Barock nennen (oder auch Krämer-Barock). Es manifestiert sich am klarsten im Schloß Charlottenborg am Kongens Nytorv, wo die Fußgängerstraße Ströget (Farbt. 24) aufhört. Tobias Faber nennt es »das erste dänische Bauwerk, bei dem mit Konsequenz ein formelles System in die Architektur hineingebracht wurde«.

In Kopenhagen wurde weitergebaut. Das war nicht zuletzt deswegen möglich, weil Frederik und seine absolutistischen Nachfolger sich mit Beratern umgaben, die Ordnung in die

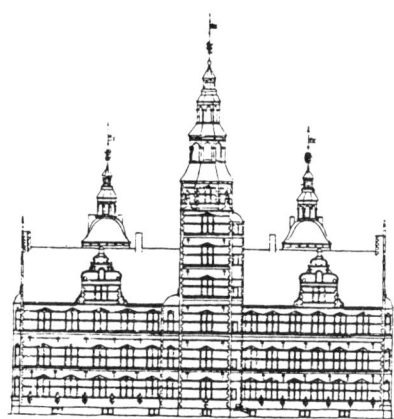

Kopenhagen, Schloß Rosenborg, Aufriß

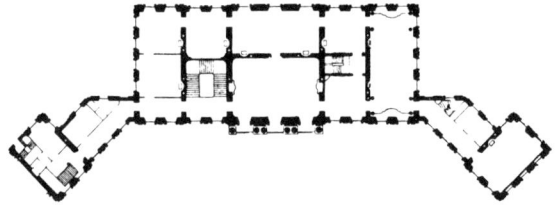

*Kopenhagen, Schloß Amalien-
borg, eines der vier Palais,
Grundriß*

inneren Angelegenheiten Dänemarks brachten – nur mit den Bauern funktionierte das nicht richtig – und das Land aus Kriegen heraushielten.

Ein eigenartiges Schicksal hatte die kleine Befestigung, mit der Absalon Hafn gegründet hatte. Es ist klar, daß jeder König gern ein wenig daran herumgebastelt hat: hier ein Turm, dort der Graben etwas tiefer und der Wall etwas höher. Das ganze wurde *Kopenhagens Schloß* genannt, war aber in seiner Stilmischung eher Kopenhagens erstes Architekturmuseum. Hier residierten die Könige. Der erzfromme Christian VI. (geb. 1699, König 1730–1746), der sich als Herrscher nur und nur von Gottes Gnaden ansah, wollte der Monarchie einen Mittelpunkt von europäischem Format geben – das ja damals auch Weltformat war. Er ließ Kopenhagens Schloß mitsamt seinem 60 m hohen Blauen Turm schleifen und beauftragte den deutschen Architekten David Häusser mit einem Neubau, orientiert an den Schlössern in Süddeutschland und Österreich.

Das Schloß wurde fertig – und ging beim großen Brand von 1794 in Flammen auf.

Schon in den 50er Jahren war nördlich vom Hafen Nyhavn ein Stadtteil entstanden, der zu Europas schönsten Rokokoanlagen gehört. Sein Mittelpunkt war der Platz *Amalienborg Plads*, eingerahmt von vier Palais, die adlige Familien auf Wunsch von Frederik V. nach koordinierten Bauplänen errichtet hatten (Abb. 103). Kristallisationspunkt dieser Einheit ist ein Reiterdenkmal von Frederik V. (Abb. 96).

Diese vier Palais um den achteckigen Platz herum geruhte die königliche Familie nach dem Brand von 1794 zu kaufen. Hier wohnt sie immer noch, und es gibt wohl keine Perspektive, aus der die bärenfellbemützten Soldaten der Schloßwache noch nicht fotografiert worden sind.

Neben den Ruinen von Christiansborg blieb die Reitbahn stehen, ein Denkmal des Barock, das sich auch international sehen lassen kann.

Der nächste Brand Kopenhagens war provoziert. Die Dänen weigerten sich 1807, den Engländern ihre Flotte auszuliefern. Die Engländer kamen von See her, schossen nach Kopenhagen hinein und holten sich mit Gewalt, was die Dänen nicht freiwillig hergeben wollten. Die Dänen schlugen sich auf die Seite von Napoleon, machten 1813 Staatsbankrott und verloren 1814 Norwegen an Schweden.

Trotz schlechter Zeiten ließ Frederik VI. (geb. 1768, Regent 1784–1808, König 1808–1839), eine der bedeutendsten, aber auch tragischsten Persönlichkeiten in der langen Reihe dänischer Könige, in Kopenhagen weiterbauen.

Er holte Christian Frederik Hansen, Bauinspekteur in Holstein, nach Kopenhagen. Hansen verehrte die Römer und ihre Architektur, vermochte sich aber auch dem Diktat wirtschaftlicher Notwendigkeiten zu fügen. Da sie keine kostbaren Steine als Baumaterial zuließen, belebte er seine Gebäude durch das Widerspiel von Licht und Schatten. Von 1810–1826 baute er Christiansborg Slot neu (Abb. 104). Beim nächsten Brand blieb die Schloßkirche stehen, ein Bauwerk, dessen Inneres spontan Gedanken an einen anderen Klassizisten aufkommen läßt. Er stammt aus Berlin und hat in in der finnischen Hafenstadt Åbo (Turku) gearbeitet. Von dort wurde er vom Zaren nach Helsinki geschickt, um der neuen Hauptstadt einen würdigen Kern zu geben. Carl Ludwig Engel, ein Zeitgenosse Schinkels, baute ihn. Und wer in Helsinki die Universitätsbibliothek betritt, der glaubt, in der Schloßkirche von Christiansborg zu stehen.

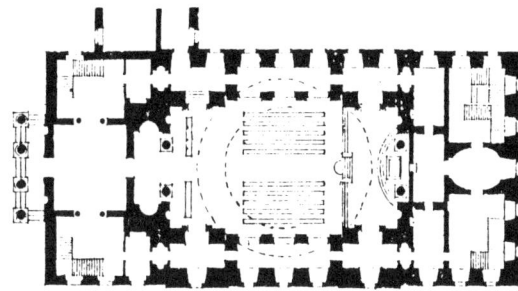

Kopenhagen, Christiansborg, Schloßkirche, Grundriß, 1826 von C. F. Hansen fertiggestellt

Ein Kopenhagener namens Sophus Falck half bei dem erwähnten Brand die Schloßeinrichtung bergen, und er bemerkte schnell, daß ein Übermaß an Löschwasser und laienhaftes Hantieren mit der wertvollen Einrichtung den Gesamtschaden viel größer machten, als das – seiner Ansicht nach – nötig war. Sophus Falck baute eine private Feuerwehr auf, ausgerüstet mit Lösch- und Rettungsgerät. Bald sind die guten Dienste von Sophus Falcks ›stehendem Heer‹ in ganz Dänemark gefragt, und als die Motorisierung begann, transportierten seine Krankenwagen auch Verkehrsopfer. Daraus entwickelte sich ein reichsumfassender Pannen- und Unfalldienst, dessen Bedeutung durch die speziellen Nummerschilder der roten Falck-Fahrzeuge – mit einem Falkenrelief – auch offiziell unterstrichen wird.

Schon lange vor dem Brand von 1884 – dem letzten – war im Schatten von Christiansborg Slot aus einer ehemaligen Remise ein Gebäude entstanden, das »eine selten glückliche Vereinigung von Architektur, Malerei und Skulptur bildet« (Tobias Faber). Das *Thorvaldsen-Museum*, 1839–1848 gebaut von dem überragend begabten Architekten Gottlieb Bindesböll, dem originellsten dänischen Talent seiner Zunft im 19. Jahrhundert. Dieses sein erstes größeres Werk geriet ihm gleich zu seinem Meisterwerk (Farbt. 28, Abb. 108; s. S. 24).

Thorvaldsen (Abb. 89) hatte seine Arbeiten der Stadt Kopenhagen für den Fall vermacht, daß diese ein Museum als Rahmen erhalten. Der König stellte die Remise zur Verfügung (von der so einige Mauerteile der Nachwelt erhalten blieben), Bindesböll zeichnete das

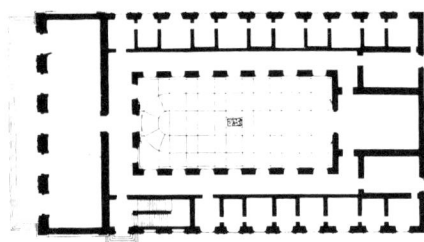

Kopenhagen, Thorvaldsen-Museum, 1848, Grund-
riß (G. Bindesböll)

Museum, und der in Rom arbeitende Däne isländischer Herkunft gab sein Placet. Das Außengemäuer erhielt einen Bildfries von Jörgen Sonne, der die Ankunft des ersten Ehrenbürgers in der dänischen Hauptstadt zeigt (Abb. 94). Sonne hat auch die Mauern des Innenhofs dekoriert, wo Thorvaldsen gebettet ist.

Als Thorvaldsen aus Rom zurückkam, war Kopenhagen bereits eine kranke Stadt, und sie wurde kranker mit jedem Jahr. Zwischen 1770 und 1850 stieg die Bevölkerungszahl von 80000 auf 130000. Aber die Grundfläche war gleichgeblieben. Eingeschnürt in das Schutzkorsett seiner Befestigungen hätte Kopenhagen nur noch in die Höhe wachsen können, aber mehr als drei Stockwerke über der Erde waren bei Normalhäusern bis weit ins 19. Jahrhundert technisch nicht realisierbar. Die Stadt rutschte freiwillig in eine Getto-Situation, die in anderen Städten für Juden mit Macht herbeigeführt wurde: ein riesiges Ratten- und Schmutznest, in dem jeder jedem auf die Füße trat und Epidemien ständig drohten. 1840 betrug die Lebenserwartung für Männer auf dem Land 45, in Kopenhagen 32 Jahre!

1852 gab das Militär die Wallbezirke an die Zivilverwaltung ab, und das Verbot wurde aufgehoben, wonach vor der Stadt nur niedrige, provisorische Häuser gebaut werden durften. Die Neuregelung konnte aber den Einzug der Cholera in die Stadt 1853 nicht mehr verhindern.

In den Jahren nach 1852 entstanden jenseits der Brücken die Stadtteile Nörrebro und Vesterbro, von Baulöwen für das Industrieproletariat hochgezogen. Während bei vielen Architekten und Baumeistern das Gefühl für handwerkliche Sauberkeit verlorengeht, bleibt es bei den Arbeitern erhalten. Viele dieser äußerlich tristen, innen komfortlosen Mietskasernen sind derart solide gebaut, daß es schwer ist, die zum Modernisieren erforderlichen Leitungen nachträglich einzuziehen, und daß es zugleich schade wäre, Häuser mit derart gutem Gerippe und Gemäuer – nach hundert oder mehr Jahren – schon abzureißen.

Mit dem – in Dänemark unblutig verlaufenen – Übergang zur konstitutionellen Monarchie und im Gefolge der wirtschaftlichen Veränderungen geht ab 1848 die Zeit der großen Königs- und Adelsbauten zu Ende. Parallel dazu wird Kopenhagen mehr und mehr ein Magnet für die Bevölkerung aus allen Landesteilen. 1850 wohnen weniger als 10 Prozent der Gesamtbevölkerung in der Hauptstadt, 1900 sind es mehr als 15 Prozent. 1916 überschreitet die Einwohnerzahl 500000, und die Stadt ist ausgewuchert: allein 100000 Menschen in Frederiksberg, der Stadt, die äußerlich nahtlos in Kopenhagen übergeht (Schloß Frederiksberg s. S. 273). Das Bauen und Planen für Zehntausende von ständig neu Hinzuziehenden

24

beginnt, und wenn man heute von Roskilde her nach Kopenhagen hineinkommt, kann man alle diese Wachstumsringe deutlich sehen.

Und auch die Fehler. Aber welcher Kollege rundum in Europa oder in Nordamerika wollte es wagen, den ersten Stein ausgerechnet auf die dänischen Architekten zu werfen? Wanderer, kommst Du heute nach Leningrad, Moskau, Bukarest, Belgrad oder Alma-Ata im fernen Kasachstan, dann wirst Du sie auch dort stehen sehen, die einfallslosen Fertighausvorstädte, wie die Gesetze der Rationalisierung und Kostensenkung es befehlen.

Die meisten Vorwürfe werden heute den Architekten gemacht. Es gibt aber keinen Beweis dafür, daß die Architekten unserer Tage in West und Ost dümmer sind als die vergangener Generationen. Im Rahmen der ihnen gestellten Aufgaben – Entscheidungen, die bei großen Baugesellschaften, der öffentlichen Hand oder staatlichen Organen fallen – haben die Architekten nur noch einen sehr kleinen Spielraum, und darum werden die Vorstädte etwa von Stockholm und Kopenhagen mit denen von Belgrad austauschbar, mit einem letztlich geringen Unterschied: Was man in den beiden skandinavischen Hauptstädten um 1960 herum baute, entstand in der jugoslawischen nach 1970 (was nicht ausschließt, daß der Erhaltungszustand 1990 überall derselbe sein wird).

Bei einigen Totalpleiten fragt man sich aber doch: Mußte das sein? Dazu gehören um Kopenhagen herum die klotzigen Wohnmaschinen, die noch unheimlicher wirken, weil sie in völlig flaches Terrain hineingebaut worden sind. Dazu gehört aber auch die Siedlung

Kopenhagen, die Stadtanlage
Ende des 18. Jh.

25

Farum Midtpunkt an der Autobahn nach Birkeröd im Nordwesten. Sie wirkt auf den ersten Blick sogar freundlich, beim zweiten schaudert man vor der erstarrten Normierung, dem Modul-Brutalismus zurück. Wenn man dann noch mit den Leuten spricht, die dort wohnen, dann kann man gar nicht schnell genug zurück zum 20 km entfernten Stadtkern kommen.

Durch das Auswuchern ist Groß-Kopenhagen auch freundschaftsfeindlich geworden. Man arbeitet tagsüber im Büro mit sympathischen Kollegen zusammen und würde mit dem einen oder anderen die Bekanntschaft gern ein wenig vertiefen. Wenn der Feierabend kommt, fährt der eine nach Lilleröd, der andere nach Hundige. Natürlich kann man die Entfernungen dazwischen mit öffentlichen Verkehrsmitteln überwinden. In so etwa einer Stunde, mit mehrfach Umsteigen, an zugigen Bushaltestellen oder auf Vorortbahnhöfen – die sind wenigstens gegen Regen überdacht – wartend, nach einem netten Abend, den man wegen der letzten S-Bahn früher abbrechen muß als irgendeiner es wünscht. Man kann …

Mit dem Auto? Schon vor Mitternacht teilt sich die Schar in Beifahrer und Fahrenmüsser. Die Stimmung der einen Gruppe drückt auf die der anderen.

Im Herbst 1977 erschienen die Ergebnisse zweier Untersuchungen: ›Stadterneuerung – Ausgangspunkt einer Debatte‹ von privater und ›Stadt- und Wohnungsverbesserung in gesellschaftsökonomischem Licht‹ von staatlicher Seite, dem Bauforschungsinstitut.

Wenn beide konstatieren, daß es nicht so weitergehen kann wie bisher, dann sagen sie nichts bestürzend Neues: Den wirtschaftlich Aktiven, meist Familien mit Kindern, wird in der Rumpfstadt kein attraktives Wohnmilieu geboten. Sie ziehen weiter nach draußen. Dort sitzen sie dann (siehe oben). Ihr Wegzug läßt die Handels- und Serviceeinrichtungen des verlassenen Stadtteils schrumpfen, weil die Konsumentenunterlage zurückgegangen ist. Andere, die »eigentlich gern bleiben« möchten, ziehen ebenfalls weg. Und draußen sitzen sie dann (siehe oben).

Gegenwärtig werden jährlich 2 Prozent des vorhandenen Wohnraums in Dänemark durch Neubauten ersetzt, was einer ›Umwälzung‹ innerhalb von fünfzig Jahren oder der vertretbaren – auch vom Standard her vertretbaren – Lebensdauer von Wohnhäusern entspricht. Während pro Jahr 40000 Wohnungen neu gebaut werden, sind auf dem Sektor Sanierung Mittel nur für weniger als 4000 Wohnungen bereitgestellt. Auch die Steuergesetzgebung begünstigt das Neubauen, vernachlässigt also das Sanieren.

Das führt im Raum Groß-Kopenhagen zu folgender Entwicklung: Die neuen Stadtteile ziehen immer weiter nach draußen, während die Wohnungen in den älteren Jahresringen immer mehr verfallen. Wenn man sie sanieren will, beginnt auf dem Boden des Eigentumsrechts das große Tauziehen. Schon seit langem sind die ›Wohnungshaie‹, wie manche Besitzer zahlreicher Mietskasernen gerade in Nörrebro und Vesterbro genannt werden, ein lokales Problem. Sie kämpfen mit versierten Anwälten gegen Sanierungsauflagen durch alle Instanzen hindurch. Das Mietaufkommen bleibt weiter ansehnlich, netto zumindest, weil ja von den einkommendem Geld kaum noch etwas werterhaltend investiert wird. Ja, man begrüßt und fördert den Verfall sogar, denn wenn man in letzter Instanz verliert, kann man auf die klägliche Ruine deuten und achselzuckend sagen: »*Jetzt* ist es zum Sanieren zu spät.« So bekommt man Beihilfen für Neubauten.

Die jüngeren und ungeduldigen von denen, die unter einigermaßen erträglichen Verhält-
nissen wohnenbleiben wollen, bilden Gruppen von ›Slumstürmern‹, Häuserbesetzern, und
wehren sich zäh gegen jede weitere Serviceverschlechterung. In Nörrebro lieferten Herbst
1977 die Bewohner der Polizei eine Straßenschlacht – wegen eines Kindertagesheims. Es war
provisorisch auf einigen zusammenhängenden Grundstücken aufgestellt worden. Als man
im Rathaus ausgerechnet hatte, daß die Kinder auch in nahegelegenen anderen Heimen
untergebracht und die Baracken in einen anderen Stadtteil verlegt werden könnten, rückten
die Bauarbeiter an. Slumstürmer hinderten sie an der Arbeit, die Polizei tauchte auf, Pfla-
stersteine flogen. Zum Glück endete alles dänisch: Die Stadtverwaltung sah keinen Sinn
darin, wegen der Verlegung von ein paar Holzhäusern Gesundheit und Leben von Bürgern
in Uniform und Zivil aufs Spiel zu setzen.

Die Slumstürmer im ›Schwarzen Viereck‹ von Nörrebro haben sich längst in zwei Gruppen geteilt. Die eine ist politisch neutral, sie will ›nur‹, daß Dänemark aus der Europäischen
Gemeinschaft austritt und niemals Atomkraftwerke baut. Die andere Gruppe hat sich scharf
nach links orientiert, ihre Mitglieder stehen samstags vor den Supermärkten und preisen im
Straßenverkauf die kommunistische Tageszeitung ›Land og Folk‹ an.

Die vorhin erwähnten Untersuchungen gehen auf die politischen Aspekte nicht ein,
beschäftigen sich aber eingehend mit der Gesetzgebung, den Bestimmungen über Beihilfen
und Steuererleichterungen und auch dem volkswirtschaftlichen Gesamtaspekt im Hinblick
auf Dänemarks mit Sicherheit noch viele Jahre lang ungünstige Beschäftigungs- und Devi-
senlage. Sie kommen zu dem Schluß, daß eine weit umfangreichere Sanierung nicht nur aus
sozialen Gründen wünschbar, sondern auch wirtschaftlich durchführbar ist.

Vorgeschlagen wird eine Verteilung der Bautätigkeit auf Neubau und Sanierung von
Wohnungen etwa im Verhältnis 1 zu 1. Beim Sanieren braucht man mehr Leute als beim
Neubauen, die Arbeitsintensität ist etwa 40 Prozent höher. 25 000 Menschen könnten Arbeit
finden, das ist viel für ein Land, das jetzt und auf absehbare Zeit hinaus 250 000 Arbeitslose
hat. Überdies kann man bei Sanierungsarbeiten mehr Material aus dänischen Fabriken verwenden, während bei Neubauten der Anteil importierten Materials größer ist.

Steigen würden die Mieten in den verbesserten Häusern auf das Drei- bis Vierfache über
das jetzt extrem niedrige Niveau von 40 dkr pro qm. Hier müßten Beihilfen solange gezahlt
werden, wie die ursprünglich wohnberechtigten Mieter bleiben. Das wäre eine Investition
für den sozialen Frieden.

Die Meerjungfrau ist nicht die beste

Unter den wenigen Skulpturen aus vorgeschichtlicher Zeit, die bislang in Dänemark gefunden wurden, ist die bekannteste der sog. *Broddenbjerg-Gott.* Irgendwann um die Zeitenwende herum muß er aufgestellt worden sein. Eine Mannsfigur aus Eiche geschnitzt, an der – ähnlich wie bei Kinderzeichnungen, aber aus anderen Gründen – nur einige Extremitäten klar herausgearbeitet sind: Unter einem Kopf mit Wallensteinbart ein breiter, sehr langer Hals, keine Andeutung von Schultern, und erst in der Beckengegend wird der Körper breiter, geht in zwei sich verjüngende Beine und in das riesige Geschlechtsteil über. Neben diesem Fruchtbarkeitsgott fanden die Archäologen im Moor ein Gefäß mit Opfergaben.

Bekannter wohl als diese ung'schamige Gottheit ist der berühmte *Sonnenwagen von Trundholm* (Nationalmuseum, Kopenhagen, s. S. 276 f.), von dem man nicht viel mehr weiß, als daß er aus der Zeit 1000 v. u. Z. stammen muß und wohl auch einem Fruchtbarkeitskult gedient haben dürfte. Dieses Pferd mit seinem Sonnenwagen ist im Laufe der Jahre für viele Zwecke eingespannt worden, nicht zuletzt als Reklameemblem, wie von einem Reisebüro, dessen Wahlspruch – oder Verkaufsparole – auf seine Art zeigt, wie problemlos dieses Land ist: Speise, reise und sei froh! Der Sonnenwagen ist aber auch Symbol des Linksaußen-Theaters Solvogn, dessen Schauspieler Mitte der 70er Jahre in NATO-Kampfanzügen für einige Stunden das Rundfunkhaus besetzten – Dänemarks meistbeachtetes der Happenings, bei denen es keine nackten Mädchen zu fotografieren gab.

Mit den hölzernen Stabkirchen sind in Dänemark auch die Schnitzereien jener Zeit verschwunden. Der Steinkirchenbau zog ein neues Aufblühen der Bildhauerkunst nach sich. Ihr gemeinsames Markenzeichen ist der Granitlöwe, dem man am häufigsten in Ostjütland begegnet. An Toren und Wänden, aber auch auf Taufbecken soll der Löwe offenbar vor den

›Sonnenwagen‹ von Trundholm, der bronzezeitliche Kultwagen wurde im Moor bei Nyköbing/Seeland gefunden

Gefahren warnen, die vom Teufel drohen, zu dessen vielen Verkleidungen ja auch die Löwengestalt gehört. Entweder tritt dieser Löwe einzeln oder aber in ganzen Reihen auf. Mal sitzen sich zwei Löwen gegenüber, und zu den apartesten Darstellungen gehört es, wenn sie gemeinsam nur einen Kopf haben und dieser überdies ein Menschenkopf ist.

Das Löwenmotiv – auch Katzenkopfmotiv genannt – ist auf den Taufbecken gewöhnlich nur eins von mehreren Motiven. An romanischen Taufsteinen findet man in dänischen Kirchen und Museen etwa 1500. Sie sind normalerweise aus Granit, und in den Motiven mischt sich Christliches mit Heidnischem. Das Zentrum der Taufbeckenkunst lag in der damaligen Bauernrepublik Gotland. Die gotländischen Künstler zogen aber nicht – gleich anderen Reliefhauern – von Kirche zu Kirche, von Stadt zu Stadt, sondern sie stellten die Becken in eigener Werkstatt her und ließen sie dann vom Auftraggeber abtransportieren.

Zu den edelsten Werken aus der Zeit des Kirchenbaus gehört das Tympanonrelief an der Katzenkopftür des Doms zu Ribe. Ein Dreiecksrelief zeigt Maria und Christus in Jerusalem. Darunter als Bogenrelief die Kreuzabnahme, auf der ein übernormal großer Christus in die Arme Josefs gleitet. Maria schließt die Gruppe auf der vom Beschauer her gesehen linken Seite ab. Sie küßt die rechte Hand Jesu.

Zwei Besonderheiten jener Zeit sind beim Unterwegssein außerdem der Aufmerksamkeit wert: die Goldenen Altäre und die Holzschnitzereien. Bei den Goldenen Altären sind die Frontalen und Retabeln samt den Kruzifixen aus Gold hergestellt. In ganz Europa taten Kirchenbauer das gern, wenn sie es sich leisten konnten. Übriggeblieben sind aber nur wenige davon, die meisten in Dänemark, wo nach 1200 fremde Kriegshorden kaum noch als Plünderer aufgetreten sind. Die Holzschnitzereien begannen, als die Periode des Kirchenbaus zu Ende ging. Hier schlägt die französische Gotik so deutlich durch, daß man zuweilen nicht sagen kann, ob dieses oder jenes Stück aus Frankreich kommt oder nach französischem Vorbild von einem dänischen Künstler hergestellt ist. Eins der schönsten Kruzifixe befindet sich in Herlufsholm bei Nästved auf Seeland, ein späteres, das Elmelunde-Kruzifix, ist im Nationalmuseum ausgestellt.

Das 14. und 15. Jahrhundert wurde ein Zeitraum der Kunstimporte. Eine der Ursachen dafür war königlicher Hang zur Selbst- und Dynastiedarstellung, der immer prächtigere Grabstätten brauchte. Die Kirchengemeinden schmückten ihre Gotteshäuser mit hölzernen Altartafeln. Im Dom zu Århus hängt die des Lübecker Meisters Bernt Notke. Mit dem Flügelaltar der Skt. Knuds-Kirche in Odense verhält es sich ein wenig anders. Die Dänen haben nicht ihn importiert, sondern den ausführenden Künstler Claus Berg. Der Altar ist nach Ideen von Lucas Cranach entstanden, zeichnet sich aber durch das für Berg typische Figurengewimmel aus (Abb. 48).

Zu den Unruhen im Vorfeld der Reformation gehört der Bildersturm von 1530. Das barbarische Vorgehen der Bilderstürmer brachte nicht einmal den Künstlern jener Zeit etwas ein: Sie erhielten keine Aufträge zum Ersatz des Zerstörten – es war wohl klar und einleuchtend, daß man einem Künstler, der einmal einen katholischen Christus geschnitzt hat, nicht später den Auftrag geben kann, einen evangelischen Christus zu schnitzen! Und bald auch tauchen in der dänischen Kirche und Religionsausübung jene asketischen Züge auf, die ganz

Skandinavien gemeinsam sind und in Dänemark erst während des 19. Jahrhunderts nach langem Kampf von N. F. S. Grundtvig überwunden werden können. Mit der Reformation geht die Ehe zwischen Kunst und Kirche zu Ende, man trifft sich nur noch gelegentlich, mehr zufällig – und dann meist in Kopenhagen. Damit ist auch die Zeit der Gotik vorbei.

Martin Bussert (gest. 1553) führte noch einen geistlichen Auftrag aus, den Grabstein für Bischof Absalon (gest. 1201), der im Reformationsjahr 1536 auf des Bischofs Grab in der Klosterkirche zu Sorö (Seeland) gelegt wurde. Der Bischof allerdings steht in der dänischen Geschichte weniger als Kirchenmann denn als ›Macher‹ da. Hat er doch die Wenden zurückgedrängt, Dänemarks östlichen Machtbereich in Schonen gefestigt, Kopenhagen gegründet und befestigt und schließlich auch noch Saxo Grammaticus beauftragt, die *Gesta Danorum*, die Taten der Dänen, für die Nachwelt aufzuzeichnen.

Zu Busserts weiteren Arbeiten gehören die für drei dänische Könige, nämlich Christian II., Frederik I und Christian III. Nicht von ihm stammt das prächtige Grabmal für Christian III. im Dom zu Roskilde. Es wurde von *Cornelius Floris* in Antwerpen hergestellt und gehört zu den prächtigsten Stücken der Renaissance. Die Alabasterpracht erhält einen rührenden Akzent durch das Abbild des knienden Königs vor dem Gekreuzigten auf dem Himmel des Betts.

Ein sehr ausdrucksvolles Relief von Bussert ist der Grabstein für den Adligen Maurids Krognos in Ringsted (Seeland); es zeigt einen quijotisch aussehenden Ritter zwischen einer alten und einer jüngeren Frau: Mutter und Weib.

Wie nach Notkes Altartafel die Deutschen kamen, so nach der Lieferung von Floris die Niederländer. Einer von ihnen, der ›Alabastermeister‹, vollendete um 1575 das Grab von Krognos. Sein Kollege *Johan Gregor van der Schardt* schuf die ersten weltlichen Porträtbüsten. Dazu gehört eine bemalte aus Terrakotta von Frederik II. Sie befindet sich im Museum des Schlosses Frederiksborg.

Unter Frederik II. wird Kronborg ausgebaut, unter Christian IV. Frederiksborg vollendet und ausgeschmückt. Die Krone gibt den Künstlern Arbeit und Brot. *Abel Schröder d. Ä.* aus Deutschland, die niederländischen Brüder *Hans* und *Lorentz van Steenwinckel* sind an diesen Arbeiten beteiligt, die viele Beispiele gelungener Renaissance bieten.

Mit *Abel Schröder d. J.* kommt das Barock. Im Schnittpunkt beider Stile liegt die Holmens-Kirche gegenüber dem Portal von Christiansborg. Das Haus war ursprünglich eine Ankerschmiede und wurde von Christian IV. in eine Kreuzkirche umgebaut. Abel Schröder schnitzt die Kanzel und die Altartafel. In ihnen wird die Renaissance durch Zusammenfassung, ja Häufung ihrer antikisierenden Einzelheiten zum Barock. (Tobias Faber nennt den jüngeren Schröder »einen der hervorragendsten Künstler jener Zeit auf dem Gebiet der Holzschnitzerei«.) Während das etwas schwermütig wirkende Gebäude der Kirche noch reinste Renaissance verkörpert, wie sie damals in Dänemark nicht mehr gebaut wurde, kommt Schröders Holzschnitzarbeit den zeitgenössischen Strömungen sehr nahe.

Der eingewanderte Deutsche *Statius Otto* schnitzte das Modell für den ebenso graziösen wie putzigen Brunnen auf dem Gammel Torv, der einen Teil des Ströget bildet. Der aus Italien eingewanderte Wallone *François Dieussart* versprach seinem Auftraggeber eine Reiterstatue, wurde aber nie damit fertig. Gelungen jedoch ist sein Porträt des Königs als Imperator. Aus Frankreich kam *Abraham César l'Amoureux*. Ihm ›verdanken‹ Dänemark und damit ganz Skandinavien die erste Reiterstatue in diesem Teil Europas, das aus Blei gegossene Denkmal für Christian V. auf *Krinsen*, wie die Kopenhagener den Platz Kongens Nytorv nennen. Im Rückgriff auf schon Erzähltes und im Vorgriff auf das nächste Jahrhundert soll hier noch einmal der Franzose *J. A. Le Clerc* mit der Reiterstatue von Frederik V. erwähnt werden.

Vor Le Clerc und dem Rokoko bekam der flandrische Barock in Dänemark Möglichkeiten, sich von seiner üppigsten Seite zu zeigen. *Thomas Quellinius* (eingewandert 1689) arbeitet mit mehrfarbigem Marmor. Von ihm und *J. C. Sturmberg* stammen einige der eindrucksvoll geschmückten Grabstätten von Dänemarks blaublütiger Elite.

Im Reigen der Gastarbeiter sollen auch die Engländer nicht vergessen werden: *S. C. Stanley* lockerte Kopenhagens Gartenanlagen mit Skulpturen auf und schmückte den Speisesaal im Palais von Christian VII. mit geschnitzten Trophäen.

Saly wurde nach dem Architekten Niels Eigtved der zweite Direktor der Kunstakademie, die später umgetauft wurde: Königliche Akademie der Schönen Künste. So bekam ein Franzose aus der spirituellen Epoche von Ludwig XVI. die Möglichkeit, eine ganze Generation dänischer Bildhauer heranzuziehen. Zu ihnen gehören *Hartmann Becken* (Adam und Eva) sowie *Nicolai Dajon* (Vier Jahreszeiten).

Zukunftsweisender als Salys Schüler wurde *Johannes Wiedewelt*, dem Salys Mentalität fremd war. Er traf in Rom auf Winckelmann und arbeitete mehr in dessen Geist als in dessen Stil. Seine beiden trauernden Frauen Dänemark und Norwegen säumen den Marmorsarg von Frederik V. im Dom zu Roskilde.

Nach seinem Vorbild und ebenfalls in der Welt Roms entwickelte der aus Island stammende *Bertel Thorvaldsen* sich zum berühmtesten aller dänischen Bildhauer (Abb. 89). Sein einzigartiges – allerdings von einigen Zeitgenossen stark angezweifeltes – Talent orientierte sich an griechischer Klassik und römischem Neuklassizismus. Als Stipendiat der Akademie für Schöne Künste kam er nach Rom. Seinen Durchbruch brachte ihm die ästhetisch vollendete Kriegergestalt des Jason mit dem Goldenen Vlies nach Fertigstellung des Modells 1803. Bis 1838 wirkte er die meiste Zeit in seiner Werkstattanlage an der Piazza Barberini, dann kehrte er nach Kopenhagen zurück.

Manche Dänen nennen ihn den ersten dänischen Fließbandorganisator, weil er – wie vor ihm niederländische Maler und nach ihm zum Beispiel der finnische Architekt Alvar Aalto – einen Stab von Mitarbeitern hatte, die seinen Intentionen folgten. Mit seinem undramatischen, beherrschten Klassizismus traf er genau die Schönheitsvorstellungen seiner Zeit, als die geistige Elite nach der Französischen Revolution dem Donner der Kanonen Napoleons bei Valmy lauschte und nostalgisch an die Heile Welt – die für heil gehaltene Welt – der Antike dachte.

Als Thorvaldsen weltberühmt geworden war, geschah das Wunder, daß er auch in Dänemark anerkannt wurde. Nachhaltig. Während man im übrigen Europa nach dem Kulturschock des Zweiten Weltkriegs gegenüber Thorvaldsen und seinen unentwegt reinen Linien

Zurückhaltung zeigt, hängen Kopien seiner Arbeit in vielen dänischen Wohn- und Schlaf-
zimmern.

Sein Schüler *Hermann Ernst Freund*, mit dem Thorvaldsen eng zusammenarbeitete,
erweiterte den Kreis der Vorlagen in die nordische Mythologie hinein. *Hermann Vilhelm
Bissen* führte nach Thorvaldsens Entwurf das Gutenbergdenkmal in Mainz aus. Sein Bogen
spannt sich von der Gruppe Apollo und Athene in der Universität Kopenhagen über das
Modell von Bischof Absalon zu Pferde gegenüber von Christiansborg Slot bis zum dänischen Landsoldaten in der damaligen Grenzstadt Fredericia. Dieser bärtige Krieger, der
nach dem Sieg über die Aufständischen in Schleswig-Holstein seinen rechten Arm erhebt,
die Hand zur Faust eher verkrümmt als geballt, hat unter den dänischen Denkmälern der
neueren Zeit eine besondere Stellung: Er drückt nationalen Stolz und Triumph aus. Die
Denkmäler nach dem enttäuschenden Abstimmungssieg von 1920 und nach der Befreiung
1945 zeigen Mäßigung, fast Erleichterung darüber, daß ein harter Schicksalsschlag mal
wieder verkraftet worden ist.

Den Auguren galt Bissen als schlechthin der geistige Erbe Thorvaldsens. Und beim Betreten der Ny Carlsberg Glyptothek in Kopenhagen bekommt man fast unmittelbar den Eindruck, daß es für Bissen nichts Schöneres gegeben haben mag, als dem großen Meister
nachzueifern. Nachdem Thorvaldsen von der Antike nicht viel unbehauen gelassen hatte,
wandte Bissen sich eifrig dem Norden zu. Da gibt es keine Dagmar und keine Margrete, die
nicht unter seinem Meißel wiederauferstanden ist, mit untadeligem Faltenrock und gerade
vom Coiffeur zurückgekehrt. – Nur bei den zeitgenössischen Porträts zeigt der Bildhauer
einen eigenen Stil.

Ebenfalls zu der Gruppe, die der ehemalige Direktor der Glyptothek Vagn Poulsen als
›Thorvaldsen-Epigonen‹ bezeichnet, gehört *Jens Adolf Jerichau*. Dieser Mann überwandt
seinen Lehrmeister innerlich im Verlauf seiner künstlerischen Entwicklung. Anfangs folgte
er den Spuren Thorvaldsens, was ihm aber nicht immer so recht gelingt. Seine Plastiken sind
menschlicher, lebendiger als die unterkühlten superästhetischen Werke des Vorbilds. Jerichau kann auch als Vorläufer moderner Werbemethoden gelten, denn er hat zu einem Thema
eine ›Vorher‹- und eine ›Nachher‹-Gruppe geschaffen (wobei freilich das ›vorher‹ später
entstanden ist als das ›nachher‹). Die Gruppen zeigen Adam und Eva vor und nach dem
Sündenfall. Gerade die erste Schöpfung – nach dem Sündenfall – drückt Erschütterung über
Unabwendbares aus, während die Schlange sich davonmacht und der Apfel auf dem Boden
liegt.

Jerichaus größte klassizistische Arbeit ging beim Brand Christiansborgs 1884 verloren:
ein Relieffries von der Hochzeit des großen Alexander.

Nach dem Bürger- und Interventionskrieg von 1848–1850 bemüht auch Jerichau sich um
den Auftrag für das Denkmal über die Schlacht bei Fredericia und präsentiert einen Thor. Er
verliert gegen Bissen, und wenn man Jerichaus nordischtümelndenEntwurf betrachtet, fällt
es einem nicht schwer, dem Beschluß der Kommission zuzustimmen. Es gibt – viele –
bessere Werke von ihm. Eins von den freundlicheren, die dem unausgewogenen Künstler

1 LÖGUMKLOSTER Südliches Querschiff der Klosterkirche (Jütland)

2 TÖNDER Uldgade (Jütland) ▷

3 RIBE Dom, um 1130 über einer Holzkirche des 9. Jh. errichtet, links der ›Bürgerturm‹ (Jütland)

4 RIBE Säule mit den Hochwassermarkierungen seit 1634 (Jütland)

5 Insel FANÖ vor Esbjerg, Strand bei Vesterhavsbad (Jütland)

6 ESBJERG Im Fischerei- und Schiffahrtsmuseum (Jütland)

7 VIBORG Dom, ursprünglich Anfang 12. Jh., Wand- und Deckenfresken Neuschöpfung von Joakim Skovgaard (Jütland)

8 HVIDBERG KIRKE Holzfigur ›Jonas im Walfisch‹, um 1750 (Jütland)

9   VIBORG   ›nachgedichteter‹ Dom von 1862–1876, Westfassade (Jütland)

10   BULBJERG an der Jammerbucht (Jütland)

11–14   HJERL HEDE   Scherenschleifer; Freilichtmuseum; Leben wie in der Steinzeit am Flynder-See   ▷
(Jütland)

![Düppeler Mühle]

15   Düppeler Mühle, nationales Wahrzeichen Dänemarks (Jütland)

16   CHRISTIANSFELD Kirche der Brüdergemeinde von 1776 (Jütland)

17   AABENRAA ›Wächterstatue‹ auf dem Vägterpladsen (Jütland)

18 HADERSLEV Dom 13./14. Jh., Blick zum Chor (Jütland)

20 VEJLE (Jütland)

19 KOLDING Schloß Koldinghus (Jütland)

21 ›Egtved-Mädchen‹ mit Bluse, Schnurrock und Gürtelplatte (Bronzezeit) – für die Nachwelt wiedererweckt

22 JELLING Runenstein Harald Blauzahns, um 950 (Jütland)

23 HORSENS Bauernhaus aus dem 18. Jh. im Horsens Museum (Jütland)

24 ÅRHUS Dom, Gründung 1201 (Jütland)

25 ÅRHUS Liebfrauenkirche, Krypta, ca. 1060

26   ÅRHUS   Liebfrauenkirche (nach 1100), Chor: Flügelaltar von 1520 von Claus Berg, Detail (Jütland)

28   Der HIMMELBJERGET galt bis 1847 als Dänemarks höchster Berg (Jütland)

◁ 27   ÅRHUS   Im Freilichtmuseum ›Den Gamle By‹ (Jütland)

29, 30   SILKEBORGER SEEN   (Jütland)

31, 32   ROSENHOLM   Ansicht des Schlosses und französisch-flämischer Gobelin (Jütland)

gelungen sind, ist das Paar mit dem Namen ›Schlummernde Liebe‹. Sein dramatischstes Werk ist der ›Pantherjäger‹ (Museum Ålborg).

Am Ende des 19. Jahrhunderts suchen die dänischen Bildhauer nach neuen Ausdrucksformen. Paris rückt in den Mittelpunkt, der Naturalismus kommt nach Dänemark. Zu den Künstlern dieser Epoche gehört *Jean Gauguin,* den es – anders als seinen Vater – zu den nördlichen Schönheiten hinzog (war das vielleicht eine besonders subtile Form des Aufstands gegen den Übervater?). Jean Gauguin siedelt sich in Kopenhagen an, wird dänischer Staatsbürger. Sein künstlerisches Schaffen reicht an das seines Vaters nicht heran, hieße er Möller oder Andersen, so könnte er unerwähnt bleiben.

Die letzte Periode dänischer Bildhauerei vor 1945 beginnt mit *Kai Nielsen.* Von ihm läßt sich sagen, daß er auch in klassischer Manier arbeitete, seine Liebe aber galt der naturalistischen lebensfrohen Darstellung. Seine beiden Plastiken von der Erschaffung der Erde und des Menschen könnten ihn fast zum Thorvaldsen-Epigonen abstempeln. Beispiele seines späteren eigenen Stil sind die ›Århus-Mädchen‹, die Schwestern, deren eine ins Leben hineinwächst, während die andere noch klein und verspielt ist, und schließlich die ›Wassermutter‹, eine ruhende Frauengestalt, an der vierzehn kleine Wesen gleicher Größe und Entwicklung herumklettern, -tasten und -saugen, wie Mütter es in dieser Intensität eben nur bei ihren eigenen Kindern zulassen. Man muß dieser Gruppe nach Vagn Poulsens Meinung im Kontrast zu den gewöhnlich etwas finster geratenen, bärtigen Wassergöttern der Antike sehen.

Die sensuelle Darstellungskraft Nielsens zeigt sich am stärksten in seiner ›Leda ohne Schwan‹. Fast möchte man es umtaufen zu ›Leda in Erwartung des Schwans‹ (Abguß in Glyptoteket, Original an der Volksbücherei in Svendborg auf Fünen).

Konservativer in seinen meist monumental wirkenden Frauenplastiken ist wohl nicht zufällig Nielsens Zeitgenosse *Gerhard Henning* (1880–1967) – stammt er doch aus Schweden.

Zu den ausdrucksstärksten Bildhauern der Nachkriegszeit, die in der Glyptothek vertreten sind, möchte ich *Henrik Starke* und *Mogens Böggild* zählen. Starkes Bronzeplastik ›Stierkopf‹ gibt den Eindruck, als sei sie der Rest eines gerade verkohlten Wikingerschiffs, mit dem ein Häuptling beigesetzt worden ist. Der Basaltkopf eines Grönländers beweist in seiner völlig anderen, glatt-traurigen Gestaltung die Breite der Skala dieses Künstlers. Und Mogens Böggilds ›Kniende‹ übertrifft die Aussagekraft von Hennings ›Liegender‹ und ›Sitzender‹.

Platz wird die Glyptothek wohl bald für die Werke von *Henry Heerup* schaffen müssen, den graulockigen Baskenmützenträger, den dänischsten aller dänischen Künstler der Gegenwart. Er wuchs in einem jetzt abblätternden Arbeiterstadtteil auf und ist bislang auf keiner wesentlichen Ausstellung in Mitteleuropa gezeigt worden.

Über sein Leben – also das, was man gestelzter als ›künstlerischen Hintergrund‹ bezeichnen kann – wird noch etwas im Zusammenhang mit seinen Leistungen als Maler gesagt (s. S. 56 ff.). Hier nur soviel: Heerup ist alles andere als ein popularitätshaschender Manirierter, also kein Maschenwirker, kein Clown der Nation. Er machte Sperrmüllskulpturen schon zu einer Zeit, als es den Begriff Sperrmüll überhaupt noch nicht gab.

Obwohl alles andere als schizophren, spaltet sich Heerup in einen Sommer- und einen Winterkünstler. Im Sommer ist er Maler, im Winter Bildhauer.

Unnötig wohl zu erwähnen, daß Heerups Transport- und Fortbewegungsmittel das Fahrrad ist. Mit dem Fahrrad fuhr er 1968 zum Schloß Amalienborg, um sich für eine Freundlichkeit zu bedanken, die ihm vom Königshaus zuteil geworden war: Frederik IX. hatte Heerup zum Ritter des Danebrog gemacht. »Das Ritterkreuz habe ich nur angelegt, als ich mit dem Rad nach Amalienborg fuhr, um mich zu bedanken. Denn ich komme mir so komisch vor, wenn ich das im Knopfloch habe.«

In Dänemark hielt man ihn lange Zeit für einen merkwürdigen Menschen, weil er das Rohmaterial für seine Skulpturen auf dem Müllhaufen zusammensuchte: alte Schuhe, Haarbürsten, Stuhlbeine und alle möglichen Abfälle aus dem Zeitalter der Mechanisierung. Die Dänen haben – pardon – eine Neigung zur kleinkarierten Bürgerlichkeit, und wenn jemand darüber hinauswächst, dann versucht man nur zu gern, ihn mit ein paar Tritten vor das Schienbein wieder auf das Normalmaß zu reduzieren. Das mußten nicht nur Heerup und Thorvaldsen erfahren, so ging es auch den Wortgewaltigen Kierkegaard und Andersen.

Ein guter Freund, der Heerup eines Tages im Jahr 1962 traf, fragte ihn, ob er sich bei der Arbeit verletzt habe, und deutete auf ein Pflaster an seiner Hand. »Aber nein«, versetzte der Künstler, »das ist mein Denk-dran-Pflaster. Ich darf nicht vergessen, daß ich einige Skulpturen zur Biennale nach Venedig schicken soll.« Als die Dänen merkten, daß Henry Heerup im Ausland ernstgenommen wurde, konnten sie nicht mehr umhin, dasselbe zu tun.

Mit dem Fahrrad hat er viel von den Steinen abtransportiert, aus dem seine Bildhauerarbeiten entstanden sind. Wie der isländische Kollege Sigurjón Ólafsson dem Treibholz, sieht er im Vorbeigehen den Steinen an, was sie verbergen, was wo weggehauen werden muß, damit ein Kunstwerk daraus entsteht. Sigurjóns Jagdrevier sind die Küsten vor Reykjavik. Heerup findet Steine in den eintönigen Vororten von Kopenhagen. Er bringt sie zu seinem Arbeitsplatz, den die Zeitung Politiken so beschreibt: »Der Urwaldgarten, den Heerup vor 30 Jahren für 4000 Kronen kaufte, ist völlig unbeschreibbar. In der Wildnis von Himbeeren, Brombeeren, Holunder, Nadelbäumen, hohem Gras und alten Obstbäumen finden sich prachtvolle Fabeltiere, in Granit gehauen, scheckige Totempfähle, alte Fahrradlenker, ausgebrannte Haartrockner und Höhensonnen, Statuen, große Steine, Waschschüsseln, Rohre von Kachelöfen, Milchkannen und havariertes Werkzeug, von dem das ›Genie von Vanløse‹ überzeugt ist, daß er in ihnen eine künstlerische Seele finden und sie zu den Kunstwerken umschöpfen kann, die er Gerümpelfiguren nennt, und lieber würde er sterben, als die Arbeit an ihnen aufgeben.«

Kongenialer als John Njors Beschreibung kann keine sein. Sie zeigt die Arbeitsumwelt, die Denkweise, die Schöpferkraft und die künstlerische Konzeption. Heerup ist keineswegs einzig und allein Naturgenie, er war auch Schüler der Kunstakademie, und ist heute kein Herumhacker auf dem Establishment. Er will seine Jahre auf der Akademie als die besten seines Lebens verstanden wissen.

Widersprüche? Heerup mit 70: »Glücklicherweise habe ich meinen Kindersinn bewahrt, denn der ist ja nichts, was man auf dem Fundbüro wieder abholen kann, wenn er einmal verschwunden ist.«

Etwas abseits von allen Skulpturen des kleinen Königreichs mit seinem Reichtum an Kunstschätzen sitzt *Edvard Eriksens* ›Kleine Meerjungfrau‹ und blickt über das verschmutzte Wasser beim Überseehafen Langeline (Abb. 97). Das von Andenkenjägern oft mißhandelte Bronzemädchen gilt bei den Dänen noch immer nicht als ›richtiges‹ Kunstwerk. Und bestimmt ist sie nicht das beste. Aber sie wird wohl auch dann noch das Symbol dieser Stadt sein, wenn Kopenhagen statt nur ›Wonderful...‹ zu sein, schon das Prädikat ›Ewiges...‹ bekommen hat.

Wer kennt schon Jens Juel und Storm P.?

Von den dänischen Malern und Grafikern hat es keiner so weit gebracht wie Thorvaldsen unter den Bildhauern. Von dänischer Malerei hat man im Ausland derart wenig gehört, daß mancher zweifelnd fragen mag: »Gibt's die überhaupt?«

Um die Antwort vorwegzunehmen: »Ja, es gibt sie.«

Und sie ist sogar von einer überraschenden Vielfalt. Natürlich ist sie auch auf eine andere Weise international, denn der ›Sezessionismus‹ grassiert überall unter den Malern. Erst gründeten die dänischen aus der Ablehnung des Traditionalismus heraus Den Frie Udstilling (Die Freie Ausstellung), dann spaltete sich von den Freien eine andere Gruppe ab, die Grönningen-Maler. Dann gab es da noch die Dezembristen, die Herbstausstellung, die Koloristen und die Kameraden. Während *Decembristerne* in unseren Ohren ein wenig anarchistisch und *Kammeratene* genau gegenteilig klingt, wirkt COBRA wertneutraler und führt die Gedanken ins Reptilienreich. Zu Unrecht, denn hier handelt es sich um eine Abkürzung von COpenhagen-BRussels-Amsterdam. COBRA wurde 1948 gegründet und schon 1951 wieder aufgelöst.

Beide Male war Ansgar Jorn dabei, der es – wie viele skandinavische Koryphäen des 20. Jahrhunderts – vorgezogen hat, im Ausland etwas zu werden. Als er zu Haus genug kalte Schultern gesehen und zu spüren bekommen hatte, ging er 1955 nach Paris, und schon 1958 war er obenauf. Jorn gilt gegenwärtig als der berühmteste dänische Maler. Richtiger wäre wohl: der berühmteste Maler aus Dänemark, denn dänisch ist seine Kunst nicht mehr.

Aber so war es schon am Anfang, in der Malerei wie auf allen anderen Gebieten der klassischen Künste und Wissenschaften: Das Licht kam aus dem Süden. Meist natürlich auf dem geographisch konsequenten Weg über Deutschland, dann und wann auch aus dem flämischen Sprach- oder dem romanischen Kulturraum.

Die Kirchenfresken des 11. und 12. Jahrhunderts unterscheiden sich nicht von denen in anderen Ländern. Die Künstler hatten alle dieselbe Grundschulung, sie sollten alle dieselbe Botschaft vermitteln. Im Mittelpunkt steht Christus als Himmelskönig und Erlöser vom Tod, Garant ewigen Lebens. Erst in der gotischen Zeit erhalten die Motive – deren Ausführungen auf uns lustig und originell wirken, ein durch die auf Analphabeten zugeschnittene Naivität bewirkter Effekt – einen Zeigefingercharakter. Der freie Bauer war nicht mehr frei, weltliche und geistliche Obrigkeit hatten sich mit Erfolg darangemacht, ihn um einen Teil seiner Arbeitskraft zu betrügen und sogar seine Bewegungsmöglichkeiten einzuschränken.

Da könnte er auf dumme Gedanken kommen. Was lag näher, als ihn durch drastische bildliche Darstellungen auf Kreuzgewölben auf der guten Bahn demütigen Gehorsams zu halten? – Wenn er sonntags in der Kirche saß und – die Predigt ergoß sich ja ohnehin an seinen Ohren vorbei – nach oben blickte, so sah er Menschlein von Teufeln umgeben durch das irdische Jammertal der Prüfungen schreiten, sah er, wie der erhöhet wurde, der auf dem schmalen Pfad der Tugend blieb, sah er die anderen in der Hölle braten, die sich an Gottes Gebote nicht gehalten und vielleicht sogar die Faust geballt hatten, wenn der Gutsherr vorbeikam.

Am häufigsten sind Kalkmalereien in den Kirchen um Kopenhagen herum, in ganz Nord-Seeland und in der Gegend von Randers auf Jütland. Auf der Strecke Roskilde–Kalundborg passiert man den kleinen Ort *Tuse*. Seine Kirche liegt direkt an der Reichsstraße und hat herrliche Fresken.

Der Bayer Christian (III.) brachte aus Deutschland den Porträtmaler *Jacob Binck* mit, aus den Niederlanden wanderten *Karel van Mander d. J.* und *Abraham Wuchters* ein. So entstanden die Voraussetzungen für das Anregen und Ausbilden dänischer Künstler. Einer von ihnen will allerdings in dieses Schema vom Weiterreichen der Prometheusfackel nicht hineinpassen – und gerade darum gehört er zu den interessantesten: *Melchior Lorck* aus Flensburg. Umgemünzt galt für ihn schon der Wahlspruch, den später der Journalist und Schriftsteller H. C. Andersen für sich geprägt hat: Reisen – das ist Leben. Lorck wohnte mal in den Niederlanden, mal in Deutschland. Weiter in den Süden zog es ihn auch: Österreich, Italien, sogar die Türkei. Kupferstiche, Holzschnitte und Grafiken sind der Nachlaß dieses fahrtenreichen Künstlerlebens.

Erst mit der schon erwähnten Gründung der Kunstakademie 1754 entwickelte sich eine eigene dänische Malerei. Lars Rostrup Böyesen, akademisch vorgebildeter Kenner auf diesem Gebiet, charakterisiert sie so: »Dänische Malerei ist erstaunlich vielseitig und fruchtbar. Sie hat eine klar erkennbare Eigenart, die zweifellos tief im dänischen Wesen wurzelt. Wo die Kunst erzählend ist, merkt man an ihrem beherrschten, schamhaften Ton eine typisch dänische Angst vor Sentimentalität und banalem Zurschaustellen von Gefühlen. Die dänische Farbenskala ist von einer eigenen reinen ›Blondheit‹ beherrscht, süßliche und metallische Farbtöne werden selten angewendet. Nach der Aussage von Ausländern soll die häufige Verwendung von Blau charakteristisch sein.«

Jens Juel (gespr. Ju-el) (1745–1802) und *Nicolaj A. Abildgaard* (1743–1809), beide an der Akademie tätig, sind die ersten dänischen Maler von Bedeutung in dem damals noch großen Königreich. Jens Juel machte Geld auf dieselbe Art wie später der Schwede Anders Zorn: Er zog durch die Lande und konterfeite die Reichen. Hätte es den Titel Hof-Fotograf damals schon gegeben, der dem Rokoko verhaftete Jens Juel hätte ihn bekommen. Der Aufbau seiner Bilder ist harmonisch, in Details zeigt er eine Genauigkeit, die ihn und viele spätere Maler Dänemarks in direkte Nähe der tüchtigen Handwerker jener Zeit bringt.

Nicolaj A. Abildgaard hielt sich mehr an den Neuklassizismus. Der vielseitige Künstler hat an der Freiheitssäule mitgearbeitet, die 1797 zur Erinnerung an das Abschaffen der Erbuntertänigkeit dort errichtet wurde, wo heute ganz nahebei der Hauptbahnhof liegt. Er zeichnete auch Möbel, und dabei entwickelte er einen Stil, der lange Zeit hindurch richtung-weisend bleiben sollte.

Nur vom Thema her ist Abildgaards Gemälde ›Sokrates im Kerker‹ der Antike verhaftet, das auf weiten Flächen dunkel ist, ein Dunkel um den Philosophen herum, der im lila Gewand auf einem Schemel sitzt, seinen Kopf auf die rechte Hand gestützt. (Dieses Bild und die anderen hier genannten hängen in der Ny Carlsberg Glyptothek.)

Da Zeichnen mit und ohne Farbe ein wichtiger Teil der Tätigkeit von Architekten und Bildhauern ist, kann es nicht wunder nehmen, daß manch einer von diesen sich mit dem Stift – oder gar mit der Palette – an originäre Arbeiten herangewagt hat. An Vielseitigkeit auf hohem Niveau findet man keinen Dänen, der es mit Abildgaard aufnehmen kann.

Auch *Christoffer Wilhelm Eckersberg* (1783–1853) wirkte an der Kunstakademie, und er wirkte so stark über seine Zeit hinaus, daß man ihn den ›Vater der dänischen Malerei‹ nennt. Das Goldene Zeitalter der dänischen Malerei gewinnt mit ihm an Tiefe, aber auch an Breite der Skala; ob Porträt, ob Landschaft, Darstellungen aus der Schiffahrt oder aus der Geschichte: wenn Eckersberg erst einmal an der Leinwand stand, dann wurde er mit seiner Aufgabe auch fertig.

Grundlage seines Könnens ist eine noch gewissenhaftere Naturtreue als bei Jens Juel, die bei Eckersberg durch Jacques-Louis David gefestigt wurde, in dessen Werkstatt er fast ein Jahr zubrachte. Das Gemälde ›Partie der Via Sacra‹ aus dem Jahr 1814 in Rom zeigt, wie kongenial zu werden Eckersberg bereits im Begriff steht. Und auch bei seinen größeren Arbeiten wird er niemals flüchtig, wird er immer Wert darauf legen, auch Einzelheiten von geringer Bedeutung mit größter Akribie auszuführen. Die beiden Marinebilder von 1830 (›Postschiff‹) und 1831 (›Brigg wartet auf den Lotsen‹) weisen ihn ebenso wie das Familien-bild der Nathansons als Mann mit Liebe zum Detail aus.

Aus dem engsten Schülerkreis Eckersbergs hat *Wilhelm Marstrand*, ein ansonsten humor-begabter Mann, den Dänen ein Stück gemalter Geschichte hinterlassen. Es fehlte früher in keinem Unterrichtsbuch. Christian IV. steht auf dem Flaggschiff ›Foldigheten‹, die See-schlacht vor Kolberg gegen die Schweden (1. Juli 1644) ist in vollem Gange, der König hat gerade ein Auge verloren und steht frischverbunden zwischen seinem Gefolge. Ein derart exponiertes Bild kann natürlich nicht verschont von Witzeleien bleiben, wie etwa: »Los, Jungs, nochmal drauf, aber diesmal mit geteerten Stricken, und den Wirt, den überlaßt mal mir.«

Ein Meister der dänischen Landschaftsmalerei ist *Johan Thomas Lundbye* (1818 bis 1848), der das idyllische und sanfte Auf und Ab der dänischen Hügellandschaft einfühlsam dar-stellte. Im Raum 51 der Carlsberg Glyptothek hängt ein typisches Beispiel dafür, es wirkt fast wie ein Lehrbeispiel für Lundbyes Handschrift: »Seeländische Landschaft, Blick von Bjärresö Mark.«

In der Halle 49 hängen drei Bilder von *Theodor Philipsen*, die den Übergang eines Malers und mit ihm nicht lange danach der dänischen Malerei überhaupt vom kleinbürgerlichen Naturalismus zum Impressionismus zeigen. Ein Bild mit widerkäuenden Kühen sieht aus, als sei es gemalt worden, weil ein stolzer Rindviehzüchter alle seine preisgekrönten Kühe auf einem Bild haben wollte – und zwar so exakt dargestellt, daß jeder andere Rindviehzüchter unschwer erkennt, warum diese Tiere Preise erhalten haben. Schon eine Abwendung von dem reinen Naturalismus ist ›Kühe an einem Wasserloch auf Saltholm‹. Reiner Impressionismus ist das Waldstück auf Saltholm (›Skoven paa Saltholm‹).

Einen speziell dänischen Hintergrund hat sowohl bildlich – also der Entstehungsgeschichte nach – als auch wörtlich (was hier ›bildlich‹ zu verstehen ist: der Hintergrund der Gemälde) die *Skagen-Schule*. Um die Jahrhundertwende herum pilgerten Künstler zur Nordspitze Jütlands, nach Skagen, weil dort die speziell skandinavische Tönung der Nacht im Hochsommer bereits die Mitternachtssonne ahnen läßt. Zu der Skagen-Schule gehört auch das Ehepaar *Michael* und *Anna Ancher*. Beide haben auf vielen ihrer Bilder den Alltag der Bauern und Fischer Nordjütlands dargestellt.

Die Zeit zwischen 1890 und 1910 ist ein Kampf der Modernisten gegen die Traditionalisten. Und seitdem machen die dänischen Maler getreulich nach, was woanders schon von anderen nachgemacht worden ist. Vor einigen Jahrzehnten fiel dann und wann noch einer aus der Rolle, wie der Symbolist *Kay Christensen*, dessen Bild von Karen Blixen (1947) wohl niemanden gleichgültig läßt.

Fröhlich im Abseits von allen Strömungen der 20er bis 70er Jahre stehen (bzw. standen) *Storm P.* und *Henry Heerup*. Während man diesen noch – mit vielen Vorbehalten – einen dänischen Schröder-Sonnenstern nennen könnte, entzieht jener sich jedem Vergleich – nur ganz schwache Anklänge an Heinrich Zille und dessen Milljöh meint man beim Betrachten seiner Bilder festzustellen.

Robert Storm Petersen konnte sich mit der Abkürzung seines Nachnamens begnügen. Wenn ein Däne zum anderen sagt: »Ich heiße P.«, dann weiß der schon: »Aha, Petersen«. Er wurde 1882 geboren und starb 1949. Seine Lebensbahn lief durch die bewegteste Epoche der modernen politischen und sozialen Entwicklung Dänemarks: Elend der Industrialisierung, die neue Klasse der Bankiers, Fabriksejer und Vekselrytter (Wechselreiter), Weltwirtschaftskrise und Arbeitslosigkeit mit Stadtstreichern und Pennbrüdern, Weltkrieg, Besatzungszeit – die für einen Humoristen wie Storm P. immerhin eine Annehmlichkeit hatte: Bewirtschaftung, Rationierung und Mangel an allem und jedem lieferten ihm jeden Morgen mit der Tageszeitung Stoff für neue Karikaturen.

Storm P. sah die Wirklichkeit vom Standpunkt eines Menschen, der Gegensätze möglichst überbrücken möchte, der nicht Überbrückbares anfangs satirisch scharf ins Schlaglicht rückt, um den sozialen Gegensatz evident zu machen. Wie auf dem Bild vom Tippelbruder, der mit seinem zerknautschten Hut in der Hand bei einem Reichen klingelt und um eine milde Gabe bittet. Die Reaktion: »So eine Unverschämtheit! Wir haben doch schon den 3. Januar, und die Zeit der weihnachtlichen Mildtätigkeit ist längst vorbei.«

Dieser Mann, der gezeichnet und gemalt hat, der Bühnen- und Filmschauspieler war und die Figuren für den ersten dänischen Zeichentrickfilm geliefert hat, er wurde in seinem Engagement in dem Maße schwächer, wie seine Pfeifensammlung größer wurde. Man kann viele Seiten an ihm entdecken, bleiben wird wohl nur die als Spaßmacher des Mittelstands.

So wurden auch seine Penn- und Tippelbrüder schließlich zu nachsichtig belächelten, freundlich geduldeten Außenseitern der Gesellschaft, wie jener, der gerade gebettelt und sogar was bekommen hat: »Menschenskind, eine ganze Krone! Wenn das so weitergeht, brauch' ich bald 'nen Buchhalter.«

Robert Storm Petersens Verhältnis zum Wohlstand war gespalten. Zutiefst innen blieb er der kleine Junge, der zur Genügsamkeit erzogen worden ist und die Wohlstandshascher aufs Korn nimmt. Nur dem genügsamen Kleinbürger, der sich durch Fleiß und Sparsamkeit hochgearbeitet und es schließlich zu dem von allen Dänen erträumten Einfamilienhaus gebracht hat, dem genügsamen Bier-nur-am-Wochenende-Trinker, ihm räumte Storm P. einen fest verankerten Platz in seiner heilen Welt ein.

Den dänischen Schwejk brachte er gleich in dreifacher Ausfertigung zur Welt. Seine ›Drei kleinen Männlein‹ sind weniger unbedarft als die Mainzelmännchen, sie treiben aber ihren Unfug gewöhnlich nur mit denen, die auch vom Kleinbürger schief angesehen werden. Einem dicken Reitersmann den Halfter durchschneiden, an dem er sein Pferd führt, und dann ein Spielzeugpferd dranbinden, das war für die Anhänger von Storm P. schon lustig genug.

Unsterblich wird im Land der Biertrinker seine Tuborg-Reklame mit dem Vagabunden Perikles sein, den sein Kumpel fragt: »Du, Perikles, welches Mal schmeckt ein Tuborg am besten?« Antwort: »Jedes Mal.«

Storm P. war der Spaßmacher jener Generation, die gegen alle Widrigkeiten den sozialen Ausgleich erstritten und gefestigt, die Dänemarks Probleme auf ein winziges Minimum reduziert hat. Sie bezieht heute die zu einem menschenwürdigen Seniorenleben ausreichende Pension, die der von ihr geschaffene Wohlfahrtsstaat jedem Bürger im Alter garantiert. Man trifft sie im *Storm P. Museum* (s. S. 273), schmunzelnd durch die Zimmer gehend oder den Stock neben sich auf einem bequemen Stuhl sitzend. – »So war es dazumal.«

Storm P. war es, der als erster die Mitwelt auf *Henry Heerup* aufmerksam machte. Heerup ist 25 Jahre jünger als Storm P. und mußte ungleich länger um Anerkennung kämpfen. Na, gekämpft hat Henry Heerup eigentlich nie. Er hat gezeichnet, Steine zurechtgehauen, Bilder gemalt und sich wohl ein wenig darüber gewundert, warum seine Mitbürger sich nicht mit seiner Arbeit identifizieren konnten.

Das dürfte nicht zuletzt an der Herkunft von Henry Heerup gelegen haben. Er stammt aus dem ›Milljöh‹, aus Kopenhagens Stadtteil Nörrebro. Dort hatte seine Mutter ein kleines Geschäft. Den Vater hat Heerup nur zweimal gesehen. Beim zweiten Besuch brachte der Vater einen Malkasten mit. Damals war Henry dreizehn Jahre alt, und es sollte noch sieben Jahre dauern, bis er in die Kunstakademie aufgenommen wurde.

Schon seit dem ersten Besuch war Henry vom Zeichnen besessen. Und er bemühte sich auch, das Geschaffene unter die Leute zu bringen. So einfach wegschenken aber mochte er nichts. Zu Hause fehlte Geld an allen Ecken und Kanten, der Junge wollte der Mutter helfen. Zu kleinsten Preisen verscherbelte er seine Sachen in der Nachbarschaft an Leute, denen bislang nie die Idee gekommen war, sich etwas so Komisches zu kaufen wie Kunst. Aber wenn das nur 25 Öre kostet...

Im Gegensatz zu mitteleuropäischen Künstlern der 60er und 70er Jahre, die im Rahmen eines ideologischen Engagements auszogen, um Verbindung zur Arbeiterklasse zu suchen, hatte Heerup sozial ganz unten angefangen, und die Verbindung blieb sein ganzes Leben lang bestehen. Die wichtigste Ausstellung im November 1977, als der Ritter des Danebrog Siebzig wurde, kam mit Unterstützung der Metallarbeitergewerkschaft, der Schlachthofarbeitergewerkschaft, der Gewerkschaft Druck und Papier sowie der ›Manschettengewerkschaft‹ Verband der Angestellten in Handel und Büros zustande.

Heerup 1942: »Ein edler Trieb – der Arbeitstrieb. Man sagt, Kunst kommt durch Überschuß zustande. Aber auch vom Unterschuß kann sie herrühren. Beides kann dem Künstler zum Nutzen gereichen.«

Worte wie diese und Heerups Lebensstil der Kargheit könnten den Eindruck geben, der hagere Mann mit der Baskenmütze sei ein Fanatiker des einfachen Lebens. Oder wenigstens ein Spitzweg-Idealist. Nein, das ist er nicht. Ohne Bitterkeit blickt er auf die schweren Jahre zurück.

Heerup 1977: »Heute unterstützt man die Kunst, und das ist gut. Denn es ist krankhafter Romantizismus, wenn man sich einbildet, daß man schlechtere Künstler bekommt, wenn die sich jeden Tag sattessen und ihre Miete bezahlen können.«

Heerup scheut sich grundsätzlich, etwas wegzuwerfen. So wie viele seiner Zeitgenossen, die zu den treuesten Besuchern des Museums von Storm P. gehören, die kein Marmeladenglas, keine abgelaufenen Schuhe, keinen zerzausten Besen und keinen Wasserkessel wegwerfen können, dessen Emaillierung schon vor Jahren abgeplatzt ist. Aber: Was sich bei ihnen auf dem Boden und im Keller staut, das liegt bei Henry Heerup auf dem Grundstück herum. Zuweilen greift er etwas heraus, wartet, ob es zu ihm spricht. Wenn ja: Dann entsteht wieder einmal eine Gerümpelskulptur. Nicht aus dem Zwang heraus, einer manirierten Richtung zu folgen, sondern aus dem Zwang heraus, nichts wegwerfen zu können, es wiederverwenden zu müssen.

Im Jubelherbst 1977, als der lange verkannt Gewesene einen – wie es in Skandinavien heißt – ›runden Geburtstag‹ feierte, wagte kein Däne daran zu zweifeln, daß Heerup ein Künstler

Henry Heerup ›Auf dem Lebensweg‹

ist, dessen Werk weit über seine Zeit hinaus Bedeutung haben wird. Jedenfalls zweifelte niemand laut.

Die eingehende Darstellung in diesem Kapitel soll nicht – wer daran zweifelt, lese es noch einmal – werten. Sie soll einen Künstler menschlich näherbringen, der – und hier werte ich – dänischer ist als alle seine Vorgänger. Der inmitten von abendländischem Kulturpessimismus seinen eigenen Lebensoptimismus – auch darin ein wohlgelungener Däne – hegt und pflegt. Die Vignette zeigt es: *Auf dem Lebensweg,* das Hufeisen auf dem Lenkrad, der gute Stern mit darüber, das Streben nach vorn gibt Schaffenskraft – es läßt die Farbe aus der Tube quellen.

Storm P., der früher als andere das Ursprüngliche und Eigenständige in Heerups Arbeit erkannte, drückte seinen Respekt auf eine Art aus, die wohl nur in Skandinavien vorstellbar ist: »Wenn ich gestorben bin und mein Gedächtnisfonds steht, dann sollst du das erste Legat bekommen. Dafür werde ich noch zu Lebzeiten sorgen.«

Hamlet Däne? Nein. – Dirch Passer Däne? Ja!

Theater

Shakespeare, Wieland und Goethe hatten Glück, daß zu ihren Lebzeiten der Wikinger Hamlet schon verschieden war. Denn er, *Amled,* hätte wohl lautstark dagegen protestiert, daß er und seinesgleichen melancholische, zaudernde Höflinge gewesen sein sollen, die zur Fettleibigkeit neigen. Man kann es nicht leugnen: Shakespeare hat hier eine geschichtliche Figur so zurechtgebogen, wie es ihm gerade in seine Dramaturgie paßte.

Amled ist in den Werken des dänischen Geschichtsaufzeichners Saxo Grammaticus erwähnt. Amleds Vater starb unter den Händen seines Bruders, der sich dann mit der Witwe Gerthua verheiratete. Weil Amled fürchtete, als nächster auf der ›Abstechliste‹ zu stehen, spielte er verrückt. Nach einem Besuch in England bringt er seinen Stiefvater-Onkel um und wird selbst König.

Mag die Handlung noch einigermaßen mit der bei Shakespeare übereinstimmen, um die klassischen Einheiten des Orts und der Charaktere ist es schlechter bestellt. Als Amled lebte, gab es das Schloß Kronborg noch nicht, und auch noch nicht dessen Vorgänger, die Feste Krogen. Im übrigen dürfte sich Amled kaum dafür interessiert haben, was am Öresund vorging. Er selbst wohnte auf Jütland, vermutlich nahe bei Randers. Als Wikingerhäuptling von skandinavischem Schrot und Korn war er wohl nur an Raubzügen in Richtung Westen interessiert. Nach den Schilderungen von Saxo muß Amled ziemlich brutal gewesen sein. Und laut Saxo liegt er »in einer jütländischen Heide begraben, die nach ihm benannt ist«. Tatsächlich gibt es nahe bei Randers die Ammelhede, und natürlich haben hier geschichtsbewußte Lokalpatrioten einen Stein errichtet. Seine Inschrift: »Amled – der pfiffigste Bursche der Vorzeit, er stellte sich blöd – bis zur Stunde der Rache, von den Jütländern auf dem Thing zum König gewählt, verehrt ruht er in der Ammelhede.«

Im Gegensatz zu Shakespeares literarischem Verschnitt dürfte Saxos Amled wirklich gelebt haben. Aber der Stein, den eine rührige Nachwelt ihm gesetzt hat, drückt bestimmt nicht auf sein Grab. Dessen Lage ist unbekannt, und das wird so bleiben.

Prof. Steffen Steffensen von der Universität in Kopenhagen hat in Wielands Hamlet-Übersetzung einen Fehler entdeckt, der zu den Zeiten des historischen Amled wohl nur mit Blut hätte abgewaschen werden können. Shakespeares Text: »He is fat and scant of breath.« Wielands Übersetzung: »Er ist fett ...« (Richtiger wäre: »Er schwitzt, und der Atem geht ihm aus.«) Dies wiederum veranlaßte Goethe zu der Feststellung, die Wilhelm Meister in seinen ›Lehrjahren‹ trifft: Der Däne Hamlet müsse nicht nur blond und blauäugig gewesen sein, sondern auch wohlbehäbig – »deutlicher gesagt wohlbeleibt« schließt Steffen Steffensen die Gedankenkette. Und vermutlich gibt Wielands Fehler bis in die Gegenwart hinein Ausschläge, denn auch bei Brecht konnte Prof. Steffensen die Vorstellung vom wohlbeleibten Hamlet nachweisen.

Am bekanntesten von allen dänischen Theatern dürfte wohl das *Königliche Theater* in Kopenhagen sein. Königlich ist es nicht mehr nach den Besitzverhältnissen, sondern nur noch dem Namen nach – und nach der Leistung. In seiner Bedeutung für die Dänen kommt es dem gleich, was das Théâtre Français für die Franzosen und das Burgtheater für die Österreicher ist. Unter seinem Dach haben vier Kunstarten eine Heimat gefunden: Schauspiel, Ballett, Oper und Orchestermusik.

Das Theater ist vom Süden so nach Dänemark gekommen, wie es in den meisten Fürstentümern und Monarchien Einzug gehalten hat: Wanderbühnen gaben Auftritte vor dem Herrscher und seinem Hof. René Magnon de Montaigu, ein Angehöriger der Schauspielertruppe von Molière, blieb in Kopenhagen und erhielt 1722 die Genehmigung, Stücke in dänischer Sprache aufzuführen. Er eröffnete mit Molières ›Geizigem‹. Aber schon drei Tage danach wurde das erste originär dänische Stück aufgeführt, ›Der politische Kannengießer‹ von Ludvig Holberg. Der Norweger Holberg (Abb. 88) war als ›Professor der Metaphysik und der Beredsamkeit‹ an Dänemarks damals einziger Universität in Kopenhagen tätig. Als er in Kontakt mit dem Theatervolk kam, schrieb er innerhalb weniger Jahre fünfzehn Komödien, darunter die, die bis heute als seine besten gelten. Sein ›Kannengießer‹ dürfte in ganz Europa ein Begriff geworden sein. Die tragische Figur seines nach Glanz haschenden, in die Trunksucht abgleitenden Bauern Jeppe ist allen Dänen ein sozialkritischer Begriff: »Warum trinkt Jeppe?« steht als kurze Formel für die Erkenntnis, daß man Trinker nicht durch Moralisieren ändern kann, sondern nur durch Freilegen der Wurzel ihrer Krankheit.

Im Zeitalter des Absolutismus hing die Laune in der Hauptstadt stets davon ab, wer gerade König war. Das Theaterhaus von Montaigu brannte 1728 nieder, und ehe es wiederaufgebaut werden konnte, bestieg der Pietist Christian VI. den Thron. Er baute das erste *Schloß Christiansborg* und hatte kein Interesse am Theater und dem angeblich losen Völkchen, das dort agierte. So mußten die Theaterbeflissenen auf die Thronbesteigung des gewiß nicht erziehungsgeschädigten Frederik V. warten. Unter dem ›köstlichen‹ (Ludvig Holberg) Regime des ›Ausschweifer‹-Königs blühten die Künste neu auf, Frederik schenkte den Schauspielern ein Grundstück am Platz Kongens Nytorv, wo auch das heutige Kgl. Theater steht.

Holberg fand nicht sofort Nachfolger dänischer Zunge. Er starb 1754; die drei Meister des dänischen Theaters, die Repräsentanten des Goldenen Zeitalters dänischer Bühnendichtung, kamen 1779 (Adam Oehlenschläger), 1791 (Johan Ludvig Heiberg) und 1798 (Henrik Hertz) zur Welt. Der Vaudeville-Schreiber, Romantiker und später eifrige Hegelianer Heiberg war von 1849–1856 Direktor des Königlichen Theaters. Für ihn ebenso wie für das Theater waren ein besonderer Gewinn und ein großes Glück, daß Heiberg 1831 eine Frau von Format geheiratet hatte. Die damals 19jährige Johanne Luise war Jüdin und wohl nicht zuletzt darum brillanter als ihre voll ins dänische Gemeinwesen integrierten Nachbarn. Als Schauspielerin, Frau des Theaterdirektors und bezaubernde Gastgeberin machte sie aus dem Kgl. Theater einen Mittelpunkt des Geisteslebens. Zu Füßen lagen ihr so unterschiedliche Charaktere wie Bischof Mynster, der prominente Gottesleugner Sören Kierkegaard und der Minister Krieger, der ihr in späteren Jahren beim Abfassen der Memoiren half. Freilich war auch seine Hilfe nicht genug. Johanne Luises Erinnerungen gerieten zu einem Stück dänischer Zeitgeschichte, weswegen man einen Historiker hinzuziehen mußte.

Die ebenso attraktive wie vielseitige Frau trat ab 1864 nicht mehr auf, blieb aber – inzwischen Witwe geworden – Drehpunkt des Theaters. Mit ihrer Unterstützung können sich die Norweger Henrik Ibsen und Björnstjerne Björnson dem Publikum in der Hauptstadt der Doppelmonarchie präsentieren, ihre Arbeit gibt den Ausschlag dafür, daß dieses Theater für längere Zeit Ibsens Hauptbühne wird. Mit der Schauspielerin Betty Hennings trat 1879 in Kopenhagen zum erstenmal eine ›Nora‹ auf die Bühnen der Welt.

Von der Gründung bis zum heutigen Tag hat eine fast unübersehbare Zahl von Schauspielern, Regisseuren, Stückeschreibern, Organisatoren, Maskenbildnern und Technikern dem Kgl. Theater gedient. Schon seit mehr als einem Jahrhundert ist es die dänische Nationalbühne.

Der ganze Reichtum, die ganze Vielfalt des dänischen Theaters lassen sich auf wenigen Seiten überhaupt nicht darstellen. Im Vorbeigehen erwähnt soll hier noch der Theater- und Konzertsaal des Tivoli werden. Seine Bühne bietet mehr Platz als die Große Bühne des Kgl. Theaters. Mit 1500 Plätzen bietet der Zuschauerraum auch die Möglichkeit, große Ballettauftritte, wie im Sommer 1977 den Besuch des New York City Ballet unter Leitung von George Balanchine, zu finanzieren.

Ballett

Von allen Aktivitäten des Theaters in Dänemark sind im Ausland wohl die auf dem Gebiet des Balletts am bekanntesten. Vielleicht liegt es einfach daran, daß ein Ballett im Gegensatz zum Theaterensemble keine Sprachbarrieren überwinden muß. Besondere, vom übrigen Europa abweichende Charakteristika hat das dänische Ballett nicht. Die Ballettschule am Königlichen Theater wurde schon vor mehr als zweihundert Jahren gegründet, zunächst geleitet von einem Franzosen, dann von einem Italiener. Zu den Schülern gehörte zeitweise H. C. Andersen, aber eine gerade tolle Figur hat er da nicht gemacht. Er trat zur Gesangschule des Theaters über, konnte aber auch da nur bis zum Stimmwechsel bleiben. Natürlich versuchte der junge Hans Christian sich schon damals an dramaturgischen Aufgaben, die er dann im Büro seiner Lehrherren zur Begutachtung abgab, aber regelmäßig mit einem ablehnenden Bescheid zurückbekam.

Zu den Schülern gehörte auch Betty Schnell, die ihre Vollendung erst später finden sollte: Als Betty Hennings wurde sie nicht nur die erste Nora-Darstellerin, sondern auch die bedeutendste Interpretin ibsenscher Frauenrollen.

Seinen ersten Höhepunkt erlebte das dänische Ballett unter der Leitung des Einwanderer-sohns *August Bournonville*, der 1829 im Alter von 24 Jahren Ballettchef wurde. Bournon-ville war 1820 einmal nach Paris zurückgekehrt und stand einige Zeit vor der Frage, ob er in Paris einer von mehreren sein oder aber wieder nach Kopenhagen gehen soll, um sich dort als Bester zu profilieren. Ein wesentlicher Grund, warum er sich für Kopenhagen entschloß, war die Intoleranz der Pariser Gesellschaft, ihr verächtliches Herabblicken auf Künstler. Bournonville dürfte einer der ersten Ausländer gewesen sein, die sich für Kopenhagen um seines liberalen Klimas willen entschieden.

1877, zwei Jahre vor seinem Tod, trat Bournonville zurück. Schon war jene Stagnation eingetreten, die sich in der Umgebung großer Alter so oft ausbreitet. Das Kgl. Ballett verstand sich eine Generation lang nur noch als Wahrer des Erbes von Bournonville. Erst ein Mann der dritten Generation, *Harald Lander*, sollte das Ballett zu einer neuen Blüte führen. Er hatte in der Sowjetunion und den USA studiert. 1932 wurde er Ballettmeister. Seine eigene Ausbildung beeinflußt bis heute Leistung und Repertoires des Kgl. Balletts: Techni-sche Sauberkeit à la russe, gemischt mit vorurteilsloser amerikanischer Experimentierfreu-digkeit.

Eine Linie geht kurvenlos von Bournonville über Lander in die unmittelbare Gegenwart hinein: die besondere Leistung der männlichen Stars. Erik Bruhn, jetzt im Ausland, gilt vielen als der hervorragendste Tänzer seines Genres der ganzen Welt. Ein jüngerer Tänzer, der damals 31jährige Peter Martins, wurde 1977 von George Balanchine bei einem Festival in Schottland gesehen und sofort darauf angesprochen, ob er zum New York City Ballet kommen wolle. Martins nahm zunächst nur Urlaub beim Kgl. Theater, ist aber inzwischen ausgeschieden und gehört dem New Yorker Ensemble an.

Musik

Die Dänen selbst bezeichnen sich nicht als ein besonders musisches Volk, und das bekannte-ste dänische Musikinstrument dürfte immer noch die Lure sein, die nun schon seit mehr als tausend Jahren aus dem Verkehr gezogen ist. Der bekannteste – zumindest historisch – dänische Tonkünstler ist Diderik Buxtehude, der am Öresund aufwuchs und 1657 Organist in Helsingborg wurde. 1660 ging er nach Helsingör und 1668 nach Lübeck, wo er 1673 an der Marienkirche die ›Abendmusiken‹ einführte, die seinen Ruf in ganz Mitteleuropa ver-breiteten. Selbst Johann Sebastian Bach war angetan. Kein anderer nordeuropäischer Kom-ponist des Barock hat einen ähnlich großen Ruhm erlangt. Erst rund zweihundert Jahre später gelingt es wieder einem Dänen, sich als Musiker im Ausland durchzusetzen. Der Komponist Niels W. Gade wurde 1847 zum Dirigenten der Gewandhauskonzerte in Leip-zig berufen. Als 1848 der Aufstand in Schleswig-Holstein ausbrach, gab es für Gade in Sachsen kein Halten mehr. Er verzichtete auf den Posten als Dirigent und kehrte nach Dänemark zurück.

Den wesentlichsten Einfluß auf die kulturelle Entwicklung Dänemarks – und auch die nationale – dürfte das Volkslied gehabt haben. Mit Klopstock und Herder erwachte auch in

Dänemark das Interesse an ihm. Im 19. Jahrhundert wurden mehrere Sammlungen älteren Liedguts zusammengestellt, gegen Ende des Jahrhunderts erschienen die ›Dänischen Volkslieder mit alten Melodien‹, im Ton der Kirchenlieder von Thomas Laub vertont. Für die Dänen unter deutscher Herrschaft in Schleswig wurde das Volkslied zu einer Art seelischem Nationalgericht, und die preußische Verwaltung versuchte mit Verordnungen diesem ›nationalen Chauvinismus‹ Einhalt zu gebieten.

Ein Kuriosum jener Zeit ist der Prozeß gegen Ida Rhode in Apenrade, die im Sommer 1884 bei ihrem Geburtstag mit fünfzehn Freundinnen Volkslieder gesungen hatte und deswegen angeklagt wurde. Der Prozeß ging bis zum Kammergericht in Berlin und von dort zurück an das Oberlandesgericht in Kiel, wo man die ursprünglich verhängte Geldstrafe für rechtens erklärte.

Die enge gefühlsmäßige Bindung der Dänen an ihre Volkslieder führt heute zu einem eigenartigen Konflikt. Denn genau genommen empfinden vorwiegend nur noch ältere Dänen diese starke Bindung. (Es ist wie mit Storm P.) Von ihnen aber werden die Lehrpläne der Schulen – auch für den Musikunterricht – zusammengestellt. Die heranwachsenden Jahrgänge, die nationale Selbstbehauptung nicht mehr erstreiten müssen und denen die Besatzungszeit nur noch aus Opas Erzählung geläufig ist, die mit den Beatles aufgewachsen sind und sich ihre Favoriten zwischen Elvis Presley, Leonard Cohen, Neil Diamond, Garry Glitter, Madonna und Nena aussuchen, sie wollen vom soliden dänischen Volkslied nichts mehr wissen. Viele Lehrer empfinden es als Belastung, daß sie einen Teil der Lehrstunden für Unterricht zu verwenden gezwungen sind, der an den Ohren der Kinder glatt vorbeigeht. Die Zeit ist gekommen, da die Pflege des Volkslieds den Volkshochschulen übertragen werden müßte.

Der Stadtmusikus war in früheren Jahrhunderten eine Art kulturelles Aushängeschild der kleinen dänischen Handelsstädte. Zu seinen Pflichten gehörte es, an öffentlichen Festtagen aufzuspielen und den Kirchturm zwecks Herunterblasens zu besteigen – eine vor allem für ältere Stadtmusikanten mühevolle Aufgabe. Da diese Tätigkeit schlecht bezahlt wurde, stellten viele Stadtmusikanten Chöre zusammen, mit denen sie auf Hochzeiten und anderen privaten Festlichkeiten auftraten. Diese meist oberflächlich trainierten Laienchöre sollen verschiedentlich grauenhaft schlecht gesungen haben. Manche Feiernde bezahlten gern dafür, daß der Chor auf den Auftritt verzichtete.

Etwas musikalisch müssen die Dänen also doch sein.

Film

Die Geschichte der dänischen Filmkunst zeigt besonders deutlich ein Phänomen, dem wir schon mehrfach begegnet sind und auf den restlichen Seiten noch häufig begegnen werden: Dänemarks Abhängigkeit von dem, was südlich der Grenze, im starken Deutschland und auf dem großen deutschen Markt, geschieht oder nicht geschieht.

Doch zunächst soll ein braver Mann vorgestellt werden, der zu den technischen Pionieren der Fotografie gehört. Der Zimmermann *Jens Poul Andersen* (1844–1935) in dem kleinen

Nest Nelleröd (Nord-Seeland) hat fast jede grundlegende Erfindung auf dem Gebiet der Lichtbildnerei etwa gleichzeitig wie andere und oft sogar schon viel früher als andere gemacht. Der fingerfertige Zimmermann konnte nur eins nicht, nämlich aus seinen Erfindungen Geld schlagen. Jens Poul Andersen hat erfunden oder auf Grund mündlicher Angaben nachgebastelt und vervollkommnet: Eine transportable Kamera, die bei Aufnahmen keine Dunkelkammer benötigt – womit die Fotografie den Schritt aus dem Atelier ins Freie tun konnte; eine dreidimensionale Kamera und auch die Kleinbildkamera, die sich aber erst dreißig Jahre später durchsetzte. Auch ein Weitwinkelobjektiv hat er erfunden und selbst zurechtgeschliffen. Als er vom Filmapparat der Brüder Lumière hörte, baute er auch gleich einen, der weit leistungsfähiger war als das Pariser Vorbild.

Andersens Freund *Peter L. Petersen* wurde später unter dem Namen *Peter Elfelt* in Kopenhagen Hoffotograf. Aufgabe des Hoffotografen ist es unter anderem, den Zuschauerraum des Königlichen Theaters mit sämtlichen Anwesenden immer dann abzulichten, wenn die Königin anwesend ist. Diese Aufnahmen werden noch heute mit einer großen Holzkamera gemacht, die Andersen vor mehr als fünfzig Jahren konstruiert und gebaut hat. Sogar die Schrauben stellte er selbst her.

Diesem Mann kann Dänemark es verdanken, wenn es heute nach Frankreich über die größte Sammlung von Filmen aus der Zeit der Jahrhundertwende verfügt. Kein Wunder also, daß bastel- und risikofreudige Dänen sich schon früh mit dem Film und seiner kommerziellen Verwertung befaßten. Den ersten Spielfilm drehte Peter Elfelt, sein Titel lautete ›Die Hinrichtung‹ (offenbar brauchte der Hoffotograf ein Gegenmittel gegen seine sterile Hauptbeschäftigung). Als erstes Produktionsgenie tauchte *Ole Olsen* auf, der die Nordisk Films Kompagni gründete. Dieses Unternehmen gehörte zeitweise zu den weltgrößten Produzenten. Schon im Gründungsjahr 1906 läßt Ole Olsen 32 Streifen drehen, die zehn Minuten Spieldauer oder noch mehr haben.

Mit dem dänischen Stummfilm lassen sich gute Geschäfte machen. In den vier Jahren 1907–1910 kommen 343 Streifen heraus, von 1911–1919 sind es 1105. Dann geht der Ausstoß rapide zurück. Bis 1931 kommen nur noch 147 Stummfilme in die Kinos, die allerdings fast durchweg länger sind als die der Anfangsjahre.

Die Gründe dieses Rückgangs sind sehr banal. Der dänische Film lebte vom Export, zeitweise stammten 98 Prozent der Einnahmen von Nordisk Films Kompagni aus dem Ausland. Hauptabnehmer war Deutschland, und das hörte während des Krieges mit dem Import von Filmen auf.

Zu den Kassenmagneten der Anfangszeit gehören Regisseure weniger als Stars. Weltweit beliebt waren Pat und Patachon, in Dänemark Fy und Bi genannt. Sie versuchen sich auch in anderen Themen wie Don Quijote mit seinem Knappen, aber so wollen nicht viele Leute sie sehen. Vielleicht sind sie die ersten Filmschauspieler, an denen das einmal gewählte Rollenklischee bis ans Ende ihrer Laufbahn klebenblieb.

Ein noch größerer Kassenmagnet war *Asta Nielsen*, die als Schauspielerin im Kopenhagener Dagmar-Theater begonnen hatte. Sie drehte ihren ersten Film, ›Die Balletteuse‹, 1911 bei Nordisk Films. Ihr damaliger Kameramann begleitete sie bis 1923. Inzwischen war sie längst in Berlin ›die Nielsen‹ geworden, und sogar der bissige Alfred Kerr schätzte es, von ihr beachtet zu werden. Zusammen mit Greta Garbo, der geheimnisvollen Schwedin, war Asta Weltspitze der Stummfilmstars. Allerdings paßt in diesem Kontext das Wort ›zusammen‹ nicht, denn was zwischen den beiden bestand, war alles andere als ein herzliches Einvernehmen. Gemeinsam aufgetreten sind sie nur in einem einzigen Film. (Für Asta-Anbeter: ›Die schweigende Muse‹, Henschel-Verlag, Ost-Berlin.)

In der Zwischenkriegszeit drückte die Dominanz des Auslands hart auf die dänische Filmproduktion. Noch schwieriger wurde es für die Produzenten, als der Tonfilm sich durchsetzte. Nun war der dänische Film, wenn man ihn nicht synchronisierte oder mit Untertiteln versah, auf ein Marktgebiet von wenig mehr als drei Millionen Menschen beschränkt. Und dies gehörte ihm keineswegs unbestritten, denn von Hollywood drängten Buster Keaton, Marlene Dietrich und Greta Garbo auf den dänischen Markt. Die dänischen Produzenten versuchten ihr Geschäft dadurch zu sichern, daß sie Qualitätsfilme anboten. Und tatsächlich war es damals noch möglich, Leute damit ins Kino zu locken. Dänemarks bekanntester Regisseur der Jahre zwischen den beiden Weltkriegen ist *Carl Th. Dreyer*, ein früherer Journalist, der schon 1912 bei Nordisk Films anfing. Einige seiner stärksten Arbeiten stammen bereits aus der Zeit des Stummfilms, wie etwa ›Jeanne d'Arc‹ (1928). In Dreyers aktive Jahre fällt auch jene Zeit, in der die dänischen Regisseure von der politischen Lage profitieren konnten: Dänemark war besetzt, Filme aus dem Westen kamen nicht ins Land, die aus Babelsberg und Geiselgasteig liefen in Dänemark fast durchweg vor leeren Häusern, und so bekam der von Dänen für Dänen gedrehte Film eine neue Chance. Die ›guten‹ Zeiten waren schnell wieder vorbei, als Deutschland 1945 kapitulierte.

Dreyer, dessen Stil zuweilen an Ingmar Bergman denken läßt, drehte – vorwiegend im Ausland – dreizehn Spielfilme. Als einziger Däne konnte er von einer Biennale (1955) einen Goldenen Marcuslöwen für einen Spielfilm mit nach Hause nehmen. Er starb 1968, sein letzter Film war ›Gertrud‹ (1964).

Ein häufig wiederkehrendes Thema in der Nachkriegsproduktion war der Widerstand während der Besatzungszeit. Der einzige noch beachtete Film dieser Richtung dürfte ›Die roten Weiden‹ sein.

Heute geht es den Produzenten seriöser Filme in Dänemark alles andere als gut. Einmal fehlt es ihnen an Geld, und zweitens scheint sich das deprimierende Gefühl der geringen Ellenbogenfreiheit auch auf ihren Ideenreichtum nachteilig auszuwirken. Wenn mal ein größer angelegter Film – meist die Verfilmung eines bedeutenden Romans – Uraufführung hat, dann sparen die Kritiker gewöhnlich nicht mit Lobesworten. (Film ist Kunst, und gerade kleine Völker möchten auch auf diesem Gebiet etwas vorweisen). Aber bald nach dem ersten Tag sackt die Begeisterung in sich zusammen. So ist es möglich, daß innerhalb von zwei Monaten in derselben Tageszeitung über denselben Spielfilm Ansichten vertreten werden, die einander diametral entgegengesetzt sind. Nach einem halben Jahr ist der anfangs als ›großer Wurf‹ gepriesene Film vergessen.

Das höchste Prädikat, das dänische Kritiker vergeben können, ist: »Der beste Film seit ›Hunger‹!« Dieser Film wurde 1966 fertig, sein Regisseur war *Henning Carlsen,* ein Däne, der schon vorher in Mannheim einen Preis bekommen hatte. Der Film kam in skandinavischer Koproduktion zustande; Hamsun wurde von dem Schweden Per Oscarsson gespielt, dessen Leistung neben der von Carlsen weit über Skandinavien hinaus Beachtung fand. Man kann sich auf den Standpunkt stellen, daß nach diesem Film in Dänemark nichts mehr produziert worden ist, was wirklich hohe Qualität hat. Und man kann diese Meinung sogar mit dänischen Stimmen belegen. Denn es heißt ja noch immer: »Der beste sei ›Hunger‹!«

Qualität und Erfolg müssen gerade beim Film, dieser noch jungen Verbindung von Kunst und Geschäft, nicht dasselbe sein. So können auch heute noch dänische Produzenten mit Kassenschlagern aufwarten, gerade weil sie sich um Qualität in der gängigen Bedeutung des Begriffs nicht weiter kümmern. Da von Dänemark die Rede ist, liegt die Vermutung nahe, es müsse sich dabei um mehr oder weniger harte Pornofilme handeln. Das jedoch ist ein Irrtum. Schon seit mehreren Jahren annoncieren die einschlägigen Kopenhagener Kinos auf ihren Anschlagtafeln und in den Zeitungen: »Neue Pornofilme aus Deutschland eingetroffen!«

Nein, die dänischen Kassenfüller sehen anders aus. Der Spaßmacher der Nation war bis zu seinem Tod im Jahre 1981 der 1926 geborene *Dirch Passer.* Diesen Titel brauchte Dirch Passer nicht zu verteidigen, er stand ihm einfach zu. Erst in den 70er Jahren sind ihm Konkurrenten erwachsen, und gleich drei Stück auf einmal mußten antreten: die *Olsen-Bande.* Diese Dreierbande und ihre unbedarften Abenteuer, bei denen wenig Blut fließt, wohl aber Autoreifen knallen, Hosenträger reißen, Röcke nach oben fliegen und Polizisten sich an Kaugummi verschlucken, reizt jedesmal Hunderttausende von Dänen zum Lachen. Der Regisseur Erik Balling hat schon dreizehn dieser Filme abgedreht, und immer noch verlangt das Publikum nach mehr.

Langsam im Flugsand des Ideenmangels stecken bleiben die dänischen Sexfilme des fröhlichen Genres, die ihren Höhepunkt wohl überschritten haben. In dieselbe Richtung zielen mit einigem Erfolg Filme wie ›Im Zeichen des Stiers‹ und ›Agent 69 Jensen‹.

In einem der ersten Filme dieser fröhlichen Sexwelle drang auch der urdänische Dirch Passer ins Ausland vor. Er spielte jenen etwas einfältigen Pfarrer, der im ›Tosenden Paradies‹ (1962) seinen Appetit auf Sex lauthals kundgab, sobald er rohe Eier geschlürft hatte. Schon damals war Passer, der von der Bühne stammt, in Dänemark fest etabliert. Die Zahl seiner Filme dürfte 76 (soviele hat Asta Nielsen ›geschafft‹) weit übersteigen. Hier einige Titel, die zugleich einen Eindruck von der Richtung geben: ›Sommer, Sonne, Badewasser‹; ›Der große Straßendieb‹; ›Soldaten-Kameraden rücken aus‹; ›Wir sind allesamt verrückt‹; ›Die Baronesse vom Benzintank‹. – Auch an Personenkult fehlt es nicht: ›Dirch Passer krempelt die Stadt um‹; ›Dirch kommt durch die Lieferantentür‹; ›Dirch und die blauen Jungs‹; ›Passer paßt auf Mädchen auf‹ (dän.: Passer passer piger).

Auch den Leopold hat er schon gespielt, und für Alpenländer dürfte es gewiß ein delikater Anblick gewesen sein, wenn Dirch Passer in kurzen Lederhosen sang: »Ich bin von Kopf bis Fuß auf Liebe eingestellt...«

66

Bei lebendigem Leibe sah ich den Nationalclown der Dänen, dessen Agieren auch den dürftigsten Film rettete und die simpelste Revue auf den Beinen hielt, nur ein einziges Mal. Das war etwa 1970. Er stand in der Ankunftshalle des Kopenhagener Flughafens Kastrup und kaute verdrossen an einem Würstchen herum. Vielleicht schmeckte ihm das Würstchen nicht, vielleicht waren seine Gäste überfällig. Oder vielleicht war die düstere Miene ganz einfach ein wenig Trimm-Dich, etwas Ausgleichssport für seine Gesichtsmuskeln.

Die Olsen-Bande vermochte bei aller Zugkraft zumindest ein Kopenhagener Kino nicht zu füllen: das *Palads,* mitten im Zentrum der dänischen Hauptstadt. Allerdings hat es auch 1500 Plätze, und die bekäme man wohl nur voll, wenn man einen Olsen-Bande-Film und einen Dirch Passer gleichzeitig laufen ließe. Die Eigentümer haben inzwischen erkannt, daß die Zeiten der großen Kinoschuppen vorbei sind. Darum wurde das Palads 1978 umgebaut. Neunzehn Kinos sind eingerichtet worden, unter demselben Dach wie *Daddy's Dance Hall* (wo auch die ältesten Daddies weit unter dreißig sind). Nun hat das Kopenhagener Zentrum mit über vierzig Kinos auf weniger als einem Quadratkilometer Fläche die stärkste Kinokonzentration aller westeuropäischen Hauptstädte.

Das sozusagen als Tip für Schlechtwettertage. Und dazu noch ein Hinweis: Ausländische Filme laufen in Dänemark, wie auch in allen anderen skandinavischen Ländern, mit Originalton und Untertiteln in der Landessprache. So hört man mal, wie Orson Welles und Peter Fonda, wie Liza Minelli und Brigitte Bardot, wie John Wayne und Paul Newman ungedoubelt klingen.

Grundtvig war dafür und dagegen

Volkshochschulen

Schon Anfang des 19. Jh. machten die Dänen eine Erfahrung, um deren Konsequenz Europas sozialistische Länder sich bis heute herumdrücken wollen: Wenn man ein Gemeinwesen ständig weiterentwickelt und auch wirtschaftlich auf der Höhe der Zeit haben will, muß man die allgemeine Bildung des Staatsbürgers fördern und sich damit abfinden, daß er eine Lebensqualität fordert, die der Höhe seines Bildungs- und menschlichen Entwicklungsgrads entspricht. Man kann sagen, das unblutige Abschaffen des Absolutismus 1848 in Dänemark war eine direkte Folge der Bauernbefreiung von 1788.

Der unterdrückte, stark von seinem Gutsherrn abhängige Bauer lebte primitiv und gleichgültig ein Stück neben dem anderen Gemeinwesen, neben den anderen Ständen. Sogar architektonisch war diese scharfe Trennung bemerkbar, denn von den Schlössern des Adels und den Fachwerkhäusern des Bürgertums hoben sich die mit Grassoden und Tang gedeckten Häuser der Bauern scharf ab – und das nicht zu ihrem Vorteil.

Die Notwendigkeit, das Bildungsniveau der Bauern zu heben, erkannten die meisten Berater der Krone schon Mitte des 18. Jahrhunderts. Aber das nützte den Bauern wenig, solange Leute in Schlüsselstellung treuherzig an die Unveränderlichkeit einer angeblich gottgewollten Ordnung glaubten. So ist von Kabinettssekretär Ove Höegh-Guldberg, dem seit 1772 wichtigsten Berater von König Christian VII., folgender Ausspruch überliefert: »Das Menschengeschlecht erträgt nur ein gewisses Maß an Kenntnissen, und jeder Stand soll deshalb einen gewissen Anteil haben. Mehr davon würde trunken machen.«

1780 tat der Herr Kabinettssekretär diesen Ausspruch, schon 1799 konnte jeder seiner Anhänger eine Tatsache anführen, die Höegh-Guldberg rechtzugeben schien. Auf der Insel Falster wurde Dänemarks erste Landwirtschaftsschule eröffnet, und kein einziger Bauer kam, um sich selbst oder eins seiner Kinder anzumelden. Die Bauern waren es gewohnt, das zu befolgen, was ihnen die geistliche und die weltliche Obrigkeit verordneten. Verlangte man eigene Initiative von ihnen, dann waren sie hilflos. Deswegen konnten die ersten Anstöße zur Weiterentwicklung zunächst nur über den Instanzenweg an den Bauern herangetragen werden.

Im Jahre 1814 wurde Unterrichtspflicht für alle Kinder von 7–14 Jahren eingeführt. Das neue Gesetz enthielt sogar einen Fortbildungsparagraphen, wonach auch konfirmierte Kinder zweimal wöchentlich Abendunterricht erhalten sollten. Diese Verordnungen zeugten zwar vom Bildungsstreben der Verordner, aber in der Praxis setzten sie sich nur langsam durch. Mehr als eine Generation nach Erlaß des Gesetzes über Unterrichtspflicht hatte nicht einmal jedes zehnte Dorf eine Abendschule.

Durch das Verweben von Bruchstücken wäre im Laufe der Zeit wohl auch in der dänischen Provinz ein festes Bildungsnetz entstanden. Aber dieser ganze Prozeß hätte ohne Zweifel mehr Zeit gebraucht, wäre nicht N. F. S. Grundtvig auf den Plan getreten (Abb. 91). Dieser Pfarrer ist eine der denkwürdigsten Gestalten des dänischen Geisteslebens. Ja, Grundtvig ist derart dänisch, daß Ausländer nur schwer Zugang zu ihm finden. Darum ist er oft nur von einer Perspektive her beurteilt worden, die manch ein Forscher sogar recht willkürlich wählte. Grundtvig ist mehr als nur ein Rebell gegen das kirchliche Establishment, mehr als nur ein dänischtümelnder Volkserwecker, mehr als nur ein Patriarch im Pfarrergewand. Schon gar nicht kann man ihn den geistigen Verwandten des Nationalsozialismus zurechnen – was vereinzelt auch versucht wurde.

Nicolai Frederic Severin Grundtvig kam 1783 zur Welt. Für den Pfarrersohn war es nur logisch, daß auch er die geistliche Laufbahn einschlug. Indes waren seine Vorstellungen von der äußeren Form der Verkündigung andere als die seiner zur Strenge und Askese, ständig zum Heben des Zeigefingers geneigten Vorgesetzten. Grundtvig trat für ein Christentum mit menschlichem, mit fröhlichem Gesicht ein. Selbst die Psalmen, die er singen lassen mußte, sagten ihm nicht zu, und darum dichtete er neue. Als er die von seiner Gemeinde singen ließ, griffen die Oberen mit einem Verbot durch. Das reichte Grundtvig, er quittierte den Dienst, und wurde damit seinen früheren Vorgesetzten noch unbequemer.

Grundtvig war, vor allem in jüngeren Jahren, tief überzeugt von der Vortrefflichkeit der nordischen Menschen, zu denen er auch die Engländer zählte. Er beschäftigte sich viel mit der – von der Edda abgesehen – mündlich überlieferten germanischen Mythologie, und wohl daher rührt seine Vorliebe für das gesprochene Wort. Diese wird später noch durch seinen Vetter bestärkt, der als Professor auch in Breslau und Halle gelehrt hat.

Eine weitere wichtige Komponente im Wesen Grundtvigs ist das mit Nächstenliebe gepaarte Gefühl, zum Volksaufklärer berufen zu sein. Dabei folgte er Herders Vorstellung, wonach Bildung von der eigenen Geschichte und Dichtung ausgehen und nicht von längst untergegangenen Kulturen importiert werden soll. (Ein fast komisches Paradox: Dieser Mann, der so häufig gegen die Erziehungsideale der Lateinschule gewettert hat, der eine möglichst enge Verbindung zum einfachen Menschen suchte, er drückt sich oft derart lateinisch verwickelt in Bandwurmsätzen aus, daß man ihm kaum folgen kann.)

Und schließlich darf der Urdäne Grundtvig nicht vergessen werden, der die Volkshochschulbewegung auch als Mittel in der Auseinandersetzung mit der deutschen Überfremdung sah. Damals waren viele geistige Impulse aus dem mitteleuropäischen Kulturbereich gekommen, und die Gefahr bestand tatsächlich, daß Deutsch im ganzen Land Dänisch so verdrängen könnte, wie in Finnland Schwedisch zeitweise das Finnische zur Umgangssprache Ungehobelter herabgedrückt hat. Nach den großen Gebietsverlusten von 1864 stand überdies zu fürchten, daß das Tempo einer schon früher in Schleswig spürbar gewesenen Eindeutschung sich steigern würde.

So entstand dann auch die erste Volkshochschule (dieser Ausdruck, der sich für die dänische *Heim*volkshochschule in Mitteleuropa eingebürgert hat, wird hier durchgehend benutzt) in Rödding, einem kleinen Dorf in Nordschleswig (ca. 20 km nordöstlich von Ribe). In seinem Buch ›Die dänische Volkshochschule‹ beschreibt Thomas Rördam, Lehrer in Rödding, wie wir uns jenen ersten Tag vorzustellen haben: »Wie ... muß doch die Schülergruppe gewesen sein, die am 7. November 1844 von Rödding Höjskole Besitz ergriff. Sie kamen in rumpelnden, von Pferden gezogenen Wagen an, ihre Kleidung hinten auf der Pritsche. 20 von den 22 Schülern waren aus Schleswig ... Damals sollten diese Bauernknechte Versuchskaninchen für eine Schulform sein, die niemals früher erprobt worden war. Der erste Schülerkurs wurde auf Höfen im Dorf einquartiert. Diese Lösung erwies sich jedoch als unglücklich. Die Versuchung zum Rauchen, Trinken und Kartenspielen war zu groß, und schon im Jahr darauf wurde in der Schule ein Schülerheim mit 30 Plätzen eingerichtet.«

Der Internatsgedanke ist primär nicht der Notwendigkeit entsprungen, die Schüler gegen die »Versuchung zum Rauchen, Trinken und Kartenspielen« zu schützen. Ziel dieser Schulart war es, den auf Heranreifen abgestellten Unterricht durch engen Kontakt mit den Lehrern sowie der Schüler untereinander nahtlos auch in der Freizeit weiterwirken zu lassen.

Was die Ausbildung der dänischen Volkshochschule – und an den skandinavischen überhaupt – von jeder anderen unterscheidet, ist das Fehlen eines konkreten Klassenziels. Man besucht die Volkshochschule nicht, um eine paar Scheine zu machen oder ein Zeugnis zu bekommen und dann eventuell auch berufliche Vorteile zu erreichen. Nein, diese ursprünglich für heranwachsende Bauernkinder bestimmte Schule will die bereits vorhandene Bildung vertiefen, wobei Bildungs- und Reifeprozeß sich gegenseitig induzieren sollen. Dazu Christian Flor, der seine Professur für dänische Literatur an der Universität Kiel aufgab, um die Leitung einer bescheidenen Volkshochschule zu übernehmen: »Das Wesentliche im Unterricht an unserer Hochschule sind nicht die positiven Kenntnisse und Fertigkeiten, die wir den Schülern beizubringen wünschen, sondern eher das geistige Leben, das bei ihnen geweckt und genährt wird, damit ihr Verstand schärfer, ihre Urteilskraft reifer, ihr Herz offener und edler, daß bei ihnen der Sinn für Ordnung, Schönheit und ein geschmackvolles Leben geweckt wird.«

Ursprünglich sollten die Kurse 18 Monate dauern, aber bald zeigte sich, daß es unmöglich war, die aus der Landwirtschaft kommenden Jugendlichen während des Sommers auf der Schule zu halten. Die längsten Kurse in Normalfächern dauern heute 32 Wochen, das Gros liegt zwischen 12 und 20 Wochen Dauer. Der erste Stundenplan in Rödding wies 38 Wochenstunden aus, der Unterricht erfolgte von 8–12 und von 14–17 Uhr. Die Stunden sind folgendermaßen aufgeschlüsselt: Dänische Geschichte 3, Geographie 3, Verstandesübung (moralische, psychologische und statistische Fächer) 4, Dänisch 6, Deutsch 3, Naturgeschichte 2, Zeichnen 4, Rechnen 2, Geometrie 2, Gymnastik 4, Gesang 2.

Ob und wann und wo eine Volkshochschule entstand, hing praktisch allein davon ab, ob und wann und wo sich jemand bereit fand, eine zu gründen. Er stützte sich dabei zur Überbrückung der Anfangsschwierigkeiten auf die Dörfer der näheren und weiteren Umgebung. Denn inzwischen hatten die Bauern den Wert derartiger Schulen begriffen, und es kam sogar vor, daß mehrere Dörfer gemeinsam einem Gebildeten mit guter Reputation den Vorschlag machten, er möge doch in ihrem Einzugsgebiet eine Schule gründen. Die Finanzierung der Anfangsinvestitionen erfolgte durch Spenden, die laufenden Kosten wurden durch die Teilnehmergebühren gedeckt. Es ging nicht primitiv zu auf diesen Schulen, wohl aber sehr einfach. Die Lehrer waren durchweg unterbezahlt, arbeiteten aber dennoch mit Schwung und Idealismus. Manche betrachteten ihre Arbeit als eine Aufgabe im Sinne von Johannes dem Täufer.

Einer der Idealisten war *Christen Kold,* Sohn eines Flickschusters in Nordjütland, seit frühester Jugend von seiner Mutter religiös beeinflußt. Und zwar ganz nach den Wünschen der typischen Pfarrer jener Zeit: Gott müsse so etwas ähnliches wie ein Polizeikommissar sein, meinte Christen Kold noch, als er schon im Lehrerseminar war. Erst dort traf er später auch den grundtvigianischen Laienprediger Peter Larsen Skräppenborg, der im Pferdewagen durch Jütland zog und frohe Botschaften verkündete, wie etwa die für Christen Kold völlig neue, daß Gott die Menschen liebt.

Da in Dänemark ja – noch immer – lediglich Unterrichtspflicht besteht, nicht aber Schulpflicht, ließen reiche Familien früher ihre Kinder häufig durch einen Hauslehrer unterrichten. Einen solchen Job übernahm auch Kold, und unter seinen ersten Schülerinnen war eine, die zum Auswendiglernen nicht imstande war. Kold merkte aber recht bald, daß sie wohl den Inhalt einer Geschichte heute wiederzugeben vermochte, die er ihr gestern erzählt hatte. Er überprüfte seine Erfahrung im Unterricht mit anderen Kindern, und er kam bald dahinter, daß Erzählen die Phantasie und Wiedergabefähigkeit der Kinder viel stärker anregt als stures Auswendiglernen. Deswegen ging Kold auf die neue Methode über. Dies wurde bei seinen Vorgesetzten ähnlich ungnädig aufgenommen, wie von den Kirchenoberen Grundtvigs Versuch mit den selbstverfaßten Psalmen. Er bekam – tatsächlich – Berufsverbot, durfte also an öffentlichen Schulen nicht mehr unterrichten.

So zog er (was sonst schon würde zu einem Mann wie Kold passen?) mit einem Pfarrer nach Kleinasien, der dort Missionar werden wollte. In Smyrna arbeitete er fünf Jahre lang als Diener und als Buchbinder. Dann packte er sein Buchbindergerät zusammen, fuhr mit einem Schiff nach Triest, kaufte sich dort ein zweirädriges Wägelchen und zog damit quer über den ganzen Kontinent hinweg zurück in sein Heimatland Dänemark. Dort trat 1849 die erste Verfassung in Kraft, und Kold konnte in Ryslinge auf Fünen 1851 mit zehn Schülern eine eigene Volkshochschule starten.

Gleich Kold hatten viele Hochschulpioniere der ersten Jahre die harmlose und bei vielen sogar liebenswerte Macke des Überidealisten. Ohne ihre Einsatz- und Hingabebereitschaft wäre die Volkshochschulbewegung wohl kaum auf eine derart breite Basis gekommen, denn der Staat war anfangs mit Zuschüssen sehr zurückhaltend.

Die Umgangsformen zwischen Lehrern und Schülern wurden meist aus den recht derben Manieren der Dorfkinder entwickelt. Die Selbstverwaltungsorgane mußten sich darum oft mit der Frage befassen, was noch erlaubt und was schon verboten ist. So hieß es in der

Hausordnung von Rödding Höjskole: »Was Schlägereien … angeht, wird bestimmt, daß der, welcher den ersten Schlag tut, eine Buße von vier Schilling erlegt. Zurückschlagen ist gratis.«

Gleichfalls Idealismus, aber manchmal wohl auch die Sehnsucht nach dem einfachen Leben führte städtisch erzogene Studenten in den Kreis der Volkshochschüler. Der spätere Pfarrer Uffe Birkedal war im Winter 1872/73 mit vier anderen Studenten auf der Volkshochschule in Askov. Er berichtete: »Wir versuchten … gemeinsam mit den anderen die morgendliche Biersuppe aus der großen Schale zu löffeln, aber wie sich bald zeigte, ging das nicht. Die akademischen Mägen probten den Aufruhr.« Birkedal braucht sich nicht zu genieren. Als Björnstjerne Björnson, Dichter der norwegischen Nationalhymne, die Volkshochschule Vallekilde besuchte und die Burschen in trauter Gemeinschaft essen sah, wurde es dem großen Mann warm ums Herz ob soviel unverfälschter Volklichkeit. Er begehrte einen Löffel und langte mit den anderen zu. Aber bald wurden seine Zähne immer länger, und immer seltener ließ er den groben Holzlöffel in den Topf gleiten. Schließlich legte er ihn hin, sah den Rektor hilflos an und sagte: »Nein, lieber Freund, das klappt nicht!«

Ein ungebrochenes, tief verwurzeltes Geschichtsbewußtsein verleiht den Skandinaviern die Fähigkeit, in schwierigen Phasen Ballast abzuwerfen und ihre Vorstellungswelt zu reformieren. Das geschah in Schweden, nachdem 1809 der östliche Reichsteil verlorengegangen war. Die Schweden beschlossen, »Finnland innerhalb der verbliebenen Landesgrenzen wiederzuerobern«. Genauso reagierten die Dänen 1864 nach dem Verlust von Schleswig-Holstein. Ihre Parole hieß: »Was draußen verlorenging, soll drinnen gewonnen werden.« Die Reform- und Aufbruchzeit jener Jahre gab auch den Volkshochschulen neuen Schwung. Das Interesse wuchs im ganzen noch verbliebenen Land. Betrug im Winter 1863/64 die Schülerzahl nur 376, so hatte sie im Winter 1868/69 die Marke 2000 bereits überschritten. Mit der Entwicklung Dänemarks zum Wohlfahrtsstaat wurde auch das gesamte Bildungswesen mehr und mehr von öffentlichen Zuschüssen abhängig. Die staatlichen Organe haben dabei durchaus berücksichtigt, welche Bedeutung die Autonomie der einzelnen Schule innerhalb des gesamten Volkshochschulwesens hat. Diktatorische Tendenzen kommen weniger aus den Stuben der Ämter als aus denen der Rektoren.

Das ist recht natürlich, wenn man einen Blick zurück auf die Entwicklung wirft: Am Anfang steht der breitschultrige Geistliche mit dem dicken Bart und der Überzeugung, Bildung müsse durch das Wort verbreitet werden. Er war die Vaterfigur, und Direktoren der Anfangsjahre waren nicht als Pädagogen, sondern ganz einfach als *Grundtvigianer* für ihre Aufgabe qualifiziert. Da muß sich zwangsläufig eine Exegese entwickeln wie bei den preußischen Generalen nach Friedrich dem Großen und bei den sowjetischen Politikern nach Lenin. Wichtig ist für diese Epigonen nicht, was die Ansprüche des Tages fordern, sondern nur, was wohl der große Meister in derselben Situation getan hätte. So entwickelte sich in der Volkshochschule vielfach ein autoritärer Führungsstil, der an manchen noch heute spürbar sein soll. Da die Schüler in der Regel von Hause aus auf Gehorsam gedrillt sind, kam es in den Jahren der Studentenrevolte an den Volkshochschulen nicht zu Aufständen der Schüler, sondern der jüngeren Lehrer.

Interessant an den gegenwärtigen Volkshochschulen ist das breite Spektrum ihres Angebots. Fremdsprachen werden kaum noch gelehrt, weil diese Aufgabe von anderen Institutionen, wie der Volksuniversität, übernommen worden ist. Daneben aber kann man an der Volkshochschule praktisch alles lernen. Für Ausländer, die nicht in Dänemark leben, führten viele Volkshochschulen Sommerkurse durch. Englisch als Unterrichtssprache hat ganzjährig die Internationale Volkshochschule in Helsingör. Sie wird kollektiv geleitet und führt Kurse von 11–12 Wochen Dauer durch. Zusammen mit Dänen dürften bislang etwa dreißig Nationalitäten diese Schule besucht haben (Platz für 110 Teilnehmer, Mindestalter 19 Jahre).

Volksbüchereien

In den 70er Jahren habe ich Schlangen von Menschen an verschiedenen Plätzen, auf mehreren Kontinenten gesehen: In Leningrad, weil es Apfelsinen gab, in Dortmund, weil Neil Diamond auftreten sollte, im Disneyland in Los Angeles, weil es Hauptsaison, schließlich in Kopenhagen, weil es Samstagmittag war. Diese Schlange ringelte sich kurz vor 14 Uhr durch den Karteisaal der kommunalen Hauptbibliothek, die Leute holten sich Lesestoff für das Wochenende.

Die Volksbüchereien sind in Dänemark neben den Volkshochschulen und dem Erwachsenenunterricht die dritte Säule der Weisheit für möglichst viele. Auch ihr Entstehen geht auf die Zeit zurück, als im Gefolge der Bauernbefreiung die Notwendigkeit einer breiteren Bildungs- und Aufklärungsbasis zutage trat. Wie später Kränzchen von Frauen entstanden, die Fäustlinge für frierende Negerkinder strickten, so gab es Anfang des 19. Jahrhunderts in Dänemark eine Art von geistigen Wohltätigkeitsvereinen, die Bücher in die Landgemeinden schickten. Ihre Arbeit war gleich ›sinnvoll‹ wie die der Nähkränzchen. Die im Dorf angekommenen Bücher wurden kaum gelesen, und wenn überhaupt, dann in der Regel nicht von denen, die sie lesen sollten. Das 1814er Gesetz über die Unterrichtspflicht hatte ja keineswegs sofort alle Dänen zu Lesekundigen gemacht. Und überdies: Wer lesekundig ist, muß nicht unbedingt auch lesewillig sein. – Dänemarks berühmtester Leseunwilliger ist wohl N. F. S. Grundtvig, der ja den gesamten volksbildenden Unterricht auf das Wort ausgerichtet wissen wollte. Es ist klar, daß er von Büchern nicht viel hielt, zumindest dann nicht, wenn es um die Weiterbildung des sogenannten einfachen Volkes ging. Ein anderer Feind erwuchs dem Buch in den freikirchlichen Bewegungen nach 1850, die in der Regel genußfeindlich, weltabgewandt und geradezu bilderstürmerisch waren. Ihnen mußten die Bände, die da aus den Sümpfen der verderbten Städte kamen, abgesandt von rationalistischen Aufklärungsgesellschaften, wie Gebetbücher des Leibhaftigen vorkommen.

Schließlich waren die Bücher sozusagen auch Feinde ihrer selbst, zumindest in der Umgebung, wo sie damals auf Leser warteten. Sie waren den Bauern ganz einfach zu hoch. Das galt für die Fachliteratur ebenso wie für die Belletristik. Mit Texten, die für Leute mit Universitätsreife geschrieben waren, konnte der Bauer weder fachlich noch in der literarischen Problemstellung etwas anfangen, selbst dann nicht, wenn er einmal oder mehrfach Volkshochschulkurse absolviert hatte. Und gerade die Romane des Goldenen Zeitalters der dänischen Literatur in der ersten Jahrhunderthälfte mußten der Landbevölkerung hochgestochen erscheinen.

Die nächste Romanwelle steht literarisch nicht so hoch im Kurs, fand aber Leser schnell auch auf dem Land, weil gerade die Dörfler sich mit den Themen und Gestalten identifizieren konnten. So entstanden im Laufe der 60er und 70er Jahre, verwaltet meist von Lehrern, Dorfbüchereien, die kaum ein anderes Bedürfnis befriedigten als vorwiegend das nach Unterhaltung. Auguren lächeln gern über die sogenannte Trivialliteratur und ihre einfältigen Leser. Sie vergessen ob ihrer Bildungsbeflissenheit zu gern die wichtige Rolle, die diesem Literaturzweig als ›Hereinbitter‹ zukommt. Im dänischen Bibliothekswesen hat man die Bedeutung schon früh erkannt. So wurde beim Aufbau von Plattenbibliotheken, der in den 60er Jahren begann, die bei jungen Menschen heute so begehrte ›Trivialmusik‹ bewußt in das Ausleihsortiment aufgenommen.

Nur in diesem engen Rahmen – in dem er die Benutzer an das heranführt, was er selbst für Qualität hält – hat der Bibliothekar Möglichkeiten, den Leser zu beeinflussen. Die Büchereien sind nach dem Bibliotheksgesetz von 1964 zu absoluter Neutralität verpflichtet: »Aufgabe der Volksbüchereien ist es, Bildung, Ausbildung und kulturelle Aktivität dadurch zu fördern, daß sie Bücher und anderes geeignetes Material unentgeltlich zur Verfügung stellen.« Der Vizestadtbibliothekar Leif Thorsen nennt in seinem Buch ›Die dänischen Volksbüchereien‹ diesen Typ der dänischen Bücherei »einen neutralen Dienstleistungsbetrieb ohne pädagogisches Ziel«.

Diese Neutralität bedeutet aber keineswegs, daß in den Volksbüchereien alles zu haben und alles in dem Verhältnis zu haben ist, wie es auf dem freien Markt verkauft wird. Hier beginnt die Aufgabe des Bibliothekars, der gehalten ist, für einen guten Qualitätsstandard in seiner Bücherei zu sorgen. Es wird wohl immer eine Streitfrage bleiben, ob der Bibliothekar damit eine Zensur ausübt oder nicht. Leif Thorsen meint, es handle sich zumindest nicht um eine Zensur in dem Sinne, daß der Bibliothekar gleich seinen Vorgängern früherer Generationen den Benutzer in einer bestimmten politischen oder religiösen Richtung zu beeinflussen versucht. Gerade durch das Anlegen von Qualitätskriterien wird nach Meinung von Leif Thorsen der Bibliothekar seiner Neutralitätspflicht gerecht. Nach Ansicht des Vizestadtbibliothekars ist der gleichgültige, der nichtssagende Stoff der populärste, und »das Nichtssagende ist seiner Natur nach reaktionär und trägt dazu bei, das Fundament des etablierten Gemeinwesens zu zementieren«. Wenn die Mittel für Neuanschaffungen hauptsächlich auf ›gleichgültige‹ Literatur verwendet würden, so bliebe nicht genug Geld für Qualität. Die Büchereien würden zu einer Art Gratisbuch-Läden und sich damit von der Teilnahme am Meinungsbildungsprozeß ausschließen. Darum haben – Leif Thorsen sagt es nicht explizit – Donald Duck, Asterix, Mike Hammer und ganze Regimenter von Figuren aus der Porno-Literatur in den dänischen Volksbüchereien nur wenig zu suchen.

In der Praxis werden die Bibliothekare immer wieder den Vorwurf der Zensur zu hören bekommen. Schon wenn nur zwei Menschen diskutieren, was literarische Qualität ist, so werden mindestens zwei Ansichten darüber zutage treten.

In einem derartigen Gespräch stellte mir einmal ein deutscher Kollege provozierend die Frage: »Ist Rilkes 'Cornet' Kitsch?« – Ich konnte keine Antwort geben.

Jährlich leihen die Volksbüchereien rund 37 Millionen Bände an Erwachsene und etwa 56 Millionen Bände an Jugendliche aus. Die ewige Frage, die einen gewissenhaften Bibliothekar um die Nachtruhe bringen kann, beantworten auch dänische Erhebungen nicht, nämlich: Werden die ausgeliehenen Bücher auch gelesen – und von wie vielen pro Ausleihe? Die Antwort ist schon deswegen schwer zu geben, weil die Benutzerkarten abgeschafft und durch die Sozialversicherungskarte ersetzt worden sind. Über 40 % der Gesamtbevölkerung dürften regelmäßige Benutzer sein.

Eine der stärksten Bemühungen geht heute dahin, die zahlreichen jungen Leser auch dann bei der Stange zu halten, wenn die Anforderungen des Berufslebens sie halbapathisch auf Kino und Fernsehen ausweichen lassen. Dies ist bislang auch den dänischen Bibliothekaren nur sehr unvollkommen gelungen.

Statt weiterer Lobesworte, die einem beim Sprechen und Schreiben über dänische Volksbüchereien so leicht über die Lippen kommen, sei hier ein im Büchereiwesen Tätiger zitiert, der die Aufgabe der Bücherei zu umreißen versucht. Seine Ansichten zeigen nach meiner Meinung außerordentlich klar die ganze Bandbreite von Toleranz und Liberalität, die für das dänische Geistesleben bezeichnend ist: »Ausleihe von Büchern – Möglichkeit zum Anhören von Musik – Ausleihe von Kunst – Eine Stelle sein, wo der Unbeschäftigte die Zeit totschlagen kann – Forschung und Studien Platz bereiten – Kindern Unterhaltung und Freude bereiten – Sich an den geistigen Bewegungen im Volk beteiligen – Durch Arrangements verschiedener Art Kontakt zwischen der Kultur und den Menschen vermitteln – Mit den Erscheinungen in Kontakt bleiben, welche die Jugend vereinen und deren Lebensgefühl vertiefen – Die von der Norm Abweichenden stützen – Den Urkonservativen Platz einräumen – Den Äußerungen von Glauben und Aberglauben freies Geleit geben.«

Spitze und breite Federn

Philosophie

Sören Kierkegaard ist nicht der einzige dänische Philosoph, ragt aber in seiner Bedeutung aus der Gruppe der anderen derart stark heraus, daß jene zumindest außerhalb der Landesgrenze kaum zur Kenntnis genommen werden. Es entspricht nur zu gut der dänischen Mentalität, daß ihr auch in der Philosophie Rationalismus weniger wichtig ist als Empirismus. So ging schon Jens Schielderup Sneedorff in der Mitte des 18. Jahrhunderts von der Behauptung aus, alles Wissen stamme aus der Erfahrung und die Erfahrung könne dem Menschen nie eine Gewißheit geben, sondern nur eine Wahrscheinlichkeit.

Zu den dänischen Philosophen vor Kierkegaard wird auch der Norweger *Henrik Steffens* gerechnet, obwohl er nur drei Jahre in Kopenhagen an der Universität tätig war. Steffens studierte in Jena, wo er sich besonders mit Spinoza und Fichte beschäftigte. Ein in Dänemark aufgewachsener Norweger, der in Deutschland der romantischen Philosophie verfällt, das war natürlich kein Mann nach dem Geschmack dänischer Professoren. Man blockierte seine Bemühungen um eine eigene Professur in Kopenhagen so lange, bis er eine Berufung nach Halle akzeptierte. Steffens begeisterte sich für die deutsche nationale Sache und nahm sogar am Freiheitskrieg gegen Napoleon teil. (Die gelehrten Herren in Kopenhagen hatten also von ihrem dänischen Standpunkt aus gar nicht so Unrecht, wenn sie Steffens suspekt fanden.)

Ganz ohne Einfluß auf seine dänischen Zeitgenossen ist Steffens aber nicht geblieben. So entstand eines der berühmtesten dänischen Gedichte, *Guldhornene* von Adam Oehlenschläger, nach einem sechzehnstündigen Gespräch zwischen dem Dichter und dem Philosophen. Steffens ging von Halle nach Breslau und von dort nach Berlin, wo er 1845 starb. In Breslau besuchte ihn einmal sein früherer Schüler, Frederik Sibbern, der nach diesem Besuch seine eigene Philosophie der von Steffens annäherte.

Sibberns Einstellung paßt eigentlich sehr gut in die dänische Alltagsphilosophie. Sibbern sieht die Welt in einem kontinuierlichen Prozeß ständiger Entwicklung. Weil dabei dauernd neue Dinge und neue Erfahrungen entstehen, ist ein allumfassendes System nicht möglich. Sibbern folgert weiter, jedes Aufstellen eines philosophischen Systems sei eine Unmöglichkeit.

Einem solchen Mann war natürlich jeder Hegelianer ein Greuel, und Sibbern nannte den zu Hegel neigenden Dichter Heiberg schlicht einen philosophischen Amateur. Erst als

Sibbern sich 1870 mit 85 Jahren aufs Altenteil begab, kam mit Hans Bröchner ein Hegelianer auf den philosophischen Lehrstuhl der Kopenhagener Universität.

Noch bis zum Ende des 19. Jahrhunderts war man im dänischen Geistesleben Hegelianer oder Anti-Hegelianer, oder man schloß sich der Konzeption irgendeines anderen ausländischen Denkers an. Von *Sören Kierkegaard,* der mitten in Kopenhagen gelebt hatte und sich dem für Philosophen typischen Herumstreiten mit anderen schon 1855 durch den Tod entzogen hatte, nahm man in Dänemark kaum Kenntnis. Dies mag seine Ursache nicht allein im notorischen dänischen Neid auf große Zeitgenossen haben, vielmehr mag es daher kommen, daß Kierkegaard und sein Denken im dänischen Gemüt ein unbehagliches Schaudern hervorrufen und darum von diesem lieber verdrängt werden.

Sören Kierkegaards düstere Veranlagung wird weiterhin das Interesse einer spekulierenden Nachwelt wachhalten, völlig bloßzulegen werden ihre Wurzeln nie sein. Der Mann mit der Hahnenkamm-Frisur, mal ein Lebemann, mal ein Mann der spitzen Feder – der spitzesten, die es in Dänemark je gegeben hat –, wird immer ein Rätsel bleiben.

Kierkegaard lehnt nicht nur Hegel ab, nein, er stemmt sich gleich Sibbern gegen jedes philosophische System. Er erkannte früh seine Begabung und Wortgewalt, was ihn veranlaßte, sich völlig auf seine Denkarbeit zu konzentrieren. Dies wird häufig auch als Ursache für das Scheitern seiner Verlobung mit der Kaufmannstochter Regine Olsen genannt. Auch in diesem Fall kann man sich fragen, ob eine einzige Ursache ausreicht, um eine Handlung dieses aus Drang, Verachtung, Selbsthaß und Schuldgefühlen zusammengesetzten Charakters zu erklären.

Was ihn in seinen letzten Jahren stärker beschäftigte als das Philosophieren über die Existenz, war sein unermüdlicher Kampf gegen die Kirche. Anders als Grundtvig forderte er nicht etwa eine Religion mit einem menschlicheren Gesicht, sondern eine gnadenlos strenge, die dem Menschen auf seinem ganzen Lebensweg nichts anderes erlaubt, als zu leiden und immer nur zu leiden. Weil die Kirche dem Menschen aber ein derart gerüttelt Maß an Leid nicht zumutet, ist sie nach Kierkegaards Ansicht eine verwässerte, darum unehrliche und falsche Kirche. Beim Tod des Kopenhagener Bischofs Mynster, der zum Bewundererkreis von Johanne Luise Heiberg gehörte, entzündete sich Kierkegaards Wut an den Lobesworten der Grabrede. Er läßt an der dänischen Kirche, an der Kirche überhaupt und schließlich sogar am gesamten Christentum kein gutes Haar. Seiner Ansicht nach existierte (und existiert folglich) das Christentum im Sinne des Neuen Testaments überhaupt nicht. Kierkegaard betrachtet es als »absolutes Paradoxon«, daß der ewige Gott ein sterblicher Mensch geworden sein soll. Er sieht die Aufgabe des Menschen darin, im Rahmen eines Christentums kierkegaardscher Prägung ständig zu leiden und verzweifelt zu sein. Ursache des Leidens ist die Unfähigkeit der Menschen, ihr Leben nach den Geboten eines Wesens zu führen, das von ihnen so völlig verschieden ist. Aus diesem Leiden heraus gibt es nur eine Erlösung, nämlich die unendliche Verzweiflung darüber, daß man nicht imstande ist, die Forderungen des Christentums zu erfüllen.

Einem solchen ›philosophischen Haudegen‹ muß naturgemäß die ganze Umwelt ›pflaumenweich‹ erscheinen. Da Kierkegaard durch das Vermögen seines Vaters finanziell unabhängig und überdies außerordentlich kontaktscheu war, mag er auf seine Umwelt den Eindruck eines arroganten Zeitgenossen gemacht haben. Sören Kierkegaard, der bei seinem Arbeitsrhythmus keine Rücksicht auf den Körper kannte, starb schon im Alter von 42 Jahren.

Die dänische Philosophie des 19. Jahrhunderts läuft bald nach der Jahrhundertwende mit dem Pfarrersohn *Harald Höffding* aus. Harald trat zunächst in seines Vaters Spuren und begann Theologie zu studieren. Was die Penaten des dänischen Geisteslebens unbeeindruckt ließ, das packte ihn: Kierkegaards Werk. Höffding sattelte auf Philosophie um. Was ihn beeindruckte, war für ihn aber keineswegs akzeptabel. Er teilte Kierkegaards Ansichten darüber, wie das Christentum eigentlich sein müßte, nicht. Nach Höffdings Ansicht sind die Würde des Menschen und seine Wohlfahrt das höchste Ziel menschlicher Tätigkeit – er untermauert also philosophisch, was in Skandinavien auch politisch damals schon guter Brauch geworden war. Für die dänische Geistesgeschichte hat er außerdem insoweit Bedeutung, als er – obwohl ein Verehrer sowohl von Spinoza als auch von Kant – sich an der französischen und englischen Philosophie orientiert.

Literatur

Die dänische Literatur! Will man sie umfassend darstellen, so benötigt man mehr als ein paar Seiten, mehr als ein Kapitel. Sie fordert gebieterisch ein ganzes Buch. Und das ist zum Glück schon erschienen. Hier nur ein paar komprimierte Einweisungen, deren einziger Sinn es ist, Appetitmacher zu sein.

Die ältesten schriftlichen Dokumente Dänemarks sind selbstverständlich die *Runensteine,* deren Mehrzahl aus der Zeit von 900–1050 stammt. In der Regel erinnert der Stein an eine bedeutende Tat oder einen bedeutenden Mann. Der große Runenstein vor der Kirche von *Jelling* (Ostjütland) tut beides: Er bewahrt für die Nachwelt, daß es einen König Harald Blauzahn gegeben hat und daß auf seine Veranlassung das Dänenvolk getauft wurde (Abb. 22). Manche Steine erzählen aber nur ganz einfach, wer sie gesetzt und mit wem dieser Mann verwandt ist. Die Runensteine sind weder typisch heidnisch noch typisch christlich, wohl aber kommen auf ihnen die Namen germanischer Götter vor.

Auf bereits etwas bequemere Art hat *Saxo Grammaticus* die *Gesta Danorum* aufgezeichnet, in denen ja auch der Häuptling Amled vorkommt. Angeregt zu seiner Arbeit wurde Saxo von Bischof Absalon, einem Mann, der den Aufzeichnern großer Werke und Taten ziemlich viel Arbeit gemacht hat. Die ›Taten der Dänen‹ bestehen aus sechzehn Büchern und umfassen auch den ganzen Schatz dänischer Heldensagen, denn diese galten ja als Berichte tatsächlich geschehener Ereignisse. Immerhin aber befaßt sich ein Viertel des Textes mit der Gegenwart jener Tage – nicht zuletzt natürlich mit Absalon. Von der Handschrift sind nur vier Seiten erhalten. Unsere heutigen Kenntnisse von dem Werk gehen auf die gleich der Handschrift lateinische Ausgabe zurück, die der dänische Humanist und Bibelübersetzer Christiern Pedersen 1514 in Paris besorgte. Das Buch sollte im 19. Jahrhundert noch einmal für die nationale Bewegung große Bedeutung erhalten; kein Wunder also, daß ausgerechnet Grundtvig eine Übersetzung in volksnahes Dänisch vornahm.

Zwei ungewöhnliche Dichter treten uns im 17. Jahrhundert entgegen: Thomas Kingo und Leonora Christine, Tochter von Christian IV. *Leonora Christine* wurde schon mit neun Jahren mit dem Höfling Corfitz Ulfeldt verlobt. Corfitz sonnte sich in der Gnade und Gunst seines Schwiegervaters und muß wohl viel getan haben, um die anderen vor Neid erblassen zu lassen. Nach Christians Tod prasselten die Widrigkeiten von allen Seiten auf das früher so umschwärmt gewesene Paar herab. Die beiden gingen außer Landes, wo der im Unglück Schwächliche mit Landesverrat jonglierte. Die Engländer lieferten seine Frau den Dänen aus, und weil sie sich von ihrem Mann nicht lossagen wollte, wurde sie für mitschuldig gehalten. Zweiundzwanzig Jahre war sie in einem Turm inhaftiert. Über diese Zeit hat sie ein ergreifendes Werk geschrieben – ›Des Jammers Gedenken‹ – das erst zweihundert Jahre später erscheinen konnte.

Nachdrücklich seinen Zeitgenossen bekannt machte sich der väterlicherseits aus Schottland stammende *Thomas Kingo*, Bischof in Odense und Erheirater eines Herrenhofs. Kingo hatte es mit dem Weltniveau, er wollte die dänische Literatur auf diese Ebene bringen. Darum schrieb der kluge Geistliche dem König und bedeutenden Adligen Huldigungsgedichte. Die Folge war, daß er eines Tages in den Adelsstand erhoben wurde. Kingos wirkliche Bedeutung für die dänische Literatur gründet sich auf das ›Hymnenbuch‹ von 1699, das mancherorts noch heute verwendet wird.

Ein origineller Typ jener Zeit war *Anders Bording,* der sich als erster Berufsdichter Dänemarks zu etablieren versuchte. Der ohnehin nicht etwa wegen seiner Zuverlässigkeit Stadtbekannte kam erst ans Verdienen, als er ein Privilegium für die Herausgabe einer dänischen Zeitung erhielt, die unter seiner Leitung auf Nachrichtenverbreitung durch Verse (Alexandriner) überging. So wurde er Dänemarks erster Berufsjournalist.

Als Theaterdichter wurde Ludvig Holberg bereits erwähnt, der fruchtbare Komödienschreiber. Die bekannteste Komödie der Generation nach ihm stammt von *Herman Wessel,* der ebenfalls Norweger war. Wessels Parodie auf die damals zu Tränen rührenden tragischen Singspiele hat im Deutschen den Titel ›Der Bräutigam ohne Strümpfe‹. Gleichzeitig wie Wessel hat der Lyriker *Johannes Ewald* (geb. 1743) in Kopenhagen gewohnt. Ewald hat lange gegen das Pietistische angekämpft, das ihm bei der Erziehung eingeimpft worden war. Seine Interessen gingen weit über Dänemark hinaus, in seinen Arbeiten gibt es Anklänge an das Geistesleben im übrigen Europa. Ewald, der als Dichter der schönsten dänischen Verse und als einer der schlimmsten Trinker des 18. Jahrhunderts gilt, starb mit 38 Jahren.

Was für die dänische Philosophie gilt, gilt noch mehr für die Literatur: Dort gibt es mehr Namen als nur den einen, der uns geläufig ist. Und selbst in seinem Jahrhundert steht H. C. Andersen nicht allein da.

Adam Oehlenschläger wollte erst Schauspieler, dann Jurist werden, fühlte sich aber zum Dichter berufen, als er im April 1801 die englisch-dänische Seeschlacht vor Kopenhagen miterlebt hatte. Zu jener Zeit erstarb in Dänemark bereits das Interesse an der naturphilosophisch geprägten deutschen Romantik, und Oehlenschläger schafft als erster die Verbindun-

Odense, hier in der Munkemöller-sträde lebte H. C. Andersen vom 2. bis 14. Lebensjahr

gen zum Humanismus von Goethe und Schiller. Nach Vollendung des 50. Lebensjahrs wird er im Dom zu Lund zum Dichterfürsten des Nordens gekrönt. Oehlenschlägers Bedeutung liegt darin, daß er »die Literatur wesentlich anders hinterließ, als er sie vorgefunden hatte«.

Wie bei einem seiner französischen Zeitgenossen war bei dem dänischen Pfarrer *Steen Steensen Blicher* (1782–1848) ein wesentlicher Antrieb beim Bücherschreiben die Tatsache, daß er Schulden bezahlen mußte. Die Ursache für seine ewige Geldnot waren aber nicht die Verlockungen des Kopenhagener oder sogar Pariser Pflasters, sondern die Regelmäßigkeit, mit der seine Frau eine weitere Niederkunft hatte. Der jütländische Dorfpfarrer hatte eine gleichmäßigere Buchproduktion als Balzac, er wurde zum Klassiker der dänischen Prosa; im deutschen Sprachraum hat etwa Gottfried Keller dieselbe Position. Und ähnlich wie Keller ist auch Blicher nur sehr schwer übersetzbar.

Was ist Besonderes an dem Märchendichter *Hans Christian Andersen* (Abb. 92), der auch Lyriker, Reiseschriftsteller, Dramatiker, Romancier und Silhouettenschneider war? Dazu Prof. Frederik Nielsen: »Andersens unübertroffene Beliebtheit beruht ... darauf ..., daß er an das Wunder im Dasein glaubte ... Trotz gelegentlichen Schwarzsehens, das seinem Drang nach skeptisch gewonnener Erkenntnis entspringt, bewahrt er im innersten Herzen stets den Glauben an eine ewige Gerechtigkeit, deren Grundlage das Wissen des Dichters um die vielen Menschenschicksale ist, die, in irdischer Sicht, Schiffbruch erleiden. Andersens unerhörtes Beobachtungsvermögen, seine sprachliche Präzision, seine seelischen Stimmungsschwankungen sind für den, der ihn in Übersetzung liest, kaum vernehmbar. Er schreibt für Erwachsene, aber in einer Form, die auch Kindern verständlich ist.«

Zwei Nachträge zu Andersen (1805–1875): Dieser Mann wurde auf seinen Reisen ständig von der Furcht geplagt, er könne seinen vom Außenminister persönlich unterzeichneten Paß verlieren, oder es könnte nächtlicherweise ein Feuer ausbrechen. Die moderne Andersen-Forschung beschäftigt sich in unserem Zeitalter, das von manchen ja ›Zeitalter der Permissivität‹ genannt wird – und nachdem ansonsten an dem Großen alles erforscht ist – mit

33   Dolmen bei Sönderholm (Jütland)

34   MOLS BJERGE   Djursland (Jütland) ▷

35 SUNDSTRUP HÖJENE Grabhügel nördlich von Viborg (Jütland)

36 Bei Ebeltoft, Djursland (Jütland)

37, 38 ÅLBORG Nordjütlands Kunstmuseum, 1972 eröffnet (Jütland)

39 ÅLBORG Jens Bangs Steinhaus, größtes Renaissance-Bürgerhaus Skandinaviens

40 ÅLBORG Das Gänsemädchen, 1937, von G. Henning (Jütland)

41 SÄBY Gotische Fresken in der Kirche St.-Maria (Jütland)
42 MARIAGER Geduckte Häuser und Kopfsteinpflaster (Jütland)

43 GRENEN   An der Nordspitze Dänemarks (Jütland)
44 Im Hafen von SKAGEN (Jütland)

45   Die ›versandete Kirche‹ bei Skagen (Jütland)

46   GYLDENSTEEN   Torhaus des Schlosses (Fünen)

47   Kirche von VINDINGE (Fünen)

48 ODENSE Skt.-Knuds-Kirche, Detail des Flügelaltars von Claus Berg (Fünen)

49 NYBORG Valdemar-Gobelin von 1223 (Fünen)

50, 51   NYBORG   Schloß, um 1170 (Fünen)

52   ODENSE   Hans-Christian-Andersen-
Museum, Reisegepäck des Dichters (Fünen)

53   KERTEMINDE   Votivschiff in der Kirche
(Fünen)

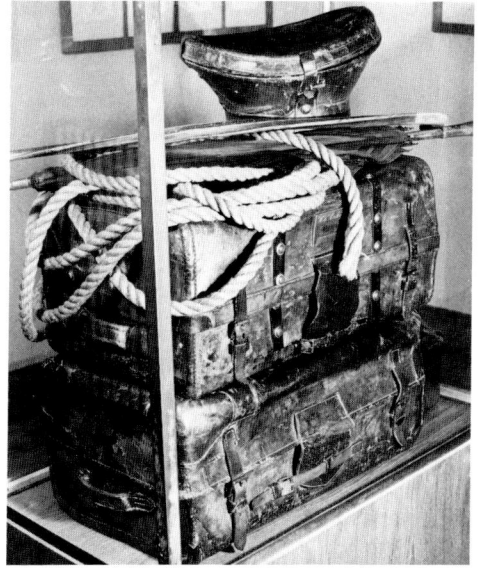

54, 55   SVENDBORG   Skt.-Nikolai-Kirche und Brücke über den Svendborg Sund (Fünen)

56   SVENDBORG   Hafen und Stadt (Fünen)

57 Schloß LÖGISMOSE (Fünen)

58 Schloß BRAHETROLLEBORG Torhaus (Fünen)

59 Schloß HVIDKILDE (Fünen)

60 Die Kirche von ÅSTRUP (Fünen)

61 HORNE Die einzige Rundkirche auf Fünen

62, 63　FAABORG　Guterhaltenes Stadtbild (Fünen)

64　In ÄRÖSKÖBING (Ärö)

65　VALDEMARS SCHLOSS (Tåsinge)

66 ÄRÖSKÖBING   Gehörte bis 1864 zu Schleswig (Ärö)

67 RUDKÖBING   Hauptort von Langeland

Andersens Geschlechtsleben. Schon 1901 erschien im ›Jahrbuch für sexuelle Zwischenstufen‹ von Magnus Hirschfeld, der im Interesse der sozialen Besserstellung von Homosexuellen und anderen Abweichenden in seinen Jahrbüchern große Leute gern in den Bereich der Abwegigkeit ziehen ließ, ein Artikel, in dem Andersen als Homosexueller bezeichnet wird. Der dänische Journalist Aksel Drevlov hat in einem 1977 erschienenen Büchlein zwei Dinge nachgewiesen: 1. Hinter dem Pseudonym Albert Hansen des Artikelverfassers verbarg sich Carl Albert Hansen Fahlberg, Homosexueller und Fingerabdruckexperte bei der Kopenhagener Polizei. 2. Andersen war bestimmt nicht homosexuell, vielleicht aber – ohne es zu wissen – bisexuell, und er hat sein ganzes Leben lang keinen sexuellen Kontakt gehabt.

Andersen schrieb im Februar 1834 in sein Tagebuch: »Erfahrene Leute werden wohl über meine Unschuld lachen, aber Unschuld ist es gar nicht, es ist ein Widerwillen gegen diese Sache, die mir nun einmal gegen das Gefühl geht.«

Martin Andersen Nexö gilt in der Arbeiterliteratur als der ›dänische Gorkij‹, wie Romain Rolland ihn genannt hat. Der Dichter von *Pelle Erobreren* und *Ditte Menneskebörn* ist zwar in Kopenhagen geboren (als Martin Andersen, 1869), hat aber einen großen Teil seines Lebens auf Bornholm verbracht. Dort gilt er auch als bedeutender Heimatdichter. Sein soziales Engagement war erheblich stärker, als er selbst es mit dänischer Untertreibung beschrieben hat: »Das Essen schmeckt mir besser, wenn ich weiß, daß andere auch satt sind.« Andersen Nexö starb 1954 mit 84 Jahren in Dresden, wo er eine Ehrenwohnung hatte. Begraben ist er dort, wo auch H. C. Andersen liegt, auf dem Assistenz-Friedhof im Kopenhagener Arbeiterviertel Nörrebro. – Ungewöhnliche Persönlichkeiten müssen in einem Land, wo der Konformismus für Prominente fast als erste Bürgerpflicht gilt, die drei dänischen Dichter Karen Blixen, Kaj Munk und Piet Hein genannt werden.

Karen Blixen-Finecke heiratete 1914 mit 29 Jahren den Baron Bror Blixen-Finecke, mit dem sie nach Afrika ging; sie behielt den ersten Teil des Namens auch nach ihrer Scheidung 1922 bei. Sie lebte dann fast ein Jahrzehnt lang mit dem Engländer Denys Finch Hatton zusammen. 1934 erschien das Buch, das ihre Berühmtheit begründete: *Seven Gothic Tales*. Dieses Buch ist mit dem Pseudonym Isak Dinesen gezeichnet, dem Mädchennamen der Verfasserin. Sie und ihr Bruder müssen das Abenteurerblut ebenso wie die Lust zum Schreiben vom Vater Wilhelm Dinesen geerbt haben. Wilhelm wurde nur fünfzig Jahre alt. Aber diese Zeitspanne reichte ihm aus, am deutsch-dänischen Krieg von 1864 teilzunehmen, am deutsch-französischen von 1870/71 (natürlich auf französischer Seite), und auf türkischer Seite am russisch-türkischen Krieg von 1877/78. Zwischenein war er ein paar Jahre in Nordamerika gewesen, um das Leben der indianischen Jäger kennenzulernen. Sein erstes Buch erschien unter dem Titel *Paris under Kommunen*. Sein Sohn, Karens Bruder, hat nur an einem Krieg teilgenommen, der aber ein richtiger Weltkrieg war, der Erste. Thomas Dinesen war Freiwilliger bei den Kanadiern. Thomas Dinesen hat Bücher über seinen Vater und seine Schwester veröffentlicht.

Bei dieser erblichen Belastung ist es wohl verzeihlich, daß Karen Blixen sich mit dänischen Themen nur oberflächlich befaßte. Ihre kosmopolitische Position liegt weit, weit weg von der urdänischen Blichers. Zwar erschien die englische Novellensammlung schon ein Jahr später auf dänisch, aber noch viele Jahre mußten vergehen, ehe die Dänen Karen Blixen zur Kenntnis nahmen.

Dänischer ist der Pfarrer und Dramatiker *Kaj Munk*, der in Westjütland eine Gemeinde hatte. Zeitkritik kleidete er gern in ein historisches Gewand. Er war bei den Kritikern (und das ist ja selten) ebenso beliebt wie beim Publikum. Nach der Besetzung Dänemarks 1940 schloß Munk sich dem Widerstand an. In einer Januarnacht 1944 wird Kaj Munk von der Gestapo abgeholt. Am nächsten Morgen findet man ihn erschossen in Mitteljütland auf.

Piet Hein (geb. 1905) ist Wissenschaftler und Poet dazu. Außerdem hat er einen großartigen Sinn für das Skurrile. Das befähigt ihn, Entertainer seiner selbst und auch des Dänenvolks zu sein. Als Wissenschaftler rechnet er sich die Formel für die Superellipse zugute, als Dichter hat er die Gruk-Verse zu Tausenden in die Welt gesetzt. Als Entertainer ließ er sich Sachen von texanischen Dimensionen einfallen: So trat er mit einem Globus an die Öffentlichkeit, auf dem Dänemark über alle Maßen gewachsen, der Rest der Welt hingegen bis zur Bedeutungslosigkeit geschrumpft ist. »Dies«, erklärt der Gruk-Mann dazu, »ist die dänische Art der Weltbetrachtung.« – Offenbar kennt Piet Hein seine Landsleute sehr gut.

Für Völker mit Sprachen, die nur von wenigen Millionen benutzt werden, ist es schwer, einen internationalen Erfolg mit der eigenen Literatur zu haben. Georg Brandes (s. S. 252) sagte, dänisch zu schreiben sei dasselbe wie ins Wasser schreiben. Und wirklich, vom reichen dänischen Geistesleben ist höchstens ein Dutzend Philosophen und Schriftsteller über den eigenen Sprachkreis hinaus bekanntgeworden. Einer der erfolgreichsten Gegenwartsschriftsteller, Klaus Rifbjerg (geb. 1931), weiß ein anschauliches Beispiel dafür zu bringen, was auf dem Weltmarkt geht und was nicht: »Als der Verleger ... vor einigen Jahren beschloß, dänische Schriftsteller zur Herstellung ›literarischer Pornographie‹ anzuregen, blieb der Erfolg nicht aus. Von Hamburg bis Tokio, von Anchorage bis Amsterdam konnte man nun lesen, was dänische Schriftsteller zu bieten hatten, ganz gewiß aber war literarische Qualität hierbei nicht im Spiel. Mein Beitrag zu dieser Anthologie hat mehr Devisen eingebracht als die Einnahmen sämtlicher Übersetzungen meiner übrigen Kurzgeschichten.«

Tatsächlich haben es die ›Kleinen‹ auf dem kommerziellen Markt der Literatur besonders schwer. Vorbehaltlos zu begrüßen sind darum Anstrengungen, wie in Stuttgart das Institut für Auslandsbeziehungen sie im Zusammenhang mit dem Erdmann-Verlag unternimmt. In der Serie ›Geistige Begegnung‹ sind bislang 52 Bände einer ›Anthologie zeitgenössischer Prosa‹ aus allen Teilen der Welt erschienen. Als letztes der nordischen Länder stellte 1977 Heinz Barüske aus Berlin Dänemark und seine Literatur vor. Heinz Barüske hat eine gut durchdachte Auswahl von 36 dänischen Prosaschriftstellern herausgefiltert und präsentiert sie in kongenialer Übersetzung. Die von ihm geschriebene Einleitung bringt einen umfangreichen Überblick über die dänische Geschichte und synchron über die Entwicklung der dänischen Literatur.

Hier ein Rezensionsauszug aus dem Blatt des Dänischen Schriftstellerverbandes: »Diese Darstellung von Kultur, Literatur und nationaler Geschichte ist – trotz ihrer Kürze – so hervorragend und mit einem solchen Einblick geschrieben, daß selbst ein sehr kenntnisreicher Däne kaum imstande gewesen wäre, die Arbeit besser zu machen ...«

Das Permanente und das Erstarrende

Design

Die Formgebung – handwerklich und industriell – spiegelt wohl am deutlichsten dänischen Leistungswillen und dänisches Können wider. Wenn die Dänen leben wollen (und Dänen legen ja Wert darauf, gut zu leben), dann müssen sie über die Fähigkeit verfügen, aus Dreck Zwerge zu backen. Das Land verfügt – sieht man von einer kürzlich entdeckten Salzmine ab – über keinerlei Bodenschätze. Grundlage der gesamten Wirtschaft ist also die Veredelung.

Design ist die Fähigkeit, einem Gebrauchsgegenstand eine ansprechende Form zu geben, die den Gebrauchswert des Gegenstandes erhöht. Gustav Friedrich Hetsch, in seiner Architekturauffassung von Schinkel beeinflußt und längere Zeit Leiter der Königlichen Akademie der Schönen Künste, gab schon vor mehr als einem Jahrhundert eine klare Definition des Begriffs Formgebung (Zitat nach *Design aus Dänemark*): »Der Zweck aller Gegenstände, vor allem wenn sie zum Möbel- oder Baufach gehören, gleichviel ob klein oder groß, ist es, so viel wie möglich ihrer Bestimmung zu entsprechen. Und diese Forderung drückt sich vor allem in den beiden absolut notwendigen Hauptbedingungen aus, nämlich reelle Brauchbarkeit und Zweckmäßigkeit, wonach vor allem ihre Form sich richten muß. Mit diesen zwei Hauptbedingungen läßt sich bei vielen der genannten Gegenstände eine dritte Eigenschaft vereinen, die mit dem Voranschreiten der Kultur ständig mehr wünschenswert und oft sogar eine Forderung für sich wird, nämlich Schönheit sowohl in Form als auch in Farbe. Aber bei diesen Gegenständen muß sich alles auf die Zweckmäßigkeit gründen, ohne Verbindung mit dieser kann keine Befriedigung für Auge und Geist stattfinden.«

Hetsch selbst kam seinen eigenen Forderungen auf dem Gebiet der Architektur nach, indem er auf das Verputzen von Mauern verzichtete. Der Ziegel allein und das durch Ziegel und Mörtel entstehende Muster waren seiner Ansicht nach Form und Schmuck zugleich. Die aus gelbem Stein gebaute Synagoge und die katholische Skt. Ansgar-Kirche aus rotem Ziegel, beide in Kopenhagen, dokumentieren die Konsequenz, mit der Hetsch seine Gedanken verwirklichte. Hetsch hat auch Möbel, Porzellan und Gegenstände aus Silber sowie anderem Metall entworfen. Auch Bucheinbände zählen zu den Leistungen dieses vielseitigen Architekten.

Sehr großen Widerhall scheint Hetsch aber nicht gefunden zu haben, zumindest nicht im 19. Jahrhundert. Um 1880 herum erreichte in Dänemark der kleinbürgerliche Troddel-Stil seinen Höhepunkt. Sofas und Sessel sind mit Troddeln behangen und mit Schondeckchen geschützt. Der Architekt Svend Erik Möller schreibt über diese Zeit: »Putzmacher und Tapezierer hatten goldene Zeiten. Am Ende waren die Wohnungen derart von Möbeln vollgestopft, daß man kaum begreifen kann, wie dort noch Menschen Platz hatten.«

Der Durchbruch zur neuen Form kam 1888 mit der Nordischen Industrieausstellung in Kopenhagen. Was in Mitteleuropa als Jugend- oder Sezessionsstil bereits einen Namen hatte, die bewußte Abwendung vom Imitieren klassischer Stile, faßte in Skandinavien Fuß. Auf dieser Ausstellung wurde eine Kollektion der Königlichen Porzellanmanufaktur gezeigt, die ein Jahr später in Paris beim gesamten künstlerischen Establishment Europas Aufsehen erregte. – Der Apotheker Frantz Heinrich Müller, dessen Name seine Abstammung verrät, gründete 1775 mit königlichem Privileg in Kopenhagen eine Porzellanmanufaktur. Uns mag es heute seltsam erscheinen, daß ein Apotheker sich mit Porzellan beschäftigte. Die Ursachen für Müllers besondere Interessen dürften wohl in den Zusammenhängen zu suchen sein, die in früheren Zeiten zwischen der Arbeit des Apothekers und der des Alchimisten bestanden. Ein wichtiger Teil der Porzellanherstellung ist ja der gekonnte Umgang mit Glasur.

Viel Erfolg hatte Müller nicht. Er gab auf, und der Monarch wurde damit Fabrikbesitzer. Er berief den Künstler A. C. Luplau von der Herzoglich Braunschweigischen Manufaktur als künstlerischen Leiter nach Kopenhagen.

Ein ungewöhnliches Geschick erlebte eine Bestellung, die 1788 der damalige Kronprinz Frederik bei der Manufaktur machte: Ein Service aus 2600 Teilen mit der dänischen Flora als Bemalungsmotiv sollte als Geschenk für die Zarin Katharina II. angefertigt werden. Als es 1803 endlich fertig wurde, war die Zarin bereits tot, und Frederik VI. behielt das Service für den eigenen Hof. *Flora Danica* (s. S. 256) wird noch immer angefertigt. Wenn man es heute bestellt, ist die Wartezeit nicht mehr so lange wie früher.

Zwei andere Services, die seit mehr als 200 Jahren hergestellt werden, sind in der Unterglasurmethode gemalt, die aus China über Frankreich nach Dänemark gekommen ist. *Musselmalet* und *Storblomstret* werden als einzige noch mit der Unterglasurmethode behandelt. Verwendet wird diese Methode auch von dem Kopenhagener Formgeber Ole Winther bei seinen Arbeiten für einen deutschen Porzellanhersteller.

Die dänische Formgebung hat von Anbeginn an soziale und wirtschaftliche Komponenten gehabt. So gründete die Krone 1777 ein Königliches Möbelmagazin, um – wie es hieß – guten Geschmack bei der Möbelherstellung zu verbreiten. Stadtbaumeister Rosenberg, von dem die Idee ausging, ließ in dem Magazin für die dänischen Tischler Modelle anfertigen, für die es gratis auch Zeichnungen gab. Damit wurde eine erste permanente Verkaufsausstellung dänischer Möbel versucht. Tischler, welche den vom Möbelmagazin geforderten Qualitätsstandard erreichten, konnten ihre Möbel, mit dem Gütezeichen versehen, durch das Magazin verkaufen. Die angestrebte Qualitätsverbesserung schlug auch bald wirtschaftlich durch: Der Import von Möbeln aus Frankreich und England ließ nach, die dänischen Hersteller konnten selbst daran gehen, ihre Möbel zu exportieren.

Als Möbeldesigner betätigte sich auch der Architekt, Maler und Zeichner *Nicolaj Abildgaard*, der an dieser Stelle nicht zum erstenmal erwähnt wird und uns sicher später noch begegnen wird. Auch bei diesen Möbeln tritt der dänische Stolz auf gute Arbeit deutlich hervor. Abildgaard hielt sich an einen antiken Stil ganz persönlicher Provenienz. Im Gegensatz zu seinen Kollegen zeichnete er die Möbel nicht für die von ihm entworfenen Gebäude, sondern er machte sie – »con amore«, pflegte er zu sagen – für seine Freunde und Bekannten.

Die schon erwähnte Nordische Industrieausstellung war der Anfang einer großartigen Entwicklung im dänischen Kunsthandwerk, das sich von der international vorherrschenden Neigung zur Üppigkeit nicht beeinflussen ließ. Damals entstand und festigte sich der Wunsch bei Dänemarks Formgebern, statt Augenwischerei Qualität anzubieten. Dies zeigte sich auch bei den Arbeiten des Silberschmieds *Georg Jensen*, dessen frühere Keramikarbeiten auf der Pariser Weltausstellung im Jahr 1900 Aufsehen erregt hatten. Jensen machte 1904 in Kopenhagen eine Silberschmiede auf. Schon sein erstes Besteck war – für jene Zeit ungewöhnlich – von einfacher Form, die Oberfläche war mattgehämmert, wodurch das Handwerkliche noch stärker ins Auge fiel. Diese Grundidee behielt er bei und stellte sie direkt in Gegensatz zur industriellen Fertigung, die damals mit dünngewalztem Silberblech, das auf Hochglanz poliert war, die Kunden fast buchstäblich zu blenden versuchte.

Etwa zur selben Zeit wie in Deutschland und in der Schweiz tritt das Phänomen des Neuklassizismus auch in Schweden und Dänemark auf, in Dänemark erstmals anläßlich von Bauarbeiten an der Liebfrauen-Kirche, die von einem Mäzen eine Turmspitze bekommen soll. Diese Kirche dicht bei der Universität war im klassizistischen Stil am Anfang des 19. Jahrhunderts von C. F. Hansen, Erbauer des 1884 abgebrannten Schlosses Christiansborg und Schwiegervater von G. H. Hetsch, nach einem Brand wiedererrichtet worden. Aus Anlaß einer Ausschreibung brachten zwei junge Architekten durch eine Ausstellung eine Debatte über Hansens Werk in Gang. Der Neuklassizismus interessierte sich außer für Hansen auch für Abildgaard und seine Zeitgenossen, und das nicht nur von der Architektur, sondern auch vom Interieur und vom Mobiliar her.

Die Hauptexponenten des Neuklassizismus im Kunsthandwerk wurden *Aage Rafn* (1890–1953) und *Kaare Klint* (1888–1954). Klint vollendete nach dem Tod seines Vaters die

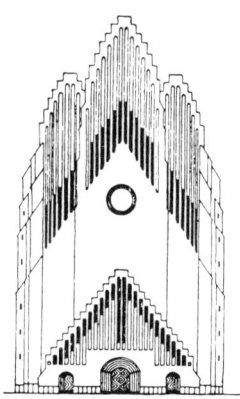

Kopenhagen, Grundtvigkirche am Bispebjerg, 1921–1940

Grundtvig-Kirche in Kopenhagen, für deren Einrichtung er die Stühle zeichnete. Dieser Mann beschäftigte sich schon seit 1917 – also viel früher als Le Corbusier – mit den Problemen der Maßverhältnisse zwischen Mensch und Möbel. Später rückte er mit dem Lineal auch in die Küche vor, und durch Neufestsetzungen der Dimensionen für die einzelnen Geschirrteile erreichte er, daß dieselben Schränke bedeutend mehr Geschirr als früher aufnehmen konnten. Natürlich ging Kaare Klint schließlich auch noch daran, praktischere und geräumigere Schränke zu zeichnen.

Man kann ihn wohl den letzten Tüftler unter den dänischen Möbelformgebern nennen. Was ihn daran interessierte, waren Holz und handwerkliche Holzbearbeitung. Schön und funktionsbetont sollten die Resultate seines Nachdenkens und Entwerfens sein. »Die Frage der Wirtschaftlichkeit als einer Dimension der Möbelherstellung«, meint Svend Erik Möller, »hat seine Gedanken kaum jemals gestreift.«

Aber gerade die Frage der Wirtschaftlichkeit, die Kostenfrage, sollte die nächste Generation von Formgebern sehr stark beschäftigen. Denn mit den 20er Jahren begann eine Zeit, in der die Arbeiterklasse zur größten homogenen Gruppe des Gemeinwesens heranwuchs. In Kopenhagen erschien im Sommer 1926 eine neue Zeitschrift, die *Kritisk Revy*, die auf dänisch verkündete, was in Frankreich bereits Le Corbusier und in Deutschland das Bauhaus betont hatten, nämlich das Recht jedes Menschen auf die elementaren Lebensgüter Sonne, Licht und freie Aussicht in einer guten Wohnung. Die anfangs für Architekten bestimmte ›Revy‹ entwickelte sich zu einer Zeitschrift, die mit Temperament soziale Fragen auf dem kulturellen Gebiet in Angriff nahm. So war es nur logisch, daß die ›Revy‹ auch die Bauhaus-Gruppe attackierte; der ästhetische Ausgangspunkt des Bauhaus war der ›Revy‹ zu vornehm. Poul Henningsen, Chefredakteur der Zeitschrift, Formgeber und Architekt, forderte seine Kollegen auf: »Schmeißt den Künstlerschlapphut und die wehende Krawatte weg, zieht euch Arbeitskluft an, entwickelt jeweils nur einen Gegenstand, der dann auch brauchbar ist.« Henningsen machte vor, was er meinte. Er entwarf eine Lampenserie, die auf genauen Studien der Beleuchtungstechnik, des Beleuchtungsbedarfs und der Lichtqualität basierte. Seine mehr als fünfzig Jahre alten Unersuchungen dienen den Leuchtendesignern noch heute als Arbeitsunterlagen. Henningsens saubere Arbeitsweise begegnet uns auch bei anderen dänischen Formgebern jener Zeit, und es ist unmöglich zu sagen, wer wen beeinflußt hat. Wahrscheinlich ritten sie alle auf derselben Welle jener 20er Jahre, die sich in den einzelnen kulturellen Bereichen so unterschiedlich darstellen. Für das dänische Kunsthandwerk und die dänische Formgebung jedenfalls haben sie ganz entschieden positive Bedeutung.

Einen guten Überblick über den Stand der heutigen dänischen Formgebung gibt die Verkaufsausstellung *Den Permanente* ziemlich genau gegenüber dem Hauptbahnhof von Kopenhagen. Wer an Formgebung interessiert ist, darf einen Besuch bei der ›Permanenten‹ nicht auslassen. Ob es lohnt, dort etwas zu kaufen, muß jeder nach seinem eigenen Urlaubsbudget und seinen Sparsamkeitsprinzipien entscheiden. Praktisch in ganz Dänemark findet man auf Schritt und Tritt zu unterschiedlichen Preisen qualitätsvolle Angebote des industriellen Designs.

Ein Produkt dänischen Designs ist häufig auch auf den Autobahnen Mitteleuropas zu sehen: die Nummernschilder dänischer Autos. Dänische Kraftfahrzeuge hatten früher gelbe Schilder für gewerbliche Zulassung und schwarze für private. Die schwarzen Schilder können naturgemäß nicht reflektierend gemacht werden, und deswegen erhielten seit Anfang 1976 private Neuzulassungen weiße Schilder mit schwarzen Buchstaben und Ziffern in einem dünnen roten Rahmen. Natürlich kann ein Designland wie Dänemark heutzutage eine derartige Umrüstung nicht durchführen, ohne einen Formgeber zu bemühen. In diesem Fall war es Naur Klint, Professor an der Königlichen Akademie der Schönen Künste und Sohn von Kaare Klint, dem 1954 verstorbenen Professor an derselben Akademie und Vollender der Grundtvigkirche, Enkel des Architekten Jensen Klint, Architekt der Grundtvigkirche und zugleich Rebell gegen die Kgl. Akademie, der zu Beginn dieses Jahrhunderts eine freie Architektenvereinigung gründete.

Die alten Nummernschilder kosteten 50 Kronen, die neuen kosten das Dreifache.

Nicht zuletzt weil das Wort Design so hübsch amerikanisch klingt, neigen wir immer noch zu der Ansicht, die Sache selbst sei noch jung und vielleicht etwas unausgegoren. Aber wie das Beispiel der Familie Klint zeigt, existieren heute schon Designerfamilien einer ununterbrochenen Kette von mehreren Generationen. Und tatsächlich haben Vorläufer der heutigen Formgeber im vorigen Jahrhundert bereits den Meilensteinen an den dänischen Landstraßen eine einheitliche und zweckmäßige Form gegeben. Auch die Kioske in Kopenhagen mit ihren Schnörkelverzierungen sind Design – aus der Zeit um die Jahrhundertwende.

Eine solche Entwicklung kann natürlich auch zur Versteifung und dazu führen, daß veritable Designerhierarchien entstehen. Diese Gefahr dürfte um so größer sein, als die meisten Designer heute mit einem Angestellten- oder Mitarbeitervertrag für mittlere und große Industrieunternehmen tätig sind. Eine enge Zusammenarbeit – wie sie an sich wünschenswert ist – des Dreiergestirns Produktionsleiter-Formgeber-Reklamechef kann dazu führen, daß ein Unternehmen praktisch am Bedarf vorbeiproduziert, dies aber jahrelang nicht richtig gewahr wird, weil nicht etwa der Absatz sinkt, sondern ›nur‹ die Ausgaben für die Werbung steigen.

Eine andere Gefahr kann im zunehmenden Bedarf der öffentlichen Hand an Leistungen der Formgebung liegen. Die Dänischen Staatsbahnen z. B. haben augenblicklich ein Formgebungsprogramm laufen, das schon ziemlich stark nach totalem Design riecht. Es umfaßt die Formgebung des rollenden Materials einschließlich der roten DSB-Busse, wie auch der DSB-Fähren, aller Schilder und so weiter und so fort. Derartige Programme laufen natürlich über Jahre hinweg. Sie machen die Unternehmen – in diesem Fall also die Staatsbahnen – weniger beweglich, weil sie sich in der Materialbeschaffung weitaus früher und weitaus stärker binden müssen, als dies der Fall wäre, wenn nur technische Fragen im Vordergrund stehen.

Bei dieser Entwicklung, die ja nicht nur Dänemark betrifft, wird man sich zuweilen wohl auch der Gefahr einer stillschweigend um sich greifenden Korruption gegenübersehen. Denn man kann allemal von vorliegenden Vorschlägen und Modellen mehrerer Formgeber ganz nach Lust und Laune entweder das eine oder das andere hochjubeln, da die Qualitäts-unterschiede in der Lösung der gestellten Aufgabe sicherlich nur minimal sind.

Noch einmal Svend Erik Möller: »Öffentliches Design wurde während der letzten Jahre stark diskutiert. Vielfach wird gefordert, daß man die Planung vieler häufiger Gebrauchsgü-ter sorgfältiger durchführen und besser koordinieren sollte: nicht nur Straßenbänke, Papier-körbe und dgl., sondern auch Beleuchtung, Schilder, Briefkästen, Wetterschutz und Toilet-ten. Dazu kommen dann noch alle öffentlichen Drucksachen, von Briefmarken bis hin zu Steuererklärungen.« – »Die Arbeit an der Verbesserung dieses Angebots der öffentlichen Hand kommt in Dänemark recht zögernd in Gang. Einige Zweige der Verwaltung haben den Wert einer derartigen schöpferischen Arbeit sofort begriffen, andere betrachten die Entwicklung mit Skepsis.«

Beim hl. Designius, ich kann die Skeptischen begreifen. Hoffentlich stellt sich einmal einer der Formgeber – spätestens die vierte Generation – auf die Hinterbeine und bietet der ›Cliquenwirtschaft‹ paroli. Wie Jensen Klint es getan hat, als er mit der Architektenvereini-gung die Kgl. Akademie zwang, aus ihrem unseligen Dornröschenschlaf aufzuwachen.

Wo die Wogen Dünen werden

Westjütland von Tondern bis Hirtshals

Genau genommen fängt Dänemark schon an der Elbe an, und genau genommen hört Schleswig-Holstein erst am Kattegatt auf. Landschaft, Bodenkultivierung und Bauweise waren auf der ganzen Halbinsel recht homogen, Jahrhunderte hindurch. Etwas Gegensätzliches tauchte erst Anfang des 19. Jahrhunderts auf, nämlich das Nationale. Im Alltag ausgefochten wurden diese Gegensätze hauptsächlich in dem zentralen Gebiet zwischen den Flüssen Eider und Kongeå (Königsau). Der deutsch-dänische Grenzstreit wurde 1947 im Gefolge des Zweiten Weltkriegs durch eine dänische Geste beendet, als die Regierung erklärte: »Dänemarks Grenze liegt fest.«

In den Wirren jener Tage dürften bestimmt nur sehr wenige Deutsche von dieser Stellungnahme Kenntnis erhalten haben, und später erlitt diese Nachricht das Schicksal, das guten Nachrichten häufig widerfährt: Man nahm sie nur im Vorbeigehen zur Kenntnis und ließ sich nie die Zeit, Dänemarks Stellungnahme in jenen Tagen zu würdigen. Deswegen soll das hier geschehen, wenn auch nur mit wenigen Worten. Wer alt genug ist, mag versuchen, sich in die ersten Maitage 1945 zurückzuversetzen, wer jünger ist, kann seine Phantasie zu Hilfe nehmen. Großdeutschland, das jahrelang die Rechte der anderen europäischen Völker mit Knobelbechern getreten, das Europa nach nationalsozialistischen Vorstellungen zu gestalten versucht hatte, war gründlich besiegt. Dänemark hatte fünf Jahre lang unter deutscher Besetzung gelitten, Dänen waren getötet worden, weil sie sich gegen die Besatzungsmacht stemmten. Die Stimmung in Dänemark war im Mai 1945 alles andere als deutschfreundlich – gelinde gesagt. Die Situation in Mitteleuropa lud direkt zur Selbstbedienung, lud direkt dazu ein, daß man sich nimmt, wozu man sich berechtigt glaubt. Und nach Ansicht vieler Dänen war das Land zwischen Flensburg und der Eider rechtens noch immer dänisch, ein von Preußen nach 1864 annektiertes und dann planmäßig eingedeutschtes Gebiet. Was lag also näher, als jetzt – achtzig Jahre später – das Diktat des damals mächtig gewesenen Preußen zu korrigieren?

Die dänische Regierung tat nicht das Nächstliegende, sondern sie blickte in die Zukunft. Eine Ausdehnung bis zur Eider hätte Dänemarks Minderheitenproblem in riesige Dimensionen vergrößert, hätte das deutsch-dänische Verhältnis auf Generationen hinaus weiter vergiftet. So verzichtete die dänische Staatsführung darauf, dem starken Druck von der Basis nachzugeben und opportunistisch durchzugreifen. »Dänemarks Grenze liegt fest.«

Wer die dänischen Architekten und ihre originellen Einfälle schon südlich der Grenze ansehen will, der kann in Hamburg-Altona das Landhaus Gebauer mit seiner unübersehbar eigenartig runden Form besichtigen. Der Architekt war C. F. Hansen, der später nach Kopenhagen gerufen wurde. Ein Bauwerk anderer Art wurde schon früher erwähnt, das Danewerk (S. 12, 253), bei der Stadt Schleswig.

Wenn man von Hamburg direkt nach Norden fährt und ausnahmsweise mal nicht die Autobahn nimmt, sondern die B 5, dann kann man schon südlich der Grenze eine deutsch-dänische Begegnung erleben, die intensiver ist als das Landhaus Gebauer in Altona: das Nolde-Museum mit über 200 Werken aus dem Nachlaß von Emil Nolde (geb. 1867 in Nolde/Nordschleswig, gest. 1956 in Seebüll). Das 1927 nach eigenen Entwürfen erbaute Haus diente als Atelier und Wohnhaus.

Folgen Sie der B 5 über Niebüll hinaus bis nach Süderlügum und dort der Straße nach Aventoft. Die Reststrecke bis zum Museum ist ausgeschildert. Nach einem ausgedehnten Museumsbesuch können Sie im Gästehaus übernachten (Buchung telefonisch bei der *Stiftung Seebüll Ada und Emil Nolde*). Ein Spaziergang in der flachen Marsch bei Sonnenuntergang – oder warum nicht gar frühmorgens? – ist die richtige Einstimmung für eine Dänemarkfahrt.

Der dänische Grenzort nördlich von Süderlügum ist Säd, wo die B 5 zur dänischen Straße 11 wird. Nach wenigen Kilometern ist man in **Tönder** (Tondern), der ersten Stadt auf der dänischen Seite.

Tönder ist ebenso wenig ausgeprägt dänisch wie Niebüll ausgeprägt deutsch ist. Diese beiden Städte – und nicht nur sie – gehören zur Grenzlandschaft. Hier wie auch im Raum Eupen–Malmedy nahe der deutsch-belgischen Grenze gilt das Wort des aus Pommern stammenden Schriftstellers Chr. von Krockow: »Grenzen verhärten sich, wenn man an ihnen rüttelt, sie können zu Brücken werden, wenn man sie anerkennt.«

Auf den dänischen Entscheid kurz nach Ende des Zweiten Weltkriegs folgte zehn Jahre später die Minderheitenvereinbarung zwischen beiden Ländern. Seit März 1955 ist jeder deutsche Staatsbürger berechtigt, sich zum dänischen Volkstum zu bekennen – und jeder dänische Staatsbürger sich zum deutschen. Dieses Bekenntnis ist »frei und darf von Amts wegen weder bestritten noch nachgeprüft werden.« Etwa 40 000 – 50 000 Bundesbürger fühlen sich dem Dänischen zugehörig, etwa 20 000 – 25 000 Dänen dem deutschen Kulturbereich. 1986 einigten sich Bonn und Kopenhagen darauf, daß deutsche Staatsbürger dänischen Volkstums ihre Wehrpflicht bei den dänischen Streitkräften ableisten dürfen.

Tönder (Abb. 2) nennt sich gern Hauptstadt der Marsch (s. a. ›Kunst und Land‹ S. 279) und ist im späten Mittelalter durch den Viehhandel reich geworden. Damals hatte die Stadt einen eigenen Hafen, denn sie lag direkt an der Nordsee. Das Meer aber brachte nicht nur Wohlstand, sondern bei Sturmfluten auch Verwüstung und Tod. Mitte des 16. Jahrhunderts begannen die Bürger einen Deich zu bauen, und nach einigen Jahrzehnten war die Stadt vom Nordseeverkehr abgeschnitten. Das Handwerk erhielt Tönder am Leben, und Mitte des 17. Jahrhunderts war Spitzenklöppeln der wichtigste Gewerbezweig. Er beschäftigte zeitweise in der Stadt und ihrer Umgebung 12 000 Heimarbeiterinnen.

Das Los dieser Mädchen und Frauen kann heute den nachdenklich stimmen, der sich mit der Frage beschäftigt, welche Auswirkungen die bezahlte Heimarbeit am Computer haben wird. Ein Dokument aus dem Jahr 1788 ist überliefert; dort heißt es, daß die Klöppelmädchen, die ihre Arbeit sitzend und mit gebeugtem Oberkörper verrichten, »hektisch, verwachsen und blind« werden, sich an Kautabak, Kaffee und Tee gewöhnen. Kautabak ist aus der Mode gekommen, nicht zuletzt, weil er die Zähne häßlich braun werden läßt. Kaffee- und Teetrinken hingegen sehen wir heute nicht mehr – wie damals – als ›Hingabe an Lüsternheitswaren an‹ (so ein Ausdruck jener Zeit). Aber wie ist es mit »hektisch, verwachsen und blind«?

Die lange Zeit der Wohlhabenheit, gegründet auf eine Bevölkerungsgruppe, die nach einem anderen Zeugnis jener Zeit ›schlechter als Zuchthäusler‹ behandelt wurde, ist noch heute im Stadtbild zu erkennen. Tondern – als *Tundira* schon auf der Weltkarte des arabischen Geographen Idrisi (1100 – um 1166) eingezeichnet – hat viele gut erhaltene Patrizierhäuser und andere Bürgerbauten.

Das Kulturhistorische Museum und das Kunstmuseum für Südjütland liegen beide am Kongevejen, teilweise in Resten der *Festung Tönderhus*, die schon im Mittelalter erwähnt worden ist und deren übrige Teile im 18. Jahrhundert abgerissen wurden. Auch diese Museen erinnern an den früheren Reichtum Tonderns, als die Häuser der Bürger sogar außen mit Kacheln geschmückt waren.

Im *Kulturhistorischen Museum* findet man Skandinaviens größte Sammlung holländischer Kacheln. Diese stammen aus dem 17. und 18. Jahrhundert, als Tondern lebhafte Handelsverbindungen mit den Niederlanden hatte. Späteren Datums ist ein Teil der Silbersammlung, denn das Handwerk der Feinschmiede hatte seinen Höhepunkt erst im 19. Jahrhundert. Das Museum besitzt ein Psalmenbuch aus dem Jahr 1830, dessen Beschläge und Verschluß edelste Filigranarbeit sind. Das Kulturhistorische Museum stellt auch Keramikarbeiten und Möbel aus.

Das *Kulturmuseum für Südjütland* schließt sich nahtlos an das Kulturhistorische Museum an. Es zeigt in erster Linie dänische Kunst aus unserem Jahrhundert. Auch Emil Nolde ist hier vertreten. Er stammt ja aus dem Grenzland und wurde als Emil Hansen in Nolde, einem Dorf westlich von Tondern, also im heute dänischen Südjütland, geboren.

Die *Kristkirken* wurde Ende des 16. Jahrhunderts geweiht, der Turm stammt aus ältester Zeit. Auch ihr Interieur zeugt vom Wohlstand früherer Epochen. Zwischen Chor und Kirchenschiff befindet sich eine ungewöhnliche Holzschnitzarbeit, die Empore. Aus dem Jahr 1696 stammt die hohe Altartafel. In dieser Kirche war Hans Adolph Brorson von 1729–37 Pfarrer. Mit Brorson ist jeder Däne aufgewachsen, denn viele der geistlichen Lieder dieses Pietisten sind Volksgut geworden, dazu gehören seine gesammelten Weihnachtslieder (1732) und mehrere aus ›Troens Rare Klenodie‹ (1739, ›Die seltenen Kleinode des Glaubens‹), darunter ›I denne Söde Juletid‹ (›In dieser süßen Weihnachtszeit‹). Brorson war später Probst und dann Bischof in Ribe.

Vier Kilometer westlich von Tönder liegt Mögeltönder mit dem *Schloß Schackenborg*. Am besten ist es, wenn man seinem Wagen das Kopfsteinpflaster des kleinen, stimmungsvollen Ortes nicht zumutet, sondern am Eingang sofort auf den Parkplatz fährt und den Rest zu Fuß erledigt. Schloß Schackenborg wurde 1661 von Marschall Hans Schack gekauft und ist seitdem im Familienbesitz. Dies wird sich bald ändern, denn der jetzige Besitzer will sich im Alter zurückziehen und das Schloß dem Kronprinzen schenken.

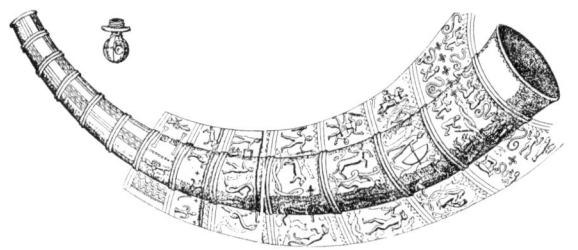

Goldhorn aus Gallehus, 5. Jh., mit
figürlichen Darstellungen

Die *Kirche* (östliches Langhaus) stammt aus dem 13. Jahrhundert. Dieser romanische Bau hat Renaissance-Fresken, eine gotische Altartafel und Dänemarks älteste noch benutzte Kirchenorgel (1679, restauriert 1956). Ende des letzten Jahrhunderts erging es dieser Kirche wie vielen anderen: Das Gebäude fiel Restauratoren in die Hände, denen ihre eigenen Vorstellungen wichtiger waren als die Wiedererweckung des einst Vorhandengewesenen.

Schon kurz vor dem Ortseingang von Mögeltönder zweigt die kurze Straße nach **Gallehus** ab. Im Ort gibt es zwei Gedenksteine für die dicht nebeneinander liegenden Fundstätten der Goldhörner. (Hier werden Sie erleben, was einem – leider – in Dänemark ab und zu passieren kann: Die Hinweistafeln für Sehenswürdigkeiten werden um so seltener je näher man dem Objekt kommt). Die Hörner – 1639 und 1734 gefunden – stammen vermutlich aus der Zeit zwischen 400 und 450 n. u. Z. Das eine trug eine der ersten überlieferten nordischen Inschriften: ekhlewagastir: holtijar: horna: tawido (Hlegast, der Sohn Holtes, machte dieses Horn). Diese Hörner haben Adam Oehlenschläger nach dem Gespräch mit Steffens (S. 79) zu dem Gedicht ›Guldhornene‹ angeregt. Die Hörner kamen in die Kopenhagener Kunstkammer, wo sie 1802 gestohlen wurden. Dem Dieb ging es nur ums Gold, er schmolz die Hörner ein. Zum Glück hatte die Kunstkammer sie genau vermessen und die Ornamente kopiert.

Die Straße 11 geht nach Norden. Kurz hinter dem Ort Abild führt eine Abzweigung nach Nordosten. Über sie erreicht man *Lögumkloster*. Übriggeblieben ist vom Kloster nur ein Teil des Ostflügels. Er enthält die Sakristei, die Bibliothek und einen Kapitelsaal mit neun Kreuzgewölbefeldern, deren tragende Säulen aus glasiertem Mauerstein bestehen. Um einen Hof herum gruppieren sich 45 Refugienkammern. Die Klosterkirche, die romanische und gotische Stilelemente zeigt, wurde vor dem 12. Jahrhundert errichtet; die Zisterzienser dürften über hundert Jahre daran gebaut haben (Abb. 1). Ursprünglich war sie den Vorschriften des Ordens entsprechend ganz ohne Turm. Der Flügelaltar ist rein gotisch und stammt aus der Zeit um 1500. Diese Kirche ist überdies ein besonders bemerkenswertes Beispiel deutsch-dänischer Zusammenarbeit: Bevor 1920 Nordschleswig wieder an Dänemark fiel, hatten die Deutschen mit der Restaurierung begonnen. Nachdem die Grenze nach Süden gerutscht war, setzten die Dänen die Arbeit fort und vollendeten sie 1926.

Die Insel **Röm** (dän. Römö), die ja in ganz Norddeutschland als Badeziel bekannt ist, hat außer Lärm und Krach und weißen Dünen – Lakolk an der Westküste – noch eine Menge mehr zu bieten. Man erreicht die Insel über einen etwa 10 km langen Damm, für den keine

Wegegebühr erhoben wird. Sparsame Deutsche, die vom heißen Sand auf Sylt angelockt werden, wählen gern die Route über Röm, von dessen Hafenort Havneby am Südende der Insel eine Fähre nach List geht. Die Beförderungskosten sind niedriger als auf der Bahnstrecke von Niebüll nach Westerland. Überdies kann man unterwegs zollfrei einkaufen, denn die kurze Strecke ist ja eine internationale Linie.

Von der Seefahrertradition dieser Insel zeugt das kulturhistorische Museum *Kommandörgaarden* in *Toftum*. Kommandeure wurden die Walfängerkapitäne genannt, die im 18. Jahrhundert auf Fang gingen; diese Bezeichnung ist von den Holländern übernommen. Auf dem Friedhof der *Clemens-Kirche* (gotischer Turm; drei Querschiffe auf der Nordseite, 17./18. Jh.) in Kirkeby stehen, senkrecht an der Nordmauer verankert, viele Grabsteine für diese Walfänger – und natürlich hängen in der Kirche Schiffsmodelle.

Wenn man auf der Straße 11 in Richtung Ribe weiterfährt, kommt man an der Abzweigung zur Insel **Mandö** vorbei. Zu ihr führt kein Damm, wohl aber ein *Ebbevej*, den man bei Ebbe auch mit Kraftfahrzeugen benutzen kann. Auf sicherere Art kommt man mit dem sogenannten Postbus nach Mandö. Die Insel hat außer einer Kirche und bis zu 12 m hohen Dünen wenig zu bieten, wenn man sich nicht für Ornithologie interessiert. Sie ist nur wegen ihrer besonderen Position gleich Skagen am Nordende von Jütland und der Insel Ven im Öresund einer jener Punkte, die man besucht, um dagewesen zu sein.

In **Ribe** ließ der Picarde Ansgar im 9. Jahrhundert eine Kirche bauen, und noch vor der Jahrtausendwende wurde der Ort Bischofssitz. Der Dom (Abb. 3) gehört zu jenen in Dänemark nicht so seltenen Gebäuden, an denen viele Generationen gebaut haben. Als einziges dänisches Gotteshaus hat der Dom eine romanisch gemauerte Kuppel über dem Querhaus. Das Langhaus wird seitlich von zwei Türmen flankiert; der wuchtige ›Bürgerturm‹ hat einen quadratischen Grundriß und wurde im 13. Jahrhundert zu Verteidigungszwecken gebaut. Man sollte das Treppensteigen nicht scheuen, denn der Blick über die Marschlandschaft ist großartig (Farbt. 1). Die kleine Stadt Ribe hat ihr mittelalterliches Gepräge erhalten und sollte zumindest mit einem ausgedehnten Spaziergang bedacht werden (Abb. 4). Dabei das Dominikanerkloster (13. Jh.) besuchen, es ist das – neben dem in

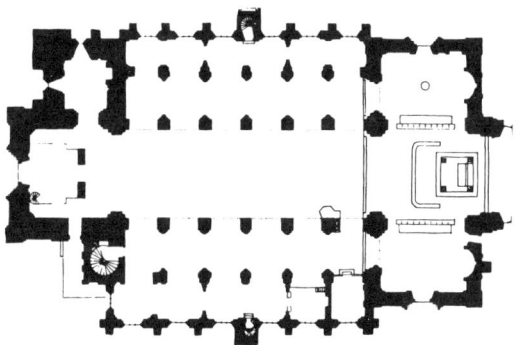

Ribe, Dom, 12. Jh., Grundriß

Helsingör – am besten bewahrte und restaurierte von ganz Dänemark. Der dafür verant-
wortliche Architekt war Lönborg Jensen, der auch die Kirche in Tondern in ihren alten
Zustand versetzt hat. Im Kunstmuseum u. a. ein Gemälde von Jens Juel (S. 53), dem Mitbe-
gründer der dänischen Malerei.

Ribe ist ein lebendiges Museum. Zentrum ist das Altstadtviertel um den Dom herum
(Farbt. 1, Abb. 3). Die erste Kirche wurde hier schon um 850 von Ansgar gebaut, der heutige
Dom geht auf den ersten Bau aus Stein zurück, der vor 1134 begonnen und 1220 vollendet
wurde. Ein schlechthin buntscheckiges Gebäude. Die älteren Teile sind aus gelben Quader-
ziegeln und rötlichen Granitquadern errichtet. Der neuere Bürgerturm wurde mit gewöhnlichen Ziegelsteinen hochgezogen. Ende des 19. Jahrhunderts wurde der Dom restauriert.

Das mächtige Gebäude ist Jahrhunderte hindurch in den fetten, nachgiebigen Marschbo-
den buchstäblich hineingesackt, darum muß man heute zum Portal einige Stufen hinunterge-
hen. Wie in fast allen dänischen Kirchen findet man auch hier zwei Anschlagtafeln für
Psalmen: auf der einen die des letzten oder nächsten Gottesdienstes, auf der anderen die für
Taufen *(Dåb)* und Abendmahl *(Nadver)*. Auf mehreren Tafeln sind die Namen aller
Bischöfe und Pfarrer des Doms verzeichnet. Ribes erster Bischof war Leofdag (948). Auf
roten, flankierenden Tafeln stehen die Namen aller Hauptpastoren seit 1535.

Rechts vom Eingang auf der Straßenseite befindet sich *Hans Tavsens hus,* auf derselben
Seite direkt am Dom steht ein Denkmal für ihn. Auch in Dänemark – wie überall nach
Skandinavien – kam die Reformation durch Kirchenmänner, die Luther aufgesucht hatten.
Eingeführt wurde sie dann per Gesetz des Königs. Hans Tavsen (1494–1561) war Johanniter
und wurde von seinem Orden nach Mitteleuropa entsandt. In Wittenberg begeisterte er sich
für Martin Luthers Wirken, und nach der Heimkehr (um 1525) stieß ihn der Orden aus. Er
wurde der Reformator Dänemarks.

Hier eine Fußnote zur Reformation und ihren sozialen Folgen: Gewiß gegen Luthers
Wünsche und Vorstellungen bekamen vor allem in Skandinavien die schlechtest Gestellten
unter den schlecht Gestellten die Reformation am härtesten zu spüren. Die Klöster waren ja
nicht nur Refugien für Mönche und Nonnen, sondern mit Armenstuben und Spitälern auch
wichtige soziale Einrichtungen ihrer Zeit.

Dann wurden plötzlich mit den Mönchen und Nonnen auch die Verunstalteten, die
Leprösen, die Humpelnden und Hinkenden hinausgejagt. Diese Randgruppe stand von
einem Tag auf den anderen buchstäblich vor dem Nichts. Es blieb ihr keine andere Überle-
benschance als der Zusammenschluß, mit dem Ziel der Gewalt. Banden bildeten sich, die
den Nachteil physischer Schwäche durch den ›Vorteil‹ der Gemeinschaft mit Leprösen
kompensierten. Die ›Strauchdiebe‹ – richtiger wohl: die Überlebenwollenden – stoppten
Kutschen und Reiter, schoben die Jammerfiguren der Leprakranken nach vorn und erpreß-
ten Wegezoll: Wenn ihr nicht zahlt, dann kommen die Leprakranken und berühren euch!

Für die Regierenden und ihre Vollzugsorgane war dies blanker Terrorismus. Bewaffnete
wurden ausgeschickt, die unter dem Kommando gewitzter Offiziere Fallen aufstellten, mit
Speeren und Musketen die anrückenden Leprakranken schon auf Entfernung ›abknipsen‹
konnten und so die Ordnung wieder herstellten.

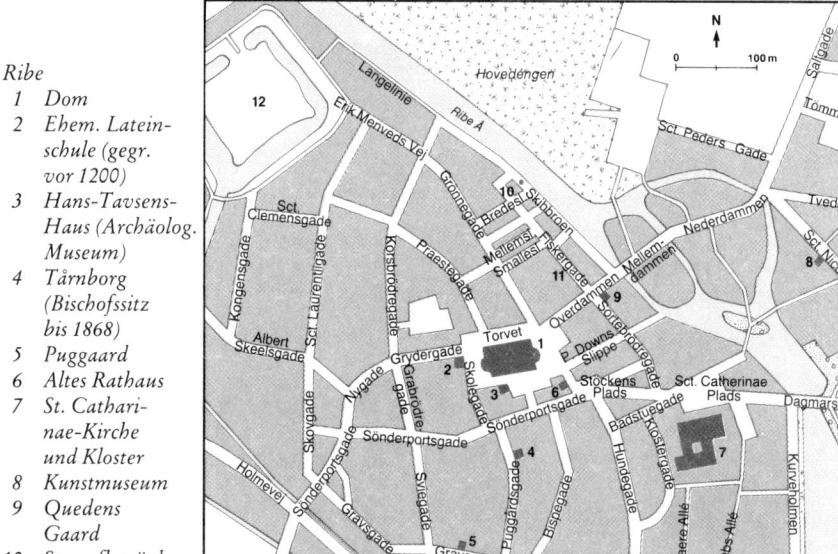

Ribe
1 Dom
2 Ehem. Latein-
   schule (gegr.
   vor 1200)
3 Hans-Tavsens-
   Haus (Archäolog.
   Museum)
4 Tårnborg
   (Bischofssitz
   bis 1868)
5 Puggaard
6 Altes Rathaus
7 St. Cathari-
   nae-Kirche
   und Kloster
8 Kunstmuseum
9 Quedens
   Gaard
10 Sturmflutsäule
11 Fiskergade
   (um 1400)
12 Wälle und
   Gräben der
   ehem. Burg
   Riberhus

Aussätzige Menschen, die nichts Übles getan, sondern nur das Pech gehabt hatten, im sozialen Schutz der Mönche und Nonnen zu leben, wurden vertrieben und getötet. Dies ist ein trauriges Folgekapitel der Reformation, mit dem sich zumindest die skandinavische Geschichtsschreibung bislang wenig beschäftigt hat.

Der Stadtkern von Ribe ist schlicht anheimelnd, sehen Sie mal überall hinein. Aber den Wagen lassen Sie besser auf einem der Parkplätze stehen, zu denen viele Schilder hinweisen.

Dicht beim Dom liegt der Markt mit vielen alten Häusern, daneben das Landschaftsmuseum, *Quedens Gård*, in dem sich kulturhistorische Sammlungen vom Mittelalter ab befinden. Durch die Sortebrödregade gelangt man zum *Dominikanerkloster* (begonnen 1228, vollendet etwa 200 Jahre später), das zu Dänemarks bestbewahrten Klöstern gehört. Die *Sct. Catharinae Kirke* stammt vom Anfang des 15. Jahrhunderts. Sie hatte im Laufe der Zeit eine Neigung von 60 cm bekommen, wurde aber bei den Restaurierungsarbeiten (1918–32) innerhalb von sechs Tagen wieder aufgerichtet. Vom Markt nach Norden durch die Grönnegade geht es zu den Überresten der mittelalterlichen Burg *Riberhus*. Diese Anlage mußte sich noch 1644 bewähren, wurde aber schon 1692 abgerissen. Die Ausgrabungen und Restaurierungen erfolgten 1940–42.

Um Ribe seinem früheren Stadtbild wieder stärker anzugleichen, will ein ›Antennenverein‹ dafür sorgen, daß möglichst viele Fernseh-Einzelantennen von den Dächern verschwinden und durch Gemeinschaftsantennen ersetzt werden.

Nahe der Stadtmitte liegt der Parkplatz bei der Sct. Pedersgade, von dem auch die Jugendherberge nur ein paar Schritte entfernt ist. Auf dem Rückweg werfen Sie einen Blick dorthin zurück: Man überblickt die *waterfront* dieser kleinen Stadt und begreift, wie auch unsere Städte früher ausgesehen haben, mit geduckten Wohnhäusern und dem alles überragenden Gotteshaus.

Wenn Sie beim Hinausfahren nach Norden den Ribensern etwas Gutes wünschen wollen, dann wünschen Sie ihnen »Viele, viele Störche«. Ribe war früher eine Stadt der Störche, und im Moment ist es noch nicht sicher, ob sie künftig wieder zahlreicher einfallen werden. Die Ribenser jedenfalls hoffen darauf.

Die Straße 11 geht von Ribe nach Nordwesten in Richtung Varde. 9 km hinter Ribe fährt man über das Flüßchen Königsau. Etwa dort Abzweigung einer direkten Straße nach Esbjerg. Unterwegs kommt man durch den Ort Tjäreborg, wo vor drei Jahrzehnten der Gründer eines der größten Reiseunternehmen Europas Dorfpfarrer war.

Esbjerg ist im Vergleich zu Ribe direkt eine Art Parvenü. Es konnte zwar 1978 ein Jubiläum feiern, aber es war nur das 100jährige. Esbjerg entstand im Rahmen der dänischen Anstrengungen, drinnen wiederzugewinnen was draußen verlorengegangen war. 1864 verlor Dänemark mit Husum seinen einzigen Nordseehafen, und es lag nahe, einen neuen Hafen so anzulegen, daß er in etwa den kürzestmöglichen Abstand nach Kopenhagen hatte.

Esbjerg liegt mit Kopenhagen und Ålborg in der Spitzengruppe der dänischen Exporthäfen. Der Containerhafen wickelt einen ganz erheblichen Teil der dänischen Agrarexporte ab, und Esbjergs Fischereihafen ist der drittgrößte Europas. Die Gesamtlänge aller Kais beträgt fast 10 km, bei steifem Westwind allerdings sind manchmal einige Kilometer unter Wasser. Von Esbjerg aus gehen Schiffe zu den Färöern und nach England (19 St.). Die Stadt bietet viele Möglichkeiten zur aktiven Freizeitgestaltung und im Fischereimuseum (Abb. 6) ein Salzwasseraquarium mit Fischen der dänischen Gewässer. Der Kunstpavillon repräsentiert modernste dänische Architektur. Wer etwas Originelles sehen will und sich im Urlaub zum Frühaufstehen überwinden kann, der begebe sich morgens um sieben Uhr in die Fischauktionshalle.

Man könnte den Verdacht hegen, daß Esbjerg nicht dänisch ist, weil wir uns eine dänische Stadt ohne Fachwerkhäuser und zumindest eine Kirche mit Grundmauern aus dem Mittelalter nicht vorstellen können. Aber da möchte ich widersprechen. *Einen* Zug hat diese dänische Stadt mit ihren viel älteren Schwestern gemeinsam: das absolute Fehlen aller Zeichen von Gigantomanie. Esbjerg ist trotz zahlreicher Industriebetriebe und seines lebhaften Umschlags ein freundliches Städtchen mit großen Grünflächen und einladenden Häusern geblieben.

Aber der Widerspruchsgeist ist bei den Esbjergensern erst in den letzten Jahren erwacht. Und das ist ja eigentlich logisch. Stellen Sie sich bitte einmal vor, daß Sie in einem Land wohnen, wo die meisten Städte 800 Jahre alt oder gar noch älter sind, und die eigene hat knapp hundert hinter sich. Klar, daß man da an einem Minderwertigkeitskomplex knabbert. Erst in den letzten Jahren haben die Esbjergenser entdeckt, daß sie gar so schlecht nicht dran sind – jedenfalls, wenn sie sich mit der ›Betonkultur‹ südlich und westlich des eigenen Landes vergleichen.

Esbjerg hat einen gewachsenen Häuserbestand aus der Jahrhundertwende und Dänemarks längste Fußgänger-Straße (nicht Fußgänger-Zone, da hat Kopenhagen mehr zu bieten). Pfiffig – und das sind die Esbjergenser nun einmal – haben sie entdeckt, daß sich in Europa eine neue Nostalgie-Nische entwickelt.

Mitten in der Stadt ist Esbjerg so wie ein Vorort Berlins oder Londons um die Jahrhundertwende. Jedenfalls, was die Architektur angeht. Ein dänisches Hamburg-Pöseldorf, aber nicht so umsatzkonzentriert.

Und dann die Robben. Im Salzwasseraquarium gibt es zehn ›Stammgäste‹. Zweimal täglich werden sie gefüttert, im Hochsommer sehen mehr als hundert Besucher zu. Der Wärter wirft die Fische, macht es spielerisch, paßt aber doch auf, daß jedes Tier seine volle Ration bekommt. Auch die beiden Alten, die fast blind sind. Zuweilen sind mehr im Rob-

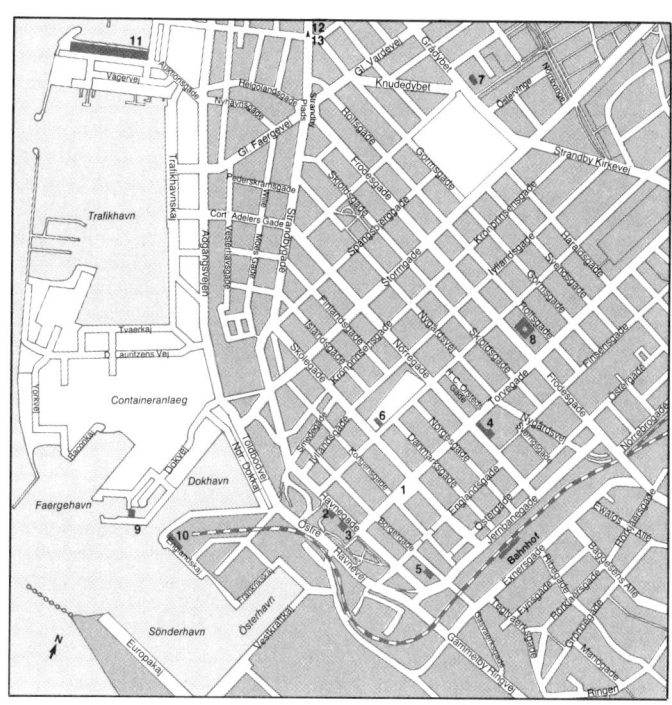

Esbjerg
1 *Torvet*
2 *Wasserturm*
3 *Kunstpavillon*
4 *Esbjerger Museum*
5 *Buchdruckerei-museum*
6 *St. Nikolai-Kirche*
7 *Trinitatis-Kirche*
8 *Rathaus*
9 *Fähre nach Fanö*
10 *Fähre nach England*
11 *Auktionshalle*
12 *Fischerei- und Seefahrtsmuseum, Aquarium und Robbarium*
13 *Kirche Sädden (1978)*

barium, die ›Heuler‹, die von dänischen Fischern abgeliefert werden, Jungtiere, die von ihren Müttern verlassen wurden und hilflos auf den Sandbänken liegen.

Von Esbjerg führt die kurze Straße 12 nach **Varde**. In dieser Ecke sollte man sich aber ein wenig mehr Zeit lassen und zu den steinzeitlichen Siedlungsplätzen von **Hjerting** oder nach **Guldager** (Eisenzeit) fahren. Interessant ist auch die Kirche in **Billum**. Sie ist – wie der Dom zu Ribe teilweise – aus Tuffstein gebaut, enthält seltene Fresken und einen Fries mit dem Wappen bedeutender jütländischer Familien um 1300. – Ein Stück weiter westlich in **Oksböl** die *Ål Kirke*, ebenfalls mit Fresken und Friesen. Die Friese sind romanisch, stammen aus dem 13. Jahrhundert und zeigen neben einem Reiterkampf auch das Bild einer hölzernen Burg jener Zeit.

Hölzerne Burgen! Oder Festungsanlagen wie der Gänseturm von Vordingborg. Kaum einer Steinschleuder könnten sie standhalten!

Mit Abstand den entsetzlichsten Bunker sah ich bei **Blåvandshuk**, Dänemarks westlichstem Punkt (8° 4' 36" östlich von Greenwich): Es war einer jener herrlichen Spätnachmittage im Mai, wenn die Sonne noch hoch über dem Horizont steht und auf das Nordseewasser einen breiten Silberstreif vom Strand bis zum Horizont wirft. Ich steuerte Blåvandshuk in gleißendem Gegenlicht an. Beim Einfahren auf den Parkplatz sah ich neben dem bekannten Leuchtturm kräftige Konturen eines Denkmals, um dessen Spitze herum nach allen Seiten kräftige Dekorationen herausragten. »Naja«, dachte ich, »hier ist man ja an Dänemarks westlichstem Punkt, der Leuchtturm war ursprünglich nur ein Zweckbau, da hat man eben ein Denkmal hingestellt.« Beim Näherkommen erkannte ich jedoch: es war ein Bunker aus Speers Hinterlassenschaft, ein ganz besonders häßliches Exemplar. Blind, groß, wuchtig und oben mit Stücken von Eisenbahnschienen gegen irgend etwas heute Unerfindliches geschützt.

Nördlich von der ›Blauwasserspitze‹ liegt der Badestrand **Vejers Strand**. Am Ende der Straße teilt ein Bächlein den Strand: im Süden für Gäste, die auf ihr Auto nicht verzichten wollen, im Norden für die, die sich ungestört tummeln wollen.

Lagerfeuer sind am Strand und in den Dünen verboten. Darum sollte man es lassen, nicht wegen der Polizei, die kaum an einem dänischen Strand zu sehen ist, sondern weil die Asche den Sand verschmutzt.

Die Dünen, die bei Blåvandshuk etwa zwanzig Meter hoch sind, fallen nach Norden ab. Zwischen dem Huk und Vejers Strand befindet sich ein militärisches Übungsgebiet, das zuweilen gesperrt ist.

Der Fluß Varde Å ist bei Kajaksportlern sehr beliebt. Der Ausgangspunkt für eine Tour nach Varde liegt 36 km nordöstlich in Grindstedt. Das *Kulturhistorische Museum* von **Varde** enthält eine große Sammlung von jütländischem Steingut, das ohne Töpferscheibe angefertigt und gewöhnlich nicht glasiert wurde. Dieses Steingut wurde bis nach Norddeutschland exportiert. In der *Skt. Jacobi Kirke* (Granit) ist das Taufbecken (1437) bemerkenswert, weil dieser Typ sehr selten ist. Die Kanzel schmücken die Figuren der vier Evangelisten in Holzschnitzarbeit und eine zwölfsprachige Inschrift.

Von Varde aus führt die Straße 11 fast schnurgerade nach Norden. Man passiert **Tarm,** wo man Angelscheine für den Fluß Skjern Å bekommen kann. 5 km westlich von Tarm liegt in **Lönborg** eine Kirche mit Kalkmalereien aus dem Mittelalter. Von hier aus hat man einen reizvollen Blick über das Flußtal des Skjern. Der Strand westlich dieser Strecke zählt zu den schönsten Dänemarks, ist aber zwischen Blåvandshuk und Vejers Strand militärisches Sperrgebiet.

Der Ort **Skjern** erhielt seine Stadtrechte erst 1958. Auch hier bekommt man Angelscheine für den Fluß, der zu Dänemarks besten Lachsgewässern gezählt wird. Kajaktouren auf dem Fluß von weit landeinwärts. Von Skjern sind es auf der Straße 11 nicht ganz 50 km bis Holstebro. 14 km nördlich von Skjern die Kreuzung mit der 15. Wer ein Altarbild von Emil Nolde sehen will, fährt auf der 15 in Richtung Westen und biegt vor Rögind nach **Ölstrup** ab. Dort in der Kirche ›Jesus im Emmaus‹, ein Werk, das Emil Nolde auf Vermittlung von Verwandten 1904 gemalt hat. Seine Rechnung belief sich auf 340,47 dänische Kronen.

Wer nicht gerade zu Zeiten wildesten Verkehrsgewühls in dieser Gegend ist, wird für die Weiterfahrt nach Norden wohl die Strecke über die Dünen *Holmsland Klit* wählen, im Westen die Nordsee und im Osten der flache *Ringköbing-Fjord* (Farbt. 2, 3). Auch diese Straße beansprucht natürlich den Titel ›Dänemarks schönste Küstenstraße‹. Schön ist sie schon, aber einen Blick auf die Küste hat man nicht. Denn im Westen steigen die Dünen auf und versperren den Blick auf die Nordsee, und streckenweise weicht auch der flache Ringköbing-Fjord weit zurück. Man fährt also nicht – wie etwa in Holland oder oft in Finnland – auf einem Damm genau zwischen zwei Gewässern.

Auf etwa halber Strecke der Ort **Hvide Sande.** Hier wurde 1931 ein Kanal zum Fjord geöffnet. Für die Bewohner Westjütlands ist ›Weiß-Sand‹ ein Fischerort, für Segler ist es eine großartige Anlaufstelle.

Nördlich vom Fjord kann man bei Söndervig nach Ringköbing abbiegen. Das sollte man in der Hochsaison tun, denn an der Küstenstraße wartet weiter nördlich nur eine Fähre – oder auch nicht.

Ringköbing wurde gleich vielen anderen – holländischen, deutschen und dänischen – Städten an der Süd- und Ostküste der Nordsee oft überschwemmt. Die Kirche stammt aus dem späten Mittelalter, ihr sich nach unten verjüngender Turm wirkt wie frühe Renaissance. Das Museum zeigt in erster Linie die Vorgeschichte dieser Gegend.

Die Straße 16 führt von Ringköbing nach Holstebro. Wenige Kilometer nördlich von Ringköbing in **Hee** eine Kirche aus Granitquadern, die um etwa 1150 gebaut worden sein dürfte. – Natürlich kann man von Ringköbing auch zurück an die Nordsee nach Söndervig fahren und wieder an der Küste entlang nach Norden. In Vedersö Klit ein Campingplatz. Von hier Nebenstraßen nach Vedersö, wo Kaj Munk (S. 142) von 1929–1944 Pfarrer war. Während Hemingway »... zweitens den Stierkampf und drittens den Whisky« mochte, sagte Kaj Munk, er liebe drei Dinge über alles: das Leben, das Theater und das Vaterland. Kaj Munk war seiner Natur nach konservativ, und seine Ablehnung jeglicher Diktatur entwickelte sich anfangs nur langsam aus einer religiösen Grundhaltung. Er sah die reine

Macht, die ohne Bezug auf und ohne Verantwortung vor Gott ist, als die Verkörperung des Bösen. Von Munks umfangreicher Produktion haben nur wenige Werke Bedeutung über ihre Zeit hinaus. Dazu gehören neben *Egelykke*, einem Stück über Grundtvig, auch *Niels Ebbesen* (S. 134) mit dem Thema deutsch-dänischer Gegensatz, und *Ordet*, ein bäuerliches Drama über ein stets wiederkehrendes skandinavisches Thema, das auch ständig bei Ingmar Bergman auftaucht, allerdings in verweltlichter Form: der Gegensatz zwischen einem lebenszugewandten und einem lebensfeindlichen Christentum. ›Ordet‹ wurde von Carl Theodor Dreyer verfilmt.

Von Vedersö Klit kommt man auf der Weiterfahrt nach Nordosten zum Ort Husby und von dort über Ulfborg (›Energiemühle‹) nach Holstebro. Einige Kilometer nördlich von Ulfborg liegt das Gut *Nörrevosborg*, wo H. C. Andersen zu Gast gewesen ist.

Von woher man auch nach **Lemvig** kommt, eins ist sicher: Das kleine Städtchen an Nissum Bredning wird einem gut gefallen, weil es in eine hübsche Landschaft gebettet ist und erholsame Ruhe ausstrahlt. Die Sammlungen des Museums sind sehr vielseitig – sie enthalten auch Strandgut verschiedener Art. Südlich von Lemvig das Örtchen Rom. Die Straße von Lemvig zurück zur 11 schwingt sanft auf und ab.

Wer vom Süden kommt und auf der 11 geblieben ist, kommt an die Umgehung von Holstebro heran. Von Holstebro bis zur Abzweigung nach Lemvig beträgt die Entfernung etwa 20 km. Bald danach beginnt die Brücke über den *Oddesund* (Farbt. 7). Dieses Ungetüm von Brücke ist 500 m lang und 1938 fertiggeworden. Vor dem Brückenbau war dieser Teil Jütlands nur mit Fähren über den *Limfjord* (Farbt. 4) zu erreichen. Der Entwicklungsrückstand jener Zeit ist bislang wohl auch deswegen nicht wieder aufgeholt worden, weil Nordjütland peripher liegt, von welcher Stelle in Dänemark – Nordjütland natürlich ausgenommen – man es auch betrachtet. Vielleicht ein wenig aus Selbstverteidigung heraus sind diese Jütländer sehr stark auf sich selbst und Nordjütland ausgerichtet. Dort oben ist ›lokalpatriotisch‹ ein Lobeswort. Wenn der Spötter und Poet Piet Hein für diese Leute einen Globus basteln müßte, dann würden Thy und Vendsyssel so groß ausfallen wie Asien und Afrika zusammen.

Bald hinter Oddesund der Ort Flovlev. Von hier 2 km nach **Hvidbjerg,** in dessen Kirche ein aus vier Perioden zusammengesetzter Altar steht und Jonas im Maul des Walfisches schmachtet (Abb. 8).

Die Landschaft Nordjütlands ist herber und urtümlicher, zuweilen sogar verschlossen, also weniger lieblich als das übrige Jütland, aber darum nicht minder schön. Diese Verwandlung bemerkt man auf der Fahrt nach **Thisted** Kilometer für Kilometer mehr. In dieser Stadt kam jener Grundtvigianer Christen Kold (S. 71) zur Welt, der auf dem Umweg über Smyrna zur Volkshochschulbewegung stieß. In Thisted nahm die Bewegung der Konsumgenossenschaften ihren Ausgang, hier wurde der erste jener Läden eröffnet, die heute so modern und flott *Brugsen* (von *Brugsforeningen*) heißen, aber als Wahrzeichen immer noch das Profil eines Negermädchens haben wie zu jenen Zeiten, als Apfelsinen und Kaffee – neben vielem anderen – unter den Begriff ›Kolonialwaren‹ fielen.

116

Von Thisted nach Norden führt eine Straße zu dem Fischereihafen **Hanstholm,** an dem mit Unterbrechungen von 1917–1967 gebaut wurde, und der auch heute noch im Ausbau ist. In und um Hanstholm zahlreiche Überbleibsel von Hitlers Betonklotzarchitektur.

Die Hanstholmer haben es auf pfiffige Art verstanden, aus diesen Betonklötzen eine Attraktion zu machen. Einer der Bunker kann besucht werden. Vor allem dänische Groß-stadtzeitungen warfen den Hanstholmern vor, sie wollten deutsche Touristen anlocken, die nostalgisch an den Zweiten Weltkrieg denken. Die Hanstholmer parierten jedoch gleichmü-tig: »Wir glorifizieren die Bunker nicht, aber nachdem sie nun einmal da sind, wollen wir doch wenigstens zeigen, was *damals* hier los war.«

Hanstholm wird permanent als Fischereihafen ausgebaut und soll auch einen Teil der Schiffverbindungen nach Norden übernehmen. Von hier geht die Linie ab, die Tórs-havn auf den Färöern (s. auch S. 243) anläuft und diese dänische Inselgruppe mit Island ver-bindet.

Das *Museum* von Hanstholm gruppiert sich um den Leuchtturm: es zeigt Gegenstände des Fischereigewerbes sowie Geologie, Biologie und Geschichte aus der Bronzezeit bis in unsere Tage.

Falls Sie die Speer-Bunker besichtigen möchten: im Museum bekommen Sie eine Karte, die Ihnen den Weg dazu zeigt.

Die Straße 11 führt von Thisted weiter nach Nordosten, sie gabelt sich bei Østerild. Die nördliche Strecke ist zweifelsohne die interessanteste. Kurz vor Vust biegt eine Nebenstraße zur Nordsee ab. Sie führt zum *Bulbjerg,* einer fast 50 m hohen Steilküste an der Jammer-bucht (Abb. 10). Zwischen dem Bulbjerg und der zusammengefallenen Klippe *Skarreklit* existierte früher eine feste Verbindung, die von der Nordsee weggewaschen worden ist. Der früher 16 m hoch gewesene Skarreklit besteht nicht – wie der Bulbjerg – durchweg aus weichem Kalksinter, sondern er hat einige Lagen harten Feuerstein. Diese haben ihm sozu-sagen das Leben gerettet.

30 km hinter Fjerritslev bei Åbybro stößt die 11 auf die 55, die ab hier nach Norden führt. Wenige Kilometer weiter der Ort **Pandrup** (Kirche Jetsmark, restaurierter Quaderstein-bau). Kurz darauf die Abfahrt nach Blokhus an der Jammerbucht. Von Blokhus bis zum weiter nördlich gelegenen Lökken kann man mehr als 10 km den Strand entlang fahren. In Lökken nimmt man wieder die Spur der 55 auf, und bald danach kann man rechts zum Kloster *Börglum* abbiegen. Das Gebäude ist wohl schon im 11. Jahrhundert begonnen und später zu einem festungsartigen Komplex ausgebaut worden. Restaurierungsarbeiten Mitte des 18. Jahrhunderts von Laurids de Thurah. Thurah war der Architekt des frommen Thea-tergegners Christian VI. Er ist der Erbauer des Jagdschlosses Eremitage (Farbt. 29) nördlich von Kopenhagen, er hat der Erlöserkirche ihre charakteristische Spitze mit dem spiralförmi-gen Aufgang gegeben. Seinen Lebensabend verbrachte er in Börglum Kloster, das durch ihn größere Fenster und Erker erhielt.

In **Hjörring** liegt das Historische Museum der Landschaft Vendsyssel. Ein Gang durch den Museumsgarten, den Pfarrhof, den Kirchensaal und die Vorzeitsammlung sollte nicht versäumt werden. Auf dem Gelände des neuen Friedhofs befinden sich acht Steinsetzungen aus vorgeschichtlicher Zeit.

Von Hjörring führt die 13 nach **Hirtshals** (7000 Einwohner), das wie Hanstholm in seinem Rhythmus von Fischerei und den Fahrplänen der Schiffslinien bestimmt wird (Abfahrten nach Norwegen). Zwischen dem Osthafen und dem Leuchtturm ist ein hübscher Sandstrand, nahe dabei liegt eine Wanderherberge.

Eine einzigartige Attraktion ist das *Nordseemuseum*, das mit modernsten Mitteln arbeitet. Es hat – buchstäblich – Fische zum Anfassen, einen Leseraum, Modelle technischer Fischereiausrüstung (Radar usw.), Videovorführungen, die den Alltag auf See zeigen. Für Schulklassen gibt es einen besonderen Dienst mit Erläuterungen, die dem Pensum angepaßt werden. Und natürlich hat das Museum auch ein Aquarium und Robbarium.

Die 35 führt nach Frederikshavn (Schiffe nach Schweden und Norwegen), von wo man auf der 40 nach Skagen kommt. Wer Zeit hat, fährt in Richtung Bjergby aus Hjörring heraus und folgt der hübschen Straße über Uggerby und Ålbäk (13 und 593).

Karg und gemütlich

Von Karl dem Großen bis zu den Grabenschippern

Auf der Halbinsel Jütland finden wir eine der ältesten Grenzen Europas, die nicht durch Flußläufe oder Bergkämme vorgegeben ist. Sie wurde im Verlauf von nicht weniger als 1200 Jahren nur um etwa fünfzig Kilometer nach Norden hin verschoben, also um etwa eine Tagesreise fröhlich wandernder Handwerksburschen.

Es ist die Grenze des *Danevirke* (Danewerk), südlich der Stadt Schleswig. Hier buddelten die Dänen schon in der zweiten Hälfte des achten Jahrhunderts einen Graben, der die Grenze gegenüber dem Reich des schier unersättlichen Karl des Großen markierte. Später wurden Wälle angelegt, und schließlich sogar Mauern gebaut. Die *Waldemarsmauer* geht auf Valdemar den Großen zurück, der in Skandinavien groß war, aber klüglich gegenüber dem großen Karl ein – wie man heute in Skandinavien sagt – ›niedriges Profil‹ hielt.

Das Problem war: Die Sachsen Heinrichs des Löwen und die mit ihm verbündeten Wenden fielen immer wieder in Dänemark ein – nach See- und Landräuberart. Das Problem der Dänen war damals dasselbe wie im Zweiten Weltkrieg: Die im Süden waren durch Volkreich- und damit auch durch Soldatenreichtum ganz einfach den Dänen überlegen. Die dänischen Wikinger waren stark in gezielten Angriffen, aber für einen breitflächigen Kampf gegen die aus dem Süden hatten sie einfach nicht genug Bewaffnete.

Darum ist es eigentlich nicht so paradox, daß die dänischen Wikinger, die sich anschickten, England zu erobern, im Süden ein Arrangement suchen mußten. Valdemar der Große zog im Jahr 1162 gen Süden und erkannte die Lehnshoheit von Barbarossa an.

Auf seinem Weg zum König verhielt er sich wie sich ein Skandinavier halt verhält. Hier ein Zitat aus dem Buch ›Danmarks Konger‹ (Dänemarks Könige) des dänischen Historikers Palle Lauring: »Und es verwunderte die deutschen Edlen, daß Valdemar, wohin er auch kam, für die Nahrung und für das Futter seiner Pferde bezahlte. Sie selbst pflegten nur die Dörfer auszuplündern.«

In unserem Jahrhundert der trockengelegten Moore und Sümpfe, der Asphaltstraßen und Autobahnen ist es nur schwer begreiflich, warum gerade diese eine Meile südlich der Stadt Schleswig für den Handel und die militärischen Händel eine derart große Bedeutung hatte. Hier lag der Umschlagplatz *Haithabu* (Hedeby). Östlich davon die Schlei mit ihrem Ausgang in die Ostsee, westlich war das Land bis hin zur Nordsee vermoort.

Noch Mitte des vorigen Jahrhunderts wurde die Schleiebene zu einem Schicksalsfeld. Im Krieg des Deutschen Bundes gegen Dänemark (s. S. 8) lag hier das östliche Terrain der ersten dänischen Verteidigungslinie. Das Danewerk war nicht stark genug, den preußischen und österreichischen Kanonen standzuhalten. Zudem war der Winter elend kalt; auf den Gewässern lag kompaktes Eis, über das hinweg die Bundestruppen angreifen konnten. Die Dänen mußten sich auf die nächste Verteidigungslinie, die Düppeler Schanzen (s. S. 122) zurückziehen.

Erwachendes deutsches Geschichtsbewußtsein – vertreten zunächst durch Archäologen – hat sich dieser Stätte angenommen. Im November 1985 ist östlich des alten Hedeby ein Museum eröffnet worden. Hier können Sie Ihre eigentliche Nordlandreise beginnen, wenn Sie tief in die Wechselwirkungen eintauchen wollen, die sich erst nach dem Zweiten Weltkrieg so positiv für Gesamteuropa zu entwickeln begonnen haben.

Ostjütland von Padborg bis Skagen

Auf der kurzen Landgrenze zwischen der Bundesrepublik Deutschland und Dänemark gibt es wohl ein halbes Dutzend Übergänge, am meisten benutzt ist die Autobahn an Flensburg und Padborg vorbei nach Hadersleben. Zumindest im Sommer wird es lohnen, den Grenzübergang Autobahn zu wählen, weil die modernen Anlagen zügige Abfertigung ermöglichen. (Man kann ja bald danach wieder von der Autobahn herunter.)

Bei **Fröslev** eine der wenigen dänischen Raststätten und beim Ort eines der ungewöhnlichsten Museen: ein Lager aus der Hitlerzeit, 1944 auf dänische Kosten gebaut. Die Besatzungsmacht hatte versprochen, sie würde dänische Widerstandskämpfer und andere Gefangene nach Fertigstellung des Lagers nicht mehr in deutsche Konzentrationslager bringen. (Unnötig zu erwähnen wohl, daß dieses Versprechen nicht eingehalten wurde.) Fröslev war nach damaligen Maßstäben ein ›erträgliches‹ Lager, kann also mit Neuengamme oder Dachau nicht verglichen werden. Nach der deutschen Kapitulation wurden hier dänische Kollaborateure eingesperrt.

Wer auf der Autobahn nach Norden kommt, der wird auf der deutschen Seite Hinweisschilder mit der Aufschrift ›Apenrade ... km‹ finden. Apenrade ist der deutsche Name für die dänische Stadt Aabenraa. Er wird auch in diesem Buch benutzt, weil er zur Geschichte des Grenzlands gehört. Er ist kein offizieller Name, nicht viele Deutsche etwa südlich von Hannover kennen ihn. Er desorientiert an der Autobahn also mehr als daß er orientiert.

Wer Geschichte und Gegenwart gleichzeitig kennenlernen möchte, der fährt nicht über die Autobahn nach Dänemark hinein, sondern wählt den Grenzübergang **Krusau** (Kruså). Unmittelbar südlich der Grenze reihen sich die Supermärkte aneinander, wo Dänen günstiger einkaufen als zuhause. Vor allem Alkohol – auch dänisches Bier – ist dort billiger als in Dänemark. (Nach den EG-Bestimmungen gilt Bier als Nahrungsmittel, und so dürfen die Dänen davon zwölf Liter pro Person mit nach Hause nehmen.)

Statistiker haben als ›durchschnittliche Abfertigungsdauer‹ am Grenzübergang 23 Sekunden errechnet. In der Tat: Wo noch vor einem Menschenalter genau geprüft wurde –

auf beide Seiten der Grenze –, da gibt es heute nur noch eine Abfertigung. Die bundesdeutsche Paßpolizei erledigt zugleich die Arbeit für die dänischen Kollegen – und umgekehrt.

Das allerdings hat den Dänen Vorwürfer ihrer skandinavischen Nachbarn Schweden und Norwegen eingebracht. Bei Grenzüberschritten in Skandinavien braucht man – theoretisch – einen Paß nicht vorzuzeigen. Anders aber als die Dänen – die vieles gerne lässig nehmen – sind die Schweden und Norweger von der Angst geplagt, daß durch die 23-Sekunden-Kontrolle an der dänischen Grenze viele Asiaten und Afrikaner ins Land kommen, die sich dann in Schweden und Norwegen festsetzen. Darum sind heute die Grenzkontrollen dieser Länder genauer und strenger als man es sich in den fünfziger Jahren vorgestellt hatte.

An jedem Grenzübergang von Schleswig-Holstein nach Dänemark wehen alle fünf skandinavischen Flaggen, die signalisieren, daß man in einen anderen Teil Europas kommt.

Das ist die Schwierigkeit der Dänen: Sie sitzen auf zwei Stühlen, dem der Zugehörigkeit zur Europäischen Gemeinschaft und zu Skandinavien. Das bringt zwar Probleme, aber die Dänen als Pragmatiker schaukeln alles immer irgendwie.

Nur wenige hundert Meter vom Grenzübergang Krusau (Kruså) entfernt, stehen zwei Gedenksteine. Mit dem einen dankten 1945 norwegische KZ-Häftlinge den hilfreichen Dänen, mit dem anderen nordische Häftlinge dem Schweden Folke Bernadotte. Dieser Bernadotte, der kurz vor Kriegsende Skandinavier aus dem Chaos deutscher Lager rettete, hat sein eigenes Denkmal dicht an der Straße: gestiefelt und ohne Mütze, eine Tasche in der Hand seines schwedischen Militärmantels.

Hinter Krusau kommt man nach Sögard, von wo in Richtung Westen die Straße nach **Kliplev** abgeht. Die Kirche dort war im Mittelalter Wallfahrtsziel. Aus dieser Zeit stammt noch der Glockenturm. Einige der Holzschnitzereien sind von dem dänischen Meister Hinrich Ringerinck (1583–1629).

Mehr an Erlebnissen bietet jedem – auch dem Kirchen- und Schlösserbeflissenen – ein Abstecher nach Osten. Nicht auf der 8 entlang fahren, sondern auf dem Fjordvejen Richtung Sönderhav. Vor Sandager gelangt man später auf die 8, und bald ist man in **Gråsten** (Gravenstein), ein gemütliches Städtchen, das Touristen besonders wegen seines *Schlosses* anzieht. Es stammt aus der Zeit nach 1759, nur die Schloßkapelle gibt noch einen Eindruck von dem üppigen Barock, in dem vor dem Brand der ganze Bau dagestanden hat. Seit vielen Jahren verbringt die Königinmutter, Ingrid, den Sommer in Gravenstein. Wenn sie anwesend ist, kann man um 11.40 Uhr die Wachablösung erleben. Wenn sie sich nicht dort aufhält, ist der großzügig angelegte und weitläufige Schloßpark für jedermann zugänglich. Ein Spaziergang durch die Schloßanlage sollte unbedingt auf dem Programm aller Gravenstein-Besucher stehen. Aus Gravenstein stammt übrigens auch die berühmte Apfelsorte.

Die gesamte Gegend östlich der E 3 zwischen Flensburg und Aabenraa gehört zu den ältesten Siedlungsgebieten Dänemarks. Wälder, wie sie hier noch stehen, bedeckten früher ganz Jütland. In der Nähe von Gråsten findet man Dolmen und Ganggräber aus der Jüngeren Steinzeit. Von Gråsten kann man über Nybøl oder auf der südlichen Straße über Broager in Richtung Dybbøl (Düppel) weiterfahren.

In **Broager** sollte man kurz haltmachen, um sich die *Kirche* mit den Zwillingstürmen anzusehen. Sie wurde ca. 1200 auf einem vierzig Meter hohen Hügel erbaut. Das hölzerne Glockenhaus mit Schindeldach ist das größte seiner Art in Dänemark. Zwei der drei Glocken wurden 1920 nach der Wiedervereinigung Nordschleswigs mit Dänemark der Kirche als Ersatz für die im Ersten Weltkrieg eingeschmolzenen geschenkt. Als Rarität gilt die hölzerne Figur des Heiligen Georg im Kampf mit dem Drachen, die im Kirchenschiff zu bewundern ist.

Nach 1850 hatten die Dänen beschlossen, auf dem Weg vom Kontinent nach Kopenhagen Abwehranlagen zu bauen. Bei Schleswig wurde das Danevirke (s. S. 253) modernisiert, bei **Dybböl** sollten große Festungswerke entstehen. Allerdings klappte es mit dem Geld nicht so recht, und das mußten im März und April mehrere tausend dänische Soldaten mit dem Leben bezahlen. Nachdem das Danevirke Anfang Februar aufgegeben war, zogen sich die dänischen Truppen in die halbfertigen Befestigungen von Dybböl zurück. 34 Tage lang schossen die Preußen und Österreicher Dybböl sturmreif. Ihre Artilleriebeobachter saßen im Kirchturm von Broager. Danach hatten die Dänen keine Chance mehr, den Sturm abzuwehren. Die *Düppeler Mühle* (Abb. 15), die in vielen dänischen Liedern verewigt ist, wurde bei der Beschießung zum zweiten Mal zerstört. Die erste Zerstörung erfolgte im Krieg von 1848–50, die hoffentlich letzte 1935 durch einen Brand. Bezeichnend für das dänische Geschichtsbewußtsein ist, daß auf den Feldern von Düppel nach dem Abstimmungssieg in Nordschleswig die Dänen mit ihrem König Christian X. das offizielle Wiedervereinigungsfest feierten. Bei diesem Fest ritt der König ein prächtiges weißes Pferd, das aber – wie sich später herausstellen sollte – gar nicht weiß war. Mit Kreide hatte man der Natur ein wenig nachgeholfen. Eine Büste des beliebten Königs Christian wurde unweit der Mühle aufgestellt.

Einmalig ist im Sommer der Blick vom Parkplatz bei der Düppeler Mühle auf die *Sönderburger Bucht*. Daß dänische Gewässer unter Seglern als reinstes Mekka gelten, kann man selbst als Nichtsegler leicht nachvollziehen, wenn man von diesem Aussichtspunkt auf die Segeljachten sieht, die in der Saison zu Hunderten hier die Meere durchsegeln.

Lohnend ist auch eine Wanderung auf den insgesamt zehn Schanzen. Bei der fünften Schanze wurde ein Gedenkstein für gefallene dänische, schwedische und norwegische Soldaten errichtet. Bis Mai 1945 stand bei dieser Schanze auch ein deutscher Gedenkstein mit einer Relief-Darstellung des Sturms auf Düppel am 18. April 1864. Dieses Relief befindet sich jetzt im Sönderburger Schloß.

Auch **Sönderburg** (Sønderborg), schön gelegen zu beiden Seiten des Als Sund, zum größeren Teil aber auf der Insel Als, ist einmal eine Festung gewesen. Die Burg war zunächst (um 1200) ein kleiner, runder Verteidigungsturm, aber schon im 14. Jahrhundert war sie eine mächtige Festung, die zwei Belagerungen und selbst den Trubel der Hochzeit von Valdemar Atterdag überstand. Die später zu einem Schloß umfunktionierte Burg (Museum) wurde zwischen 1864 und 1918 von den Deutschen als Kaserne benutzt.

Etwa fünfzehn Autominuten von Sönderburg entfernt liegt das geschichtsträchtige **Augustenburg** (Augustenborg). Hier residierten die Augustenburger, die anfangs ergebene herzogliche Verwandte des oldenburgischen Königshauses in Kopenhagen waren. Obwohl sich die Augustenburger Herzöge nicht gerade einer großen Beliebtheit erfreuten, waren das Schloß und die Herzogsfamilie unbestritten wichtigste Voraussetzung dafür, daß die Stadt überhaupt entstehen konnte. Früher lag hier ein kleines, auf elf Höfen bestehendes Dorf, Stavnbol, das 1272 dem Bischof von Schleswig gehörte. Das etwas über der Stadt gelegene Schloß dient heute als Nervenheilanstalt, die von einem für die Öffentlichkeit zugänglichen Park umgeben ist. Unter einer Linde saß oft der Märchendichter H.C. Andersen während seiner Besuche auf dem Schloß. Die Linde ist durch eine Metallplatte gekennzeichnet.

Nördlich von Düppel, ca. acht Kilometer von Sönderburg entfernt, liegt das idyllische *Sandbjerg Schloß*, dessen Gartenanlage sich bis zum Als Sund erstreckt. 1930 erwarben es der Kopenhagener Rechtswanwalt Knud Dahl und seine Frau Ellen. Beide waren in den nordschleswigschen Problemen stark engagiert und haben aktiv an den Bemühungen mitgewirkt, Flensburg bei der Wiedervereinigung zu Dänemark zu schlagen. Knud Dahl starb 1945, und etwa zehn Jahre später stiftete seine Witwe das Schloß der Universität von Århus, die heute das zweistöckige Gebäude als Kursuszentrum benutzt. Die Inneneinrichtung des Schlosses ist besonders schön und noch sehr gut erhalten.

Sönder, dieses Wort begegnet einem in Dänemark öfter, bedeutet *Süden.* So findet man denn im Nordteil der Insel Alsen eine Stadt namens **Nordborg.** Das dortige Schloß ist größtenteils verschwunden, der noch vorhandene Flügel stammt aus dem Jahr 1678. Die Kanzel in der Kirche entstand um 1630 in der Werkstatt von Ringerinck.

Wer nicht wieder dieselbe Strecke benutzen will, kann bei Hardeshöj, nicht weit von Nordborg, die Fähre über den Als Fjord benutzen und von Blans nach **Apenrade** (Aabenraa) fahren. Als diese Stadt (15 500 Einwohner) 650 Jahre alt wurde, bekam sie nicht nur Besuch von der Königin, sondern auch ihre geliebten vier a-s zurück.

In den skandinavischen Sprachen gibt es zwei Buchstaben für das o, nämlich das eine wie hinten in Sönderborg sowie außerdem das sog. Bällchen-o wie bei Gråsten (der Lautunterschied ist gering und wechselnd). Das å ist ein Aufeinanderstapeln von a und o. Im Schwedischen wird dieses Bällchen-o schon seit Jahrhunderten benutzt, im Norwegischen dagegen erst seit 1921, und im Dänischen sogar erst seit 1948. Vorher wurde in diesen beiden Sprachen statt dessen ein Buchstabe benutzt, der kein einzelner Buchstabe ist, nämlich das aa. Dieses aa war und ist (bei Personennamen) ein »gedachtes å« und mithin der letzte Buchstabe des Alphabets. Die dänische Rechtschreibereform von 1948 bestimmte, daß spätestens ab 1956 Schreibformen wie etwa Aabenraa der neuen Form Åbenrå zu weichen hätten.

Die Åbenråer fügten sich, aber sie verwanden es nicht. Denn mit Aab... stand die Stadt in der ganzen Welt – außer in Dänemark – in Verzeichnissen überall an erster Stelle. Diese Stellung verlor Aabenraa, als es 1956 zu Åbenrå wurde.

In glücklicher Gemeinsamkeit machte man im Jubiläumsjahr 1985 einen neuen Vorstoß beim Postwesen – und hatte Erfolg. Jetzt heißt es also wieder Aabenraa.

Auch beim deutsch-dänischen Grenzkampf spielte die Sprache eine Rolle, wenngleich auch eine geringere als gemeinhin angenommen wird.

Schleswig und Holstein – zwischen Elbe und Königsau/Kongeå – gehörten jahrhundertelang zur dänischen Krone. Während dieser Zeit siedelten und heirateten in weiten Gebieten des Herzogtums Schleswig Dänen und Deutsche untereinander und durcheinander.

Als Dänemark 1848 eine neue Verfassung bekommen und diese auch in Schleswig gelten sollte, kam es zu einem Krieg, in welchem die dänischen Truppen die schleswig-holsteinischen »Aufrührer« besiegen konnten. 1864 griffen preußische und österreichische Truppen als Vollzugsorgane des Deutschen Bundes Dänemark an, um den Anspruch eines Augustenburgers zu verteidigen, der sich bereits zum Herzog der Herzogtümer ernannt hatte.

Die Preußen und Österreicher besiegten die Dänen, verwalteten die Herzogtümer zunächst gemeinsam und setzten sogar eine schleswig-holsteinische Landesregierung ein. Auch den Siegern war bewußt, daß im Norden von Schleswig eine zahlenstarke dänische Minderheit wohnte, und sie sagten eine spätere Klärung des Grenzverlaufs durch eine Abstimmung zu. Über die Zukunft von Schleswig-Holstein kam es 1866 zum Krieg zwischen Österreich und Preußen, der mit Bismarcks Sieg und dem Frieden von Prag endete. In diesem Friedensvertrag trat Österreich als Anwalt der Herzogtümer auf, und Artikel V sah die Möglichkeit vor, daß die fast rein dänischen Gebiete an Dänemark abgetreten werden sollten.

Aber schon im Januar 1867 gliederte Bismarck die Herzogtümer dem Königreich Preußen an. Von Abstimmung oder gar Abtretung war jetzt natürlich nicht mehr die Rede. Nach dem Ersten Weltkrieg beantragte das neutrale Dänemark eine Abstimmung, die 1920 stattfand. Der Nordteil Schleswigs fiel dabei an Dänemark. Das schon erwähnte Durcheinander früherer Jahrhunderte führte jedoch dazu, daß im Norden jetzt etwa 25 000 Dänen deutscher Gesinnung leben, südlich der Grenze sogar 40 000–50 000 Deutsche dänischer Gesinnung.

Die deutschen Schleswig-Holsteiner erreichten das Ziel ihres Kampfes (1848–1850), den die Dänen ›Aufstand‹ nannten, also erst nach dem Zweiten Weltkrieg, als Schleswig-Holstein ein Bundesland wurde. Denn 1848 hatten sie sich erhoben, um ein eigenes Land des Deutschen Bundes, nicht aber um preußisch zu werden.

Die in Berlin gedrillte Mentalität, die nach 1867 mit den mittleren und höheren Beamten in die Herzogtümer kam, war den früheren Untertanen des dänischen Königs fremd. (Das geht auch aus Briefen von Theodor Storm hervor, der schließlich aber selbst preußischer Beamter wurde.)

Nach der Verpreußung Nordschleswigs kam es zu einer seltsamen Situation. Die Deutschen und Dänen in diesem Gebiet hatten eine gemeinsame Sprache, das *Sönderjysk* (Südjütländisch).Ihre Gesinnung, ihre nationale Einstellung zeigte sich vorwiegend daran, welche Hochsprache sie – wenn unbedingt notwendig – benutzten: Deutsch oder Dänisch.

Hochdeutsch brauchte man nach 1867 nicht einmal mit dem Herrn Pfarrer zu sprechen, wohl aber bei Gericht und in anderen Behörden. Das beherrschten die Deutschgesinnten zwar besser, aber sie benutzten es ebenso ungern wie die Dänischgesinnten. Im Norden von Schleswig entwickelte sich zwar ein deutsch-dänischer Gegensatz, aber zugleich mit einem Augenzwinkern: »Wir sind ja alle Sönderjysk.«

Nach 1920 waren es die Dänen, deren Herzen schneller schlugen, wenn das *Danebrog* langsam am Fahnenmast hochstieg, während sich die Deutschgesinnten je nach Mentalität schroff oder vorsichtig abwandten. Aber gleichzeitig gab es über den nationalen Graben hinweg wieder dieselbe Abneigung gegen die Beamten aus der Hauptstadt, jetzt Kopenhagen: sie verstanden kein Sönderjysk.

Aabenraa war früher eine Stadt der Fahrensleute und des Schiffsbaus. Auch heute noch ist es seinen Bewohnern eine Genugtuung, daß der erste dänische Kap-Hoorn-Umsegler in Aabenraa auf Kiel gelegt wurde. Viele dänische Kapitäne der China-Fahrten haben sich in der Umgebung auf sog. Kapitänshöfen zur Ruhe gesetzt und ihnen zuweilen sogar chinesische Namen gegeben.

Diese Höfe bildeten eine Art Nebenerwerb und Altersversorgung für die Kapitäne. Solange sie zur See fuhren, bewirtschaftete die Familie den Hof, und wenn sie schon relativ jung – etwa von Krankheiten geplagt – an Land gehen mußten, übernahmen sie das Kommando auf dem Hof.

Parallel zur Hauptstraße in Aabenraa, über die sich der Durchgangsverkehr bewegt, ein wenig höher gelegen, befindet sich die Fußgängerzone, deren kleine Häuser genau so freundlich blinzeln wie die in Esbjerg.

Aber mit einem Einkaufsbummel sollte man es nicht bewenden lassen, sondern noch weiter nach Westen in die Altstadt hineingehen. Dort kann man den alten Nachtwächter (Abb. 17) auf dem Vägterpladsen persönlich begrüßen. Er klopfte früher dort ans Fenster, wo Feuer- oder Lichtschein zeigte, daß sich jemand nicht ans Reglement hielt. Der Nachtwärterberuf galt bei den Skandinaviern als angesehen.

In diesem Teil von Aabenraa wird der Architekturkundige manchmal erstaunt stehenbleiben: Da gibt es Häuser, die ganz offensichtlich nicht älter als 100 oder 150 Jahre alt sind, die aber über dem Eingang eine Tafel haben, die 200 oder gar 300 Jahre alt ist. Die Erklärung: Wenn das alte Haus abgerissen oder umgebaut wurde, schonte man die Tafel und brachte sie an alter Stelle wieder an.

Die Inschriften preisen meist Gott oder die Religion. Eine jedoch ist nicht nur geschichtsträchtig originell, sondern sie zeigt auch – weil sie nach 1920 nicht entfernt wurde – sehr eindringlich den Geschichtsrespekt der Dänen: »Hier wohnte im Feldzug 1864 Kronprinz Friedrich Wilhelm nachmaliger Kaiser Friedrich III. Gewidmet vom Kriegerverein in Apenrade.«

Von diesem Teil der Stadt kann man einen kurzen Spaziergang hinüber zum *Schloß* machen (ca. ½ Std.). Es wurde Ende des 14. Jahrhunderts von Beauftragten der Königin Margarete I. als Zwingburg für einen Amtmann gebaut. 1944 verhandelte der schwedische Graf Folke Bernadotte mit SS-Führern hier über Befreiung und Heimtransport dänischer und norwegischer Häftlinge aus deutschen Konzentrationslagern. Dazu gehörten auch die dänischen Juden, die in Theresienstadt auf das Kriegsende warteten. Die Bemühungen um Rettung von Menschenleben haben dem schwedischen Grafen in ganz Skandinavien viel Achtung eingebracht. Sein Denkmal steht dicht nördlich der Grenze (s. S. 121).

Das *Museum* von Aabenraa enthält Gemälde, Aquarelle, Modelle von Segelschiffen sowie sehr viele Buddelschiffe. Das Museum stellt sich mit einem chinesischen Schriftzeichen vor; es bedeutet »Hinaus auf See«. H. C. Andersen sagte: »Reisen, das ist Leben.« Und die Fahrensleute von Aabenraa waren noch konkreter: »Am Mast stehen, das ist Leben.«

Für die deutsche Minderheit in Nordschleswig ist diese Stadt Mittelpunkt. Hier erscheint die nördlichste deutsche Tageszeitung. ›Der Nordschleswiger‹ hat eine Auflage von nur 5000 Exemplaren; er wird von der Bundesregierung subventioniert, ohne daß die Dänen daran Anstoß nehmen. (In Flensburg subventionieren die Dänen ›Flensborg Avis‹, ohne daß die Schleswig-Holsteiner daran Anstoß nehmen.)

Das Deutsche Gymnasium in Apenrade ist eine der wenigen deutschsprachigen Schulen Skandinaviens, an der man das Abitur machen kann.

Etwa auf halbem Weg zwischen Apenrade und Hadersleben liegt östlich der E 3 ein fast 100 m hoher Berg, für Jütland also eine respektable Höhe. Hier auf dem *Knivsberg* hat die deutsche Volksgruppe in Nordschleswig ihren Sammelpunkt.

Die deutsche Tradition Nordschleswigs tritt einem in **Hadersleben** besonders entgegen. Ein regelrechtes Ausrufungszeichen ist der gotische Dom (13./14. Jh.), der sich mächtig über die kleinen Häuser des Stadtzentrums erhebt; die Fenster des lichten Chors sind 12 m hoch (Abb. 18). Der Bau wurde in den 20er Jahren von Lönborg Jensen zusammen mit Helge Holm restauriert. Das Museum ist gleichzeitig Regional- und Freilichtmuseum, zu seinen reichen Vorzeitsammlungen gehören die ältesten Feuersteingeräte, die in Dänemark gefunden worden sind.

Wie befruchtend es sein kann, wenn zwei geistig wache Völker ordentlich durcheinandergerührt werden, zeigt sich an der Persönlichkeit von Carl Nissen Roos, der 1884 in Haderslev geboren wurde. Seine Familie war ausgesprochen ›kampfdänisch‹ eingestellt, Carl ging zum Studium natürlich nicht nach Kiel, sondern nach Kopenhagen. Er studierte Literaturwissenschaften, promovierte mit einer Arbeit über Ludvig Holberg auf deutschen Bühnen und wurde 1927 Professor für deutsche Sprache und Literatur. Carl Nissen Roos hat sich mit Goethe und Nietzsche ebenso beschäftigt wie mit Wilhelm Busch. Der bedeutende Germanist starb 1961 in Kopenhagen.

Eine der eigenartigsten Ansiedlungen in Jütland ist das zwischen Hadersleben und Kolding gelegene Städtchen **Christiansfeld**. Hier durfte sich 1773 eine Herrnhuter Brüdergemeine niederlassen, die auch heute noch in ihrem Gemeindeleben altchristliche Formen von Nächstenliebe und Brüderlichkeit verwirklichen will. Die Stadt ist streng rechteckig angelegt, und ebenso schlicht wie die Wohnhäuser ist die innen weißgetünchte Kirche von 1776, die weder Altar noch Kanzel kennt (Abb. 16). Auf dem *Gudsager* (Gottesacker) bei der Kirche sind die Namensschilder der Begrabenen der aufgehenden Sonne zugewandt. Die Männer liegen westlich vom Hauptweg, die Frauen östlich davon. Christiansfeld verfügte früher über viele Gewerbebetriebe, von denen aber nur die Honigkuchenfabrik übriggeblieben ist. Die Brüdergemeinde hat ein eigenes Museum.

2 km nördlich von der Stadt *Den gamle Gränsekro*, der Krug also, an dem bis 1920 die Grenze verlief. Hier kann man gern aussteigen und einen Schluck darauf nehmen, daß die Dänen und Deutschen nie wieder aufeinander einschlagen werden. – Vom Ort Taps aus Nebenstraße Richtung Küste zum Berg Skamlingsbanken (s. a. Kunst und Land).

Von Christiansfeld aus kann man bis hinter Kolding die Autobahn nehmen, empfehlen möchte ich das aber nur denen, die es wirklich eilig haben, den Dänen also. In diesem Land gibt es mehrere Autobahnstrecken, eine davon geht praktisch über ganz Fünen hinweg und man kommt auf ihr schnell voran, nur man sieht nicht viel von Dänemark. Ich möchte keineswegs so weit gehen, daß ich von Dänemark nur die Radfahrwege und die Nebenstraßen vorschlage. Aber glauben Sie mir bitte: Gerade in Dänemark hat man mehr vom Urlaub, wenn man die Autobahnen den anderen überläßt.

Kolding war auch eine Festung und basiert auf einer anderen Verteidigungskonzeption. Die Feste *Koldinghus* sollte ganz einfach Gegnern den Weg versperren, die über Fünen und Seeland nach Kopenhagen wollten, während Dybböl eine Doppelfunktion hatte: Es sollte den stoppen, der über Alsen, Fünen und Seeland auf dem kürzesten Weg nach Kopenhagen wollte, hätte aber schon allein durch sein Vorhandensein den Nachschub jeder Armee bedroht, die vom Süden her in Richtung Kolding vorgestoßen wäre.

Auch Koldings Festung stammt aus dem Mittelalter (13. Jh.), sie ist von mehreren Königen umgebaut und erweitert worden, zeitweise zerfiel sie und wurde dann restauriert (Abb. 19). Bei Koldinghus hatte der Verfall weltgeschichtliche Gründe: Weil die Engländer ihnen 1802 die Flotte abgenommen hatten, schlossen die Dänen ein Bündnis mit Napoleon, der

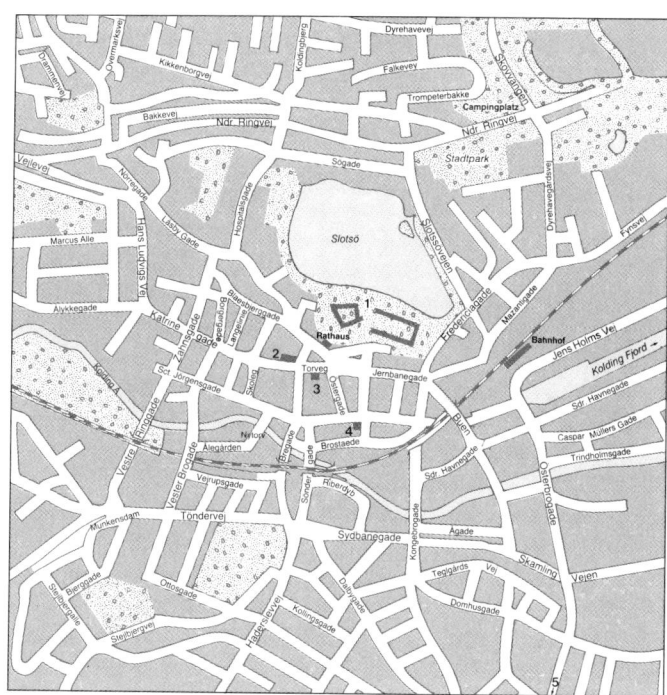

Kolding
1 Koldinghus
2 Nikolai-Kirche
3 Borchs Gaard
4 Verkehrsamt
5 Botanischer
 Garten

spanische Truppen nach Kolding schickte. Die heizten so gründlich, daß Koldinghus in Flammen aufging. Im Museum (Kunst und Kunsthandwerk) befindet sich auch ein Exemplar der Bibel, die im 16. Jahrhundert übersetzt und unter Christian III. gedruckt wurde.

Bedeutend ist der große botanische Garten im Südosten der Stadt. Hier gibt es 2000 Pflanzen aus aller Welt. Eine besondere Attraktion ist der Rosengarten mit 10 000 Rosen und mehr als 150 Arten.

Wer vom hier ›vorgeschriebenen‹ Weg abweicht und auf der E 66 nach Esbjerg fährt, soll in **Andst** die Quadersteinkirche nicht verpassen. Einige Kilometer weiter nach Westen folgt der Ort **Vejen,** vor dessen interessantem Kunstmuseum eine sehr originelle Trollfigur Wache hält. Zwei Kilometer südwestlich von Vejen die Volkshochschule Askov (S. 72).

Kolding, Schloß Koldinghus, Zeichnung von H. Ch. Andersen

Ein Stück nordöstlich von Kolding liegt **Fredericia,** eine Stadt, die sich von den meisten anderen in Dänemark dadurch unterscheidet, daß sie keinen organisch gewachsenen Stadtkern hat. Fredericia erhielt seinen Namen von König Frederik III., dem zweiten Sohn Christians IV., der 1647 durch den Tod seines älteren Bruders Thronfolger wurde. Indirekt ›verdanken‹ wir ihm das Buch *Jammersminde,* denn er war es, der seine Schwester Leonora Christine in die Landflucht trieb und später einsperrte. Die Stadt Fredericia wurde als zusätzliche Sicherung des Wegs nach Kopenhagen angelegt. Dabei entschied Frederik sich für dasselbe Schachbrettmuster, nach dem sein Vater die südnorwegische Stadt Kristiansand hatte anlegen lassen. Damit die 1650 gegründete Stadt schneller Aufschwung nahm, erhielt sie das Privileg der Glaubensfreiheit. In Fredericia durften also auch Juden, Katholiken und andere nicht Rechtgläubige wohnen. Die Stadt war bis 1909 Festung, in den Kriegen 1848–1850 und 1864 lag sie unter schwerem Beschuß. Hier steht die Statue des Landsoldaten (S. 32) von H. V. Bissen.

Von Fredericia kommt man über die E 67 nach **Vejle** (Abb. 20) und damit in die Nähe des dänischen Taufsteins. Der Name dieser Stadt ist von einem vornordischen Wort für Furt abgeleitet, denn hier konnte man schon zu jenen Zeiten den Fluß Vejle Å überschreiten – wenn auch nassen Fußes. In der Stadt und ihrer unmittelbaren Nähe gibt es zahlreiche Möglichkeiten, in Hotels oder Bungalows unterzukommen. Besonders reizvoll für ein paar Tage Aufenthalt; Abstecher zum 93 m hohen *Munkebjerg* am bewaldeten Vejle Fjord.

Etwa 10 km westlich von Vejle in Richtung Billund liegt das *Schloß Engelsholm* (Farbt. 10), ein in Dänemark einzigartiges Beispiel italienisch-französischer Bauweise. Errichtet 1591–1593 von Knud Brahe, dessen Bruder der berühmte Astronom Tycho Brahe war, nach 1730 barockisiert, seit 1940 Volkshochschule.

Nahebei die romanische Kirche in **Nörup,** die ebenfalls am See von Engelsholm liegt und 1733 umgebaut wurde. Inventar in Barock.

Wenn man von Vejle auf der 18 in Richtung Herning weiterfährt, kommt man nach **Jelling.** Und wer würde wohl – wenn man schon einmal auf Jütland ist – an Jelling vorbeifahren wollen? Hier tritt uns dänische Geschichte kompakt entgegen. Vor der Kirche von Jelling stehen zwei Runensteine, deren kleinerer den Beginn der Monarchie, deren anderer die Christianisierung Dänemarks dokumentiert. Der kleinere Stein ist von König Gorm dem Alten (s. auch S. 273) für seine Frau Tyre aufgestellt. Die Runen dieses Steins erwähnen erstmalig den Begriff *Danmark*. Der größere Stein mit seinem naiven Christusbild mag um 950 aufgestellt worden sein und hat folgende Inschrift: »König Harald ließ diesen Gedenkstein errichten für Gorm, seinen Vater, und Tyre, seine Mutter, derjenige Harald, der ganz Dänemark und Norwegen gewann und die Dänen zu Christen machte.« Man beachte die gewaltige Bescheidenheit des Blauzahns. Den Stein hat er selbstverständlich nur zur Erinnerung an seine Eltern (Tyre=Thyra) meißeln und aufstellen lassen, seine eigene Bedeutung erwähnt er lediglich in einem Nebensatz (Abb. 22).

In der Kirche befinden sich Dänemarks wahrscheinlich älteste Kalkmalerei und Reste einer Holzkirche, die vermutlich auf den Dänentäufer zurückgeht. Die Bautas (s. Kunst und Land S. 251) auf dem Hügel bei der Kirche – etwa fünfzig an der Zahl – waren schon einmal verstreut, sind aber von emsigen dänischen Archäologen wieder zusammengetragen worden.

Wer von seinen Kindern gedrängt wird und nachgiebig ist, wird von Vejle auf der Straße 28 nach Billund fahren – zum Legoland.

Legoland hat eine Vorgeschichte: 1916 machte der dänische Tischlermeister Ole Kirk Christiansen in Billund einen Handwerksbetrieb auf. Als während der Wirtschaftskrise in den 30er Jahren die Aufträge ausblieben, legte Christiansen einen erheblichen Teil der Produktion auf Spielzeug um. 1934 fand er für sein Spielzeug den heutigen Namen, der aus zwei dänischen Worten besteht: *leg godt* (spiel gut). Der große Erfolg kam erst in den 50er Jahren, als Lego aus Kunststoff die Modulklötzchen entwickelte.

In Legoland, ein Land aus Abertausenden von Legosteinen, sind Sehenswürdigkeiten Dänemarks und anderer Länder zu besichtigen. Besonders imposant – für Kinder wie für Erwachsene – ist der englische Titania-Palast.

Das Dreieck, das durch die Städte Vejle, Silkeborg und Århus nach Westen und Norden begrenzt wird, gehört zu den schönsten Gebieten Dänemarks. Hier fließt der Gudenå, mit 158 km Dänemarks längster Fluß, der sich durch eine herrliche Landschaft schlängelt. Er entspringt bei Tinnet, an der Straße 13 nördlich von Vejle. Der Heerweg (dän. Härvej) führt an der Quelle vorbei. Schon ab Törring ist er für Paddelboote geeignet, und auf dem Weg zum Randers Fjord gibt es nur wenige Hindernisse. Tagesetappen von 15–20 km sind zu empfehlen. (Auskünfte: Dänischer Wanderverein, Kultorvet 7, DK 1175 Kopenhagen K oder Turistbureauet in DK 8600 Silkeborg, Torvet 12).

Auf der Strecke von Vejle nach Horsens nach 9 km rechts Abfahrt zur Kirche von **Engum** (Farbt. 9); der schlichte romanische Bau überrascht im Inneren mit einer prachtvollen Ausstattung im Rokokostil.

Ein Stück weiter auf der E 3 kommt man nach **Hedensted,** dessen Kirche aus Sinter erbaut ist. Sinter ist ein sehr weicher und darum leicht zu bearbeitender Stein, der sich an Quellen und anderen Stellen absetzt, wo das in Dänemark fast überall sehr kalkhaltige Wasser seinen Ballast ablädt. Die romanischen Fresken in der Kirche zeigen auch eine Darstellung Christi als Weltrichter.

Eine weitere Kirche aus Kalksinter steht in **Tamdrup,** nordwestlich von Horsens. Möglicherweise ist sie Dänemarks älteste Kirche. Sie dürfte schon zu Anfang des 12. Jahrhunderts in Gestalt einer dreischiffigen Basilika für den damaligen Bischof von Århus aufgeführt worden sein. Der sog. ›Goldene Altar‹ in der Kirche ist eine Nachbildung. Das Original steht im Nationalmuseum Kopenhagen; es zeigt auf Kupferplatten auch die Taufe des Dänentäufers Harald Blauzahn.

In **Horsens** am gleichnamigen Fjord werden Sie von Gerhard Hennings ›Sitzendem Mädchen‹ erwartet (s. auch ›Kopenhagener Museen‹ S. 276). Dänische Schulkinder lernen Horsens im Geographieunterricht nicht zuletzt deswegen kennen, weil hier 1681 Vitus Bering geboren worden ist. Bering diente als Kapitän in der Flotte Peters d. Gr., der ihn 1703 als Unterleutnant aufgenommen hatte. Bering hat Alaska und die Aleuten entdeckt, und mit dem Durchsegeln der Beringstraße führte er den Beweis, daß zwischen Amerika und Asien keine Landverbindung besteht. Der Entdecker der Nordost-Passage starb nach einem

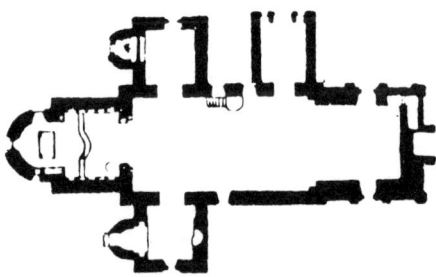

Kirche von Veng nördlich Skanderborg, Grundriß

Schiffbruch auf einer unbewohnten Insel – die ebenfalls nach ihm benannt worden ist – an Skorbut.

Sehenswert in Horsens sind das Schloß mit seinem Park, die Kirche des früheren Franziskanerklosters, die alte Erlöserkirche mit ihren Triforien, die Häuser in der Altstadt und das Horsens Museum (Abb. 23) mit lokalhistorischen Sammlungen.

Von Horsens geht nach Nordosten eine Straße in Richtung Örting, die hinter dem Ort scharf nach Norden abbiegt. In Odder als Teil eines kulturgeschichtlichen Museums eine alte Mühle. Auf dem Weg weiter nach Norden kann man – schon im Weichbild von Århus – kurz vor der Küste den Herrenhof *Moesgård* anlaufen, dessen Hauptgebäude 1778 fertiggestellt wurde. Eine sachliche, unpathetische Baugruppe. Hier ist das Vorgeschichtliche Museum untergebracht, und hier liegt der Grauballe-Mann (etwa 400 n. u. Z.) so, wie er gefunden wurde. Neben anderen Sammlungen besitzt das Museum auch eine grönländische. Der Park von Moesgård kann durchaus als Freilichtmuseum gelten.

Kennen Sie Dorthe? Ich meine die Schlager singende Dorthe. Der Song ›Oh, wärst du doch in Düsseldorf geblieben‹ berichtet im dänischen Original von **Skanderborg.** Diese Stadt an der E 3 hat eine Kirche aus der Zeit nach 1100. Sie gehört zu Dänemarks ältesten. Von der früheren Burg ist nur die Schloßkirche übriggeblieben, die in der dänischen Geschichte mehrfach erwähnt wird. Von Skanderborg führen geradezu idyllische Nebenwege an Seen (Abb. 29, 30) vorbei zum 147 m hohen *Himmelbjerg* (Abb. 28) und nach Silkeborg. Wenn man nach Norden in Richtung der Straße 15 fährt, kommt man durch **Veng,** wo auch eine Sinterkirche steht. Es ist ebenfalls eine ehemalige Klosterkirche aus dem 12. Jahrhundert. Für Fachleute ist erkennbar, daß es sich hier um frühe anglo-normannische Architektur handelt, die nach der Jahrtausendwende im ganzen Nordsee- und Nordatlantikraum verbreitet war.

Århus (Abb. 24–27) ist mit etwa 100 000 Einwohnern Dänemarks zweitgrößte Stadt. Wie so viele Großstädte ist auch Århus heute nur Kern einer stark bevölkerten Region, in der etwa eine Viertelmillion Menschen lebt. Obgleich es schon im Mittelalter entstanden ist, macht Århus einen sehr modernen Eindruck, nicht zuletzt wohl wegen seiner stark aufgelockerten Bauweise und der vielen Grünanlagen.

Århus ist der Schwerpunkt Nordjütlands und hat die bislang einzige Universität auf Jütland, zahlreiche andere Fortbildungsanstalten – darunter eine Journalistenhochschule mit Kursen auch für Journalisten aus den anderen skandinavischen Ländern – und einen kräftigen Ableger von *Danmarks Radio.*

Dank der erheblichen Entfernung zu Kopenhagen (und weil es über den Großen Belt keine Brücke gibt), hat sich Århus zu einer Großstadt mit umfangreichem Service entwickeln können. So wurde in den 20er Jahren dort nach Kopenhagen die zweite Universität errichtet. Die Århusianer sagen: »Århus ist Dänemarks Hauptstadt auf dem Kontinent.«

Den selbstbewußten Århusianern macht es nichts aus, daß sie als die Ostfriesen Dänemarks gelten. (»Warum fahren die Århusianer immer mit dem Zug nach Ålborg?« – »Bis Ålborg sind es 110 km, und auf Landstraßen darf man doch nur 80 fahren.«)

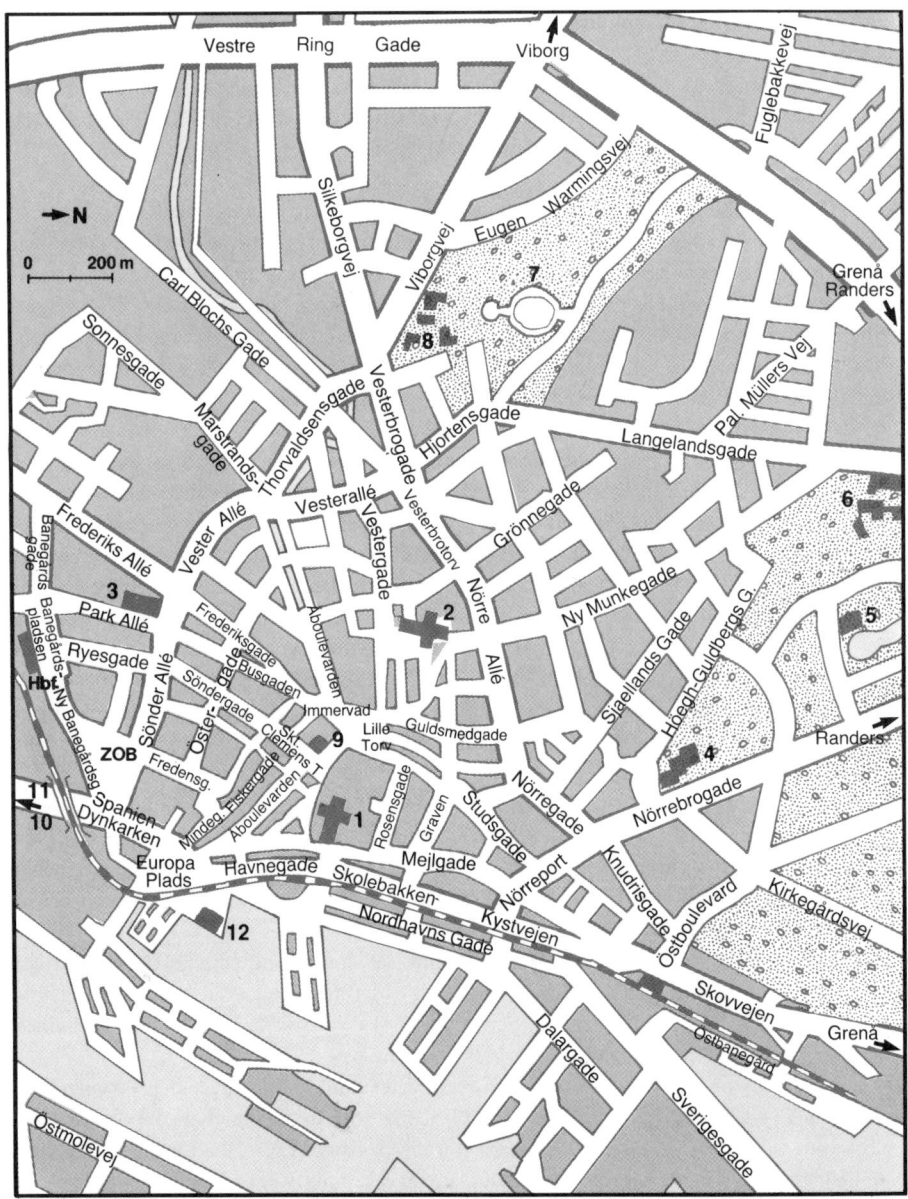

Århus 1 Dom 2 Frauenkirche und Kloster 3 Rathaus 4 Kunstmuseum 5 Naturgeschichtliches Museum 6 Universität 7 Botanischer Garten 8 Freilichtmuseum Den Gamle By 9 Wikingermuseum 10 Dänisches Feuerwehrmuseum 11 Tivoli 12 Fähre nach Kalundborg

Århus, das sehr modern wirkt, wurde schon 1441 Handelsstadt. An die früheren Zeiten erinnern Dom, Kloster und das Freilichtmuseum *Den gamle By* (Farbt. 11, Abb. 27). Der *Dom* (Abb. 24) geht auf 1201 zurück und war ursprünglich eine romanische Kirche. Erweiterung und Ergänzung mit gotischen Gewölben im 15. Jahrhundert. Dänemarks längste Kirche, die so hoch wie lang ist: 93 m. Altartafel (1479) von Bernt Notke, eine der schönsten Dänemarks. Die Kirchenorgel (1728–1730) von Lambrecht Daniel Carstens ist Dänemarks größte.

Die ursprüngliche Domkirche in Århus ist die *Frauenkirche* (etwa 1100–1246). Nach der Übergabe an die Dominikaner 1246 wurde sie um den Klosterflügel und einen neuen Chor erweitert. Unter dem Chor befindet sich Skandinaviens ältestes Gewölbe (Abb. 25). Flügelaltar (Abb. 26) von Claus Berg. Restaurierung der Kirche 1957.

Neueren Datums sind das Rathaus und die Universität. Das Rathaus entstand von 1938 bis 1942 unter Federführung des weltberühmten Architekten Arne Jacobsen. Der 60 m hohe Turm war ursprünglich nicht vorgesehen, mußte aber nachträglich hochgezogen werden, weil den Århusianern das Gebäude »nicht dynamisch genug« war.

Der Universitätsbetrieb begann 1928 mit nur einer Fakultät. Campus und Lehrgebäude bilden eine Einheit, die auch heute noch – 50 Jahre nach der Konzipierung – als vorbildlich gilt.

Etwas außerhalb vom Zentrum liegt das Freilichtmuseum mit fast sechzig Gebäuden aus ganz Dänemark.

Die Straße 15 geht von Århus nach Nordosten ins *Djursland* (Abb. 34, 36) hinein. Diese in das Kattegat vorspringende Landschaft hat den Namen ›die Nase‹ bekommen, und die kleine Halbinsel Helgenäs sorgt dafür, daß die Nase tropft.

Auf dem Weg ins Djursland passiert man die Kirche in Todbjerg, in deren Ausschmückung das schon früher erwähnte Löwenmotiv (S. 31) häufig vorkommt. Wenn man hinter Lögten nach Norden abbiegt, kommt man zur Kirche in Hornslet und zum Schloß *Rosenholm* (Abb. 31, 32), das im Besitz der Familie Rosenkranz ist. Das Hauptgebäude ist eindrucksvolle Renaissance, die Schloßkapelle wird nach wie vor benutzt. Einige Räume sind für Besucher zugänglich. Vierzehn Generationen der Sippe Rosenkranz sind in der Felssteinkirche von Hornslet begraben. Die Altartafel der Kirche ist von Claus Berg, dem wir zumindest in Odense noch begegnen werden. Der Taufstein dieser Kirche stammt von einem jütländischen Meister.

Damit stehen wir vor dem Schritt auf die Halbinsel **Djursland.** Sicher wären wir so gerne noch geblieben, aber der Wagen muß rollen. Falls Sie keine Zeit für Djursland haben, hier wenigstens einige Appetitmacher für die nächste Reise nach Dänemark oder durch Skandinavien:

Djursland ist etwa 850 qkm groß und besteht aus einer hügeligen Moränenlandschaft (Abb. 34); Bauernland gab es schon in der Jüngeren Steinzeit. Der höchste Berg heißt Agri Bavnehöj, ist 137 m hoch und liegt im Süden (Abb. 36) auf dem Weg zur Halbinsel Helgenäs. Gerade dieses Gebiet ist für Spaziergänge und Radfahrten sehr geeignet. Weiter westlich liegt auf der Halbinsel Mols das Städtchen **Ebeltoft,** das schon 1301 Handelsrechte bekam. Das frühere Rathaus (1576, umgebaut 1789) dient jetzt als Landschaftsmuseum. In der früheren Posthalterei nahe beim Museum gibt es eine einzigartige Sammlung aus Siam und Malakka.

Im Hafen die Fregatte *Jylland,* die 1857 auf Kiel gelegt wurde und 1864 an der Seeschlacht bei Helgoland teilgenommen hat. Diese Schlacht wird von den Dänen als die letzte siegreiche ihrer Geschichte betrachtet, weil die Flotte des Deutschen Bundes bei Nacht und Nebel verschwand.

Von Ebeltoft besteht eine Fährverbindung nach Själlands-Odde (Seeland).

Die andere Stadt im Djursland ist **Grenå,** die im Laufe der Jahrhunderte an Bedeutung verloren hat, weil der Fluß, an dem sie liegt, immer kleiner wird und die Schiffe immer größer werden. Der Hafen liegt jetzt 3 km von der Stadt entfernt am Kattegat. Südlich der Flußmündung ein Badestrand (der schönste von ganz Djursland) und Campingplatz.

Auf dem Weg Richtung Randers nach etwa 6 km von der 16 nach Nordwesten in Richtung Kastbjerg abbiegen. Nach 10 km auf der Nebenstraße das *Schloß Meilgård,* dessen Park für Besucher offen ist (Ausstellung von Freizeithäusern). Das Hauptgebäude aus dem 16. Jahrhundert wurde in diesem Jahrhundert umgebaut. Restaurant im früheren Pferdestall.

Wer auf der 16 direkt nach Randers fährt, passiert das Rittergut *Gammel Estrup,* das seit dem 13. Jahrhundert bekannt ist. Das Gutsmuseum zeigt die größte dänische Sammlung alter Bauerngeräte.

Von Århus bis Randers beträgt die Strecke nur 31 km. Etwa 2 km östlich der Ortschaft Ölst das Barockschloß *Clausholm,* dessen Stuckdecke im Rittersaal die wohl schönste Nordeuropas ist. In Randers erreicht der Fluß Gudenå das Kattegat, das hier mit dem Randers Fjord weit nach Nordjütland hineinreicht. **Randers** war schon im Mittelalter bedeutend, zeitweise hatte es drei Kirchen in seinen Mauern. Hier war Niels Ebbesen (S. 116) beheimatet. Er hat 1340 den deutschen Grafen von Holstein umgebracht, und dafür setzten ihm die dankbaren Bürger ein Denkmal. Auch Randers hat einen jener Stadtkerne mit Fachwerk- und anderen freundlichen Häusern, die einem unterwegs in Dänemark so oft begegnen. Die *Skt. Mortens Kirke* dürfte aus dem 15. Jahrhundert sein und früher zu dem Heiliggeistkloster gehört

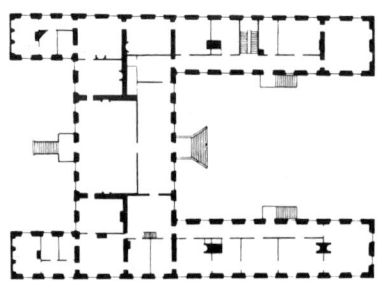

Schloß Clausholm, Grundriß

haben. Einen Einblick in das Leben wohlhabender Kaufleute zu früheren Zeiten bekommt man beim Besuch des *Kunsthistorischen Museums* von Randers. Es verfügt über eine der größten und besten Bildersammlungen außerhalb von Kopenhagen.

Etwas östlich der Stadt liegt auf der linken Seite des Randers Fjord das Schloß *Stövringgård*. Hier existiert neben dem modernen dänischen Wohlfahrtsstaat noch ein Relikt des Zeitalters der Hierarchie. In Stövringgård wohnen Witwen und Töchter dänischer Adliger. Die Kirche des Schlosses ist seit fast 220 Jahren nicht verändert worden. Sie und der Rittersaal sind zur Besichtigung freigegeben.

Die E 3 führt von Randers in Richtung Hobro. Wer die berühmten Anlagen von **Fyrkat** kennenlernen will, muß kurz vor Hobro in westlicher Richtung abbiegen. Die Anlagen von Fyrkat entsprechen etwa denen von Trelleborg auf Seeland (s. S. 187). Diese Wikingerburg muß um die Jahrtausendwende entstanden sein, der kreisförmige Wall war 4 m hoch. Eine ›Kaserne‹ ist in ihren Grundrissen restauriert. – Natürlich enthält das Museum in **Hobro** zahlreiche Funde von Fyrkat. Auch andere Vorzeitfunde sind reichlich vorhanden, weil dieses Gebiet schon seit frühester Zeit bewohnt war.

15 km nördlich von Hobro beginnt Dänemarks größer Wald, der *Rold Skov*, der etwa 8000 ha groß ist. Auf der Fahrt durch Wald am Straßenrand der Krug *Rold Storkro*, in dessen Nähe das interessante Museum *Thingbäk Kalkminer* liegt. In den mächtigen Höhlen einer Kalkgrube sind über hundert Modelle der dänischen Bildhauer Carl Bonnesen und Anders Bundegaard ausgestellt. Von Bundegaard stammen der Kopenhagener Gefionbrunnen und der Cimbernstier, der zu den Wahrzeichen von Ålborg gehört.

Wir sind jetzt bereits im *Himmerland*, einer sehr charaktervollen Landschaft, ähnlich der von Vendsyssel weiter im Norden. Nach etwa 20 km auf der Straße E 3 kommt man in die Hügel von *Rebild Bakker*. Dieses Gebiet wurde vor dem Ersten Weltkrieg von Amerikanern gekauft, die aus Dänemark stammten. Hier findet jedes Jahr am 4. Juli ein Fest statt, zu dem in der Regel sehr prominente Gäste kommen. Himmerland dürfte ursprünglich den Namen Cimbernland getragen haben. Man nimmt an, daß die Cimbern von hier aus zu ihrem Marsch ins römische Reich aufgebrochen sind. Das jedenfalls behauptet der Stein vor dem Lincolnhaus. Dieses Blockhaus ist ein Nachbau von dem, in welchem Lincoln aufgewachsen ist. Sämtliche Staaten der USA haben mit zumindest einem Balken zum Bau beigetragen.

Aus **Ålborg** (Abb. 37–40) stammt das Destillat, das in Mitteleuropa als ›Malteser‹ getrunken wird. Die Stadt ist schon als Hafen vor dem Jahr 1000 angelegt worden, sie hat heute über 100000 Einwohner. Bei den Dänen gilt sie als Stadt mit dem nach Kopenhagen ›ergiebigsten‹ Vergnügungsleben. Die verkehrsgünstig am Limfjord gelegene Stadt bekam 1342 Handelsrechte, und den Seeleuten mußte man halt etwas bieten. So gilt Ålborg noch heute als Dänemarks unterhaltsamste Stadt nach Kopenhagen, während Århus recht steifleinen wirkt. Der Cimbernstier steht in der Straße Vesterbro nahe der Bispensgade, die zur Österågade führt. Auf dem Weg zum Fjord links *Jörgen Olufsens Haus* (1580–1616). Gegenüber das *Schloß Ålborghus*, das nach 1539 erbaut wurde. Erweiterungen fanden 1633 und 1770

*Ålborg 1 Schloß Ålborghus 2 Jörgen-Olufsen-Haus 3 Jens-Bang-Steinhaus 4 St. Budolfi-Kirche
5 Rathaus 6 Historisches Museum 7 Heiliggeist-Kloster 8 Frauenkirche 9 Tivoliland 10 Nordjütlands Kunstmuseum 11 Ålborg-Turm 12 Ortsgeschichtliche Sammlung 13 Lindholm Höje*

statt; jetzt dient das Fachwerkhaus als Amtsgebäude. Österågade ab Bispensgade in umge-kehrte Richtung, also vom Fjord weg: *Jens Bangs Steinhaus* (Abb. 39), das am besten bewahrte und ausgestattete Bürgerhaus der Renaissance.

In der Algade die *Skt. Budolfi Kirke,* die im Spätmittelalter gebaut und dem englischen Heiligen Botolph geweiht wurde. Die später umgebaute Kirche wurde 1900 restauriert und erhielt ihre Form aus der Renaissance zurück. Reiches Inventar. Jede Stunde findet ein Glockenspiel statt.

In der Algade, nahe der Straße Vesterbro, das *Historische Museum* mit Sammlungen aus vorgeschichtlicher und geschichtlicher Zeit. Hier sind die Funde ausgestellt, die in *Lindholm Höje* (s. u.) gemacht wurden.

Auf der Straße Vesterbro, ein Stückchen vom Fjord entfernt, steht das *Gänsemädchen* (Abb. 40) von Gerhard Henning.

Am Rand des Stadtzentrums (Kong Christians Allé) liegt das *Nordjyllands Konstmuseum* (Abb. 37, 38), entworfen von dem finnischen Architekten Alvar Aalto. Es zeigt Bilder dänischer und ausländischer Maler dieses Jahrhunderts.

Im *Technischen Museum* sind alte technische Geräte, wie Schreibmaschinen und Radios, zu bewundern.

Das *Tivoliland* bietet Unterhaltung für groß und klein.

Nördlich von Ålborg, auf der anderen Seite des an leckerem Meeresgetier so reichen Lim-fjords, liegt **Nörresundby,** das trotz jahrelangen Sträubens schließlich doch nach Ålborg eingemeindet wurde. Es mag ein kleiner Trost für viele Nörresundbyer sein, daß sie hier getrennt von Ålborg erwähnt werden. Die für uns wohl interessanteste Stelle am nördlichen Stadtrand ist der größte Begräbnisplatz des Nordens, *Lindholm Höje,* wo fast siebenhundert Gräber aus der Wikingerzeit liegen, davon etwa zweihundert in Form von Schiffsetzungen. Meist handelt es sich um Brandgräber. Die ältesten Gräber sind dreieckig und haben einen Bautastein in der Mitte. Später wurden die Gräber rund und oval, und schließlich (800–1000 n. u. Z.) erhielten sie die charakteristische Schiffsform, wobei größere Steine die Steven bildeten.

Nördlich vom Gräberplatz lag eine Wohnsiedlung. Archäologen haben die Spuren im Boden – wie Pfostenlöcher und Wasserrinnen – mit Zement markiert, so daß man eine gute Vorstellung von der Größe der Behausungen jener Zeit erhält. Das Gelände ist etwa 7 ha groß; schade nur, daß sich unmittelbar daneben ein Schießstand befindet.

Man erreicht Lindholm Höje auf der E 3, durch den Limfjordtunnel, zweite Ausfahrt runter von der E 3, zum Forbindelsesvejen, und dem so lange folgen, bis ein Schild auf Lindholm Höje hinweist.

Nördlich des Limfjords beginnt die Landschaft Vendsyssel, an die sich im Westen das kleine Gebiet Han Herred anschließt. Zwischen Han Herred, dessen »Hauptstadt« Fjerritslev ist, und der Nordsee liegt die Landschaft Thy.

Vendsyssel (*Wändil* ist ein alter Name für den Limfjord), Han Herred und Thy sollen die Siedlungskerngebiete der Cimbern und Teutonen gewesen sein, die um 120 v. u. Z. nach

Silberkessel von Gundestrup (bei Ålborg), 75 cm breit, 43 cm hoch; die Reliefs zeigen Prozessionen, Opferszenen und Gottheiten (Detail)

Süden aufbrachen und das Römische Reich ins Wanken brachten, bis es Konsul Gajus Marius (156–86 v. u. Z.) gelang, 102 die Teutonen bei Aquae Sextiae (Aix-en-Provence) und 101 die Cimbern in der Po-Ebene zu schlagen. Die Dänen reklamieren die Teutonen für sich, andere Wissenschaftler behaupten, sie seien helvetische Kelten gewesen.

Auf dem Weg nach Frederikshavn kommt man auf der E 3 durch Hjallerup, dem früheren Pferdemarkt von Vendsyssel. Noch etwa 15 km weiter steht das Rittergut und Museum *Voergård* (bei Flauenskjold rechts abbiegen). Voergård hat einen sehr breiten Wallgraben und entfaltet die Pracht, die man bei einem Renaissanceschloß erwartet. Zur Einrichtung gehören Bilder holländischer Meister und ein Porzellanservice, das Marie Antoinette gehört hat.

In **Säby**, 12 km südlich von Frederikshavn an der E 3, ist die *Skt. Marie Kirke* besonders sehenswert. Die jetzt weißgetünchte Kirche geht auf ein Kloster zurück, das 1469 an dieser Stelle gebaut wurde. Die reichen Kalkmalereien (Abb. 41) von etwa 1500 zeigen Mariae Mutter im Wochenbett und Mönche beim Musizieren. Die Altartafel ist ein Musterbeispiel niederländischer Holzschnitzerei aus der Zeit nach 1500.

Frederikshavn (25 000 Einwohner) ist die größte Stadt nördlich des Limfjords und hat einen ausgezeichneten natürlichen Hafen. Früher wurde er auch militärisch genutzt. Hier sammelte der dänisch-norwegische Seeheld Peter Tordenskjold – dessen Porträt noch heute die Streichholzschachteln des Königreichs schmückt – im Großen Nordischen Krieg die dänische Flotte zum Angriff gegen Schweden. Von den alten Festungen ist wenig erhalten, am augenfälligsten ist der Pulverturm, der 1974 vom Hafen ins Stadtzentrum verlegt wurde. Es ist das schwerste Bauwerk der Welt, das – 300 m weit – von einer Stelle zur anderen bewegt wurde.

Der Turm ist heute Museum für Militaria und für die Militärgeschichte der Stadt. Unter dem Dach befinden sich Kanonen aus der Zeit gegen Ende des 18. Jahrhunderts, als ein hessischer Prinz versuchte, die gesamte dänische Artillerie zu reformieren. Leider reichte das Geld Christians VII. nicht für die ehrgeizigen Pläne seines Schwagers Carl aus.

Der Hafen hat heute vor allem für den Reiseverkehr Bedeutung und ist in das Buch der Rekorde aufgenommen worden, weil in keinem anderen Hafen der Welt gleich viele täglich verkehrende Schiffslinien abgefertigt werden. Die Verbindungen gehen nach Larvik, Oslo, Moss und Fredrikstad in Norwegen, Göteborg in Schweden und zu der kleinen dänischen Insel Läsö im Kattegat. Jährlich benutzen etwa 3,5 Millionen Menschen diesen Hafen.

Eine weniger frequentierte Verbindung ist die zur Inselgruppe **Hirsholmene,** die etwa 7 km nordöstlich von Frederikshavn liegt. Die Inseln unterstehen dem Verteidigungsministerium und haben keine Selbstverwaltung. Der Leuchtturmwärter gebietet als Beauftragter des Verteidigungsministeriums über die neun anderen Bewohner der Inseln.

Wegen seiner Bedeutung für den internationalen Verkehr hat Frederikshavn auch eine Direktverbindung mit Hamburg, und dadurch ist ein zumindest in Skandinavien einmaliges Kuriosum entstanden: Dicht beim Pulverturm kreuzt ein internationaler D-Zug eine stark befahrene Stadtstraße, ohne daß es Schranken oder auch nur Blinksignale gibt. Allerdings fährt der Zug hier, zwischen dem Stadtbahnhof und dem Hafen, im Schrittempo.

Hier eine – keineswegs vollständige – Liste, was Frederikshavn und Umgebung noch zu bieten haben: Das *Kunstmuseum* mit einer umfangreichen Ex-Libris-Sammlung; die *Kirche* aus Kalkstein (Ende des 19. Jahrhunderts), die ursprünglich weiß war und jetzt ein wenig ›ergraut‹ ist. *Fiskerklyngen* ist ein Wohngebiet der Fischer mit Häusern um 1800; dicht daneben die *Nordschanze,* eine Festungsanlage, die nach dem 30jährigen Krieg von Deutschen unter dänischer Fahne gebaut wurde. Das *Bangsbo-Museum* beherbergt u. a. eine Schiffahrtsabteilung mit vielen Gallionsfiguren und ein rekonstruiertes Handelsschiff aus der Wikingerzeit. Im Garten dieses ehemaligen Gutshofes befindet sich eine einmalige Sammlung gehauener Steine, und dort steht kein Schild: »Es ist verboten, die Gegenstände zu berühren!« Sogar setzen darf man sich auf die ausgestellten Gegenstände ... Und nicht nur das: Dort steht auch der älteste Gartenzwerg der Welt (Feld rechts, entfernt vom Eingang, neben einem Bautastein).

Schließlich soll noch erwähnt werden, daß Frederikshavn auch mit Restaurants und Diskotheken gut bestückt ist.

Bei der Weiterfahrt auf der 40 passiert man kurz vor Skagen die *versandete Kirche* (Abb. 45), die nach einem Sandsturm 1775 immer wieder freigeschaufelt werden mußte. 1795 beschloß man, die Kirche aufzugeben; 1810 wurde das Inventar versteigert. Der Turm blieb stehen, weil er als Seezeichen diente. Einige Häuser in Skagen sind aus den Ziegeln der Kirche und Kirchhofsmauer erbaut.

Auf der Westseite der 40 liegt die Wanderdüne *Råbjerg Mile.* Sie ist 800 m breit und 2000 m lang und schaffte in ihren ›besten Zeiten‹ einen Jahresdurchschnitt von acht Metern. Heute ist sie müde geworden, genauer gesagt: Die Bepflanzung ist so dicht und so tief verwurzelt, daß die Wanderdüne gestoppt worden ist.

Die Dünenspitze ist nicht leicht zu ersteigen, weil man immer wieder in den Sand einsackt (runter geht es erheblich leichter). Oben auf der Düne fühlt man sich wie auf einem Stück Sahara mitten in Dänemark – was einem ein eigenartiges Gefühl nicht zuletzt deswegen gibt, weil im Süden am Horizont ein Gebiet liegt, das fast tundrisch wirkt.

Skagen (12 000 Einwohner) wird von Ausländern wohl hauptsächlich deswegen besucht, weil es der nördlichste Punkt Dänemarks ist. Für die Dänen hat es wegen der Skagener Schule (s. S. 55) eine besondere Bedeutung. Sammlungsplatz der Maler war Bröndums Hotel, dessen Besitzer viele Bilder von jungen Künstlern besaß, die später berühmt wurden. Das Haus des Malerehepaars Anna und Michael Ancher (gespr. Anker) im Markvej ist heute Museum.

In Skagen gibt es ein Fischereimuseum und eine Gedächtnishalle für den Seenotrettungsdienst. Die Fischlagerhäuser (Abb. 44) im Hafen sind eine Arbeit des Formgebers und Architekten Thorvald Bindesböll, dessen Vater das Thorvaldsenmuseum in Kopenhagen erbaut hat.

Die Betonbunker aus dem Zweiten Weltkrieg sind zum Glück ziemlich klein und nicht so zahlreich. Sie sollen mit der Zeit weggesprengt werden.

Ein Stück Schiffahrtsgeschichte sind die Skagener Leuchtfeuer. Das älteste sieht von ferne aus wie ein Pusztabrunnen. Es hatte einen offenen Kohlenkorb und wurde auf und ab bewegt, damit es leichter auszumachen war. Die Anlage ist eine Rekonstruktion und wird jedes Jahr zum Johannisfest (Skt. Hans) ›in Betrieb‹ genommen. (Vom Hafenplatz Fiskepladsen die Straße Österbyvej hinunterfahren.)

Auf dem Weg zur Landspitze Grenen passiert man einen 1858 erbauten Leuchtturm, der nach wie vor in Betrieb ist. Man kann ihn erklettern: 210 Stufen führen nach oben auf die Plattform des 50 m hohen Turms.

Auf der anderen Straßenseite sieht man große Horchgeräte zur Überwachung des Schiffverkehrs der Warschauer-Pakt-Staaten. Am Nordende der Straße ist ein Restaurant. Vom Parkplatz aus kann man einen Spaziergang in die Dünen machen oder mit dem Zug-Bus (keine Schienen, aber viele Wagen) Sandormen (Sandschlange) zur Landzunge *Grenen* fahren, dem wirklich nördlichsten Punkt.

Ein wenig kreuz und quer ...

Man kann beim Vorstellen Jütlands unmöglich jeden einzelnen Runenstein archivieren; man wird aber Jütland nicht gerecht, wenn man im wesentlichen nur die beiden Küstenstrecken beschreibt, die Straße 11 im Westen und die E 3/Straße 40 im Osten.

Da die Halbinsel im Süden weniger breit ist als im Norden, hat man beim Schreiben über den Südteil Jütlands immer die Möglichkeit, Sehenswertes im Landesinneren in den Text zu integrieren. Dies gilt für den Norden nicht, darum folgt hier eine **Nordjütlandroute**, die teils Straßenführungen, teils Landschaften und Städte vorstellt.

Von Hanstholm nach Ringköbing

Wer von Hanstholm auf der 181 nach Südwesten fährt, erlebt eine Landschaft, die an ein Sylt erinnert, wie es vor hundert Jahren gewesen sein muß: eine weite Fläche, bedeckt mit Heidekraut, und nirgendwo ein Sommerhaus. Nur wenige Kilometer weiter im Osten erheben sich bewachsene Dünen, die – vor allem bei trübem Wetter – wie hohe Berge wirken, offenbar, weil man beim Blick über die weite Heidekraut-Ebene den Sinn für Entfernungen verliert.

Die kleinen Rastplätze an dieser Straße sind fast durchweg so angelegt, daß man vom Wind nicht behelligt wird. Wer nach der Rast auch einen Spaziergang machen möchte, der fahre bei **Bögested Rende** seewärts ab. Der Weg führt durch einen Nadelwald, der von Buchen durchsetzt ist. Nach zwei Kilometern findet man einen Rastplatz, von dem aus man praktisch in alle Richtungen laufen kann.

Während der Fahrt auf der 181 sieht man dann und wann Konstruktionen, die von ferne aussehen wie riesige Hochsitze. Beim Näherkommen entdeckt man, daß diese Gebilde zweidimensional sind: Seezeichen für die draußen vorbeilaufenden Schiffe.

Hübsch und zweckmäßig windgeschützt ist auch der Rastplatz in **Vestervig.** Er liegt an einem Dorf aus der Eisenzeit, dessen wenige Reste konserviert und beschriftet sind, leider aber nur auf dänisch.

Die Kirche von Vestervig war ursprünglich eine Klosterkirche, eine dreischiffige Basilika; und das Altargemälde war eigentlich für den Dom zu Viborg bestimmt. Die Straße nach Süden biegt vor der Kirche und dem Rastplatz in Richtung Westen, und etwa 5 km weiter wieder nach Süden ab. Hier, an der Agger Tange, der Landzunge von **Agger**, bestand früher eine Verbindung von der Nordsee in den Limfjord. Hier ist der Dänenkönig Knud der Große (reg. 1018–1035) entlanggesegelt, als er auszog, um England zu unterwerfen, wozu er vier Jahre brauchte. Durchgesegelt ist hier auch Norwegens König Harald der Gestrenge, der Oslo dort angelegt hatte, wo man sich seiner Meinung nach »gegen die Dänen gut verteidigen und sie gut angreifen konnte«.

Agger Tange versandete immer wieder , und seit 1862 befindet sich der Durchgang zum Limfjord bei Thyborön.

Die Straße über Agger Tange führt geradewegs nach Süden. Auf der Westseite kann man beobachten, wie ein eingedeichtes Flachgebiet langsam versumpft und Vögel anzieht. Auf der Ostseite ist Angeln und Baden verboten: dort steht ein großes Chemiewerk. Die Fähre von Agger Tange nach Thyborön verkehrt zwischen 8.00 und 22.00 Uhr und benötigt für die Überfahrt ca. 20 Minuten.

Auf der Straße von **Harboör** nach **Ferring** gibt es wenig Verkehr, und die *Trans Kirke* grüßt mit ihrem hellen Turm weit ins Land hinein (Farbt. 5). Vom Parkplatz aus sind es nur ein paar Schritte bis zum Steilufer. Hier kann man gut erkennen, wie die Nordsee das Land zu unterspülen versucht, und wie die Anrainer versuchen, mit Hilfe von Buhnen das Meer zu zähmen.

Der nördliche Teil des flachen **Nissumfjords** ist Schutzgebiet für Wild; der eigentliche Fjord ist sehr flach und darum seit Jahrhunderten Siedlungsgebiet für Vögel. Bei Westwind wird das Wasser am Ostufer zusammengedrängt, so daß die Vögel durchs Watt spazieren und sich aus dem Schlamm ihre Nahrung herauspicken können. Beim großen Vogelzug im Frühjahr und Herbst erlebt der Nissumfjord täglich 25 000 ›Starts und Landungen‹.

In **Vedersö** ist Kaj Munk (S. 115) auf dem Friedhof der Kirche begraben, und zwar an der Altarseite.

In **Ringköbings** kleinem Zentrum ist schöne Fachwerkarchitektur zu bewundern.

Von Ringköbing nach Silkeborg und Viborg

Auf der Strecke von Ringköbing bis Herning gibt es nicht viel Sehenswertes. In **Herning** sei ein Mini-Zoo erwähnt.

Bei der Abzweigung der 15 in Richtung Viborg nordwärts gibt es die Anhöhe *Hörbylunde Bakker*. Auf der höchsten Erhebung steht ein Gedenkkreuz für den Pfarrer, der im Januar 1944 von der Gestapo in Vedersö abgeholt und hier ermordet wurde. Die 15 führt weiter nach **Silkeborg,** das mit seiner Umgebung bei allen Dänen als beliebtes Ferien- und Ausflugsgebiet gilt. Es hat 30 000 Einwohner und wurde erst 1900 Handelsstadt. So ist Silkeborg eine der wenigen dänischen Städte, die nicht mit einer Treppengiebelkirche aus der Zeit um 1200 aufwarten können. Wohl aber findet man interessante Kirchen in der näheren Umgebung, in **Balle, Grönbäk** und in **Gödvad**. Das *Silkeborg Kunstmuseum* enthält die größte Sammlung moderner Malerei, die es in Skandinavien gibt, darunter Bilder von Asger Jorn und anderen COBRA-Künstlern (S. 52). Im *Kulturhistorischen Museum* ist der ›Tollund-

Mann‹ zu sehen, der 1950 im Moor von Tollund gefunden wurde und etwa 2000 Jahre alt sein dürfte. Der Mann soll hingerichtet worden sein; sein ruhiger Gesichtsausdruck weist allerdings nicht darauf hin. Londoner Archäologen haben aus seinem Mageninhalt analysieren können, was er als Henkersmahlzeit gegessen hat. Sie kochten aus gekauften und gepflückten Zutaten einen Brei gleicher Zusammensetzung, der sich als einigermaßen eßbar erwies.

In der Umgebung von Silkeborg findet man einige idyllische Hotels.

Zurück nach Westen, an die Kreuzung 15/13: von dort sind es 36 km bis Viborg. Nach 28 km sollte man nach Westen abbiegen, Richtung Lysgård, über Dollerup und *Hald Ege*. Der Herrenhof ist ein Hof der fünften Generation. Der heutige wurde 1789 fertiggestellt, die anderen vier sind durch Ruinen vertreten und von Archäologen markiert. Der Hof gehört einer Studentenorganisation. Von Hald Ege geht es zurück auf die 13.

Viborg (25 000 Einwohner) war der Ausgangspunkt des Heer- oder Ochsenweges (Ochsenweg deshalb, weil auf dieser langen Straße Rindvieh nach Süden getrieben wurde). Der Heer- oder Ochsenweg (s. S. 275) endete auf seiner südlichen Streckenführung in Hedeby und ging südlich von Lübeck in die Salzstraße über.

Viborg existierte schon im 8. Jahrhundert, 1064 wurde es Bischofssitz und erhielt im Jahr 1150 die Stadtrechte. Der Bau des Doms begann 1130 (Abb. 9). Der Dom ist Europas größte Quadersteinkirche. Vom ursprünglichen Gebäude ist nur die Krypta erhalten. In den 70er Jahren des vorigen Jahrhunderts wurde der verfallene Dom restauriert und »wiedererdichtet« (Tobias Faber). Die romantisierenden Restaurateure jener Zeit folgten dem Vorbild ihrer französischen Kollegen: Anstatt dem alten Gebäude seine in Jahrhunderten entstandenen ›Runzeln‹ zu lassen, schönten sie ›wiedererdichtend‹ herum. Wie er heute dasteht, hat der Dom mit dem vergangener Zeiten wenig zu tun. Er dokumentiert die Ausdruckskraft der Architekten des 19. Jahrhunderts, nicht die der Baumeister früherer Zeiten. Die Fresken (Abb. 7) sind von Joakim Skovgaard (1856–1933), der auch den Dom zu Lund in Südschweden mit Mosaikarbeiten geschmückt hat. Das *Skovgaard-Museum* in Viborg enthält auch Werke anderer Künstler.

H. Chr. C. Mortensen, Lehrer in Viborg, kam 1899 auf die Idee, Zugvögel einzufangen und sie zu beringen. Ihm also verdanken wir unser heutiges Wissen über Vogelfluglinien zwischen Europa und Afrika.

Von Viborg über den Hvalpsund zu den Inseln Fur und Mors

Nicht die Ausfahrt nach Ålborg (Straße 13) nehmen, sondern nach Nordwesten, Richtung Ulbjerg, Alstrup. Wer ein wenig durch die Gegend ›schaukeln‹ möchte, sollte der hübschen Straße nach **Lögstör** folgen. In Lögstör kann man einen besinnlichen Spaziergang am Fischerkanal entlang machen, der zum *Limfjordmuseum* führt.

Auf der Rückfahrt nach Alstrup kann man nach **Ertebölle** einbiegen. Haben Sie jemals das Wort *Kökkenmöddingkultur* gehört? Die Dänen sind ein wenig stolz darauf, daß es zum Vokabular der Archäologen in aller Welt gehört. In Erdbölle wurde ein Haufen Küchenabfälle aus der Mittleren Steinzeit gefunden. Er markiert das Ende der Jäger-, Fischer- und Sammlerkultur, die sich zwischen 5200 und 4200 v. u. Z. von Norddeutschland über Dänemark nach Südschweden ausgedehnt hatte. Es ist der vorhistorische Schnittpunkt zwischen Faustkeil und Keramik. Der dänische Fundplatz ist heute längst nicht mehr der einzige. Benannt aber wurde diese Entwicklungsperiode des Menschen nach den zufällig gefundenen Küchenabfällen in Ertebölle.

Zurück noch einmal nach Viborg und von dort nach **Skive.** Die kleine Stadt am Skive Fjord erhielt schon 1326 Handelsrechte. Im Museum befindet sich Dänemarks größte Naturbernstein-Sammlung (etwa 13 000 Exponate). In der früheren *Liebfrauenkirche* findet man Kalkmalereien von 1522 und eine Altartafel von 1620. Gute Paddelmöglichkeiten gibt es auf dem *Flyndersö,* südwestlich der Stadt. An diesem See liegt das archäologische Versuchszentrum und Freilichtmuseum *Hjerl Hede,* mit Wohnhäusern und anderen Gebäuden aus praktisch allen Epochen Dänemarks bis zurück zur Steinzeit (Abb. 11–14).

3 km nördlich teilt sich die Straße in Richtung **Halbinsel Salling** und Insel Mors. Direkt zur Insel Mors führt die Straße über Lyby; schöner ist die über Grinderslev. Beide führen schließlich zur Brücke über den Salling Sund. Die schönste Art, meiner Meinung nach, diese eindrucksvolle Brücke anzusteuern, ist die über die kurze Wasserstraße Hvalpsund. Dicht bei der Anlegestelle der Fähre gibt es einen schönen, kleinen Strand, an dem man die Wartezeit überbrücken kann.

Um zur Fähre zwischen der Halbinsel Salling und der **Insel Fur** zu gelangen, fährt man über Torum und Selde nach Branden. Auf Fur leben auf 22 Quadratkilometern ca. 1100 Menschen. Kirche von 1115 aus Rotsteinquadern. Altartafel Anfang 14. Jh.; Taufbecken aus der Entstehungszeit der Kirche von einem englischen Meister. – Es soll einige gute Badestrände geben, ich habe leider das Pech gehabt, ausgerechnet die steinigen zu erwischen. Sicherlich sollte man für den Besuch von Fur einige Stunden bis zu einem Tag einplanen. Kurzbesucher fahren durch den Ort zum Hügel *Bette Jensens Hyw* hoch.

Der Inselprospekt von Fur gibt mit dicken Strichen »größere Straßen«, und mit dünneren »kleinere Straßen« an. Verschwiegen wird allerdings, daß die »kleineren Straßen« durchweg reifenmordend sind. Also bitte beim Planen beachten: Dort, wo der dickere Strich aufhört, den Wagen stehenlassen und wandern, zumal diese Wanderstrecken sehr schön sind.

Wer zu Bette Jensens Hyw will, sollte vom ›dicken‹ Strich in den ›dünnen‹ einbiegen und gleich dort den Wagen stehenlassen. Die Wanderung führt erst auf eine Anhöhe (75 m) und dann nach Norden weiter. Von der Anhöhe überschaut man eine friedvolle, offene Landschaft von Wasser und Erde. Richtung Norden kommt man an einer Stelle vorbei, wo Rotgestein in der Landschaft steht. Es wirkt wie Fels, ist aber Schmelzwassersand, dem Eisenverbindungen seine Härte gegeben haben. (Der Abstecher ist anstrengend für Gehbehinderte; Kinder kommen gut zurecht.)

Am Nordufer liegen die sog. *Schwedenhöhlen.* Ein 60 m langer Stollen führt in das Steilufer hinein. Hier wurde während der napoleonischen Kriege der – vergebliche – Versuch gemacht, in der Erde von Fur Kohle zu finden. Schwedische Kriegsgefangene mußten den Stollen graben.

1   Ribe, Dänemarks älteste Handelsstadt. Westjütland

2   Am flachen, weiten Ringköbing-Fjord. Westjütland ▷

3 Am Ringköbing-Fjord – ein klassisch-dänischer Sonnenuntergang

4 Der Limfjord – ein ideales Erholungsgebiet. Jütland

5   Die Transkirke an der Steilküste nördlich von Fjaltring. Nordwestjütland

6   Wasserburg Spöttrup – 1404 erstmals erwähnt. Nordjütland

8 Gislinge Kirke, Treppengiebelkirche mit interessanten Kalkmalereien. West-Seeland

9 Engum Kirke – romanischer Bau mit Rokokointerieur. Ostjütland ▷

◁ 7 Am Oddesund sammelten sich die Wikinger zu großer Fahrt. Nordwestjütland

11   Århus, im Freilichtmuseum ›Den Gamle By‹. Jütland

◁ 10   Engelsholm – der Graben betonte den Abstand zum niederen Volk. Ostjütland

12   Pederstrup. Lolland

13   Dollerup Bakker und Hald Sö – freundlicher Nachlaß der Eiszeit. Jütland

14 Auf Fünen

15 Gutsgelände von Brobygård. Südfünen

17 Schloß Harritslevgård bei Bogense. Nordfünen
◁ 16 Faaborg, Glockenturm der Nicolaikirche, um 1200. Südfünen
18 Schloß Steensgård bei Faaborg. Südfünen

19 Ravnholt, dreiflügeliger Herrenhof. Ostfünen

20 Egeskov, die Wasserburg ohne ihresgleichen in der Welt. Fünen

22 Was Hamlet nie gesehen hat – Kronborg am Öresund. Seeland

23 Schloß Rosenborg in Kopenhagen – Muster dänischer Renaissance ▷

◁ 21 Frederiksborg, hier kam Christian IV. zur Welt. Seeland

24   Ströget in Kopenhagen – Antikes und Jüngeres

25 Am Gråbrödretorv, Kopenhagen

26 Nyboder – Soldatenwohnungen auf dänisch, Kopenhagen

27 Im Fischer- und Fährhafen Dragör auf Amager

28 Das Thorvaldsen-Museum in Kopenhagen, Gottlieb Bindesbölls Meisterwerk

29 Eremitage bei Kopenhagen – Jagdschloß Ihrer Majestät

30 Schloß Fredensborg. Nord-Seeland

31   Die einzigartigen Kreidefelsen auf der Insel Mön

32   Bei Svaneke – die ›typisch‹ dänische Mühle ist holländischen Ursprungs. Bornholm

33, 34 Räuchereien und Geräuchertes. Bornholm

35 Fischerdorf Tejn auf Bornholm 36 Dünenlandschaft bei Dueodde. Bornholm ▷

38   Die Österlarskirke, die größte Rundkirche Bornholms

◁ 37   Die Olskirche war dem hl. Olaf geweiht. Bornholm

39   Stóra Dímun – kleine Insel zwischen Sandoy und Suduroy. Färöer

Zurück zum Kontinent: von der Halbinsel Salling führt eine Brücke nach Westen über den Salling Sund. Am schönsten ist der Brückengang am Abend, hinein in den »molligen« Sonnenuntergang. (Im Prospekt über die Insel Fur wird von »molligen Sommerabenden« gesprochen, ein Ausdruck, der schlechthin als klassisch gelten darf.)

Im Westen unter der Brücke gibt es ein Hotel, das zum Verband Dänischer Kroferien (s. S. 307) gehört, von dem aus man eine schöne Aussicht auf den Salling Sund hat. In fast unmittelbarer Nähe gibt es einen Blumen- und Kindervergnügungspark.

Nyköbing/Mors ist mit etwa 25 000 Einwohnern fast gleich groß wie Nyköbing auf Falster und bedeutend größer als das seeländische Nyköbing, das nicht einmal 7000 Einwohner hat. Irgendwann ist eigentlich jede dänische Stadt ein *ny-köbing* gewesen, denn dieses Wort bedeutet »neue Marktstadt«.

Nyköbing M. gehört zu den hübschen Städten, von denen es in Dänemark viele gibt. Es hat freilich einen etwas herben Charme, der – vor allem bei wolkenverhangenem Himmel – mehr nordschwedisch als nordjütländisch wirkt.

Nyköbing M. wurde im Jahr 1299 köbing. Die Hauptgebäude eines Johanniterklosters, das 1370 erbaut wurde, sind teilweise erhalten und beherbergen jetzt das *Landesmuseum.* Eine Besonderheit dieses Museums ist die Sammlung von Bettelsternen, mit denen Kinder früher an Feiertagen betteln gingen.

Sehr originell ist am städtischen Verwaltungsgebäude (Markt und Ausstellungen in der Vorhalle) die Metallskulptur »das Boot«. Berostete Stahlplatten bilden das Material, und das Boot entspricht genau der Konstruktion, nach der seit fast undenklichen Zeiten von Kindern aus Papier Bötchen gefaltet werden, die man ebenso als Helm tragen kann.

Nyköbing M. ist die Geburtsstadt von Aksel Sandemose, der später – was Dänen eigentlich selten tun – nach Norwegen umgesiedelt ist. Sein bekanntester Roman ist auf norwegisch erschienen; der Titel würde in deutscher Übersetzung »Ein Flüchtling kreuzt seine eigene Spur« lauten: Ein Mensch versucht im Nachdenken über sich selbst, die eigene Spur zu kreuzen. Die Handlung spielt zum Teil in der Kleinstadt Jante, und hier legt Sandemose die zehn Gebote des Jante-Gesetzes fest. Das Jante-Gesetz gilt leider nicht nur in Jante, und auch nicht allein in Norwegen.

Von Nyköbing M. aus führt eine Straße nach Westen über die 181 hinweg direkt zum Campingplatz von Stenbjerg. Eine andere geht nach Norden zu einer schmalen Stelle am Limfjord, die – von Feggeklit hinüber nach Tofthusö – von einer Fähre bedient wird.

Die Straße führt an Tofthusö vorbei nach Norden zur zusammengefallenen Klippe Skarreklit und zur Steilküste von Bulbjerg an der Jammerbucht (dazu mehr S. 117). Schon 7 km nördlich von Tofthusö trifft man auf die 11, die beste Verbindung nach Osten Richtung Fjerritslev-Ålborg und nach Nordosten in Richtung Lökken-Hirtshals.

Ein Königreich für das Fahrrad

Fünen

Zwischen Jütland und der großen Insel Seeland liegt *Fünen,* umgeben von kleineren Inseln, in der westlichen Ostsee. Die Nordküste der Insel ist durch Eindeichung begradigt und ins Wasser hinausgeschoben worden. Zwar erreicht Fünens höchster Berg, der *Fröbjerg Bavnehöj,* rund 20 km südwestlich von Odense gelegen, die beachtliche Höhe von 131 m, zwar hat Fünen nördlich von Faaborg seine eigenen Alpen – *Fynske Alper* –, deren höchste Spitze hinter der des Fröbjerg knapp zurückbleibt, aber der größte Teil von Fünen ist nur leicht gewellt oder gar ganz flach. Fünen ist geradezu eine Verlockung für Radfahrer, auch wenn einem – wie man das von Norddeutschland her kennt – der Wind immer ins Gesicht bläst.

Hier einige Gedanken und Hinweise zum Radfahren, die von Thomas-Peter Henningsen, einem Passionierten dieser Zunft, stammen. Er schreibt in einer Broschüre des Allgemeinen Deutschen Fahrrad-Clubs, München:

»Ich kannte das Land vom Auto aus, d. h., ich glaubte es zu kennen. Aber erst aus der Sicht des Radfahrers lernte ich es richtig kennen. Gerade in der freien Landschaft erlebe außer den Augen auch Ohren und Nase mit! Als Autofahrer hört man die Vögel nicht singen, sondern eher, wenn sie an den Kühlergrill schlagen. Und Schmetterlinge bemerkt der Autofahrer nur, wenn sie an der Windschutzscheibe kleben. Die Blumen rasen am Auto so schnell vorbei, daß man sie überhaupt nicht wahrnimmt. Ganz anders beim Radfahrer! Er nimmt auch die kleinen Dinge am Weg wahr. An den Wegrändern gibt es viele Blumen. Man muß sich Zeit nehmen, sie anzusehen.«

Zum Wetter sagt er: »Schlechtes Wetter ist selten so lange anhaltend wie in südlicheren Gebieten ... Der Wind ist für Radfahrer schlimmer als alle anderen Wetterereignisse. Nicht nur der direkte Gegenwind, sondern auch seitlich auftreffender Wind kann stark bremsend wirken. Ein mit vielen Gepäckstücken beladenes Rad bietet viel Angriffsfläche für den Wind, und – was schlimmer ist – die Luftströmung von der Seite her bildet hinter jedem Gegenstand, den sie umlaufen hat, Wirbel, – und eben die erzeugen die Bremswirkung. Bei einem Gegenwind von Stärke 7 brauchte ich für 17 km über zwei Stunden Fahrzeit.«

Zur Übernachtung: »In erster Linie bieten sich die Wanderheime an. Sie stehen jedem Deutschen offen, der im Besitz eines gültigen Ausweises des Deutschen Jugendherbergswerks ist. Als Besonderheit muß bemerkt werden, daß unser altväterlicher Jugendherbergsschlafsack in den dänischen Heimen nicht gern gesehen, wenn auch nicht verboten ist. Man kann sich in den Wanderheimen auch Bettwäsche leihen, das ist jedoch nicht ganz billig ...«

Und schließlich sagt Henningsen zur Natur: »Wer mit offenen Augen durch Heide, Dünen und Felder geht, wird ungewöhnlich seltene Pflanzen finden. Besonders im Frühsommer kann man in den Dünen Blumen finden, die es sont nur in den Alpen gibt. Ob stengellose Enziane, Küchenschellen oder allerkleinste Stiefmütterchen, – alles wirkt wie im botanischen Garten, ist aber reinste Natur. Die Stranddistel blüht im Frühsommer, – ein Bild, das der Badeurlauber kaum kennt.«

Jede dänische Urlaubsregion stellt Radfahrkarten zur Verfügung. Eigens für Fünen hat der Dänische Radfahrerverband (Dansk Cyklist Forbund) eine Karte herausgegeben. Sie zeigt 25 Strecken auf und enthält neun Städtekarten. Größe 87,5 ×105 cm, Faltung im Hinblick auf Lenkrad-Kartenleser, ca. DM 23,–. Wer sie schon vor der Abfahrt haben will, wendet sich an das Dänische Verkehrsbüro (S. 289).

Passionierte Radfahrer, die Fünen ansteuern, werden vermutlich von Kiel nach Langeland mit dem Schiff fahren und vom Süden her über die kleine Insel Tåsinge nach Fünen kommen. Gelegenheits-Radfahrer können ihren Wagen praktisch in jedem Ort stehen lassen, ihn um das Tagesgepäck erleichtern und mit der ganzen Familie auf Fahrräder umsteigen. Man hat auf Fünen derart viele Möglichkeiten, daß man sie kaum alle erfassen kann. Aber zum besseren Start habe ich die Routen auf Fünen mit starker Rücksicht auf Natur und vor allem Badestrände gelegt.

Von Jütland nach Fünen führen über den Kleinen Belt zwei Brücken. Die erste wurde 1935 fertig und als Arbeitsbeschaffungsprojekt durchgeführt, wie auch die über den Storströmmen zwischen Vordingborg auf Seeland und der Insel Falster. Architektonisch und ästhetisch ist die Brücke über den Kleinen Belt von allen jener Zeit wohl die schönste. Heute passiert man sie aber nur, wenn man mit der Eisenbahn fährt. Kraftfahrzeuge werden über die 1970 fertiggestellte, mächtige Hängebrücke geleitet, deren Stahlseile an zwei 120 m hohen Pylonen hängen. Diese Brücke gehört zu den imponierendsten Skandinaviens, wenn nicht gar Europas.

In **Middelfart** gibt es Möglichkeiten zum Baden, man darf dies auch ›ohne‹ tun. Fünens zweiter FKK-Strand liegt im Südosten bei Svendborg. Die Dänen haben übrigens inzwischen festgestellt, daß in ihrem Land kein Gesetz das Nacktbaden ausdrücklich verbietet. Deswegen läuft an vielen Stränden jeder so herum, wie es ihm gerade beliebt. Als Ausländer kann man natürlich diesen Brauch übernehmen, aber raten würde ich doch, sich nur dort ganz zu entblättern, wo andere dies bereits getan haben. Es gibt nämlich an der Westküste Jütlands, auf Bornholm und auch anderswo Gebiete, wo die ansässige Bevölkerung aus religiösen oder anderen Gründen FKK-feindlich ist.

Das Museum von Middelfart zeigt viel über den früheren Fährverkehr zwischen Jütland und Fünen und viel auch über alles, was mit Seefahrt zu tun hat. Außerdem zeigt es Exponate über den Tabakanbau dieser Gegend. Noch ungewöhnlicher als Tabakanbau im nördlichen Dänemark ist wohl eine Sammlung Damenhüte aus der Zeit zwischen 1870 und 1930, die in Middelfart gezeigt wird.

Nach Odense kann man auf der ganzen Strecke die Autobahn nehmen. Bald nach Middelfart passiert man Asperup; in der Kirche ein spätgotisches Kruzifix von Claus Berg, es gilt als Höhepunkt dänischer Holzschnitzerei. Etwa auf halber Strecke kann man beim Ort Vissenbjerg nach Norden zum Schloß *Langesö* in herrlicher Wald- und Seenlage abbiegen, dessen Tulpenpark von Mitte April bis Anfang Juni geöffnet ist. Für die weitere Strecke kann man noch einen Kilometer nach Norden fahren und dann Richtung Südosten nach Odense einbiegen. Die Straße ist sehr hübsch. – Ebenfalls von Vissenbjerg, allerdings nach Süden, geht es zum *Fröbjerg Bavnehöj* (ca. 6 km).

Odense (Abb. 48, 49) gehört zu den ältesten stadtartigen Ansiedlungen Skandinaviens und wurde schon 1020 Bischofssitz. Die Stadt von Knud dem Heiligen steckt voller interessanter Dinge und ist als Geburtsstadt Hans Christian Andersens bekannt. Eine der ältesten Ansiedlungen des Nordens, schon seit 1020 Bischofssitz. Hier wurde Knud II. (geb. um 1040) 1086 von den Bauern erschlagen, die er mit überhöhten Steuern ausgepreßt hatte. Die *Skt. Albans Kirke* (damals aus Holz), wo er sein Leben aufgeben mußte, steht nahe der *Skt. Knuds Kirke.* Sie entstand in ihrer heutigen Form Mitte des 13. Jahrhunderts und ist Dänemarks bedeutendste gotische Kirche. Die beiden Heiligenschreine der Krypta enthalten Reliquien von Knud und seinem Bruder Benedikt. Der Flügelaltar ist eine Arbeit von Claus Berg (Abb. 48).

Sehenswert ist auch die *Skt. Hans Kirke,* deren älteste Teile aus dem 13. Jahrhundert stammen und einem Johanniterkloster als Kirche gedient haben. Einmalig in Dänemark ist die Kanzel, die sich im Freien befindet. Das romanische Taufbecken stammt aus der Zeit vor 1200.

Die *Vor Frue Kirke* ist eine gemauerte Kirche aus der Zeit um 1200, deren Kreuzflügel 1467 umgebaut wurden. Die Kanzel stammt aus der Zeit um 1600 und ist eine Arbeit des Odensers Anders Mortensen.

Die größten Andersen-Sammlungen befinden sich im *H. C. Andersen Hus* (Abb. 49), wo dem Besucher deutlich vor Augen geführt wird, daß Andersen mehr konnte, als ›nur‹ Märchen dichten. Eine Furcht – daran sei noch einmal erinnert – plagte den Erzähler, Journalisten und Zeichner stets: die vor Feuer. Darum hatte er auf Reisen stets ein Tau dabei, um sich notfalls aus dem Herbergszimmer abseilen zu können.

Mit den engen Gassen und den gut erhaltenen Fachwerkhäusern erinnert die gesamte Stadtmitte an die vielen Phasen der dänischen Geschichte und Kultur.

Ein Museum besonderer Art liegt etwa 4 km südlich der Stadt: *Den fynske Landsby* (das fünische Dorf). In diesem Freilichtmuseum befinden sich zwanzig verschiedene Gebäude aus ganz Fünen, darunter auch eine Schmiede, ein Hospital und eine Ziegelei. Ende August, Anfang September findet in Den fynske Landsby ein Erntedankfest statt, bei dem Met nach Wikingerart ausgeschenkt wird.

Von Odense nach Nordosten geht eine Straße nach **Munkebo;** der Wohlstand des Ortes ist stark vom Schiffbau am Odense Fjord abhängig. Von den Hügeln *Munkebo Bakker* hübsche Aussicht in alle Himmelsrichtungen.

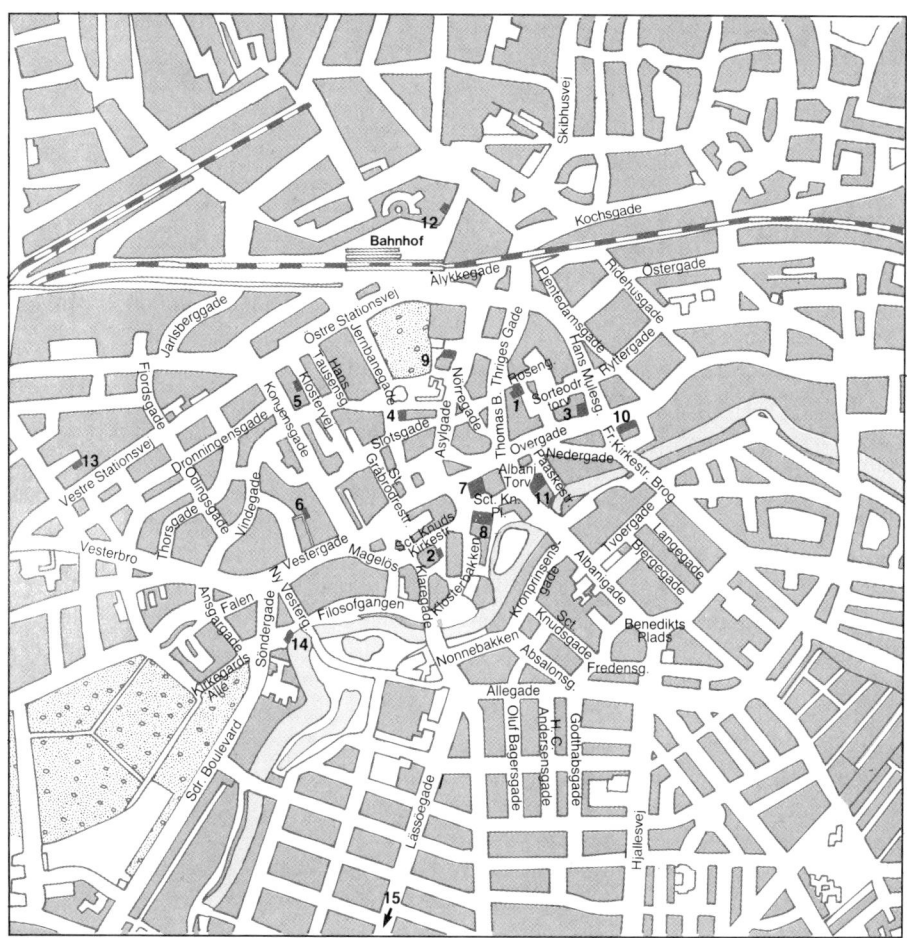

Odense 1 *Hans Christian-Andersen-Haus* 2 *Hans Christian Andersens Elternhaus* 3 *Münzgasse (Museumsstraße)* 4 *Kunstmuseum* 5 *Falck-Museum* 6 *Graphisches Museum* 7 *Rathaus* 8 *St. Knuds-Kirche* 9 *St. Hans-Kirche* 10 *Vor Frue Kirke (Marienkirche)* 11 *St. Albans-Kirche und Jungfernkloster* 12 *DSB Eisenbahnmuseum* 13 *Glashütte Holmegaard* 14 *Bootsfahrten* 15 *Freilichtmuseum Den Fynske Landsby*

Von hier bitte erst nach Nordosten, dann nach Norden. Man kann die Halbinsel Hindsholm mit dem Auto bis nach **Nordskov** befahren, und man sollte es auch tun. Die Natur dort oben zeigt sich schroffer, nordischer als auf der Insel sonst. Der nördlichste Punkt von Hindsholm heißt *Fyns Hoved.*

Kerteminde am Großen Belt lebt hauptsächlich von seinen Fischern. Nördlich und südlich der Stadt gibt es Badestrände. Das Schiffsmuseum von **Ladby** liegt 5 km westlich der Stadt. Es beherbergt den bisher einzigen restaurierten Fund eines Wikingerschiffs in Dänemark (1935). In ihm ist ein germanischer Häuptling mit seinem Schmuck, seinen vier Jagdhunden, seinem Reitpferd und zehn Zugpferden beerdigt worden.

Nach **Nyborg** nimmt man die Straße am Großen Belt entlang (kurz nach dem Ortsausgang der Herrensitz Lundsgård). Im ursprünglichen Dänemark, das sich im Mittelalter noch nicht nach Süden und Osten – vor allem aber nach Norden – überdehnt hatte, war Nyborg der natürliche Mittelpunkt. Weil die Stadt mit Segelschiffen leicht zu erreichen war, trafen sich hier der König und die Vornehmen zum *Danehof.* Der Danehof fand jährlich einmal statt und geht auf die *Håndfästning* von 1282 zurück, dem ersten Vertrag zwischen einem dänischen Monarchen und der Elite des Landes. Man nennt ihn zuweilen die Magna Charta Dänemarks. Er bestimmt u. a., daß niemand ohne Verdacht festgehalten und ohne Gerichtsurteil gefangengehalten werden darf.

Das Schloß wurde um 1170 angelegt und war der Westpfeiler einer dreiteiligen Befestigungskette gegen die Wenden. Die anderen Teile sind die Insel Sprogø im Großen Belt und Korsör am gegenüberliegenden Ufer von Seeland. (Wer kann es erklären? Die Skandinavier vergießen immer bittere Tränen darüber, daß ihre Wikinger-Vorfahren von den zeitgenössischen Geschichtsschreibern als plünderndes Pack bezeichnet wurden, aber sie selbst nennen auch heute noch bei ihren Berichten über die ersten Kämpfe um die Vorherrschaft in der westlichen Ostsee die wendischen Angreifer stets *Seeräuber.*)

Im Schloß von Nyborg wurde die Håndfästning (Handfeste) unterzeichnet, der Rittersaal gehört zu den schönsten Räumen des Mittelalters (Abb. 51–53).

Ein geradezu niedlicher Gebäudekomplex ist die Volksbücherei auf einer kleinen Halbinsel. Sie besteht aus zwei einstöckigen roten Ziegelgebäuden.

Weiterfahrt nach Süden auf der Straße nach Hesselager. Hinter Öksendrup Abfahrt nach **Glorup**, einem Herrensitz, der letztmalig im 18. Jahrhundert umgebaut wurde. Der Park ist sonntags zur allgemeinen Erholung geöffnet. H. C. Andersen schrieb hier als häufiger Gast einen Teil seiner Märchen.

Das Schloß *Hesselagergård* ist schon 1231 erwähnt, entstand in seiner heutigen Form aber erst Mitte des 16. Jahrhunderts. Die Rundbogengiebel sind für Dänemark ungewöhnlich, sie sind die erste Übernahme einer aus Venedig stammenden Form der Giebel. Das Schloß wurde für Johan Friis gebaut, Kanzler unter drei Königen. Johan Friis hat die ursprünglich romanische Kirche in Hesselager in eine Renaissancekirche umbauen lassen, also das Gotteshaus dem Friis-Haus angepaßt. – Etwa 1 km von der Kirche entfernt Dänemarks größter Findling mit einem Gewicht von etwa 1000 t.

182

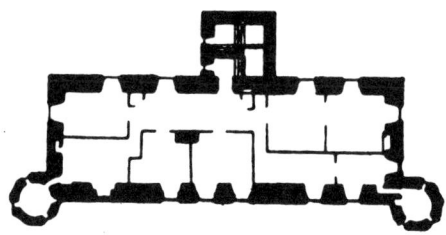

Schloß Hesselagergård, 1538, Grundriß

Nördlich von **Svendborg** (Abb. 54–56) liegt der bereits erwähnte FKK-Strand. Das alte Städtchen macht einem richtig Lust zum Spazierengehen, und Radfahrer werden die Stadt und ihre Umgebung wohl kaum ohne eine größere Rundtour verlassen. – Von Svendborg Schiffsverbindungen zu den Inseln Skarö, Drejö und Ärö.

Bei der Fahrt nach Westen in Richtung Fåborg kommt man in der Nähe des Schlosses *Hvidkilde* (Abb. 59) und an den großen Sportanlagen von Ollerup vorbei. In Ollerup kann man bei jedem Wetter die passende Schwimmgelegenheit finden.

Auch das reizvolle alte Handelsstädtchen **Fåborg** (Abb. 62, 63) hat einen hübschen Strand. Von der früheren *Nicolai Kirke* ist nur der Glockenturm übriggeblieben (Farbt. 16). Das Kunstmuseum enthält eine große Sammlung von Bildern der Fünischen Schule. – Westlich von Faaborg in **Horne** eine der außerhalb Bornholms so seltenen Rundkirchen, die einen Renaissanceturm hat und von gotischen Anbauten vollständig eingefaßt ist (Abb. 61).

Von Fåborg Schiffsverbindungen unter anderem nach Gelting am Südufer der Flensburger Förde (130 min.) und zur **Insel Ärö** (1 Std.). Man kommt auf Ärö in dem kleine Ort **Söby** an, dessen Schloß die ältesten erhaltenen Wallanlagen des Mittelalters hat. Von Söby, das natürlich auch einen Strand aufweisen kann, führt eine Straße nach **Äräsköbing** (Abb. 66). Diese kleine Stadt hat nicht weniger als sechsunddreißig Häuser, die unter Denkmalschutz stehen, eine Sammlung von 750 Flaschenschiffen und anderen Schiffsmodellen und natürlich auch einen Badestrand. Das ›klein Häuschen‹ im Hafen – eine frühere Küche für Fährschiffe – ist Dänemarks einzige Toilette, die unter Denkmalschutz steht. Man kann von Äräsköbing mit der Fähre zurück nach Svendborg oder auf der Straße weiter nach Osten bis Marstal fahren. **Marstal** hat auch eine Sammlung von Schiffsmodellen, und von hier geht eine Fähre nach Rudköbing auf der Insel *Langeland.*

Von Svendborg kommt man in Richtung Süden über eine Brücke auf die **Insel Tåsinge.** Vor **Troense** das Schloß *Valdemarsslot* (Abb. 65), das heute ein Marinemuseum beherbergt. Im Ort selbst ein Seefahrtsmuseum mit Zeugnissen aus der China- und Ostindienfahrt. Etwa 2 km von Troense entfernt am Ufer die kleine Mühle *Ventepose.* Die Kunden dieser Mühle kamen über den Sund, um ihr Korn mahlen zu lassen.

Man erreicht **Rudköbing** (Abb. 67), den Hauptort der Insel, über die 1962 fertiggestellte Langelandbrücke. In Rudköbing ist H. C. Örsted (Abb. 90) (s. S. 281) geboren. Im *Langelands Museum* kann man Gesichtsurnen aus der Jüngeren Bronzezeit sehen.

Die Straße nach Süden führt bis **Bagenkop** (Abb. 70); von hier im Sommer regelmäßige Schiffsverbindung nach Kiel (2½ Std.) Auf der Strecke nach Bagenkop passiert man die weithin sichtbare Kirche von **Humble,** die Gemeindekirche für den ganzen Süden der Insel. Von hier kann man zu Fuß zu *König Humbles Grab* gehen, dem größten Langdolmen dieses Gebiets. Er ist 55 m lang und 9 m breit, die geräumige Dolmenkammer und die Erdschicht darüber sind von siebenundsiebzig aneinanderstehenden Randsteinen nach außen abgeschirmt.

Auf dem Weg von Rudköbing nach Lohals nahe der Nordspitze (von dort Schiffsverbindung nach Korsör auf Seeland, 1½ Std.) kommt man am Rittergut *Tranekär* vorbei (Abb. 68). Auch dieses Gebäude wird schon früh sichtbar. Der ursprüngliche Kern des Hauses ist vermutlich das älteste noch bewohnte Gebäude Dänemarks. Der Park und die Wälder sind für Besucher geöffnet. – Ein paar Kilometer weiter die Kirche von **Böstrup,** an deren Außenmauern ein durchgehender romanischer Bilderfries entlangläuft. Er stammt aus der Zeit um 1200, zeigt Löwen, nicht näher zu deutende Personen und einen Christuskopf. Auf derselben Höhe wie Böstrup am Westufer von Langeland das Rittergut *Egelökke,* dessen Park sonntags geöffnet ist. Hier ist N. F. S. Grundtvig zwischen 1805 und 1808 Hauslehrer gewesen.

Auf der Weiterfahrt nach Lohals passiert man bei Snöde die zweithöchste Erhebung der Insel, sie ist 32 m hoch und bleibt damit hinter der höchsten um 5 m zurück. Von **Lohals** gehen – wie schon erwähnt – Fähren nach Korsör. Aber es ist auch keine schlechte Idee, in Lohals zu bleiben, denn der Ort hat mehrere Hotels und Pensionen, er hat Campingplätze und vor allem: um sich herum einen herrlichen Badestrand.

Zurück nach Nyborg. Die kürzeste Verbindung von dort nach Fåborg führt über die 8. Bei Örbäk Abzweigung Richtung Westen, wo in Ryslinge 1851 Christen Kold, der Mann, der in Smyrna war, seine Volkshochschule gegründet hat. Schon vor Ryslinge ein wenig nördlich

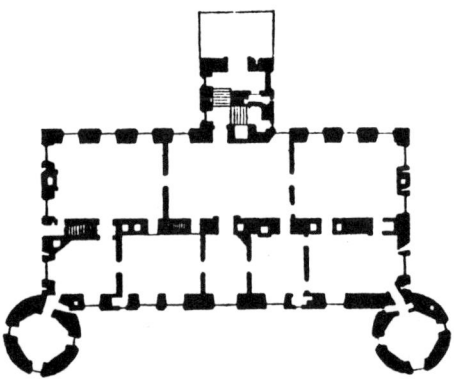

Schloß Egeskov, Grundriß

das dreiflüglige Schloß *Ravnholt* im Renaissancestil (Farbt. 19). Die Wälder und der Park sind geöffnet.

Die 8 kreuzt bei Kvärndrup die 9. Bald danach auf der nördlichen Straßenseite das weltberühmte Renaissanceschloß *Egeskov* (Farbt. 20; s. S. 254), die besterhaltene Wasserburg Dänemarks. Der Bau wurde um 1550 auf Eichenpfählen in einem kleinen See errichtet. Wald und Park sind in der Verfassung, die man von einem dänischen Schloß dieser Bedeutung füglich erwarten kann. Außerdem Museum für Veteranen der Technik.

Auf der Weiterfahrt in Richtung Fåborg kommt man bei Korinth nach *Brahetrolleborg* (Abb. 58), das im 12. Jahrhundert als Zisterzienserkloster entstand. Später war es ein Rittergut. Hier erlebt man gutes Kunsthandwerk. Brahetrolleborg hat in der Geschichte Dänemarks eine tiefe Spur hinterlassen: Als die Familie Reventlow, vertreten durch Johan Ludvig, das Schloß kaufte, wurden die Bauern aus der Erbuntertänigkeit entlassen, und damit begann eine Entwicklung, die gegen Ende des Jahrhunderts zur Bauernbefreiung führte.

Und wieder bleibt ein Dreieck übrig: das Gebiet südlich und westlich der Linie Middelfart – Odense – Faaborg. Hier liegt zwischen Vissenbjerg und Tommerup der schon erwähnte *Fröbjerg*. Westlich von Vissenbjerg, in **Rold,** in einem früheren Hof Dänemarks größte Aquarienanlage. Die 27 Behälter fassen 317000 Liter Wasser, einer davon ist mit 150000 Litern Salzwasser Europas größter Aquariumbehälter. Hier liegen auch die bereits genannten *Füner Alpen* nordwestlich von Fåborg. An der Westküste liegt in **Sandager** eine romanische Kirche mit einer Madonnenplastik von Claus Berg.

Der größte Ort dieser Gegend ist **Assens,** das früher den gesamten Fährverkehr zwischen den Inseln und dem Kontinent abgewickelt hat. Mehr über diese Zeit erfährt man im Museum *Willemoesgårdens mindestuer.* In diesem Haus wurde Peter Willemoes geboren, der sich 1801 in der Seeschlacht gegen Nelson auszeichnete.

Südöstlich von Assens liegt an der Helnäs-Bucht Schloß *Lögismose* aus dem 15. Jahrhundert (Abb. 57).

Gemäßigt international, dänisch freundlich

Seeland, Lolland, Falster und die kleinen Inseln

Seeland ist Dänemarks größte Insel (die zweitgrößte ist nicht etwa Fünen, sondern Nordjütland, jener Haarschopf, der aus Thy und Vendsyssel gebildet wird, dessen Max-und-Moritz-Locke die schmale Halbinsel von Skagen bildet; Fünen kommt an dritter Stelle).

Die Insel zwischen Großem Belt und Öresund ist an der Nordküste reich gegliedert, und dort gehen sanfte Hügel ineinander über. Nach Süden hin wird sie flacher, fruchtbarer Boden hat sich auf dem kreidigen Untergrund abgelagert. Seeland hat über 1800 km Küstenlinie. Ziemlich zentral, etwa auf halber Strecke zwischen Ringsted und der Straße A 4 liegt *Gyldenlöveshöj*, mit 126 m die höchste Erhebung der Insel. Nahebei Schloß *Skjoldenåsholm* mit einem Museum dänischer und ausländischer – auch deutscher – Straßenbahnen.

Eigentlich besteht Seeland nicht nur aus Seeland. Der dänische Straßen- und Brückenbauer, der nun seit Jahrzehnten emsig tätig ist, hat im Süden die Inseln Lolland, Falster und Mön fest mit Seeland verbunden. Im Osten, auf der Höhe von Kopenhagen, liegt Amager, geographisch immer noch eine Insel, faktisch aber ein Teil der Hauptstadt.

Touristisch ist die Insel in zwei Teile gegliedert. Nehmen wir den kleineren zuerst. Es ist Nord-Seeland (vielfach auch Nordseeland geschrieben) mit Kopenhagen, Helsingör, Roskilde und dem Isefjord als westlicher Grenze. Dieses Stück ist das Gebiet, in welches Besucher Kopenhagens – und natürlich auch die Kopenhagener selbst – gern Ausflüge unternehmen. Das Gebiet von Helsingör nach Nordwesten bis Gilleleje gehört zu Dänemarks besten Dünen- und Strandgegenden. Das übrige Seeland steuert man – abgesehen von Köge im Südwesten – nicht von Kopenhagen aus an (eine Ausnahme bilden hier natürlich die Kopenhagener selbst), sondern von Mitteleuropa gewöhnlich auf vier Strecken: Die östlichste beginnt mit der E 64 in Gedser, fast an der Südspitze der Insel Falster, wo Schiffe aus Warnemünde und Travemünde einlaufen. Die zweite Strecke ist die Vogelfluglinie, die auf der deutschen Seite im Hafen von Puttgarden endet und jenseits des Fehmarnbelts in Rödbyhavn weitergeht. Die dritte Strecke beginnt in Kiel und endet in Korsör. Die seltener benutzte Strecke Nummer vier führt von Nyborg auf Fünen hinüber nach Korsör auf Seeland, also über den Großen Belt, der irgendwann einmal eine Brücke bekommen soll – oder auch nicht. Die Beltbrücke ist für die dänischen Nachrichtenmedien von ähnlicher Bedeutung wie das Loch-Ness-Ungeheuer für die britischen; wenn es sonst nichts mehr zu schreiben gibt – nicht einmal über den pfiffigen Steuerverweigerer Mogens Glistrup – dann kann man sich immer die Beltbrücke vornehmen (oder die Sundbrücke oder das Saltholm-projekt – doch darüber in ›Kunst und Land‹ S. 280).

In **Korsör** wurde 1764 Jens Baggesen geboren, der sich später aus Verehrung für Kant den Vornamen Immanuel gab. Gleich Andersen trieb sich Baggesen mit Vorliebe irgendwo in der Welt herum. Längere Zeit lebte er in Paris, wo er sich für die Ideen der Französischen Revolution begeisterte. Diesem Thema ist auch sein Hauptwerk gewidmet: ›Das Labyrinth oder die Reise durch Deutschland, die Schweiz und Frankreich‹. Baggesens Werke werden heute kaum noch gelesen, aber dieser Mann, der einige Jahre auch in Kiel tätig war, gilt als Schöpfer der modernen dänischen Prosa.

Überflüssig wohl zu erwähnen, daß Korsör seit über einem Jahrtausend wirtschaftliche und militärische Bedeutung hat. Nicht zufällig liegt das Ausbildungslager von Trelleborg (Abb. 76) nahe dieser Stadt (s. S. 11). Auch aus dem 17. Jahrhundert ist Militärisches übriggeblieben. Die Küstenartillerie jener Zeit hat in Korsör eine ganze Batterie hinterlassen.

Von Korsör aus nach Norden kann man buchstäblich ›über die Dörfer‹ fahren. Die schnellere Strecke führt auf der E 66 nach Nordosten bis Slagelse und von dort Richtung Nordwesten nach Kalundborg. In **Slagelse** sind Jens Baggesen und H. C. Andersen zur Schule gegangen. Einige Kilometer südlich der Stadt der Berg *Hashöj,* den die Wikinger durch einen Grabhügel auf 93 m erhöht haben.

Nach Kalundborg fährt man wohl schon der Kirche wegen. Wer die Straße von Slagelse benutzt, biegt hinter Löve in Richtung Höng ab und fährt die bedeutend hübschere Straße am See *Tissö* entlang. Etwa am Südrand des Sees die Kirche des Orts **Säby**, deren romanische Fresken unbedingt sehenswert sind. Wer den Dorf-Dorf-Weg gewählt hat, kommt bei Görlev auf die Straße Slagelse – Kalundborg und kann über Ulstrup Säby erreichen und damit die Straße am Tissö entlang.

Kalundborg ist den meisten nur wegen seiner eigenartigen Kirche bekannt, allerdings gehört es auch zu den wenigen dänischen Städten, in denen schon im Mittelalter mit Ziegelsteinen gebaut wurde. Die Kirche hat in der gesamten christlichen Welt nicht ihresgleichen (Abb. 78). Sie ist nach byzantinischem Vorbild angelegt und im Grundriß über einem griechischen Kreuz errichtet. Um einen quadratischen Mittelturm sind vier kleinere achteckige Türme angeordnet. Der Mittelturm wird von vier schlanken Granitsäulen getragen, die man im Kircheninneren sehen kann. Wenn man die Kirche von außen betrachtet, erwartet man leicht, daß sie rundherum originell ist, also auch ihr Inneres. Das jedoch enttäuscht eher durch seine Einfachheit.

In Kalundborg wurde die Norwegerin Sigrid Undset – deren Vater als Vorgeschichtsforscher ständig auf Reisen war – gewissermaßen unterwegs geboren. Eine Gedenktafel am Marktplatz zeigt die Geburtsstätte der späteren Nobelpreisträgerin, die ihre großen Werke – wie *Kristin Lavransdatter* – in Norwegen geschrieben hat.

Kalundborg liegt in einer Förde, gebildet von den Landnasen Asnäs im Süden und **Rösnäs** im Norden. Die Bewohner von Rösnäs trugen bis in dieses Jahrhundert hinein ihre Trachten, die nach festen Traditionen bei den verschiedenen Anlässen durch Accessoires ergänzt

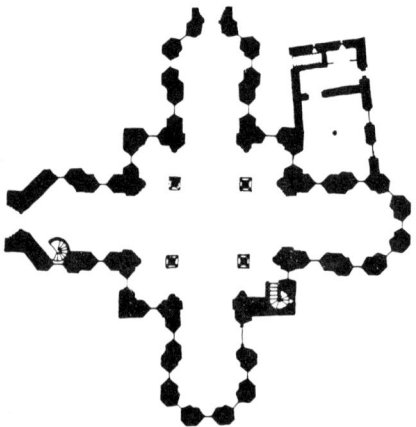

Kalundborg, Dom, um den quadratischen Mittelturm gruppieren sich vier achteckige Türme

wurden. Einen guten Überblick über die Gepflogenheiten der Leute von Rösnäs erhält man im Landschaftsmuseum. – Auf der Halbinsel **Asnäs** das Barockschloß *Lerchenborg* mit Nordeuropas größtem Rosengarten. An die Besuche des Dichters Andersen erinnern ein paar in der ursprünglichen Form bewahrte Gästezimmer. Auf Lerchenborg finden im Sommer viele Veranstaltungen statt (Abb. 77).

Auf der nördlichen Landzunge führt eine Straße bis nach **Ulstrup,** in dessen Nähe die Kirche *Rösnäs* liegt, wo sich früher die Einheimischen in Trachten zum Gottesdienst versammelten. Westlich des Orts auf einer Anhöhe eine Mühle, die völlig restauriert worden ist. Von Ulstrup aus kann man durch die Dünen an Grabhügeln, Dolmen und anderen Zeugen der Vorzeit lange Spaziergänge hin bis zum Leuchtturm am westlichen Ende der Landnase unternehmen.

Nördlich der Linie Kalundborg – Roskilde liegt eine der schönsten Ferienlandschaften Dänemarks. Bis Snertinge folgt man der 23, dann der 155, dann biegt man nach Norden ab. Wer Insel-Fan ist, biegt bald danach in Särslev von der Straße ab und versucht (über Föllenslev), den Hafen **Havnsö** zu finden. Von hier gehen Boote zu der unweit vom Ufer gelegenen Insel **Nekselö** und nach **Sejerö,** das ein ganzes Stück weiter draußen liegt. Während die Einwohnerschaft von Nekselö nicht einmal auf eine dreistellige Ziffer kommt, wohnt auf Sejerö gut ein halbes Tausend Menschen. Der höchste Berg erreicht trotz seines respektheischenden Namens *Kongshöj* (Königshügel) nur 30 m Höhe. Freunde der Vogelwelt wissen wahrscheinlich, daß Sejerö eine jener wenigen Stellen ist, wo man Lummen beobachten kann.

Wer nicht nach Havnsö abbiegt, der erreicht bald das Schloß *Dragsholm,* von dem ebenfalls behauptet wird, es sei das älteste profane Bauwerk Dänemarks. Mit Sicherheit geht es auf etwa das Jahr 1200 zurück. Es war zeitweise Eigentum der Bischöfe von Roskilde und diente lange Zeit als Gefängnis. Eingesessen hat hier u. a. James Hepburn, Graf von Both-well in Schottland. Graf James war in den Mord an Maria Stuarts zweitem Mann verwickelt und wurde ihr dritter. Als er vor einem Haufen Rebellen aus Schottland floh, erlitt er an der norwegischen Küste Schiffbruch. So kam er in den Gewahrsam des dänischen Königs. Er starb 1578 auf Dragsholm. Seine Leiche ist mumifiziert und in der Kirche Fårevejle bestattet. Im Sommer 1977 wandte sich ein schottischer Wissenschaftler an die dänische Königin und bat sie, den Leichnam 400 Jahre nach dem Tod des Grafen an das Heimatland auszuliefern. Das dänische Kirchenministerium beschloß, den Antrag abzuweisen und James Hepburn weiter dort ruhen zu lassen, wo man ihn einige Jahre früher begraben hat. Die prominente Mumie war früher in einem gläsernen Sarg für jedermann zu besichtigen, aber das ging vielen Dänen wider den Pietäts-Strich, weswegen der Graf ein richtiges Grab erhielt. – Man kann sich im Schloß einlogieren.

Auf dem Weg nach Fårevejle führt die Straße ein Stück östlich von *Vejrhöj* vorbei, das mit 121 m die zweithöchste Anhöhe Seelands ist. Die Feldsteinkirche von **Fårevejle** hat eine Altartafel aus dem Jahr 1761.

Jetzt kommen wir in das Gebiet *Odsherred,* das seinen Namen von der Landnase *Själlands Odde* hat (odde = Landnase, herred = Kreis). Odsherred kann mit 180 km Sandstrand, 15 Campingplätzen sowie 20 000 Sommerhäuschen und anderen Ferienwohnungen aufwarten.

Diese Landschaft ist schon seit rund 10 000 Jahren bewohnt, und seit 5000 Jahren wird sie kultiviert. Da hier schon vor mehreren tausend Jahren die Lebenden die Toten in großen Gräbern zu bestatten begannen, ist Odsherred ein veritables Freilichtmuseum der vorzeitlichen Bestattungskultur. Hier wurde auch der berühmte Sonnenwagen von Trundholm gefunden, der bestimmt 1000 Jahre lang in einem Sumpf gelegen hatte.

Die Feldsteinkirche von **Höjby** stammt aus der Zeit vor 1150 und galt vor mehreren Jahrhunderten als entweiht, weil hier ein Mord geschehen war. Die Fresken stammen aus der zeit um 1400 (u. a. ein ›St. Georg mit dem Drachen‹). Die Straße von Fårevejle nach Höjby bietet wundervolle Ausblicke. Nordwestlich von Höjby der Ort **Stenstrup**. Zwischen diesem Ort und dem nicht weit entfernten **Lumsårs** zahlreiche Ganggräber. Ein Doppelgrab ist freigelegt und zugänglich gemacht worden.

Da Odsherred hinsichtlich seiner Urlaubsmöglichkeiten ein Gebiet der Superlative ist, soll hier zu den Stränden von **Nyköbing** ein Understatement folgen: Sie sind sehr gut. Westlich von Nyköbing liegen die Wallanlagen von **Näsholm,** die etwa auf das Jahr 1300 zurückgehen und teilweise rekonstruiert worden sind. Südlich von Nyköbing die Anne-berg-Sammlungen im Herrenhof *Anneberggård,* dessen Hauptgebäude aus dem Jahre 1856 stammt. Hier befindet sich seit 1965 Skandinaviens größte Sammlung antiker Gläser sowie eine weiterführende Sammlung, die bis ins 19. Jahrhundert reicht. Im Ausstellungsgebäude außerdem ein Kirchensaal mit Glockenspiel.

Beim Weiterfahren von Nyköbing nach Nordosten erreicht man **Rörvig**, ein Feriendorf mit langem Badestrand und Schiffsverbindung (25 Min.) hinüber nach Hundested auf der anderen Seite des Isefjords. Auf der Fahrt von Nyköbing nach Westen passiert man hinter

Overby die Kirche von **Odden.** Bei ihr liegt ein Soldatenfriedhof, den ein Denkmal desselben Herman Vilhelm Bissen schmückt, von dem der Landsoldat in Fredericia stammt. Ganz am Ende hat sich natürlich das Militär einquartiert, weil man von hier aus so hübsch in die grünen Ostseewogen hineinschießen kann. Von der Landspitze aus kann man bei entsprechendem Wetter bis nach Jütland hinübersehen. Wen die Sehnsucht nach dem Kontinent packt, der kann in Yderby die Fähre nach Ebeltoft bei Århus nehmen (Fahrzeit etwa 1½ Std.).

Im Meer zwischen Seeland und Jütland wächst ein interessanter dänischer Exportartikel: Agar-Agar. Diese Schleimsubstanz aus den Zellen von Meeresrotalgen wird als Nährboden für Bakterienkulturen und als Abführmittel verwendet. Wie das malaiische Wort andeutet, kam Agar-Agar früher aus Südostasien, nach 1945 entdeckte ein dänischer Ingenieur, daß auch Ostseealgen diese Substanz erzeugen.

Zurück nach Snertinge an der 155. Auf der Weiterfahrt nach Osten kommt man durch den früheren *Lammefjord,* der über 5000 ha groß war und jetzt trockengelegt ist. Hier sind – wieder einmal ein dänisches Superlativ – die größten Tulpenfelder Skandinaviens. Die Kirche von **Tuse** liegt einige Kilometer weiter rechts am Straßenrand. Sie hat sehr originelle Fresken aus der Zeit um 1450. Auch hier wird der Gute erhöht und der Böse vom Teufel zur Strafe gezwackt. An einer Stelle ist zu sehen, wie Maria das Jesuskind zur Schule bringt.

Holbäk, an einem Ausläufer des Isefjords, führt seine Gründung auf eine Burg zurück, die um 1220 von König Valdemar dem Sieger gebaut wurde. Das Heimatmuseum umfaßt Gegenstände und Einrichtungen aus geschichtlicher und vorgeschichtlicher Zeit. Interessant sind auch die bewahrten Teile des ehemaligen Dominikanerklosters, wo heute u. a. ein kirchliches Zentrum untergebracht ist.

Wenige Kilometer südlich von Holbäk liegt die Kirche von **Tveje Merlöse** (Abb. 79), eine der ältesten Dorfkirchen Dänemarks, die schon auf S. 13 mit dem Hinweis erwähnt wurde, sie künde von der Nähe Roskildes.

Roskilde (50 000 Einwohner) war schon vor der Jahrtausendwende Sitz der kirchlichen und weltlichen Macht, so auch eine der Residenzen von Harald Blauzahn. Seit 1268 ist Roskilde Handelsstadt.

Der Bau des *Doms* (s. S. 192, 193) begann etwa 1170 unter Bischof Absalon. Er wurde zehnmal umgebaut und erweitert und ist jetzt eine Mischung aus romanischem und gotischem Stil. Grabstätte von Königin Margarete I.; außerdem liegen hier weitere 39 Angehörige des Königshauses begraben. Der Dom wurde 1968 bei einem Brand stark beschädigt, ist aber inzwischen voll restauriert worden (Abb. 86).

Dicht beim Dom, in einem Keller, die 1931 ausgegrabenen Reste der *Skt. Laurentii Kirke,* eine der zwölf Gemeindekirchen, die im Mittelalter in Roskilde standen. Bewahrt ist auch der Turm aus der Zeit um 1500. Er ist der Turm des heutigen Rathauses.

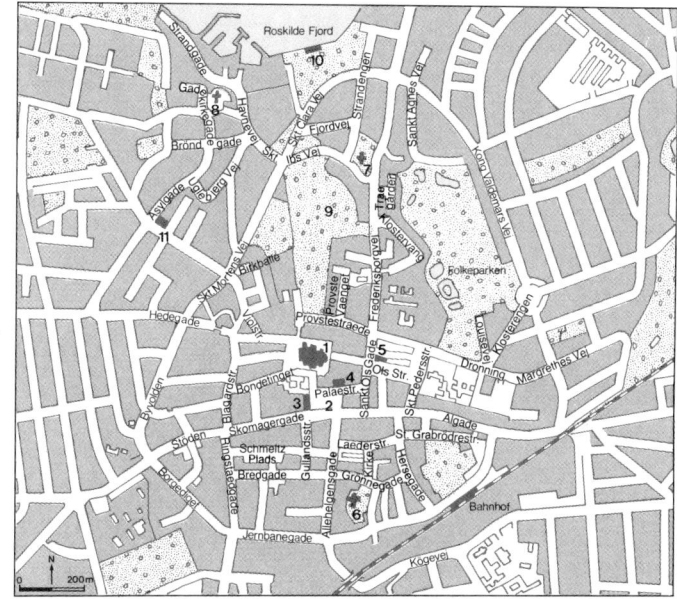

Roskilde
1 Dom
2 Marktplatz
   (Staendertorvet)
3 Rathaus (St. Lau-
   rentii-Kirche)
4 Palais (1733, früher
   Ständehaus, heute
   Bischofssitz; Samm-
   lungen)
5 Roskilde-Museum
6 Vor Frue-Kirche
7 St. Ibs-Kirche
8 St. Jörgensberg-
   Kirche
9 Stadtpark
10 Wikingerschiffs-
   halle
11 Spilkammeret

Das älteste dänische Kirchenschiff ist ein Teil der *Vor Frue Kirke,* einer alten Klosterkirche. Sie wirkt äußerlich wie eine Backsteinkirche, tatsächlich aber umschließt der Backstein
die ältesten Kirchenteile, die aus Sinterstein bestehen und um die Jahrtausendwende gebaut
worden sind.

1962 wurden im Roskilde-Fjord fünf Wikinger-Schiffe gefunden, die etwa 1000 Jahre alt
sein müsen. Für sie wurde eine besondere Halle errichtet. Die Konservierungs- und Restaurierungsarbeiten werden in der Halle, also in Gegenwart der Besucher, durchgeführt.

Von Kopenhagen aus kann man mit dem Zug (26 Min.) eine Pauschalreise nach Roskilde
unternehmen, die einen Besuch des Doms und der Wikingerschiffe einschließt.

Westlich von Roskilde liegt der kleine Ort **Lejre,** in dessen Nähe eine Vorzeitansiedlung
eingerichtet wurde. Lejre entstand 1964 und umfaßt 30 ha Acker, Weide, Wald und Moor.
Hier stehen vorgeschichtliche Höfe, hier leben Menschen auf dieselbe Art wie zu jener Zeit.

Unweit von Lejre ist das schmucke Rittergut *Ledreborg* (1744) mit einer großartigen
Parkanlage.

Zum Isefjord kommt man auf der 21 zu dem bereits erwähnten Ort Holbäk, wo man die
Fähre zur Insel **Orö** nehmen kann. Die Überfahrt dauert nur 30 Minuten. Die Insel ist nur
15 qkm groß, man kann sie also gemütlich umrunden, und vielleicht im Orö Kro etwas
essen. Orö hat etwa 500 Einwohner, und wer seinen ganzen Urlaub dort verbringt, wird
Gelegenheit haben, sie alle kennenzulernen.

Im Osten der Insel gibt es eine Fähre (6 Min.) nach **Hornsherred,** das als breite Halbinsel
zwischen dem Isefjord und Roskilde Fjord liegt. Hornsherred ist etwa 240 qkm groß, im

Der Dom zu Roskilde, 1862

Süden Moränenlandschaft, nach Norden hin flacher, um schließlich dort zu enden, wo der Wald *Nordskoven* mit seinen tausendjährigen Eichen steht. An der Westseite des Nordendes ist der beste Badestrand von Hornsherred. An der Straße zum Roskilde Fjord der Ort **Skibby** (Schiffstadt). Im Chor der Kirche ausgeprägte Kalkmalereien, die auch ein Memento mori-Motiv enthalten.

Ein wenig südöstlich von Skibby das Rittergut *Selsö,* das in ein Museum umgewandelt wird. Die Gebäude stammen vom Ende des 16. Jahrhunderts. Von etwa 1830–1975 war Selsö unbewohnt. Jetzt wird Raum für Raum restauriert. Es gibt eine Küche aus dem 17. Jahrhundert, Gemälde, Stofftapeten und einen Schloßgeist. Für jedes Alter: Zinnsoldatensammlung, darunter auch Wikinger, sowie die Leibgarde zu Fuß und zu Pferde. Geöffnet von Ende Juni bis Anfang August täglich 11–17 Uhr, sonst 12–17 Uhr.

Auf dem Weg weiter gen Norden kommt man zur früheren mittelalterlichen Burg *Jägerspris,* die im 17. und 18. Jahrhundert zu einem Schloß umgebaut worden ist; so erhielt es von Christian IV. den östlichen Verbindungsflügel. Auf Jägerspris haben Frederik VII. und Louise Christine Danner (S. 253) eine gemeinsame Zeit zusammen verbracht. Frederik vermachte der Gräfin das Schloß, die in ihrem Testament bestimmte, hier sollte die »König Frederik VII.-Stiftung für hilflose und verlassene Mädchen, vor allem der ländlichen Bevölkerung« eingerichtet werden. Louise Christine Danner ist im Park begraben.

Zwischen Jägerspris und Frederikssund besteht eine Brückenverbindung, zwischen dem Nordende der Halbinsel und der gegenüberliegenden Seite Fährverbindung nach Nord-Seeland (Frederiksvärk und Strände).

Roskilde, Grundriß des Doms, Baubeginn um 1170

1 *Hauptschiff*
2 *Domherrenchor*
3 *Hoher Chor*
4 *Kapelle Christians IV.*
5 *Kapelle Frederiks V.*
6 *Kapelle Christians I.*
7 *Turmkapellen*
8 *Kapelle Christians IX.*
9 *Kapelle der hl. Birgitte*
10 *Kapelle des hl. Andreas*
11 *Vorhalle des Bischofs Oluf Mortensen*

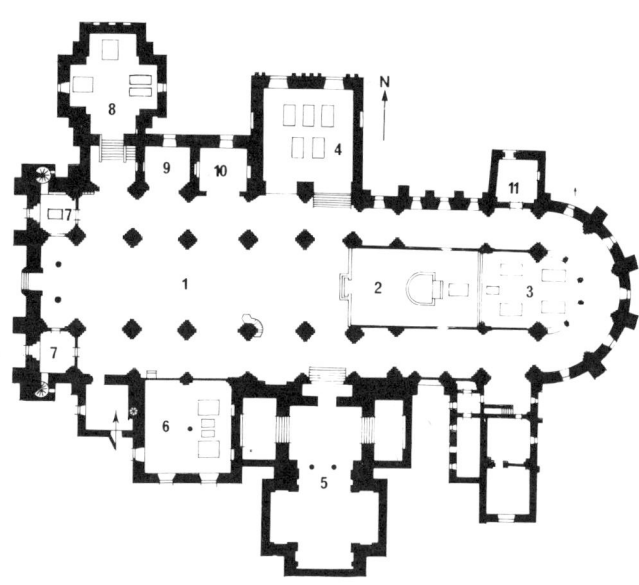

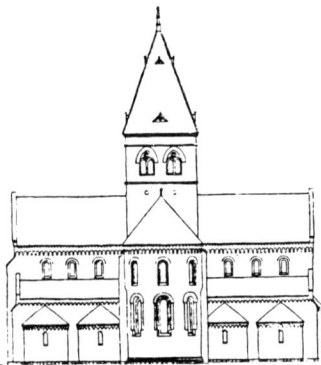

Ringsted, Skt. Bendts-Kirche, gegründet im 12. Jh. von Valdemar d. Gr.

Zurück nach Süden, nach Slagelse. Bis **Sorö** am gleichnamigen See sind es etwa 15 km. Die Kirche dieser Stadt geht auf die Zeit um 1160 zurück. Sie gehörte zu einem Zisterzienserkloster, zum Bau der Kirche hat Bischof Absalon selbst den Befehl gegeben. In dieser Kirche ist er begraben (s. S. 30). Hier ruht auch Ludvig Holberg (s. S. 60). Der reichgewordene Poet hatte sich nahe von Sorö ein Gut gekauft, wo er die letzten Jahre seines Lebens verbrachte. Sein Sarkophag ist sicherlich nicht zuletzt deswegen so prächtig ausgefallen, weil er sein Vermögen der *Sorö Akademi,* einer Schule für Adlige, vermacht hatte. Bestattet sind in dieser Kirche außerdem mehrere Könige, darunter Valdemar Atterdag. Andere Angehörige der im Mittelalter so bedeutend gewesenen Familie Hvide, zu der Absalon gehörte, sind ebenfalls hier beigesetzt.

Wenn man nach Norden aus Sorö herausfährt, kann man bald hinter dem Stadtrand nach Nordwesten abbiegen und über Bromme zum früheren Gut *Terslösegård* gelangen, das nach Holbergs Tod an die Sorö Akademi fiel. Das 1737 fertiggestellte Hauptgebäude läßt eher an einen Bauernhof denken. Das ehemalige Gut hat drei Zimmer im Stil der Zeit von Holberg eingerichtet.

Ringsted war bis ins 17. Jahrhundert hinein der wichtigste Gerichtssitz von ganz Seeland, daran erinnern die *Tingstene* auf dem Marktplatz. Das heutige Rathaus ist ein Werk des Architekten Steen Eiler Rasmussen und zeigt, daß es möglich ist, den Baustil unserer Zeit dem früherer Jahrhunderte anzupassen. Die *Skt. Bendts Kirke* gehörte ursprünglich zu einem Benediktinerkloster. Sie ist eins der ersten Ziegelgebäude, die errichtet werden konnten, nachdem Ende des 12. Jahrhunderts die Technik des Lehmbrennens aus der Lombardei nach Dänemark gekommen war. Die Kirchen in Sorö und Ringsted sind beide dreischiffige Basiliken mit Querschiffen und mit Kapellen an den Seiten der Chorabschlüsse, die Kirche in Ringsted hat kräftige Apsiden, die in Sorö schließt glatt ab. In der Kirche liegen mehr als zwanzig dänische Könige und Fürsten begraben. Einer von ihnen ist Valdemar der Große. Bei einer Graböffnung 1855 fand man unter seinem Kopf eine Bleiplatte, deren Inschrift ihn »Bezwinger der Slawen, Befreier des Vaterlands und Wiedergewinner des Friedens« nennt, die weiterhin berichtet, daß Valdemar auf der Insel Sprogö einen Turm baute (gegen die wendischen Seeräuber, die schon erwähnten) und das Danewerk ausbaute. In der Kirche hängt die Kopie des Dagmar-Kreuzes, das 1855 im Grab der Königin Dagmar gefunden wurde und eine seltene byzantinische Arbeit aus dem 11. Jahrhundert ist.

Von Ringsted führt die Straße 14 in Richtung Nordosten nach Roskilde. Kurz vor Roskilde auf der linken Seite Zufahrt zum Versuchszentrum *Lejre*.

Wer in Korsör angekommen ist und nach Süden will, fährt über Gryderup. Später kommt man nach **Skälskör,** das einige Kilometer landeinwärts an einer schmalen Bucht liegt.

Bei Skälskör das moderne Schulungszentrum *Klarskovgård*, erbaut 1968–1970 von den beiden Architekten Viggo Möller-Jensen und Tyge Arnfred. Die gelben Ziegelgebäude sind um einen engen Hof herum gruppiert und haben nach einer Seite abfallende Dächer. An einer Seite ist der Hof offen und gibt einen Blick über das Meer frei.

Skälskör hatte im Mittelalter zwei Klöster. Zu dem einen gehörte die *Skt. Nikolaj Kirke*, die um 1200 erbaut und im Spätmittelalter erweitert worden ist.

Wenn man nach Süden aus der Stadt herausfährt, kommt man zum Renaissanceschloß *Borreby*, einem der schönsten Dänemarks. Borreby ist der Schauplatz des Andersen-Märchens ›Der Wind erzählt von Waldemar Daae und seinen Töchtern‹. Der Park ist im Sommer tagsüber geöffnet. Hinter Borreby, bei Stigsnäs, erreicht man wieder das Meer und damit die Fähren nach *Agersö* und *Omö*. Wer nach *Egholm* will, der kleinen Insel nördlich vom Agersö, muß ein Ruderboot mieten, wenn er kein guter Schwimmer ist.

Zur Insel **Glänö**, die ein Stück weiter östlich und näher am Land liegt, führt eine Brücke. Wenn man sie ansteuert, sollte man auch die Kirche von **Örslev** besuchen. Sie hat Fresken aus der Zeit um 1350, die einen Kettentanz wiedergeben. Dieser Tanz war zu jener Zeit in ganz Europa sozusagen ein Hit, heute wird er nur noch in Bulgarien und auf den Färöern getanzt.

Etwas östlich von Örslev das Renaissanceschloß *Holsteinborg*, umgeben von Wällen, mit Lindenalleen und Obstgärten in einem riesigen Park. Und hier hat der Schustersohn Hans Christian, der unter der Obhut von Adligen seine Berühmtheit besonders genoß, oft seine Sommerferien verbracht und ›Das häßliche Entlein‹ geschrieben. Hier endet der Abstecher von Korsör. Die Stadt Nästved ist auf dem Weg von Rödbyhavn nach Kopenhagen erwähnt.

Bitte nach dem Verlassen der Fähre in Rödbyhavn an der Südküste Lollands wieder daran denken: so schnell wie möglich runter von der Autobahn. Zum Beispiel, um den Ort **Rödby**

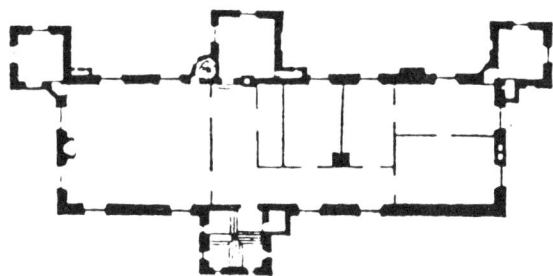

Renaissanceschloß Borreby, 1556,
Auf- und Grundriß

mit seinen Fachwerkhäusern zu besuchen. Bei einem Rundgang kommt man in der Nörregade am Sturmflutpfeiler vorbei, dessen Kerbe – über der Höhe eines normalen Menschen –
zeigt, wie hoch 1872 das Wasser gestanden hat. In jenen Sturmfluttagen ragten nur noch
Teile der großen Inseln Lolland und Falster aus der Ostsee heraus.

Von Rödby gelangt man über den Ort Holeby nach **Nysted**, einem freundlichen Städt-
chen, das 1409 Handelsprivilegien erhielt. Die Kirche in Nysted ist von Sonnenaufgang bis
-untergang geöffnet. Sie wurde im 15. Jahrhundert aus gotischem Mauerstein erbaut, die
Turmspitze 1650 ergänzt. Ein rotes Gebäude im Ort sieht aus wie ein Bahnhof, obwohl von
Nysted keine Züge abgehen. Dieses Haus an der Straße Jernbanevej war tatsächlich mal ein
Bahnhof, bevor die Strecke stillgelegt wurde.

Westlich von Nysted liegen *Schloß und Fahrzeugmuseum Aalholm*. Das Schloß wurde
schon im 12. Jahrhundert als Burg angelegt und zeigt eine Mischung verschiedener Stilarten.
Der nordöstliche Turm stammt noch aus der Zeit von Valdemar Atterdag.

Das Fahrzeugmuseum liegt auf den Gemarkungen der Familie Raben-Levetzau. Im Aalholm Bilmuseum kann man u. a. den DKW-Sperrholzklasse bewundern, oder aber auch den
sagenumwobenen VW-Schwimmwagen. Viele dänische Autos haben den Aufkleber:
»Wenn ich alt geworden bin, möchte ich nach Aalholms Bilmuseum.«

Die Kirchen auf *Lolland* und *Falster* sind oft hellrot und auch dunkelrot gestrichen. Wie
die in Nordschleswig zeigen sie deutschen Einfluß in lübischer Art: steile Dächer, betonter
Mauerschmuck durch Blenden und Friese. Auf deutsche Vorbilder geht auch die Klosterkirche in **Maribo** am Sönderso zurück, die eine typische Hallenkirche ist (Abb. 69). Ihre drei
Schiffe sind fast gleichhoch und liegen unter demselben Dach. Diese Kirche gehörte zu
einem Birgittenkloster, in dem auch Nonnen wohnten. Darum hatte sie ursprünglich zwei
Chöre, deren einer später abgerissen wurde. Hier ist Leonora Christine begraben, die über
20 Jahre im Blauen Turm zu Kopenhagen gefangengehalten worden war (s. S. 79). Sie
verbrachte die letzten Jahre ihres Lebens auf dem Gelände des ehemaligen Klosters. Die
Kirche wurde von 1413–1470 erbaut, ihr Turm später abgerissen, aber Ende des 19. Jahrhunderts wieder hinzugefügt.

In Maribo trifft die 9, die vom Westen kommt, auf die E 4. Auch auf dieser Straße kann
man nach Lolland hinein und dann nach Kopenhagen kommen: Zwischen Langeland
(Spodsbjerg) und Lolland (Târs bei Nakskov) besteht Fährverbindung. **Nakskov** geht ebenfalls auf Valdemar den Sieger zurück. Die Stadt hatte große Bedeutung, als die Dänen sich

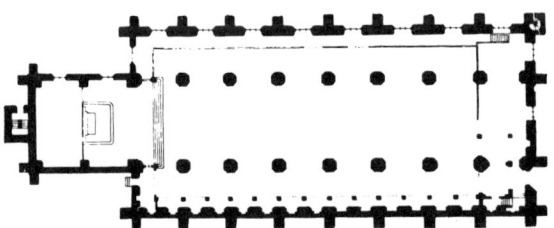

Maribo, Dom, 1413–1470, Grundriß

gegen die Vorherrschaft der Hanse durchzusetzen versuchten. Damals ließ König Hans bei Nakskov eine Werft anlegen, die – falls die Hanseaten mal unverhofft auftauchen sollten – gründlich befestigt war.

Sehr lolländisch ist die Straße von Nakskov nach Norden und dann nach Osten. ›Inselnarren‹ können von dieser Strecke Abstecher nach *Fejö* und *Femö* machen. Beide Fähren transportieren auch Autos. Von Fejö gibt es kaum etwas Aufregendes zu berichten, vom idyllischen Femö eigentlich nur die Tatsache, daß dort die Rotstrümpfe ein Sommerlager haben. Außerdem gibt es in jedem Sommer ein Jazzmeeting auf Femö.

Auch **Saksköbing** geht auf Valdemar den Sieger zurück. Die Kirche gehört zum ›deutschen Typ‹; Bademöglichkeiten gibt es in Saksköbing kaum. In der näheren Umgebung liegen zwei Herrenhöfe mit achteckigen Türmen. *Krenkerup* liegt etwa 4 km südlich. Es ist schon zu den Zeiten der ersten Margarete erwähnt. Den charakteristischen Turm hat Anfang des 17. Jahrhunderts der hohe Staatsbeamte Palle Rosenkrantz dazugebaut. *Berritsgård* liegt im Nordosten und besticht mit seinem reinen Renaissancestil. Das Hauptgebäude wurde 1586 fertig.

Nordöstlich von Saksköbing und nördlich von Maribo bei dem Ort **Bandholm** liegt das *Schloß Knuthenborg* (Abb. 74). Es hat Europas größten Gutspark und – das wage ich zu behaupten – interessantesten Safaripark. Auf nahezu 700 ha ist wirklich Platz für verschiedene Tierarten. In den Bezirken ungefährlicher Tierarten kann man sich frei bewegen, in den Wäldchen laden Lichtungen zum Sonnenbad und zum Picknick ein. Man hat mehr von einem Besuch in Knuthenborg, wenn man sich vorher – etwa in Maribo – beim Verkehrsamt für ein paar Kronen den großen, auch deutschsprachigen Prospekt besorgt: *Wer sich in Lolland umtut, darf Knuthenborg nicht auslassen.*

Die 9 geht von Saksköbing in östlicher Richtung nach Nyköbing. Dem Vernehmen nach gibt es in Dänemark drei Nyköbings. Die Stadt auf Falster nennt sich **Nyköbing F.,** die auf Seeland hat sich ein S. zugelegt, und die auf der Insel Mors im Limfjord natürlich ein M.

Auch Nyköbing (Abb. 71) wurde von einem Valdemar gegründet. Es hat heute etwa 20 000 Einwohner. Im früheren Wirtshaus, *Czarens Hus,* einem geduckten Fachwerkgebäude, hat Peter der Große im Juli 1716 eine Abendmahlzeit eingenommen. Die Chronik vermeldet, sie habe aus »Roggen- und Weizenbrot, Butter, holländischem Käse, Starkbier, Branntwein und Wein« bestanden. Danach begab er sich zum Schlafen auf sein Flaggschiff. Das Haus wurde 1898 vom russischen Staat restauriert und beherbergt heute ein Museum.

Mitte des vorigen Jahrhunderts löst auch auf Falster die Windmühle holländischen Stils die alte Bockmühle ab. Einige findet man heute noch in und um Falster.

Mitten in der Stadt stehen die Reste eines vierflügeligen Franziskanerklosters, dessen Kirche seit 1532 Gemeindekirche ist. Diese Kirche und der Westflügel des Klosters bilden praktisch einen Baukörper. Auch die Franziskaner in Nyköbing haben nach Mönchsbrauch Heilkräuter angebaut, die noch heute im Klosterhof auf kleinen Beeten wachsen. In der Kirche sind drei Leibärzte begraben, darunter Henrik Paulli, dessen Sohn Simon Paulli (1603–1680) Leibarzt von Christian IV. war und das Buch *Flora Danica* (s. S. 256) zusammenstellte.

Die Insel **Falster** ist 514 qkm groß. Die Südspitze, **Gedser Odde,** ist Dänemarks südlichster Punkt. Der fette Boden eignet sich besonders gut zum Zuckerrübenanbau. Als den Bauern um die Jahrhundertwende Arbeitskräfte fehlten, holten sie sich Polen ins Land.

Mit Lolland und Seeland ist Falster durch zwei Brücken verbunden. Zur Insel **Bogö** geht eine Fähre (12 Min.) von der kleinen, malerisch gelegenen Stadt **Stubbeköbing.** Die Kirche von Stubbeköbing ist Falsters älteste (um 1200). Die Altartafel ist eine Renaissancearbeit (1618), die geschnitzte Kanzel stammt aus dem Jahr 1634. Im Nordwesten der Insel die Kirche von **Kippinge,** die Wallfahrer früher mit ihren Booten aufsuchten. Heute liegt die Kirche fast 3 km landeinwärts.

Das hübscheste Badegebiet ist im Südosten, sein Zentrum ist der Ort **Marielyst.** Das Kirchlein von Marielyst wird auch ›Bikinikirche‹ genannt, weil man in jeder Bekleidung Einlaß findet.

Quer über Falster führt von Gedser aus nach Norden die E 64. Sie traf früher bei Orehovet auf die E 4. Im Sommer 1985 wurde die Strecke verändert, nachdem die alte Storströmmenbrücke schon seit langem den Hochsommerverkehr nicht mehr verkraften konnte. Die neue Faröbrücke ist eine Doppelbrücke: Zwischen Falster und Farö (0,9 qkm) eine Konstruktion mit zwei Pylonen, die 100 m über den Wasserspiegel ragen. Der Teil von Farö nach Seeland ruht auf Betonpfeilern, die jeweils 80 m Abstand voneinander haben. Insgesamt ist die Brücke 3322 m lang und damit 122 m länger als die Storströmmenbrücke.

Vordingborg am Südzipfel Seelands ist, man kann es fast schon ahnen, entstanden, weil Valdemar der Sieger einen Stützpunkt für seine Strafexpeditionen gegen die ›wendischen Seeräuber‹ brauchte. Wirklich erhalten ist nur ein Turm, dessen Mauern mehr als 3 m dick und der 26 m hoch ist (Abb. 81). Es lohnt sich, hinaufzusteigen, denn man hat von oben einen guten Überblick über das gesamte trockene und nasse Terrain. Das letzte Stockwerk des *Gåsetårn* (Gänseturm) wurde von Valdemar Atterdag gebaut, auf den auch der Ausbau der Mauer zu einer Ringmauer zurückgeht. Sie wurde 1166 fertig, und heute sind von ihr nur

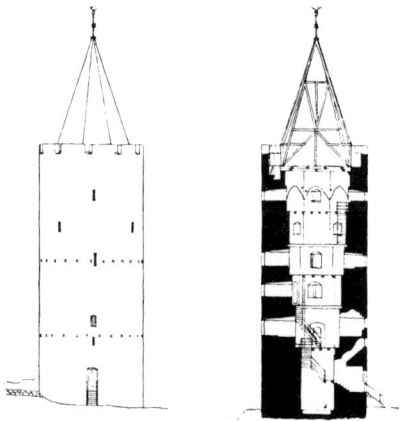

Der ›Gänseturm‹ (1160) in Vordingborg

198

kleine Reste erhalten. An einigen Stellen kann man deutlich die Entwicklung des Mauerbaus im Mittelalter sehen: Den Kern der Mauer bilden Feldsteine, dann kommen ziegelartige Gebilde, und ganz außen normale Ziegel. Dicht bei den Ruinen liegt der historisch-botanische Garten, der 1921 so angelegt wurde, wie im Mittelalter Burggärten aussahen. Die etwa vierhundert Pflanzen dieses Gartens sind nach dem Buch *Horticultura Danica* ausgewählt, das Henrik Harpesträng zusammengestellt hat. Harpesträng war gegen Ende seines Lebens Domherr in Roskilde und Leibarzt seines Königs.

Von Vordingborg nach Osten führt die Straße 59 zur Insel **Mön**. Ihr Hauptort ist **Stege**, seit 1268 mit Handelsrechten ausgestattet. Mön war schon in vorgeschichtlicher Zeit bevölkert; man hat hier 20 Rund- und 60 Langsteingräber gefunden. Über den Ulvsund zwischen Seeland und Mön führt eine Brücke.

Möns bekannteste Sehenswürdigkeit sind die imposanten Kreidefelsen von *Möns Klint* (Umschlagrückseite, Farbt. 31) an der Ostküste, deren zwei höchste Punkte immerhin 128 m erreichen. Nahebei *Liselund* (Abb. 73), ein niedliches Schlößchen (1792) mit einem dunklen Reetdach. Der Erbauer, Kammerherr Antoine Bosc de la Calmette, hat sich vom Dorf der Marie-Antoinette bei Trianon inspirieren lassen. Zur Gesamtanlage gehört ein Park von mehr als 5 ha mit künstlichen Seen.

In **Borre** steht eine Kirche aus der Zeit um 1500, in **Damsholte** eine pietistische aus dem 18. Jahrhundert, mit der Grabkapelle für die Calmettes. In der Kirche *Fanefjord* (1250) findet man Fresken des *Elmelunde-Meisters* (Abb. 75). Dieser namentlich unbekannte Maler hat auch die Fresken der benachbarten Kirche von *Elmelunde* gestaltet, der ältesten Kirche von Mön. Die Elmelunde-Fresken stammen aus der Zeit von 1480 und zeigen u. a. das Leben in den Dörfern damals (s. vordere Umschlaginnenklappe).

Am Nordufer von Mön liegt das Wander- und Naturschutzgebiet Ulvshäle (Wolfs-schwanz) mit Urwaldbewuchs. Von dort führt eine Brücke zur Insel und dem gleichnamigen Dorf **Nyord**. Die Brücke wurde 1968 fertiggestellt und sollte den Bewohnern das Leben erleichtern, sie konnte jedoch die Abwanderung nicht stoppen. Schon in den ersten drei Jahren bis 1970 sank die Bevölkerungszahl von 105 auf 90.

An der Nord- und Südküste von Mön gibt es hübsche Strände. Zur Insel **Bogö** führt ein Damm. Die Insel hat etwa 1000 Einwohner und ist 13 qkm groß. Es gibt eine holländische

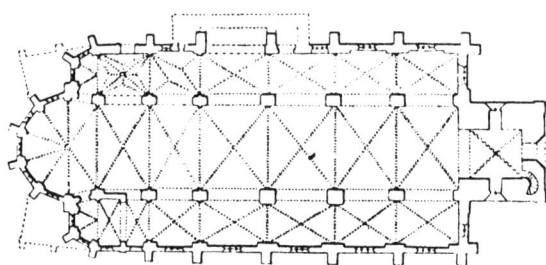

Nästved, Skt. Peders Kirke, Grundriß

199

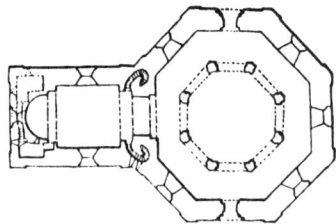

Wehrkirche von Store Heddinge, achteckiger Kirchenraum, 12. Jh.

Mühle, die letzte auf Bogö, das früher »Insel der Mühlen« hieß. In der Kirche von Bogö findet man Arbeiten des Elmelunde-Meisters, dessen Kalk-Fresken durchweg aus der Zeit von 1480–1500 stammen. Im Wald von **Österskov** befindet sich ein Hünengrab. Von Bogö geht ein Damm nach Farö hinüber.

Nordöstlich von Vordingborg schneidet die E 4 auf vielen Kilometern fast schnurgerade durch die Landschaft. 14 km hinter der Stadt trifft man auf eine Kreuzung, die nach Nästved im Westen und Prästö im Osten führt. An der Straße Richtung Westen, nach nicht einmal 2 km auf der linken Seite ein Abhang und unten in der Wiese ein rekonstruiertes Stück einer vorzeitlichen Pflasterstraße. – **Nästved** hat die größte gotische Kirche Dänemarks mit reicher Ausschmückung. Eine der Wandmalereien ist ein vermutlich zeitgenössisches Bild von König Valdemar Atterdag und seiner Gemahlin Helvig. Die Skt. Peders Kirke ist um 1250 entstanden und lange Zeit ausgebaut worden. Sie gibt ein gutes Beispiel der polygonalen Chorabschlüsse des späten Mittelalters (s. S. 200).

Westlich von Nästved liegt im früheren Kloster *Herlufsholm* die älteste Internatsschule des Kontinents. Vom Kloster ist nur das Refektorium bewahrt, und es ist zur Besichtigung freigegeben. Nördlich von Nästved liegt **Holme-Holstrup** mit dem Glaswerk Holmegaard und dem herrlichen Fachwerkhaus *Holmegård*, das Reichsadmiral Claus Daa 1635 bauen ließ. Von Nästved geht eine Straße in nördlicher Richtung nach Ringsted (S. 194). Wenn man nach Osten fährt, also an Holme-Holstrup vorbei, so kommt man hinter Boserup einen Hügel hoch durch ein Wäldchen. Bald danach ist eine kleine Straße nach Norden, die zum Herrenhof *Gisselfeld* führt. Dieses schmucke Renaissanceschloß hat einen riesigen Park und große Treibhäuser mit tropischen Pflanzen (Abb. 82).

Von Gisselfeld kann man sich ohne große Schwierigkeiten einige Kilometer in Richtung Nordosten nach *Bregentved* durchfragen. Dieses Anwesen war im Besitz bekannter dänischer Familien – und ist es noch. 1718 fiel es der Krone zu, und Frederik V. schenkte es 1746 dem Grafen Adam Gottlob Moltke, der es im Rokokostil umbauen ließ. Die Kapelle (1735) soll von Laurids de Thurah (S. 117) stammen. Das Hauptgebäude in seinem heutigen Aussehen stammt aus den Jahren 1886–1891.

Zurück zur Kreuzung der E 4, diesmal nach Osten abgebogen, nach **Prästö**, einer früheren Klostersiedlung. Die Kirche ist im 15. Jahrhundert entstanden. Zwischen 1510 und 1520 wurde im Süden ein Seitenschiff angebaut, das von außen wie drei kleine Treppengiebelkirchen nebeneinander wirkt. Nordwestlich von Prästö das Schloß *Nysö* (1673). Es hatte seine große Zeit in der ersten Hälfte des 19. Jahrhunderts, als eine charmante Baronesse hier die bedeutendsten Männer Dänemarks um sich zu sammeln vermochte. Für Thorvaldsen ließ sie extra ein Atelier bauen, das jetzt Museum ist (Abb. 85).

Nördlich der Kreuzung steht an der E 4 ein Schild, das in einen Seitenweg weist, der – allerdings nicht leicht auffindbar – zu einem anderen vorgeschichtlichen Weg (etwa 400 v. u. Z.) führt. Hier wurde zunächst eine mittelalterliche Straße entdeckt, unter der die Archäologen dann den *Oldtidsvejen* (so lautet auch das Hinweisschild an der E 4) fanden.

Am besten vorläufig nicht mehr zurück auf die E 4. Die Straße an der Küste entlang bis Rödvig nehmen, auch dann draufbleiben, wenn sie zu einem schmalen Weg verkümmert. Von Rödvig ab nach Norden, Richtung St. Heddinge (St. mit oder ohne Punkt bedeutet *stor* oder groß, wie Dr., meist mit Punkt, *Dronning* oder Königin bedeutet und nicht etwa Doktor). Die Kirche von **St. Heddinge** ist eine Wehrkirche auf achteckigem Grundriß und mit Geheimgängen in ihren dicken Mauern. Von hier führt nach Südosten eine Straße zum Steilufer *Stevns Klint,* wo die Kirche *Höjerup* steht (Abb. 80). Sie soll Mitte des 13. Jahrhunderts erbaut worden sein. Das Steilufer wurde vom Meer unterwaschen, Anfang dieses Jahrhunderts mußte die Kirche geschlossen werden, 1928 stürzte der Chor den Hang hinunter. Die restliche Kirche wird nicht nachfolgen, weil das Ufer inzwischen künstlich verstärkt wurde.

Auf dem Weg nach Köge westlich von Vallöby das Renaissanceschloß *Vallö* (urspr. 1586) mit einem runden und einem achteckigen Turm. Verwaltet wird es heute von einem Stift; Park (sogar mit Bambuswäldchen) und Schloßhof sind zugänglich.

Köge ist bei allen Dänen als Stadt der Fachwerkhäuser und der Grabstelle von N. F. S. Grundtvig bekannt. In Dänemarks Geschichte kommt die Seeschlacht in der Köger Bucht vor, ein Zusammenstoß der dänischen Flotte mit der schwedischen während des Krieges zur Rückeroberung von Schonen 1675–1679. Christian V. saß während der Schlacht auf dem Turm der Skt. Nikolaj Kirke und verfolgte den Verlauf.

Natürlich machen die Fachwerkviertel dänischer Städte nicht soviel her wie in manchen deutschen, österreichischen oder schweizerischen Orten. Und gerade dadurch erinnern sie uns selbst bei schönstem Sonnenschein und wärmster Luft daran, daß wir an der Grenze nach Nordeuropa sind, wo alles karger ist, früher vieles ärmlicher war. Was für die Fachwerkhäuser gilt, gilt ja auch für die Burgen, Schlösser und Kirchen. Alles ist etwas bescheidener in Dänemark, und noch bescheidener – sehen wir einmal vom Stockholmer Schloß der schwedischen Könige ab – ist es im übrigen Skandinavien. Hinter dem Polarkreis werden die Gebäude, die Bäume und sogar die Menschen kleiner. Schließlich kommen wir über die Färöer nach Grönland, wo es überhaupt keine festen Häuser gab. Bis der Weiße Mann kam. Aber nicht einmal den harten Wikingern und ihren Nachfahren gelang der erste Kolonialisierungsversuch.

Die südlichste Großstadt Skandinaviens

Raum Kopenhagen, mehr geschichtlich und kulturell

Die Frage, ob man nicht Dänemarks Verwaltung an einen zentraleren Ort verlegen sollte, etwa nach Odense, ließe sich im Stil von Radio Eriwan etwa folgendermaßen beantworten: »Im Prinzip ja. Aber dann wäre Kopenhagen nicht mehr Kopenhagen und Dänemark nicht mehr Dänemark.« In keinem Land hat die geographische Lage der Hauptstadt derart stark die Entwicklung des Landes geprägt, in keinem anderen Land hat der Hauptstadtraum einen derart großen Prozentsatz der Gesamtbevölkerung angezogen.

Kopenhagen ist jetzt seit mehr als fünfhundert Jahren unbestrittene Hauptstadt des Königreichs. In diesem Zeitraum hat nicht nur die Hauptstadt ihr Gesicht geändert, sondern auch das Königreich seine Grenzen. Erinnern wir uns noch einmal daran: Früher reichte Dänemark von Altona bis zum Nordkap, von Estland bis nach Island. Wenn man bedenkt, daß die fernen Regionen eine weit geringere Bedeutung für das Reich hatten als die Herzstücke, so kann man sagen, Kopenhagen hat bis zum Frieden von 1660 genau im ›Bedeutungsmittelpunkt‹ Dänemarks gelegen. Als die östlichen Reichsteile verlorengegangen waren, blieb Kopenhagen Residenzstadt und Verwaltungszentrum und so Schwerpunkt des Reichs. In der Bevölkerungsverteilung schlug sich dies zunächst nicht nieder, weil die Stadt innerhalb ihrer Wälle eine letztlich doch begrenzte Aufnahmekapazität hatte, und unmittelbar außerhalb der Wälle durfte nicht fest gebaut werden.

Seinen Glanz verliehen Kopenhagen natürlich der König und der Hof. Im Gefolge der Niederlage von 1660 berief Frederik III. den Ständetag ein und machte bei dessen Zusammentreten mit Unterstützung der Bürgerschaft sich zum absoluten Monarchen und die Monarchie erblich. Noch stärker wurde so hervorgehoben, daß die Hauptstadt Dänemarks festliegt und mithin Nord-Seeland das ›Land um den König herum‹ ist und bleiben wird. So entstand hier eine gegenüber dem Rest des Königreichs viel stärkere Macht- und Intelligenzbesiedlung schon lange, bevor die Eisenbahn- und Straßenbauer breite, lange Schneisen in das wenig bewaldete Gebiet zu schlagen begannen. Aus diesem Grund gibt es im Raum Nord-Seeland mit Kopenhagen stolze Burgen und freundliche Schlösser, Museen und andere Kunstsammlungen in einer Anhäufung, die man schon fast erdrückend nennen möchte. Dieses Kapitel kann nur einen kleinen Abriß dessen geben, was im nord-seeländischen Raum interessant und sehenswert ist. Ausgangspunkt war dabei die Vorstellung, daß man sich etwa eine Woche im Raum Kopenhagen aufhält.

HAFNIA METROPOLIS ET PORTVS CELEBERRIMVS DANIÆ.

COPPEN HAGEN

Merian-Stich von Hafnia, wie Coppenhagen auf lateinisch heißt. Ganz links das Hafenbecken der Kriegsflotte, rechts dahinter die Residenz Christiansborg; rechts im Bild die Nikolaj-Kirche, jenseits der Wälle eine Werft

Die Köger Bucht, an der man entlangfahren kann, war lange Zeit von Verschmutzung bedroht, erholt sich jetzt aber wieder. An ihrem Nordende ist ein 8 km langer Strand geschaffen, durch den man viele gute Möglichkeiten hat, vom Zentrum Kopenhagens mit öffentlichen Verkehrsmitteln in etwa dreißig Minuten einen Badeplatz zu erreichen.

Im Zentrum von Kopenhagen, also praktisch innerhalb des früher befestigt gewesenen Gebiets, gibt es nicht weniger als dreizehn bedeutende Museen (s. u. Kopenhagener Museen S. 276ff.). Sie alle durchzumarschieren und zu verarbeiten, wäre ein Unding. Überdies würde wohl schon bald der Eremitage-Effekt auftreten, den man in Leningrad fast zwangsläufig erlebt: Nach einigen Stunden wachen Mitfolgens kann man – wenn Exponate und Thema wieder einmal wechseln – einfach nicht mehr konzentriert betrachten, den Erklärungen nicht mehr folgen.

Ole Worm, Arzt und Vorgeschichtsforscher, war es, der in Kopenhagen Anfang des 17. Jahrhunderts in privater Regie ein Kuriositätenkabinett gründete. Ein System hatte er beim Sammeln nicht, er stellte alles aus, was ihm interessant schien. Zugleich beschäftigte Worm sich mit Runensteinen und den Runen selbst. Dabei konnte er auf ein Netz kluger und ortskundiger Leute zurückgreifen, mit dem Dänemark fast fünfhundert Jahre früher überzogen worden war: Worm wandte sich an Dänemarks 1200 Pfarrer. Auf diese Art wurden viele Vorzeitdenkmäler bewahrt, deren Wert und Bedeutung den meisten Bauern überhaupt nicht klar war.

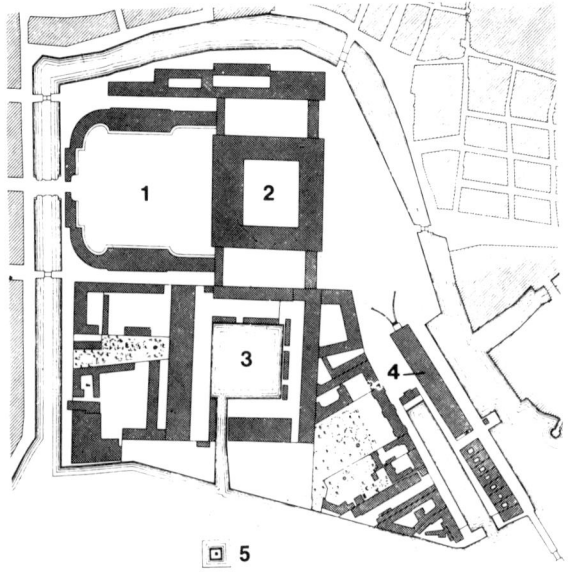

Slotsholmen, 1757
1 *Schloß*
2 *Vorhalle*
3 *Hafen der Kriegsmarine (heute Garten der Kgl. Bibliothek)*
4 *Börse*
5 *Leda und der Schwan (Kopenhagens früheres Wahrzeichen)*

Ole Worm starb 1654 an der Pest, die er und alle anderen Ärzte Kopenhagens nicht daran hindern konnten, 9000 Menschenleben auszulöschen. Seine Sammlungen wurden mit der neu eingerichteten *Kongelige Kunstkammer* Frederiks III. vereint. Diese Kunstkammer war lange Zeit hindurch Dänemarks einziges Museum von Rang und wurde ständig durch Aufkäufe vergrößert. 1821 wurde sie aufgelöst, und ihre Sammlungen gingen an andere Museen Kopenhagens.

Es ist gewiß kein Zufall, daß Alkohol und Tabak auf die Entwicklung des dänischen Museumswesens großen Einfluß gehabt haben. Der Bierbrauer J. C. Jacobsen und sein Sohn C. Jacobsen haben viel von dem Geld, das sie am Durst der Dänen verdienten, für das Ankaufen von Kunst ausgegeben (s. auch ›Bier und Kultur‹ S. 251). Der Vater bildete 1876 den Carlsberg-Fonds, der Sohn 1902 den Neuen Carlsberg-Fonds. Dänemarks wichtigstes Museum, *Det Nationalhistoriske Museum*, das 1878 im Schloß Frederiksborg (Ft. 21) entstand, geht ebenfalls auf den Vater zurück. Der Sohn gründete 1888 die *Ny Carlsberg Glyptotek* gegenüber vom Tivoli. Auch die Initiative für das Kunstgewerbemuseum ging von ihm aus. Dem Tabakverarbeiter Heinrich Hirschsprung verdanken die Dänen *Den Hirschsprungske Samling*, deren Schwerpunkt auf dänischer Kunst des 19. Jahrhunderts liegt, darunter auch mehrere Maler der Skagener Schule.

Die dänischen Kronjuwelen sind im *Schloß Rosenborg* (Farbt. 23) ausgestellt, zusammen mit Gemälden, die Mitglieder der Königsfamilie zeigen, sowie auch Gegenstände aus dem Privatbesitz der königlichen Familie. Ach so, dann gibt es da natürlich auch noch Sammlungen von Gläsern, Porzellan und Elfenbein. Jedes Stück ist hier zugleich ein Stück dänische

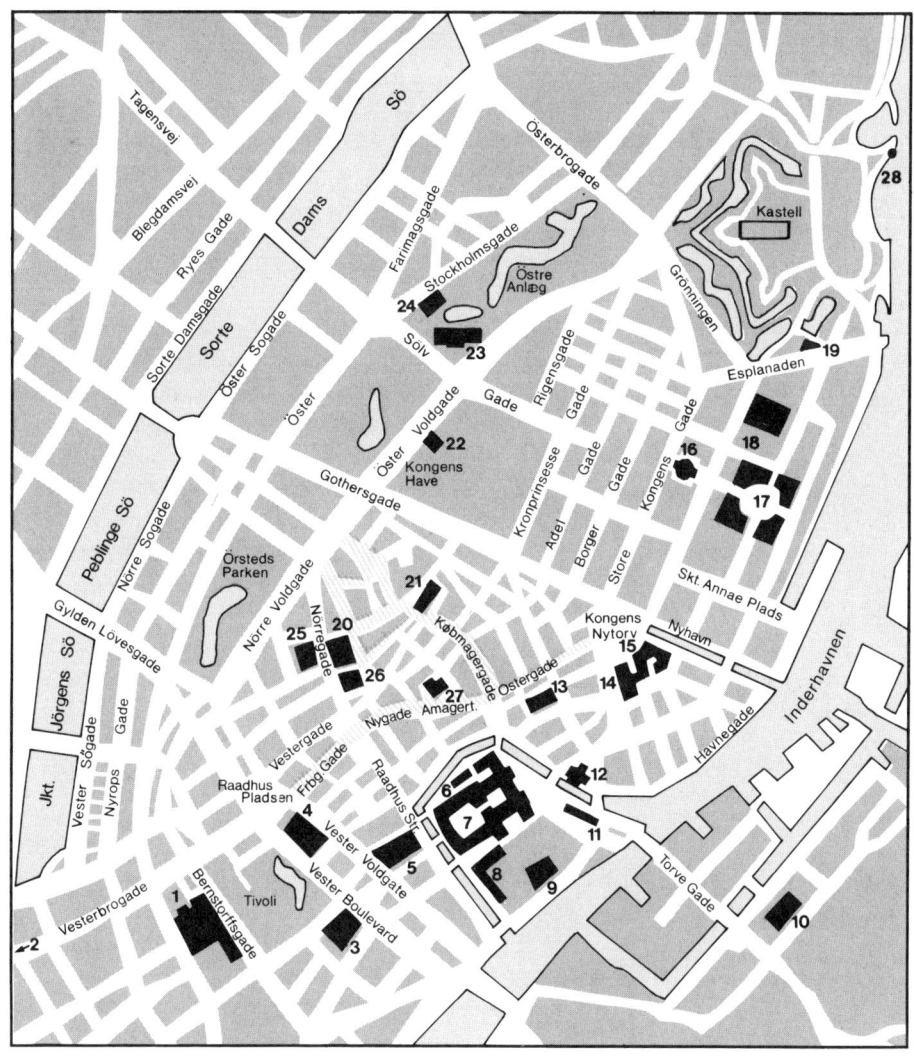

Kopenhagen   1 Bahnhof   2 Stadtmuseum   3 Ny Carlsberg Glytotek   4 Rathaus   5 Nationalmuseum   6 Thorvaldsen-Museum   7 Christiansborg (mit Theatermuseum)   8 Zeughausmuseum
9 Königliche Bibliothek   10 Erlöser-Kirche   11 Börse   12 Holmens-Kirche   13 Nikolaj-Kirche
14 Königliches Theater   15 Charlottenborg   16 Frederiks-Kirche   17 Amalienborg   18 Kunstgewerbemuseum   19 Freiheitsmuseum   20 Universität   21 Trinitatis-Kirche   22 Rosenborg   23 Kunstmuseum   24 Sammlung Hirschsprung   25 St. Petri-Kirche   26 Liebfrauen-Kirche   27 Heiliggeist-Kir-
che   28 Kleine Meerjungfrau

205

Geschichte. Hier findet man beide dänischen Kronen, jene überreich verzierte, die der Städtebauer und Kriegsverlierer Christian IV. in Hamburg verpfänden mußte, wie auch die neue, von Christians Sohn, dem Museumsgründer Frederik III. in Auftrag gegebene, deren Linien heute mehr oder weniger stilisiert wiedergegeben werden, wenn jemand sich als Königlicher Hoflieferant bezeichnen darf. Diese Krone bildet auch die Turmspitze der Hauptwache *Nyholm* (s. Figur S. 208). Auch die Krone der dänischen Post geht auf sie zurück und nicht zuletzt die Krone auf der Krone, dem Dänengeld. Abgeschafft werden soll im Rahmen des totalen Design die Krone bei der Staatsbahn, die heute ihre Räder mit den Insignien DSB rollen läßt. Außer den beiden Königskronen wird auch die Königinnenkrone (1731) in Rosenborg gezeigt.

Wer sich Kunst und Kultur in Kopenhagen ansehen will, stellt am besten zunächst das Auto in eine Parkgarage. Denn alle Bauten und andere Anlagen von Belang sind ja früher einmal durch das enge Korsett zusammengepreßt worden, welches die Wälle bildeten. Wir können also ruhig einmal dort zu Fuß geben, wo auch Sören Kierkegaard und H. C. Andersen zu Fuß gegangen sind. Unbedingt hineinschauen sollte man außer in das *Rosenborger Museum* und in die *Hirschsprungsammlung* auch ins *Nationalmuseum*, ins *Thorvaldsenmuseum* (Farbt. 28, Abb. 108), in die *Ny Carlsberg Glyptotek*, ins *Kunstmuseum*, ins *Kunstgewerbemuseum* und nicht zuletzt auch ins *Museum der dänischen Widerstandsbewegung*. Das beliebte *Museum für Mechanische Musik* wurde 1981 für unbestimmte Zeit geschlossen (Museen S. 276f.).

Auf diesem Rundgang kommt man an vielen historischen Bauten der Stadt vorbei. Diese Bauten prägen das Gesicht Kopenhagens noch stärker als das jeder anderen skandinavischen Großstadt. Eine der Ursachen liegt einfach darin, daß die anderen skandinavischen Großstädte fast durchweg bedeutend weniger historisches Profil haben. Was die Bürger bauten,

Blick auf Nyhavn,
Zeichnung von
H. C. Andersen

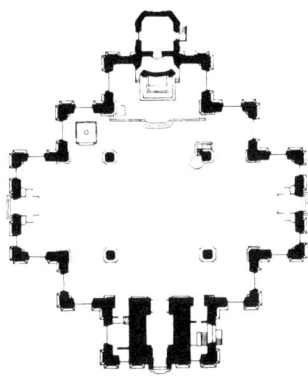

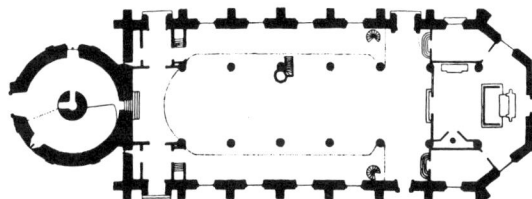

Erlöser-Kirche in Christianshavn,
1682–1692, L. van Haven

Trinitatis-Kirche und Runder Turm, 1637–1642

war bis in unser Jahrhundert hinein vorwiegend aus Holz und darum brandanfällig. Außerdem hatten die Bürger für das Bauen nicht sehr viel Geld übrig. So bleiben schließlich in ganz Skandinavien nur zwei Städte, die in Konkurrenz darum treten könnten, wer mehr historischen Bestand hat: Stockholm und Kopenhagen. Sie waren vom Anfang des 15. Jahrhunderts bis 1905, als die Union Schweden-Norwegen aufgelöst wurde, die einzigen Hauptstädte Skandinaviens, denn Oslo und Helsinki waren eher die Verwaltungszentren autonomer Gebiete. Zum Nachteil für Stockholm hatten die schwedischen Könige lange Zeit die mißliche Angewohnheit, sich um die Städte auf dem Kontinent mehr zu kümmern als um die eigene Hauptstadt. Das brachte ihnen Ruhm und Ehre, zuweilen auch eine Menge Beute, aber per Saldo war es ein Minusgeschäft. Was draußen an Menschen und Material verpulvert wurde, wäre für Verbesserungen der Infrastruktur wohl vorteilhafter eingesetzt worden. Auch für die Ausgestaltung der Metropole.

Die dänischen Könige waren da klüger. Sie führten nach Möglichkeit seltener Krieg. Und wenn sie es taten, dann mit begrenztem Einsatz und darum auch begrenzten Verlusten. So blieb mehr für die Infrastruktur übrig. Dänemark hat schon seit Jahrhunderten ein vorbildliches Straßen-, Fähren- und Postwesen. Und außerdem eine Hauptstadt, deren Bauten an die anderen Residenzen auf dem Kontinent ziemlich nah herankommen.

Schon im zweiten Kapitel wurde erwähnt, daß Geldmangel in Kopenhagen die Planierraupenraserei gestoppt und zu selektiver Sanierung geführt hat. Bei älteren Häusern wird diese Sanierung gewöhnlich mit sehr viel Pietät (und Zuschüssen der öffentlichen Hand) durchgeführt. Im früheren Vergnügungsviertel Nyhavn wurde ein Speicher in ein Hotel umgebaut. Dabei wurde ein Teil der alten Balken ersetzt und in jeder Hinsicht Wert darauf gelegt, eine Atmosphäre von Gediegenheit zu entwickeln. Unvermeidbar war es, daß sich dabei ein neuer Snobismus entwickelte. Nicht mehr weit draußen im Einfamilienhaus mit großem Garten wollen viele wohnen, sondern möglichst mitten in der Stadt in einem stilecht restaurierten Haus. Und je näher eine solche Wohnung dem königlichen Schloß Amalienborg liegt, desto höher ist die Miete. Auf jeden Fall hat dieses plötzlich erwachte Interesse den Vorteil, daß die Nachfrage nach Wohnungen und Büros in Uraltbauten erheblich angestiegen ist und dies wiederum die Voraussetzungen für weitere selektive Sanierungen schafft.

Die Insel *Amager* (Farbt. 27) im Süden der Stadt ist ein ausgesprochener Glücksfall für Kopenhagen. Auf dieser Insel legte Christian IV. nach holländischem Vorbild um eine Gracht herum den Stadtteil *Christianshavn* an. Am sogenannten Inderhavnen (Innerhafen) siedelte sich der Schiffbau an, und angesichts seiner militärischen Bedeutung ließ Christian auch Christianshavn mit Wällen und Gräben sichern. Daraus ergab sich, daß die Stadt in Richtung Süden auf Amager nicht weiterwuchs. Verstreut über die Insel waren einige Fischerplätze und das Bauerndorf St. Magleby, das von Holländern angelegt worden ist, die 1521 von Christian II. als tüchtige Trockenleger ins Land geholt worden waren. Für die unbebauten Flächen begannen sich die Streitkräfte zu interessieren, als es seit Napoleon üblich geworden war, in aufgelösten Formationen zu kämpfen, und seitdem die Kanonen und später sogar die Handwaffen immer weiter trugen. So wurde ein Teil von Amager Truppenübungsplatz. Einen anderen Teil nahm sich später der Staat und baute darauf den Flughafen Kastrup. Heutzutage hat sich die Besiedlung zwar schon weiter nach Süden ausgedehnt, aber der größere Teil der 90 qkm ist noch immer unbebaut. Statt nach Nord-Seeland zu wuchern, könnte Kopenhagen sich nach Süden hin geplant ausdehnen. Aber das hat so seine Schwierigkeiten. Man kann keinen Gesamtplan aufstellen, weil man nicht weiß, ob der Flugbetrieb auf Amager bleiben oder auf die Insel Saltholm verlegt werden wird (Öresund s. ›Kunst und Land‹). Erst wenn ein grundlegender Beschluß gefallen ist, kann die Planerei losgehen. Bis dahin bleibt Kopenhagen eine Weltstadt, die 4 km südlich vom Rathausplatz Kuhweiden hat – und ihren internationalen Flughafen mit Verbindungen über Eurasien, den Atlantik und den Nordpol hinweg nur 7 km von ebendemselben Rathausplatz entfernt.

Wer vom Zentrum nach Roskilde will, nimmt am besten vor dem Hauptbahnhof die Vesterbrogade. Sie führt am Stadtmuseum vorbei und gabelt sich bald danach. Am Museum,

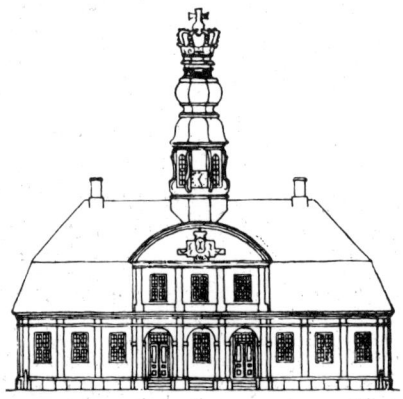

Ostfassade der eigenwillig gekrönten Hauptwache Nyholm (Christianshavn), 1742, Ph. de Lange

69 MARIBO   Dom, 1413–1470 (Lolland)

◁ 68 Schloß TRANEKÄR (Langeland)

71 NYKÖBING   Hauptort auf Falster

70 Im Hafen von BAGENKOP an der Südspitze (Langeland)

72 Brücke über den Ulvsund (Mön)

73 Empire-Lustschlößchen LISELUND (Mön)

74 Schloß KNUTHENBORG (Lolland)

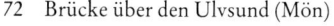

76 TRELLEBORG Rekonstruiertes Haus und Modell der Wikingeranlage (Seeland)
◁ 75 FANEFJORD Fresken des ›Elmelunde-Meisters‹, um 1500 (Mön)
77 LERCHENBORG Ausstellungsraum (Seeland)

79 TVEJE MERLÖSE   Eine der ältesten Dorfkirchen Dänemarks (Seeland)

◁ 78 KALUNDBORG   Der fünftürmige Dom von ca. 1170 (Seeland)

80 HÖJERUP Von der Kirche über dem Steilufer
stürzte 1928 der Chor ab (Seeland)

81 VORDINGBORG Der ›Gänseturm‹ ist ein
Rest der Ringmauer von 1160 (Seeland)

82 Schloß GISSELFELD 16. Jh. (Seeland)

83   BJERNEDE   Die Rundkirche wurde 1150–1175 erbaut (Seeland)

84 NÄSTVED   Apostelgården in der Riddergade (Seeland)

85 Schloß NYSÖ   17. Jh., Thorvaldsen-Museum (Seeland)

86 ROSKILDE   Der Dom (1170) ist die Grablege der dänischen Könige seit dem Mittelalter (Seeland)

87 Tyge (Tycho) Brahe
    (1564–1601)

88 Ludvig Holberg
    (1684–1754)

89 Bertel Thorvaldsen
    (1768–1844)

90 H. C. Örsted (1777–1851)

91 N. F. S. Grundtvig
    (1783–1872)

92 Hans Christian Andersen
    (1805–1875)

93 Fresken von Jörgen Sonne.
    Figurengruppe mit Andersen

94 Frederik VII. und Gräfin
    Louise Christiane Danner

95 Georg Brandes (1842–1927)

96 KOPENHAGEN   Reiterstandbild König Frederiks V. auf dem Schloßplatz von Amalienborg

97 KOPENHAGEN   ›Kleine Meerjungfrau‹ von Edvard Eriksen

98 KOPENHAGEN   Der kleine Hornist

99 KOPENHAGEN   Bischof Absalon

100 KOPENHAGEN Grundtvigskirche, erbaut
1921–1940 von P. V. Jensen-Klint und K. Klint

101 KOPENHAGEN Marmorkirche (Frederikskirche), 1749–1894, Kuppelhöhe 45 m

102 KOPENHAGEN Glasfenster über dem Rathausportal

103 KOPENHAGEN Schloß Amalienborg, 1749–1760

104 KOPENHAGEN Schloß Christiansborg, 1907–1928 als sechster Bau auf Slotsholmen errichtet

105 KOPENHAGEN Börse, 1619–1640 von
Christian IV. erbaut

106 KOPENHAGEN Orgel in der Vor Frelsers
Kirke, 1682–1692

107 KOPENHAGEN Windmühle von 1687 auf dem Kastell

Anfang Absalonsgade, ein profiliertes Stück Straße mit Laternen, Bänken und Brunnen der Jahrhundertwende. Bald danach geht die Vesterbrogade direkt in den Roskildevej über. Auf der rechten Seite – deutlich ausgeschildert – der Zoologische Garten, der freilich nicht so imponierend ist, wie man sich einen Tiergarten in Dänemark vorstellt. Er soll jetzt mit einigen Millionen verbessert werden.

Von Roskilde (s. S. 190) geht nach Nordosten die 6 in Richtung Hilleröd (Frederiksborg Slot), Helsingör und Helsingborg (Schweden). Etwa 15 km hinter Roskilde die Abfahrt nach **Frederikssund,** Stadt der Wikingerspiele. Diese Spiele und ein hübscher Badestrand haben Frederikssund in den letzten Jahren erheblichen Auftrieb gegeben. Die durchaus sehenswerten Spiele finden jeden Sommer, beginnend um Johanni, zwei bis drei Wochen lang statt. (Hornsherred s. S. 191).

Die Straße von Frederikssund nach Frederiksvärk geht am *Roskilde Fjord* entlang. Östlich von Frederiksvärk liegt der *Arresö,* mit 41 qkm Dänemarks größter Binnensee. Er hatte früher Verbindung mit der Ostsee, aber die trocknete während der Steinzeit ein, und der See ist heute nur 4 m tief. Frederik IV. ließ ab 1719 einen Kanal zum Roskilde Fjord bauen, und an ihm entstand die Stadt. Hier legte 1761 J. F. Classen, ein tüchtiger Militär, eine Pulverfabrik, eine Eisengießerei und ein Kupferwalzwerk an. Heute hat **Frederiksvärk** auch ein großes Stahlwalzwerk. Frederiksvärk gehört zu den ganz wenigen Städten dieser Welt, die ein Schwarzpulvermuseum ihr eigen nennen können.

Rund um die Stadt herum kann man viel unternehmen und kennenlernen. Im Westen liegt **Hundested** (Fähren nach Nyköbing S.), wo der Polarforscher Knud Rasmussen gewohnt hat (Museum). Im Norden der Badestrand von **Liseleje.** Unweit davon die Kirche in **Melby** mit einem Votivschiff und sehr farbenfrohen Fresken. Bei einem Spaziergang von Liseleje den Strand entlang in Richtung Nordosten kommt man durch eine Baumanpflanzung, die zum Schutz des Ortes **Tisvilde** angelegt wurde, der unter Sand zu verschwinden drohte. Einige Kilometer südlich von Tisvilde die Kirche von **Tibirke,** die zu einem unter Sand verschwundenen Ort gehörte. Die Kirchenstühle (1562) tragen Wappen von Familien aus jenem Ort.

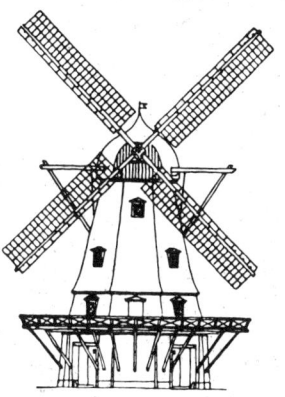

Mühle von 1840–50, Kastell

Bei einem Ausflug nach Süden oder bei der Weiterfahrt nach Hilleröd kommt man an der Kirche von **Kregme** vorbei, deren Turm sich an der Ostseite befindet. Die Kirche hat hübsche Glasmosaiken. Schon vor Kregme auf der Ostseite der Straße die Ruine von Schloß *Dronningholm*, das – hier taucht er wieder auf – von Valdemar dem Sieger seiner Frau geschenkt worden sein soll.

An der Strecke nach Hilleröd nördlich die Klosterruine von *Äbelholt*. Von dem um 1175 begonnenen Kloster ist nur noch sehr wenig übrig (heute Hospital-Museum).

Frederiksborg Slot (Farbt. 21, Abb. 110, 111) ist ein Bauwerk, an dem sich viele Baumeister und Architekten versucht haben. Die Arbeiten begannen im Jahr 1560, aus jener Zeit stammt noch der Baukörper mit den beiden runden Türmen. Der Renaissancebau in seiner jetzigen Form geht auf Christian IV. in der Zeit 1602–1608 zurück. Mit dem Schloß seiner Geburt gab der König sich besonders viel Mühe. Eine Compenius-Orgel (1610), die ihm 1617 geschenkt wurde, erhielt ihren Platz in der Schloßkirche. Sie ist die älteste noch benutzte Orgel in Dänemark. Er ließ die Räume üppig ausschmücken, was heute noch in der Schloßkirche besonders deutlich wird. Hier finden an Sonn- und Feiertagen Gottesdienste der Gemeinden Frederiksborg Slot und Hilleröd statt. Das Schloß ist bewußt asymmetrisch gebaut. Die Anlage orientiert sich an französischen Vorbildern, und dieses Schloß bekam als erstes in Dänemark einen Ehrenhof.

In der Ausführung jedoch zeigt Frederiksborg beste holländische Renaissance, wie sie mit den flämischen Baumeistern nach Dänemark gekommen war. Die bedächtige holländische Spielart der Renaissance lag den nüchternen Dänen bedeutend mehr als die dramatische italienische. Zu den wichtigsten Gastarbeitern jener Zeit gehört die flämische Familie Steenwinckel. Die prachtvolle Marmorgalerie, die das Schloß später als Verbindung zwischen den Gemächern des Königs und der Königin erhielt, stammt von Hans van Steenwinckel d. J. Tobias Faber bezeichnet in seinem bereits erwähnten Buch das heutige Frederiksborg Slot als eine ›Nachdichtung‹. Frederiksborg brannte 1859 größtenteils ab und wurde 1861–1875 von Architekt Ferdinand Meldahl aufgebaut, dessen Hauptwerk die Vollendung der Marmorkirche in Kopenhagen ist. Meldahl hielt sich an die alten Baupläne, übertrug aber auf Frederiksborg auch vieles, was er in anderen Schlössern auf dem Kontinent gesehen hatte. Im Ursprung erhalten ist aber die Schloßkirche mit ihren drei Schiffen.

Vom Schloß bis nach Helsingör sind es nur einige Kilometer. Im Zeitalter des Automobils ist die Stadt in jene Gruppe von Städten gerutscht, die man sich in der Warteschlange bei laufendem Motor durch die vom Staub gelb bepuderten Scheiben ansieht. (Was war die gute alte Zeit doch gut! Früher stand an jedem dänischen Fährplatz ein *Färgekro*, und er war immer gut besucht, selbst dann, wenn keine Fähre zu erwarten war.)

Schloß *Fredensborg* (Farbt. 30, Abb. 112) am schönen Esrumsö wurde von 1719–1722 auf Geheiß Frederiks IV. von J. C. Krieger erbaut. Es erhielt seinen Namen zur Erinnerung an den Friedensschluß, der den Großen Nordischen Krieg beendete. Nach Krieger haben Fredensborg ergänzt und umgebaut: C. E. Brenno, H. Kock und J. Fabris; Niels Eigtved und Laurids de Thurah sowie schließlich Caspar Frederik Harsdorff, der dem Schloß sein heutiges Aussehen gab. Die holländisch beeinflußte Barock-Schloßkirche stammt ebenfalls von J. C. Krieger. Der Park ist in seiner heutigen Form schon mehr als zweihundert Jahre alt, angelegt wurde er von Nicolas-Henri Jardin. In einem abgelegenen Teil der sog. Nordmännerpark, angelegt unter Frederik V. von dem ursprünglich deutschen Bildhauer Johann Gottfried Grund (1733–1796). Frederik, der täglich seine dänischen Untertanen sah, wollte auch die Norweger und Färinger – die *Nordmänner* – nicht ganz aus dem Auge verlieren. Darum gab er dem späteren Hofbildbauer den Auftrag, das einfache Volk dieser Reichsteile in 69 Skulpturen darzustellen. Grund, der wenig Ahnung vom einfachen Volk des Nordmeers hatte, benutzte als Vorlagen kleine Knochenschnitzereien des norwegischen Künstlers Jörgen Garnaas (1723–1798). Die Skulpturen sind in drei Kreisen aufgestellt und blicken auf einen Mast mit vergoldeter Spitze, der die Königsmacht symbolisiert.

In **Helsingör** muß man sich ganz einfach gründlich umsehen. Man muß die Fußgängerstraßen der Altstadt entlang wandern, man muß vor den Schaufenstern stehenbleiben, die alle Genußmittel mit einem Preis in Dänen- und einem in Schwedenkronen ausgezeichnet haben. Man braucht einen halben Tag allein für das Schloß *Kronborg* (Farbt. 22, Abb. 113, 115) mit dem Zollmuseum, in dem Folianten zu sehen sind, aus denen man entnehmen kann, was in früheren Jahrhunderten per Schiff in den Ostseeraum gebracht und was aus ihm verschifft wurde. Denn die fleißigen Zöllner, die Generation für Generation jahrhundertelang für die Schatulle des Königs Transitzölle kassierten, haben alles genau aufgezeichnet.

Helsingör

1 *Schloß Kronborg (Handels- und Seefahrts- museum)*
2 *Axeltorv*
3 *St. Mariä-Kirche und Karmeliter- kloster*
4 *St. Olai-Dom*
5 *Stadtmuseum (Karmeliterhaus)*
6 *Buxtehude-Haus*
7 *Öresund- Aquarium*
8 *Historische Eisen- bahn (Helsingör – Gilleleje)*
9 *Schloß Marienlyst (Stadtmuseum)*
10 *Technisches Museum und Verkehrsmuseum*

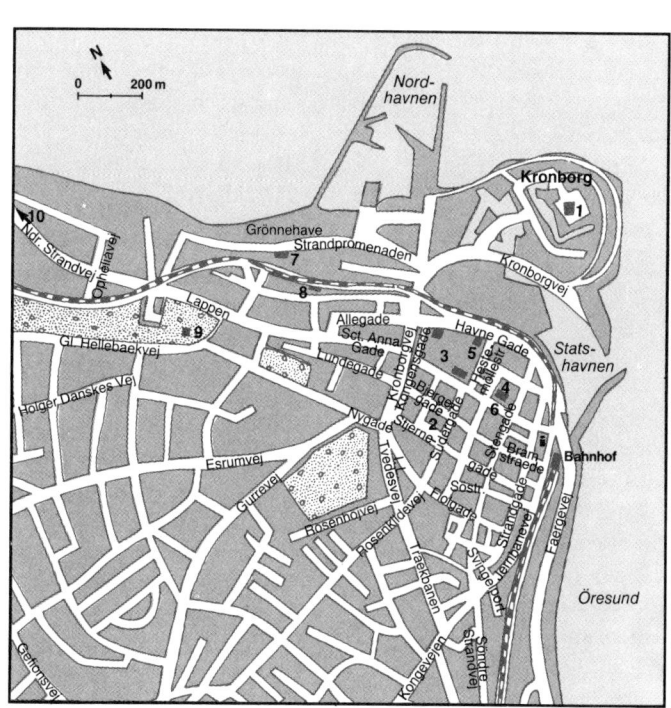

Man muß die Anlagen der *Skt. Mariä Kirke* und des ausgezeichnet bewahrten Karmeliter-klosters sehen. Und übersehen darf man nicht Helsingörs moderne Architektur, wie sie sich in den Kingohäusern darbietet, die ihren Namen von Bischof Thomas Kingo haben. Diese Einfamilienhäuser sind eine Arbeit von Jörn Utzon, dessen berühmtestes Werk das Opern-haus in Sydney ist.

Auf dem Weg nach Kopenhagen passiert man zunächst in **Humlebäk** (Hinweisschilder) das außerordentlich interessante *Museum Louisiana* (Abb. 109, S. 279). Der Gründer, Kaufmann Knud W. Jensen, baute es 1958 mit dem Ziel, an einer hübschen Stelle der Öresundküste Landschaft und Kunst miteinander zu verschmelzen. (Früher stand hier ein Sommerhaus, das der damalige Besitzer seiner Frau *Louise* vermacht hatte). Besuchen Sie dieses Museum nicht nur, sondern versuchen Sie, es zu erleben! Dafür sind Sonnentage besonders geeignet, wenn man ausgiebig durch den Park schlendern, sich auf eine der vielen Bänke setzen oder – angelehnt an eine Moore-Plastik – ein Sonnenbad nehmen kann. Das Museum zeigt moderne dänische Kunst und in wechselnden Ausstellungen internationale Kunst. Auch die chinesischen Terrakotta-Soldaten sind hier einmal aufmarschiert, und als schwierigstes Pro-blem wurde dabei der Transport eines Pferdes von Peking nach Kopenhagen gemeistert. Knud W. Jensen, u. a. 1977 durch den Verband deutscher Galerien geehrt, sagt, er arbeite nach dem ›Sauna-Prinzip‹: Dem Besucher soll es abwechselnd heiß und kalt werden.

Weiter unterwegs nach Kopenhagen kommt man an dem Jagdschlößchen *Eremitage* (Farbt. 29), dem Tiergarten *Jägersborg* und dem Vergnügungspark *Bakken* vorbei, in dem es ein wenig bunter zugeht als im gesitteten Tivoli. Die Einfahrt zum Bakken erfolgt vom Klampenborgvej, der zugleich Umgehungsstraße (Ring III) ist. Wenn man Lyngby erreicht hat, findet man ohne Schwierigkeiten zu dem *Frilandsmuseum* in Sorgenfri.

Wer sich weniger für Kirchen und Museen und nicht einmal für Louis Tussauds *Waxmu-seum* interessiert, sondern mehr für das kulinarische Kopenhagen, für fidele Stellen und Liveshows, wird das nächste Kapitel mit größter Aufmerksamkeit lesen.

Kopenhagen von Acht bis Mitternacht

Liveshows sind seit einigen Jahren aus ganz Dänemark verschwunden. Das war zwar nicht so recht liberal, aber geschadet hat es Kopenhagen nicht. Denn sein Image als Weltzentrum der Permissiveness war und ist ohnehin viel zu stark hochgeblasen.

Ende der 60er Jahre entschied ein konservativer Justizminister im Rahmen einer bürgerli-chen Regierung, für Pornographie solle künftig folgendes Prinzip gelten: Wer sie haben will, soll sie ohne Schwierigkeiten bekommen, aber wer sie nicht mag, soll durch das Vorhanden-sein des Angebots nicht belästigt werden. Das hat praktisch nur zu einer Verlagerung der Argumentation zwischen Feilhaltern und Polizei geführt. Während man sich früher über die Frage streiten mußte, was obszön ist und was nicht, geht es heute darum, ob dies oder jenes jemanden belästigen könnte. Dabei werden in verschiedenen Straßen verschiedene Kriterien angelegt. Auf der breiten Fußgängerstraße Ströget, wo das Menschengewimmel im Winter groß und im Sommer sehr groß ist, gibt es keine Pornoshops mehr, wohl aber findet man sie noch im etwas düsteren Viertel Vesterbro rund um die Istedgade herum, an der Südwestseite des Hauptbahnhofs.

Im übrigen darf man keinesfalls den Fehler machen, die Pornographie und anderes Einschlägiges in Kopenhagen als Phänomen isoliert zu betrachten. Die dänische Bereitschaft, all dies – abgesehen von steuerhinterziehenden Liveshow-Clubs – zu dulden, ist ein Teil der liberalen Einstellung dieser Menschen, die liberal wohl zuletzt auch deswegen sind, weil sie hoffen, sich damit von ihren Nachbarn im Süden zu unterscheiden.

Wer auf scharfe Sachen aus ist, für den lohnt es sich kaum, weiter nach Norden zu fahren als bis Hamburg. Kopenhagen hat tagsüber und abends bedeutend mehr zu bieten als nachts. Darum wird dieses Kapitel um Mitternacht abschließen. Wer noch weitermachen will, dürfte sicher selbst etwas finden.

Nach dem Sex die Preise: Ist Kopenhagen, ist Dänemark insgesamt ein teures Reiseland? Nach meiner Meinung ist es eher etwas billiger als die anderen skandinavischen Länder, und es hat überdies natürlich den Vorteil, daß die Anreisewege kürzer sind und darum nicht so erheblich zu Buch schlagen. Wer die Regionen Dänemarks außerhalb der Hauptstadt besucht, wird dies ohnehin kaum tun, weil er mal ganz groß leben möchte. Man fährt wegen der Landschaft, vielleicht auch, um einmal die Nachbarn kennenzulernen, sehr oft aber wegen der herrlichen (übrigens kurtaxfreien) Strände. Besucher Kopenhagens werden von vornherein auf höhere Unkosten eingestellt sein, aber auch sie brauchen keine Kostenexplosion zu befürchten. Einige Hinweise in diesem Kapitel werden hoffentlich sparen helfen.

Zwischen der billigen Privatunterkunft und den teuren internationalen Hotels hat Kopenhagen ein breites Band von Hotels aller Preisklassen. Wer zwischen Mitte Oktober und Mitte April nach Kopenhagen kommt, kann sich in kleineren Hotels auf Wochenbasis vorteilhaft Zimmer mieten, die zumindest Toilette und Dusche haben. Einige Hotels vermieten auf dieser Basis auch Zimmer mit Kochmöglichkeiten.

Die billigsten Hotels unter den sauberen – oder die saubersten unter den billigen – sind in Kopenhagen und in ganz Dänemark die Missionshotels, die zumeist auch sehr zentral liegen. Im Missionshotel wird man von einem ganz gewöhnlichen Portier empfangen, nicht etwa von einem Wiedertäufer. Der Hotelbetrieb verläuft wie woanders auch; mit drei Ausnahmen: Das stärkste Getränk ist Kraftfahrerbier, zum morgendlichen Zeitungsangebot gehört auch *Kristeligt Dagblad*, außerdem ist gewöhnlich im Frühstückszimmer von Viertel vor Neun bis Neun Morgenandacht; an dieser Andacht teilzunehmen ist man selbst dann nicht verpflichtet, wenn man gerade frühstückt. Dänen haben jedoch – wenn sie kein Verlangen nach einer Morgenandacht empfinden – den Brauch, um diese Zeit nicht zu frühstücken oder aber zumindest etwas leiser zu kauen.

Wenigstens an einem Alltagsmorgen sollte man früh genug aufstehen, um das Einströmen der Kopenhagener ins Zentrum mitzuerleben. Man ist schon früh genug auf den Beinen, wenn man kurz nach acht Uhr das Hotel verläßt. Zu dieser Zeit sind viele Leute zu Fuß unterwegs, entweder vom abseits gelegenen Parkplatz, von einer S-Bahn-Station im Zentrum oder von einer Bushaltestelle auf dem Weg zum Arbeitsplatz. Wer in einem Missionshotel nahe am Hauptbahnhof wohnt, kann sich im Bahnhof vom Strom der ankommenden Vorortler in Richtung Ströget und Rathausplatz treiben lassen. Dies ist die beste Zeit, sich nach einem Mitbringsel umzusehen. Denn die Geschäfte öffnen erst um neun Uhr, und man ist vor der Gefahr von Impulskäufen geschützt.

Die lange Fußgängerstraße Ströget hat natürlich ihr eigenes Preisniveau. Ströget ist für Ausländer mehr etwas zum Spazierengehen und nicht zuletzt zum Sitzen im sommerlichen Sonnenschein, wenn die unablässige Spaziergänger- und Käuferprozession sich vorbei wälzt. Das Einkaufen erledigt der Kenner Kopenhagens lieber in den Straßen um Ströget herum. Dort gibt es zahlreiche Läden mit kunterbuntem Sortiment, dort gibt es kleine Geschäfte und Boutiquen, aber auch von Idealisten betriebene Geschäfte, wie Schachläden, marxistische und maoistische Buchhandlungen, Läden mit biodynamisch gezüchteten Lebensmitteln und natürlich andere mit indischen Baumwollwaren. Hier findet auch der Briefmarken- oder Münzensammler seinen Gesprächspartner. Denn morgens haben die Dänen, die sich beim Einkaufen ohnehin gern Zeit lassen, besonders viel Zeit.

Straßen, die man sich bei einem solchen Bummel nicht entgehen lassen sollte, sind: *Studiesträde, Skt. Pederssträde, Larsbjörnssträde, Teglgårdsträde und Nörregade* nordöstlich von Ströget, südöstlich davon *Lavendelsträde, Kattesund, Farvergade, Kompagnisträde* sowie *Läderssträde* und die sie kreuzenden Straßen.

Die Kopenhagener Fußgängerzone wird ständig ein wenig ausgebaut. Ihre Basis ist bislang *Ströget* (Farbt. 24), eine Straße, die es gar nicht gibt. Die Häuser haben als Adressen nach wie vor die Namen der Straßen und Plätze, die schon vor Schaffung der Fußgängerzone existierten. Umbenennungen würden dem dänischen Gefühl für Traditionen widersprechen. (Eine Ausnahme wurde für den Märchendichter Andersen gemacht, der einen Boulevard mitten im Zentrum bekam; eine Aufmerksamkeit, die Sören Kieksegaard bislang nicht zuteil geworden ist, was seine Verehrer hin und wieder zu Leserbriefaktionen veranlaßt.) Vom Rathausplatz her gesehen passiert man auf seinem Gang Ströget entlang bis zum Platz Kongens Nytorv: *Frederiksberggade, Gammel Torv, Nygade, Vimmelskaftet, Amagertorv* und *Östergade*. Am Amagertorv liegen die Kgl. Porzellan-Manufaktur, das Kellerlokal Jordbärkälderen und ein Geschäft für finnisches Design. Neben der Porzellan-Manufaktur (Gartencafé) die Verkaufsausstellung *Illums Bolighus*, hochwertiges dänisches Einrichtungsdesign. In der Östergade das Warenhaus *Illum*, ein Stück weiter auf der anderen Seite, etwas zurückliegend das renommierte Kaufhaus *Magasin du Nord*. In Nr. 24 das Atelier des Hoffotografen Elfelt, in dessen Vitrinen gewöhnlich außer Bildern der königlichen Familie Bilder des Zuschauerraums im Kgl. Theater gezeigt werden, die mit der alten Kamera von Jens Poul Andersen (S. 63) gemacht worden sind. In einer weiterführenden Passage Räume des weltbekannten Designers Björn Wiinblad. Am Kongens Nytorv auf der linken Seite ein Restaurant mit Terrasse, 100 m rechts ein zweites.

Quer über Kongens Nytorv, vorbei an Christian V. zu Pferde (1688, gegossen von Abraham César l'Amoureux) und vorbei am Königlichen Theater. Um den stattlichen Platz Kongens Nytorv gruppierte sich 200 Jahre lang das Zentrum Kopenhagens. Erst nach dem

Schleifen der Stadtwälle und dem Bau des neuen Rathauses gegen Ende des letzten Jahrhunderts (Abb. 99, 102) machte das Zentrum einen Sprung nach Westen, zum heutigen Rådhuspladsen.

Zum alten Zentrum gehört auch der Stichkanal Nyhavn, auf dessen Ostseite es bis in die sechziger Jahre hinein einen reeperbahnartigen Trubel gab. Das ist heute nur noch Erinnerung. Verschwunden sind die Kneipen, entwickelt haben sich die Restaurants. Bei schönem Wetter sitzt man dort – beste Zeit am Spätnachmittag – zumindest so gut wie auf dem Gråbrødretorv, dem Rathausplatz und dem Kultorv.

Ich möchte wetten, daß Sie hier vor halb ein Uhr nicht ankommen, vorausgesetzt, Sie haben unterwegs in einem ›Pflastercafé‹ eine längere Pause gemacht, wofür man besonders den Gråbrødretorv empfehlen kann. Um diese Zeit sind die meisten Cafeterias und Restaurants der Innenstadt ziemlich voll, es lohnt sich darum, mit dem Essen ein wenig zu warten. Man kann Ströget ein Stück zurückschlendern, dann auf den Nikolaj Plads einbiegen und einmal nachsehen, was für eine Kunstausstellung in der Nikolaj-Kirche gezeigt wird, die schon seit Jahrzehnten keine Kirche mehr ist. Vom Nikolaj Plads findet man leicht zum Gammel Strand, wo es einige wenige Restaurants mit guten Fischspeisen gibt. Vom Gammel Strand gelangt man durch die Snaregade in die Magsträde und geht dabei durch den ältesten erhaltenen Straßenzug Kopenhagens. An der Ecke Magsträde/Rådhussträde eins der ersten Häuser, das von den Kopenhagener *Slumstormere* (Slumstürmer) besetzt wurde. Die Stadtväter beugten sich, sahen plötzlich ein, daß Kopenhagen ein Zentrum auch für die durchreisende Jugend braucht, und richteten dieses Zentrum im *Huset* (Das Haus) ein. Hier gibt es preiswertes Essen, hier gibt es Ausstellungen, Kinovorführungen und eine Bücherei. Bitte auch einen Blick auf das Anschlagbrett vor dem Restauranteingang werfen! Da werden nicht nur Partner für Wohngemeinschaften und von Partnern Wohngemeinschaften gesucht, da hängen auch Zettel wie: »Im Juli nach Kathmandu. Bunter Kleinbus, noch zwei Plätze frei, gemeinsame Verpflegung.« Ein anderer will wissen: »Wer nimmt mich nach Marrakesch mit?«

Im Keller ein Café. Die Fenster zeigen zum Platz Vandkunsten, wo es mehrere Restaurants gibt. Vom Platz geht die Gåsegade ab und in die Hestemöllesträde über. Dann folgt in Richtung Ströget die Straße Kattesund, wo man Hausmacher-Waffeln (Nr. 8) bekommen kann. Die Dänen essen erst nach der Arbeit ›zu Mittag‹. Zwischen 12 und 1 Uhr essen sie etwas kleines Kräftiges, wie etwa zwei oder drei Smörrebröd, dann Räucherschinken mit Spiegelei oder Frikadellen mit Roter Beete. Dazu trinkt man eine Flasche Pils. – Die klassische dänische Frokost wird mit Gerichten wie den genannten nur eingeleitet und endet keineswegs schon um ein Uhr oder kurz darauf. Sie ist nur der Auftakt zu einem ausgedehnten Essen und Gespräch, daß hin und wieder durch ein ›Skål!‹ unterbrochen wird. Wer sich auf eine solche, bei den heutigen Alkoholpreisen freilich kaum noch erschwingliche Frokost einläßt, der wird wahrscheinlich vor dem Heraufdämmern des Abends kaum aus dem Restaurant kommen.

Den Nachmittag kann man mit einer ausgedehnten Stadtrundfahrt füllen. Einige dauern mehrere Stunden und geben einen wirklich guten Einblick in das Gestern und das Heute der

dänischen Hauptstadt. Bei schönem Wetter sollte man auf jeden Fall auch eine Schiffsrund-
fahrt machen, entweder zur Kleinen Meerjungfrau oder aber – was abwechslungsreicher ist –
unter Brücken hindurch und Kanäle entlang nach *Christianshavn*. Bei einer Bootstour sieht
man die Entwicklung und den heutigen – etwas bejammernswerten – Zustand des Kopenhagener Hafens. Spaziergänger haben die Möglichkeit einer Zweistundentour mit Führung,
die systematischer ist als meine vorhin skizzierte.

Wer danach gern eine Tasse Kaffee trinken möchte, wird genug Möglichkeiten finden. In
Kopenhagen sind zwar die Cafés bei weitem nicht so zahlreich wie in Wien, andererseits aber
kann man zum Kaffeetrinken praktisch in jedes Restaurant gehen, auch in ein chinesisches. –
Achten Sie bitte beim Spazierengehen auf die leckeren Schaufensterauslagen der Konditoreien. Und denken Sie auch daran, daß diese Unmengen von den Dänen im Laufe des Tages
tatsächlich vertilgt werden. Man sollte es ganz schlicht nicht für möglich halten.

Camper, Caravaner und andere Selbstverpfleger haben in Dänemark ihre helle Freude. Im
dänischen Bäckerladen, in der dänischen Konditorei gibt es eigentlich nichts, was nicht
großartig schmeckt. Damit Sie sich im Verlaufe Ihres Urlaubs durch alle Brotsorten hin-
durchessen, wäre zu empfehlen, daß Sie jeden Tag eine andere wählen. Zu befürchten ist
jedoch, daß Sie spätestens am dritten Tag eine entdecken, der Sie bis zur Wiederausreise
treubleiben möchten.

Da wir nun schon so tief in das Thema Essen eingestiegen sind, noch zwei Hinweise: Den
Konditoreien in Qualität ebenbürtig sind die *Smörrebröd-Geschäfte*. Hier steht man fas-
sungslos vor einer umfangreichen Auswahl an belegten Broten und möchte am liebsten jedes
probieren. Wählen Sie vorsichtig. Erstens nicht mehr als drei Schnitten pro Person, denn
mehr als drei schafft man nicht, obwohl sie so klein aussehen. Ein Smörrebröd-Geschäft
liegt dem Hauptbahnhof direkt gegenüber. Hier kann man sich ein ganzes Menü zusammen-
stellen, und dann geht man mit dem Paket hinüber zum ganz in der Nähe liegenden Tivoli,
bestellt sich in Restaurants wie *Familienhave* oder *Bixen* (›Madkurv kan medtages‹) etwas zu
trinken, und dann kann das Familienfüttern losgehen.

Der zweite Hinweis: Probieren Sie unterwegs auch einmal das *Koldt Bord,* jene Sammlung
von Hering, Sardine, Lachs, Wurst, Schinken, kaltem Fischfilet, Kartoffelsalat, Tomatensa-
lat, Fischsalat, Blattsalat etc. etc., die auf einem großen Tisch mitten im Restaurant steht.
Man fängt mit Fisch an, setzt über Fleisch und ein kleines warmes Gericht fort, bis zum
Abschluß etwas Süßes kommt. Auf anspruchsvolleren Tischen findet man außerdem noch
Käse und Früchte.

Der Nachteil dieser Bespeisungsart ist folgender: Man sieht nicht allen Dingen, die auf
Tellern und Schüsseln warten, ohne weiteres an, ob sie einem auch schmecken werden. So
muß man zuweilen enttäuscht stehenlassen, was einen vor wenigen Minuten noch angelockt
hat. Die einzig mögliche Schutzmaßnahme ist, von unbekannten Sachen zunächst nur ein
Probierhäppchen zu nehmen. Man kann sich immer noch etwas dazuholen. Das Vollpacken
des Tellers mit allen möglichen Sachen, von denen man nachher die Hälfte stehenläßt, paßt
nicht zum Koldt Bord. Beim Wechseln etwa von Fisch zu Wurst nimmt man sich einen
neuen Teller. Sofern der eben gebrauchte bei der Rückkehr an den Tisch noch nicht wegge-

räumt ist, muß man halt sehen, wie man ihn unterbringt – notfalls als Untersatz für den neuen.

Mein Vorschlag für den Abend lautet natürlich: ›Tivoli!‹ Einen Abend lang muß man im Tivoli gewesen sein! Wer es nicht tut, läßt sich ein Vergnügen entgehen, dem die Kopenhagener ihr ganzes Leben lang frönen – und das nun schon seit fast fünf Generationen.

Das *Tivoli* soll entstanden sein, weil der Dänenkönig Christian VIII. (1839–1848) meinte, Untertanen, die sich amüsieren, würden keine Revolutionen anzetteln. Und weil das Militär seinen Exerzierplatz innerhalb der Stadtwälle nicht mehr brauchte, so soll die Entscheidung gefallen sein, dort einen Vergnügungspark anzulegen.

Was immer daran wahr sein mag, auf jeden Fall hatte der Gründer eine großartige Idee. Georg Carstensen war Auslandsdäne und kam in Algier zur Welt. Seinen Hang zum Orientalischen bemerkt man auch heute noch auf dem großen Gelände zwischen dem Hauptbahnhof und dem Rathaus. Mehrere Gebäude repräsentieren mehr oder weniger stark diesen Stil, der uns für Vergnügungsparks so sehr geeignet scheint. Einen ganz besonderen Akzent hat das Tivoli durch den Chinesischen Turm erhalten, hinter dessen verglasten Teilen man auch an kühlen Abenden sitzen und die kleinen Tretboote auf dem künstlichen See beobachten kann.

Zwei Dinge sind besonders sympathisch am Tivoli: Es vereint die Generationen, und man wird nirgendwo geneppt. Im Tivoli wallt und wogt alles durcheinander. Da sind nicht nur die Omas und Opas mit Enkeln unterwegs, sondern die Eltern mit ihren Kindern und zuweilen sogar die Kinder mit ihren Eltern. Man könnte diese starke integrierende Kraft des Tivoli darauf zurückführen, daß alle Kopenhagener und fast alle Dänen eins gemeinsam haben, nämlich Kindheitserinnerungen an das Tivoli. Aber das reicht als Erklärung doch nicht ganz aus. Denn das Tivoli integriert auch Zugezogene und Zugereiste, Einwanderer und Urlauber. Sie alle werden auf dieselbe etwas naive Freude eingestimmt, die für diesen Vergnügungspark typisch ist und sich von ihm aus über die ganze Stadt verbreitet hat. (Oder war es umgekehrt?)

Die zweite Annehmlichkeit: Im Tivoli ist immer und überall etwas los. Man wird so stark mitgerissen, daß man nicht selbst noch Geld ausgeben muß. Wer knapp dran ist: Mit Geld für den Eintritt und für eine Flasche Bier kommt man bis Mitternacht aus.

Das zweite Kapitel über Kopenhagen und das letzte über das eigentliche Dänemark mit einem Exkurs über das *Pölse* zu beschließen, steht einem Kunst-Reiseführer wohl an, denn das dänische Würstchen ist ein Kunstwerk sui generis. Dünn und lang und etwas gebogen erfreut es durch seine rötliche Färbung dänische Augen, läßt dänische Gaumen wäßrig werden – bei Ausländern ist der Effekt meist gegenteilig. Wie sie schmeckt, das vermag ich hier schon einfach deswegen nicht zu beschreiben, weil ich mich noch nie habe überwinden können, eine zu essen. Und selbst energische Hinweise auf die Pflicht des Chronisten vor der Geschichte könnten mich nie dazu bringen.

Von den Lippen bleibe man mir auch mit der Hot dog. Sie ist selbst in Dänemark völlig international profil- und charakterlos. Sie schmeckt in Dänemark nicht besser und nicht einmal anders als anderswo.

Welch wundersame Wandlungen aber geht diese Wurst durch, wenn sie nicht gesiedet, sondern unter ständigem Drehen auf runden Metallstangen gebraten wird. Kaum etwas geht über die dänische *Ristede!* In kräftig strotzendem Braun, fettig glänzend, strahlt sie dem Hungrigen entgegen, der an den Würstchenwagen tritt und geduldig wartet, bis der Würstchenmann sein Gespräch mit einem Würstchenesser beendet hat. (»Hast du viel zu tun?« – »O ja, ich habe sehr viel zu tun.« Pause. »Aber du hast wohl nicht soviel zu tun?« »Doch, doch, ich habe auch sehr viel zu tun.« Wie um es zu beweisen, wendet der Verkäufer sich an den Hungrigen: »Was darf es denn sein?«)

»En ristede med bröd.« Behende greift die Zange nach der wartenden Wurst auf dem Rost, behende nimmt er ein angetoastetes Brötchen, dann schiebt die andere Hand ein Stück Pergamentpapier unter die beiden Hähne mit Senf und Ketchup. Jetzt heißt es aufpassen: Wenn man nur Senf haben will oder nur Ketchup, dann gilt es eilig zu rufen: *»Kun sennep!«* Alternativ: *»Kun ketchup!«*

Will man beides, so sagt man nichts. Antwort aber muß man auf die Frage geben: *»Lög?«* (es klingt wie ein blitzendes Lleu und bedeutet Zwiebeln). Geröstete, knackig knusprige Zwiebelstückchen. Darauf muß man antworten: »Ja tak« oder »Nej tak«. »Ja tak« kostet ein paar Öre mehr, schmeckt aber auch sehr gut.

Und dann kann es mit dem Essen losgehen. Dänische Würstchen – nicht nur die Ristede – wollen im Stehen an einem dänischen Würstchenstand verzehrt werden und nirgendwo anders. Man taucht sie ab und zu in Mostrich oder Ketchup oder beides, man beißt mit Genuß hinein und lauscht versonnen dem, was die anderen erzählen. »Hast du viel zu tun?« »O ja, ich habe sehr viel zu tun.« Pause. »Aber du hast wohl nicht so viel zu tun?« »Doch, doch, ich habe auch sehr viel zu tun.«

Wie um es zu beweisen, greift der Verkäufer in das Paket mit den Medister-Würsten und legt zwei auf den rollenden Rost. Die Medister, das ist ganz einfach eine Super-Ristede. Zwei Stück davon können ein Mittagessen ersetzen. Müssen Sie mal probieren.

Eine Insel für ›Liebhaver‹

Ähnlich wie die Holländer und andere kleine Völker, die von großen umgeben sind, haben auch die Dänen eine erstaunliche Sprachgewandtheit. Die einzige Sprache, mit der sie sich wirklich schwer tun, ist Schwedisch, obgleich ja gerade Schwedisch dem Dänischen am nächsten steht. Hier existiert eine kuriose psychologische Barriere zwischen beiden Völkern: Die Dänen glauben, die Schweden verstehen ihr Dänisch gut, sie selbst aber deren Schwedisch nicht. Und den Schweden ergeht es mit den Dänen genauso. Darum fühlt sich jeder dem anderen gegenüber unbeholfen, fast ungehobelt und – was noch viel schlimmer ist – unskandinavisch.

Deutsch wurde bis vor wenigen Jahren sogar in den höheren Klassen der Volksschulen gelehrt, und Englisch ist für die jungen Dänen das normale internationale Verständigungsmittel. Die meisten Spuren aber hat im Dänischen das benachbarte Deutsch hinterlassen. Teils trifft man es als Fremd- oder Lehnworte, manchmal aber auch in geradezu abenteuerlich anmutender Kombination mit dänischen Wortteilen. So entstehen Ungetüme wie das Wort ›Liebhaver‹, das natürlich dem deutschen Wort Liebhaber entspricht.

Niemand weiß, wo dieses Wort zum erstenmal geprägt worden ist, aber keinen Kenner der Verhältnisse würde es erstaunen, wenn sich als Ursprungsort Bornholm herausstellen sollte. Denn diese Insel ist bei aller dänischen Behäbigkeit auch vom Hauch der großen weiten Welt umgeben. Viele Bornholmer sind zur See gefahren, viele Bornholmerinnen haben von der Insel weg geheiratet, stehen aber noch in Verbindung mit ihren Verwandten, und im Sommer trifft man Ausländer fast auf Schritt und Tritt. Überdies: Bornholm ist halt eine Insel für Liebhaver. Also schon deswegen hätte das Wort dort entstanden sein können.

Bornholm ist fast 600 qkm groß und hat rund 45 000 Einwohner, wovon etwa 15 000 in der Hauptstadt *Rönne* wohnen. Das Zahlenverhältnis zwischen Rönne und der übrigen Inselbevölkerung ist mithin dasselbe wie zwischen Kopenhagen und den ›restlichen‹ Dänen. Der kürzeste Abstand zum Festland beträgt 37 km – von der nördlichen Nase Hammeren bis zur südöstlichen Ecke von Schonen (Schweden). Die Insel ist in allen Regionen gut erschlossen, sie wirkt freundlich-einladend selbst dann, wenn schwere Regenwolken über ihr hängen oder im Frühjahr eisiger Sturm frisch fallenden Schnee von den Ebenen entführt, um ihn irgendwo an einer Leeseite zu hohen Schanzen aufzutürmen. Andererseits aber hat die zumeist sehr charaktervolle Landschaft einen Hauch von Melancholie, den sie auch an den herrlichsten Sonnentagen nicht verliert.

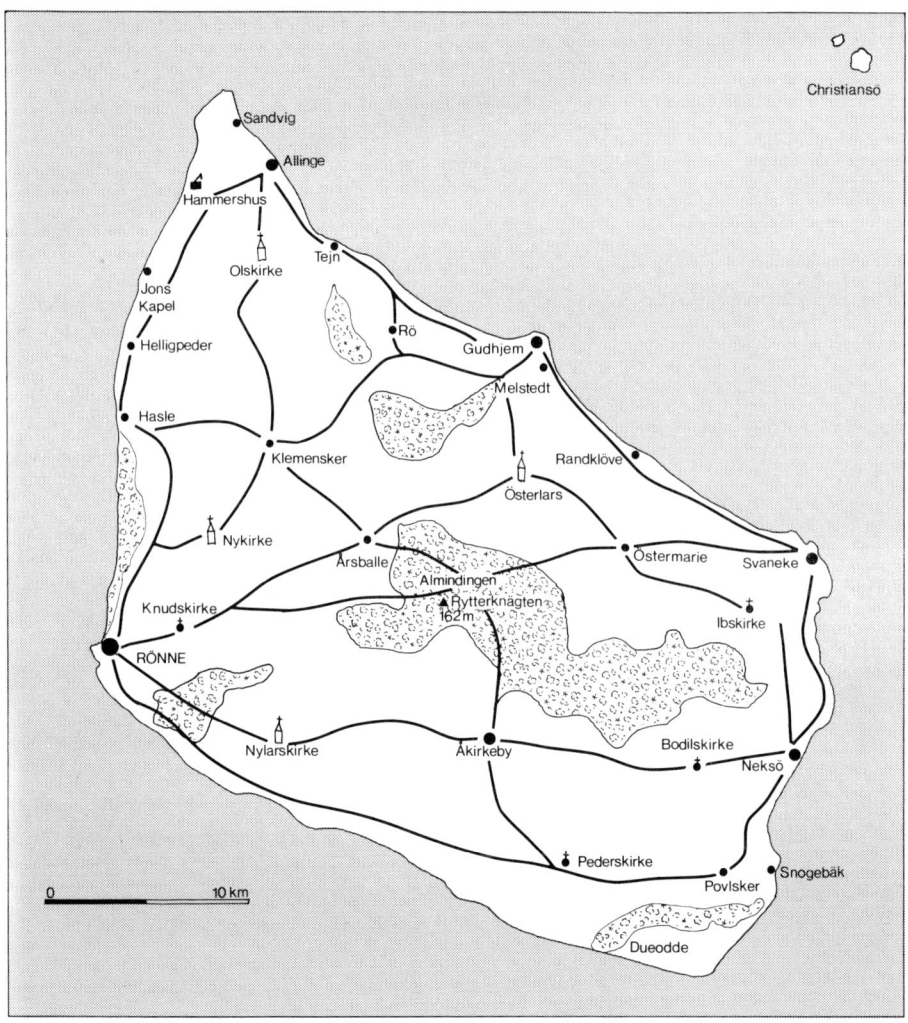

Bornholm liegt nur rund 40 km von der schwedischen Küste entfernt, bis zur Ostküste Seelands sind es dagegen 130 km

Die Insel war früher eine Heimstatt für Bauern und Fischer, heute liegen die Dienstleistungsberufe mit in der Spitzengruppe, denn der Reiseverkehr hat für die Insel überragende wirtschaftliche Bedeutung. Die ersten Touristen kamen um die Jahrhundertwende via Stettin aus Richtung Berlin und wurden *Pölsetyskere* genannt, weil sie ihre Erbswurst von daheim mitbrachten und abends am Lagerfeuer abkochten. Man kann dem Menschentyp mit derben hohen Schuhen, Stutzern, Lodenhosen, Windjacke und strähnigem Haar – Frauen glattgekämmt, oft mit Dutt – auch heute noch auf der Insel begegnen, und sie sind die schlechtesten Gäste nicht. Denn Bornholm ist seinem ganzen Naturell nach eine Insel, die sich hundertmal besser zu Fuß oder mit dem Fahrrad als mit dem Auto durchstreifen läßt. Sie hat weite, weiße Sandstrände, aber sie hat auch wellige, fruchtbare Ebenen, sie hat gepflegte Wäldchen und Seen manchmal dort, wo man sie am wenigsten erwartet.

Erwähnt wurde Bornholm zum erstenmal im Jahre 890 als Burgendaland. Auch hier müssen wir uns wieder damit abfinden, daß man nicht einmal den Namen klar deuten kann. Vielleicht hat er etwas mit den Burgundern zu tun, vielleicht aber bedeutet er ›hohe Burg‹. Die taufenden Mönche kamen über Schonen nach Bornholm, und geographisch war es nur natürlich, wenn Bornholm dem Bistum Lund zugeschlagen wurde. Es verblieb bei Dänemark auch dann noch, als Schonen und die Nachbarprovinzen an Schweden abgetreten wurden. Unter Fremdherrschaft kamen die Bornholmer nur zweimal: Im 16. Jahrhundert, als Frederik I. die Insel für fünfzig Jahre an Lübeck verpfändete, und im 17. Jahrhundert, als Dänemark mit dem Friedensvertrag von Roskilde Bornholm an Schweden abtreten mußte. Diese schwedische Episode währte nur einige Monate. Zweimal war Bornholm besetzt: 1940–1945 von den Deutschen und 1945/46 von den Russen.

Die unliebsame Erinnerung an 1940–45 manifestiert sich natürlich in den Betonklötzen, die leider auch auf Bornholm keinen Seltenheitswert haben. Die Zeit der Verpfändung an Lübeck hingegen wird nur an ganz wenigen Stellen sichtbar. Dazu gehört das Haus des Inselkommandanten in Rönne. Im Westteil, gegenüber dem Haus Rosengade 13, gibt es einige Quaderziegel, die aufrecht gestellt sind, Dadurch blieben die Ziegeleistempel sichtbar, die gewöhnlich – bei waagerechter Vermauerung – im Mörtel verschwinden. Hier sieht man einige »Markenzeichen« die aus Lübeck stammen und schon im Mittelalter nach Bornholm gekommen sein müssen. Robert Egevang vom Dänischen Nationalmuseum hat hier das große ›H‹ in einem Herzchen entdeckt, das sich zur Heiligengeist-Ziegelei in Lübeck zurückverfolgen läßt. Und die mit dem ›SP‹ in einem Kreis stammen aus der Lübecker St.-Petri-Ziegelei. Vom Scheitelpunkt des Kreises geht ein Strich senkrecht nach oben, von dem drei kurze Querstriche nach rechts gehen: Damit wird der Kreis zur Raute, denn die drei Striche stellen den Bart des Himmelsschlüssels von Petrus dar.

Die kurze schwedische Episode von 1658 ist in den Geschichtsbüchern der Bornholmer Schulkinder ein langes Kapitel. Es ist die Geschichte von Oberst Printzensköld und fünf wackeren Bornholmern. Der schwedische König schickte den Obristen mit zwanzig Offizieren und hundert Gemeinen nach Bornholm, wo sie sich in der Burg Hammershus einquartierten, die nach gründlichen Reparaturen durch die ordentlichen Lübecker schon wieder im Zustand des Verfalls war. Printzensköld ist ein typischer Befehlsausführer und vollzieht all das, was das königliche Kabinett ihm vom fernen Stockholm her befiehlt. Er treibt Steuern ein und alle jungen Männer zwischen 18 und 28 zusammen. Die Steuern gehen nach Schweden, die jungen Männer zum Soldatendienst nach Pommern. Die Jungen von 14 bis 18 dürfen auf der Insel bleiben, müssen aber als Miliz Dienst tun. Unter Leitung des

Bürgermeisters von Hasle, Peder Olsen, bildet sich eine Verschwörung fünf wackerer Bornholmer, deren Herz heiß für den König in Kopenhagen schlägt.

Als Printzensköld an einem Dezembertag dienstlich bei Olsen vorspricht, erklären die fünf ihn für verhaftet. Dieser Schande will der Oberst sich durch Flucht entziehen, aber auf der Straße trifft ihn ein Schuß. Tödlich.

Jetzt sitzen die Bornholmer ganz schön in der Tinte. Denn die hundertzwanzig Bewaffneten – jeder sechste davon ein Offizier – würden natürlich den Tod des Inselkommandanten blutig rächen. Die Bornholmer verfallen auf einen Trick: Peder Olsen zieht Printzensköds Uniform an, und ein Haufen Bornholmer mit ihm in der Mitte zur Festung. Die Bornholmer rufen den Schweden zu, sie hätten deren Vorgesetzten gefangengenommen und würden ihn hinrichten, wenn die Soldaten nicht ihre Waffe niederlegten und kapitulierten. Die Besatzung kapituliert, und damit ist Bornholm von den Schweden befreit. Die Verschwörer segeln nach Kopenhagen, um ihrem König untertänigst die Insel wieder zu Füßen zu legen. So verblieb Bornholm bei Dänemark.

Fast drei Jahrhunderte sollten vergehen, ehe wieder fremde Soldaten an Land stiegen. Diesmal trugen sie Feldgrau, hatten Knobelbecher an den Füßen und schoben Wache.

Aus der Besatzungszeit sind keine Aktionen der ›Unterirdischen‹ überliefert, die sich in geschichtlichen Zeiten viele Verdienste um die Insel erworben haben. Wie groß diese Unterirdischen eigentlich sind, vermag niemand genau zu sagen. Am wahrscheinlichsten ist Kleinkindergröße, denn die Unterirdischen sollen Kinder Evas sein, die sie versteckt hatte, als der Herrgott zu Besuch kam, bevor Eva allen Kindern die Hände und Hälse gewaschen hatte.

Die Unterirdischen leben in den Felsspalten des Bornholmer Granits. Ob man sie überhaupt sehen kann, ist umstritten. Manche Menschen behaupten, sie hätten nicht nur flüchtig einzelne gesehen, sondern sogar längere Zeit beobachtet, wie die stolzen Militäreinheiten – Kavallerie, Infanterie, Artillerie und sogar ein Spielmannszug – der Unterirdischen beim Exerzieren waren. Der Nachteil dieser Streitmacht ist folgender: Sie darf erst eingreifen, nachdem ein dänischer Soldat christlichen Glaubens gegen den Feind einen Schuß abgefeuert hat. Dies hätte 1645 beinahe zu einer Besetzung der Insel durch die Schweden geführt. Als diese am Horizont auftauchten, stand am Strand ein einsamer Milizmann mit seinem Vorderlader. Natürlich wollte er forteilen und das nächste Dorf alarmieren. Aber davon wurde er durch eine Stimme zurückgehalten, die ihm zurief: »Laden und feuern!« Bornholmer sind nun einmal nicht sehr schnell in ihren Reaktionen, und so mußte die Stimme den Befehl noch einige Male wiederholen, ehe der Posten schoß. Dann hub ein gar prächtig Geballere auf die inzwischen näherkommenden Schiffe der Schweden an. Diese mußten beidrehen, und die Insel war gerettet.

Aus dieser Geschichte können wir vielerlei lernen: Einmal beweist sie, daß es Unterirdische wirklich gibt, zweitens ist es sicher, daß man sie zumindest in bestimmten Situationen hören kann, und drittens sind sie alles andere als hinterhältig, sondern sie kämpfen sozusagen mit offenem Visier und machen sich dem Gegner sichtbar. Denn der Kommandant der schwedischen Invasionsflotte erklärte später, er habe seine Aufgabe nicht durchführen können, weil es am Ufer von Soldaten nur so gewimmelt hätte.

Geschichtsverwurzelt wie so vieles auf dieser Insel ist auch die Sprache der Bornholmer. Eine dänische Beschreibung von 1830 nennt diese Sprache »ein simples Dänisch, mit deutschen Worten vermischt, mit zahlreichen schwedischen Endungen und einem norwegischen Akzent«. Gut nur, daß der Urheber dieser Beschreibung kein Finnisch und kein Polnisch konnte, sonst hätte er wohl auch die noch hineingemischt. Das ohne starke Intonation gesprochene Bornholmer Dänisch geht auf das sogenannte Ostdänisch zurück, das zur dänischen Großmachtzeit zwischen Seeland und Estland gesprochen wurde. Ostdänisch hat sich also auf der Insel Bornholm ähnlich rein erhalten, wie das Urnordische auf Island, freilich ohne eine ähnlich reiche Literatur hervorgebracht zu haben wie die Isländer.

Die meisten schreibenden Bornholmer sind über die Insel hinaus kaum bekanntgeworden. Die wohl einzige Ausnahme ist Martin Andersen-Nexö (s. S. 97), der zwar in Kopenhagen geboren wurde, aber praktisch seine ganze Kindheit und Jugend auf der Insel und in Neksö, ihrer zweitgrößten Stadt, verbrachte. Diesen Namen fügte er seinem Nachnamen bei, was manchen verwirrt, der nicht weiß, daß in dänischen Ortsnamen das *x* inzwischen durch ein *ks* ersetzt worden ist, während es in Familiennamen natürlich erhalten blieb.

Besuch auf Bornholm

Die Insel – es soll hier noch einmal betont werden – öffnet sich Besuchern wie von selbst. Wenn man weniger als eine Woche für Bornholm Zeit hat, dann sollte man außerhalb der Saison dorthin fahren oder fliegen. Das ist von Kopenhagen aus beispielsweise übers Wochenende leicht zu machen. In diesem Fall bestellt man sich schon vorher einen Mietwagen oder besser noch ein Fahrrad, damit man dieses abgelegene Stückchen Dänemark ausreichend kennenlernt. Das Quartier wählt man im Herbst, Winter und Frühling am zweckmäßigsten in Rönne, weil man dort Hotels in jeder Preisklasse und auch für jeden Komfortanspruch (wie Swimmingpool) findet. Im Sommer hat man alle Möglichkeiten, vom Campingplatz bis zum Luxusbett, zwischen Rönne, Sandvig, Svaneke und dem breiten Strand von Dueodde (Farbt. 36) – wo sich allerdings schlecht schlafen läßt, wenn bei schlechtem Wetter ständig das Nebelhorn heult. Fortbewegung: Außer im Winter nach Möglichkeit zu Fuß oder mit dem Fahrrad.

Zunächst **Rönne**: Ein freundliches Städtchen, in dessen altem Teil man auf Schritt und Tritt etwas findet, was zu schmunzelnder Betrachtung einlädt. Das Bornholmer Museum gehört zu den besten Provinzmuseen Dänemarks. *Rönne Teater* begann 1818 als Enthusiastenbühne und spielt seit 1824 auf derselben Szene. Der Enthusiasmus ist ungebrochen. Eine Spezialität sind dänische Stücke, übersetzt in Bornholmer Dialekt.

Unbedingt kennenlernen sollte man die Strecke *Rönne – Hasle – Allinge – Sandvig – Hammershus*. Von Hammershus kann man über den reizenden Ort *Gudhjem* nach Rönne zurückfahren, und zwar wahlweise über *Klemensker* oder *Österlars* (Farbt. 38). Auf dieser Strecke kommt man an dem Bauta *Brogaardsstenen* vorbei. Auf Bornholm gibt es etwa vierzig Runensteine, von denen die meisten erst in christlicher Zeit gesetzt wurden. Von Hasle kann man die landschaftlich besonders hübsche Straße näher an der Küste wählen, durch die beiden pittoresken Fischerdörfer *Helligpeder* und *Teglkås*. Von Teglkås führt ein Weg zur Straße nach Allinge zurück, der einen weiten Blick über das Meer eröffnet. Zum Hotel ›Jons Kapel‹ biegt man ein, wenn man die bizarren Felsbildungen und Grotten von *Jons Kapel* betrachten will.

Auch für Bornholm gilt natürlich jener Leitsatz, den man bei jedem Skandinavien-Urlaub beachten muß: Es gibt kein schlechtes Wetter, es gibt nur falsche Kleidung. Wer die richtige Kleidung für jedes Wetter mitgebracht hat, der sollte auf dem *Seenotpfad* von Helligpeder nach Vang einen ausgedehnten Spaziergang machen. Wohlgemerkt: Spaziergang, nicht Fahrradwanderung. Man muß nicht zur Gruppe der forschen Wanderer gehören; auch mit einer leichten Gehbehinderung ist die Strecke zu schaffen, aber dann sollte man nicht alleine losziehen und sich vier Stunden Zeit nehmen.

Der Seenotpfad ist ein ganz simpler Steg, der es Rettungsmannschaften ermöglichen sollte, mit ihren Leinen und Raketen möglichst nahe an die Stelle zu kommen, wo draußen ein Schiff in Seenot war. Hier ragt das Inselufer schroff aus der Ostsee heraus, der Pfad ist steinig, er führt auf und ab. Da geraten gesunde Schnellgeher durchaus schon mal aus der Puste. Das ist gut so, denn dann bleibt man auch mal stehen und schaut über die Ostsee hinweg. Bei schönem Wetter wählt man am besten den Nachmittag – je später, desto besser –, wenn die Sonne aus dem Westen eine goldene Lohe über das Wasser legt. Man fühlt sich beinahe wie hoch oben in Norwegen, am Nordkap. Und wie am Nordkap fühlt man sich erst recht bei schlechtem Wetter, wenn der Westwind (am Nordkap ist es der arktische, eiskalte Boreas) vom Meer her hineinpfeift, oder wenn alles in grauen Regenschleiern versinkt. Gänzlich unskandinavisch ist es, dann zu denken: »Wie schade, daß die Sonne nicht scheint.« Nein, dies ist das Wetter, hier und jetzt! Man wischt sich mit dem Handrücken über die regennasse Stirn, leckt mit der Zunge das nur ganz leicht salzige Regenwasser ab. Das ist Bornholm, das ist Skandinavien, das ist Europas Norden.

Bei dem Dörfchen Vang steht eines der merkwürdigsten Freilichtmuseen der Welt: das *Steinhauermuseum*. Auf einer runden, gepflasterten Fläche stehen und liegen kräftige Quader, die bestellt waren, aber nicht abgeholt wurden, oder durch einen unvorsichtigen Schlag unbrauchbar wurden. Es ist auch ein Denkmal für die Steinhauer. Wenn sie tagelang an einem Stück herumgehämmert hatten und plötzlich eine Ecke absprang, dann war alle Mühe vergebens gewesen, denn sie wurden nur für das fertig abgelieferte Stück bezahlt.

Etwa 2 km vor Allinge führt eine Straße durch den Wald zur Burgruine *Hammershus* (Abb. 120) (s. ›Kunst und Land‹). Das ganze Gebiet nordwestlich der Straße Hammershus - Sandvig ist herrlich für Wanderer, aber anstrengend für Radfahrer. In *Sandvig* ein Hallenwellenbad, aber auch ein breiter Strand. Auf dem Rückweg nach Süden passiert man die *Ols Kirke* (Farbt. 37, S. 282), die höchste und schlankste Rundkirche der Insel (mehr über Rundkirchen in ›Kunst und Land‹). An der Strecke nach Hasle die *Ruts Kirke*, deren Apsis von sieben römischen Doppelbögen aufgeteilt wird.

Strecke *Rönne – Gudhjem – Svaneke* (Farbt. 32): Unterwegs die *Knuds Kirke*, die kleinste der fünfzehn romanischen Kirchen Bornholms. Die *Nykirke* ist die kleinste der Rundkir-

chen mit einem sehr massiven Mittelpfeiler. In der Feldsteinmauer des Kirchhofs vierund-
vierzig Eisenringe für die Pferde der Kirchenbesucher. In Rö zur Küstenstraße nach Norden
einschwenken. An der Küste die Grotte *Sorte Gryde,* ein Teil der *Helligdomsklippen;* etwa 2
km in Richtung Fischerdorf *Tejn* (Farbt. 35); dicht an der Straße die eigenartige, sternför-
mige Steinsetzung von *Stammershalle.*

Gudhjem (Abb. 117, 121) ist ein idyllisches Fischerdorf und hat im Sommer Verbindung
mit der Inselgruppe *Ertholmene* (Abb. 122, 123) (s. ›Kunst und Land‹). In Melstedt an der
Straße ein gelber Bauernhof in der für Bornholm typischen Art mit einem kleinen freiliegen-
den Haus zum Wohnen für die Knechte. Höfe mit dieser *Gårdkonnan* sind für Bornholm
typischer als die Rundkirchen, von denen es auch einige im übrigen Dänemark gibt. In
Richtung Svaneke beginnt die Küste flacher zu werden. Bei **Randklöve** auf der Seeseite
Felszeichnungen, bald hinter Bölshavn hinter dem Übergang über das Flüßchen Gyldenså
die Bautagruppe *Helligkvinde.* In **Svaneke** zwei Mühlen und – last not least! – ein Runenstein. Von Svaneke ganzjährige Verbindung zu den Ertholmene. Auf dem Rückweg
zunächst zur *Ibs Kirke,* mit einem in Dänemark seltenen, breiten Westturm, dessen Typ
über Schonen aus Sachsen gekommen ist. Dann nach **Östermarie,** dessen Kirchenruine
menschlichem Unverstand zu ›verdanken‹ ist: Die Gemeinde sollte die Kirche restaurieren
oder abreißen, sie entschied sich für abreißen von Teilen. Weiter nach **Österlars,** wo die
größte und am deutlichsten als Verteidigungsanlage erkennbare Rundkirche Bornholms
steht (Farbt. 38). Von hier Rückfahrt nach Rönne.

Strecke *Rönne – Almindingen – Åkirkeby – Neksö* und Südbogen zurück nach Rönne: Der
Wald in der Mitte von Bornholm gehörte der Krone, ist aber zur allgemeinen (allmindig)
Benutzung freigegeben. Zu Beginn des 19. Jahrhunderts war er völlig heruntergewirtschaf-
tet, bis der König den Bornholmer Hans Römer zum ›Holzförster‹ ernannte. Der verbes-
serte den Zustand des Waldes so weit, daß die Flotte wieder Holz für ihre Schiffe einschlagen
konnte. Kurz vor dem See Bastemose auf der Südseite die ›Sieben Schwestern‹, die aus einem
umgestürzten Baum herausgewachsen sind. Von dort zurück auf die Straßen nach **Åkir-**

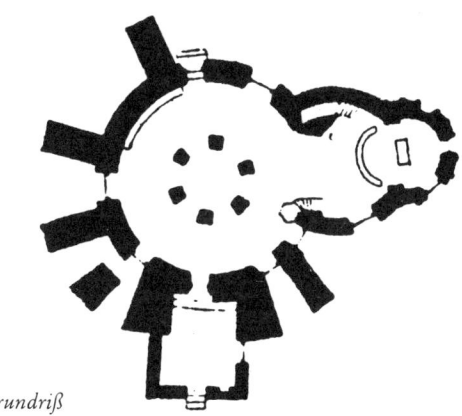

Österlars-Kirche, Grundriß

keby. Hier die älteste Kirche Bornholms, die trotz einer wenig glücklichen Restaurierung im Jahr 1874 eindrucksvoll geblieben ist. Eine herrliche Arbeit ist das Taufbecken aus Sandstein, das von Meister Sighraf im 12. Jahrhundert auf Gotland hergestellt wurde. Es zeigt zehn Begebenheiten aus dem Neuen Testament, die in Runenschrift erklärt sind. Die *Bodils Kirke* auf dem Weg nach Neksö ist dem englischen Heiligen St. Botolph geweiht. **Neksö** stand früher in engen Handelsverbindungen mit der pommerschen Stadt Kolberg. Auf dem Markt ein Brunnen mit der Inschrift: »Marktflecken 1346, von den Lübeckern abgebrannt 1510, von den Schweden ausgeplündert 1645, Hafen erweitert 1879, von den Russen bombardiert 1945.«

Wer bis jetzt noch keine Bücklinge gegessen hat, der hat in **Snogebäk** Gelegenheit dazu. Die Straße knickt in diesem Ort nach Westen ab, und bald danach geht es Richtung Süden zum weiten Feriengebiet von *Dueodde* (Farbt. 36). An der Hauptstraße zuerst die *Povls Kirke*, einige Kilometer weiter die *Peders Kirke*. In der Reformation verloren im eigentlichen Dänemark die Kirchen den Namen des katholischen Heiligen, dem sie geweiht waren, und erhielten den Namen des Dorfes ihrer Gemeinde. Das war auf Bornholm nicht möglich, weil es dort keine Dörfer gab. So behielten die Kirchen ihren angestammten Namen. (Allerdings sollte der Name Åkirke nicht zu dem Schluß führen, es müsse einen Heiligen namens Å gegeben haben. Die Åkirke ist ganz einfach ›Kirche am Fluß‹, und Åkirkeby ist der Ort bei der Kirche am Fluß).

Etwa 5 km vor dem Flughafen nach Norden eine Abzweigung zur *Nylarskirke*, der Nicolauskirche. Hier ein romanischer Bildfries, der Adams und Evas Leben von der Erschaffung bis zur Vertreibung zeigt.

Die Bornholmer mischen ihre Touristik-Karten mit Bedacht: Dänen vom Festland sollen kommen, Schweden sollen kommen und natürlich auch Deutsche. Darum ist die Insel nicht »von Deutschen überlaufen«. Die Bornholmer halten noch klarer eine Linie, die für ganz Dänemark gilt: Besucher sind willkommen, man macht ihre Wünsche zu den eigenen, aber nur so weit, wie dies nicht den eigenen Lebensstil stört, die gewachsene Bebauung zerstört und die Landschaft verändert. In dieser Vorstellung haben dutzendstöckige Touristensilos einfach keinen Platz. Darum bleibt Bornholm eine Insel, wo mitteleuropäische Gewandtheit und skandinavische Schwerblütigkeit einander begegnen, ohne daß es zu Reibungen kommt. Und dann die Natur: freundlich bei schönem Wetter, herb bei schlechtem. Aber niemals abweisend. Hier kann man es lernen, auch den Nebel, den Sturm und den Regen zu lieben.

Zum Schluß ein ›wichtiger‹ Hinweis für nach Kopenhagen Fliegende: Natürlich ist es auch in Rönne verboten, Waffen ins Flugzeug zu nehmen. Verboten ist aber außerdem, Salzhering an Bord zu nehmen. Jeder, der an den intensiven Geruch des Salzherings denkt, wird für dieses Verbot Verständnis haben.

Diesseits und jenseits vom Polarkreis

Die Färöer
(Abb. 124–127)

Die Gruppe der Färöer umfaßt achtzehn größere und kleinere Inseln – eine davon unbewohnt – mit einer Gesamtfläche von 1400 qkm. Die größte Insel heißt *Streymoy* und ist allein schon fast 400 qkm groß. Auf dieser Insel liegt die Hauptstadt *Tórshavn* mit etwa 11 000 Einwohnern. Die Nord-Süd-Ausdehnung der Inselgruppe beträgt 113 km, die West-Ost-Ausdehnung 75 km. Die meist unzugänglichen Küsten haben eine Gesamtlänge von 900 km. Obgleich die Landschaft mächtig wirkt, erreicht der höchste Berg mit 882 m keine besondere Höhe. Auf den Inseln wohnen rund 40 000 Färinger, sie leben von Landwirtschaft, Fischerei, Dienstleistungen und auch noch ein wenig vom Vogelfang.

Im 8. Jahrhundert bewohnten zeitweise irische Mönche einige der Inseln, aber wohlgefühlt haben sie sich anscheinend nicht, denn sie verschwanden wieder, ohne etwas anderes zurückzulassen als die Schafe, die den Inseln ihren Namen gegeben haben (fär-öer = Schaf-Inseln). Aus dem Fleisch des Schafes machen die Färinger (ihrer Ansicht nach) wohlschmeckende Speisen. Das Fell ist feuchtigkeitsgewohnt und deswegen zum Spinnen von Garn für Allwetterpullover hervorragend geeignet. Wenn die Färinger gerade kein Schaffleisch essen, dann essen sie Fisch oder das Fleisch des Grindwals, der auf eine Art eingefangen wird, die durch Traditionen verständlich ist, deren Abscheulichkeit aber in Europa ihresgleichen sucht. Friedlicher und humaner geht es bei der Vogeljagd und dem Eiersammeln zu.

Neu gezähmt wurden die Schafe von den norwegischen Wikingern, die nach 800 auf den Inseln ankamen und auf ihnen blieben. Im Jahr 1035 wurden die Färöer norwegische Provinz und erhielten einen eigenen Bischof. Mit der Vereinigung ganz Skandinaviens durch die Kalmarer Union 1397 und durch die Regentschaft der aus Dänemark stammenden Königin Margarete I. kamen auch diese Inseln unter die gemeinsame Krone – gleich Island –, und die dänischen Könige behielten diese Teile Norwegens auch dann noch, als sie Norwegen selbst im Kieler Frieden von 1814 an Schweden abtreten mußten. Die Inseln waren während des Zweiten Weltkriegs von alliierten Streitkräften besetzt, und in jener Zeit gewann ein schon vorhandener Partikularismus der Färinger kräftigen Auftrieb. Seit 1948 haben die Inseln einen Autonomiestatus, der es ihnen unter anderem ermöglichte, anders als anfangs Grönland außerhalb der Europäischen Gemeinschaft zu bleiben und eine eigene Fischereipolitik zu betreiben, die auf Interessen der EG keine Rücksicht zu nehmen braucht.

Die färöischen Seefahrer sind nicht durch Raub- und Handelszüge bekannt geworden, sondern sie gaben sich mit dem zufrieden, was ihre Vorväter einmal in Besitz genommen hatten. Wenig bekannt ist, daß diese Nordmänner auf der Landnase *Tinganäs* – heute ein Stadtteil von Tórshavn – schon zu regelmäßigen Gerichtssitzungen zusammentraten, ehe die Isländer bei Thingvellir das gründeten, was heute oft das älteste Parlament Europas genannt wird.

Die ältesten schriftlichen Zeugen der Färöer sind natürlich zwei Runensteine, deren erster aus der Zeit um 900 und undeutbar ist. Der zweite ist dreihundert Jahre jünger und behandelt einen Grundstücksverkauf, ist also ein sehr ungewöhnliches Dokument über ein Rechtsgeschäft. Auf das Jahr 1298 geht das erste Gesetz der Färöer zurück. Es befaßte sich mit der Schafhaltung. Beide Dokumente – der jüngere Runenstein und der *Seydabräv* – weisen keine Sprachformen auf, die man als speziell färöisch bezeichnen kann.

Erst im 15. Jahrhundert entwickelte sich die Sprache der Inseln von der westnordischen Sprachengruppe weg. In diesem speziellen Färöisch ist eine Art Spesenverordnung abgefaßt, die bestimmt, welche Vergütungen man bei der Teilnahme am jährlichen Thing beanspruchen kann. Außergewöhnlich originell ist wegen ihres Inhalts die Urkunde über die Teilung des Erbes der reichen *Húsfrú i Húsavik*, deren Besitz teilweise in Norwegen, teils aber auch auf den Shetlands lag.

Mittelalterliche Literatur ist auf den Färöern nicht überliefert, wohl aber erhielten sich Gesänge und Gedichte aus jener Zeit auf den Inseln in ihrer ursprünglichen Form so lange, bis sie in neuerer Zeit aufgezeichnet wurden. Seit dem Ende des 15. Jahrhunderts verstummt die Dichtung auf den Färöern für einen Zeitraum von drei Jahrhunderten völlig. Der Färing Jens Christian Svabo begann am Ende des 18. Jahrhunderts Färöisch systematisch aufzuzeichnen, weil er so eine scheinbar schon aussterbende Sprache der Nachwelt überliefern zu können hoffte. Er irrte sich, die Sprache erstand neu, freilich nicht so, wie die Färinger sie früher gesprochen haben. Für die Schwierigkeiten bei der Neubelebung des Färöischen sorgte ein junger Pastor

Venzel Hammershaimb, der 1819 geboren und neunzig Jahre alt wurde, erhielt als junger Theologe in Kopenhagen den Auftrag, dem aussterbenden Färöisch neuen Halt zu geben. Hammershaimb erlag den Strömungen der Romantik und damit der Versuchung, die Schriftsprache des Mittelalters mit der gesprochenen der ersten Hälfte des 19. Jahrhunderts zu vermischen. Seitdem tobt auf den Färöern ein nicht enden wollender Kampf zwischen Pragmatikern und Puristen. Es mag – handelt es sich doch um einen Sprachenstreit – erstaunlich klingen, aber es sieht tatsächlich so aus, als ob diesmal die Pragmatiker die Oberhand behalten werden. Die Selbstverwaltungsbehörden haben eine Wissenschaftsakademie gestiftet, die Sprache und Kultur der Färöer studieren soll. Sie wird sich wahrscheinlich die Richtschnur der Französischen Akademie zu eigen machen, wonach die beste Umgangssprache auch die beste Sprache der Dichtkunst ist.

Zum Erzbistum des Nordmeers wurde im Mittelalter Nidaros, das spätere Trondheim. Bistümer entstanden in Oslo, Stavanger, Bergen, auf den Orkneys, den Hebriden, auf Island, in Südgrönland und auf den Färöern. Das färöische Bistum bekam 1120 seinen Sitz in Kirkjubøur (Insel Streymoy). Bis zur Reformation um 1538 hatte die Diözese dreiunddreißig Bischöfe, von denen die meisten ihr irdisches Reich nie gesehen, sondern durch Verordnungen von Nidaros aus regiert haben. Dabei wurde das Bistum immer reicher. Denn teils vermachten Färinger der Kirche erhebliche Legate (vielleicht auch in der Hoffnung, den Bischof zum Beschauen des Besitzes auf die Färöer hinüberlocken zu können), teils versuchten die Bischöfe, das vernachlässigte Bistum besonders rigoros in der Hand zu behalten (und so wohl auch die Schuldgefühle wegen ihrer Nachlässigkeit zu kompensieren). Schon läßliche Sünden wurden hart geahndet, und wer schwere beging, konnte sein ganzes Vermögen verlieren – an den Herrn Bischof natürlich. Im 15. Jahrhundert gehörte über die Hälfte von Streymoy der Kirche.

Seit dem Mittelalter haben sich die Gewichte der Besiedlung auf den Färöern erheblich verlagert. Vor vierhundert Jahren gab es Tórshavn noch nicht, Tinganäs war nur Gerichtsstätte, und die größte Siedlung von Streymoy befand sich nahe der Südspitze, wo viel Treibholz an das flache Inselufer gespült wurde: *Kirkjubøur*. Dort standen früher mehr als fünfzig Bauernhöfe und andere Gebäude. Die Kapelle des Bischofssitzes *Kongsgaard* war vermutlich die erste Kirche der Färöer. Die heutige Pfarrkirche des Ortes geht auf das 13. Jahrhundert zurück, und sie war – ihre prächtige Ausschmückung verrät es – zeitweise die Domkirche der Inseln.

Mit dem Bau eines Doms aus Stein begann Bischof Erland (1269–1308), und er mag gehofft haben, die Fertigstellung des Altarraums noch selbst zu erleben. Aber der Dom wurde niemals fertig, er steht heute noch – inzwischen schon längst zur Ruine geworden – nahe der Gemeindekirche von Kirjubøur. Überdacht wurde das ein wenig abseits stehende Likhus (Leichenhaus). Die geplante Kathedrale sollte vermutlich den beiden Heiligen Torlak und Magnus gewidmet werden. Torlak ist der Schutzpatron Islands, Magnus hatte auf den Orkneys gelebt. Gewöhnlich bezeichnet man die Unvollendete heute als Magnus-Kathedrale. Sie ist gotisch konzipiert und gilt unter Kennern als eines der schönsten Bauwerke Skandinaviens. Die Mauern sind aus auf Streymoy vorkommenden Natursteinen gebaut, teils wurden sie behauen, teils aber in ihrem natürlichen Zustand in das Mauerwerk eingefügt. Wo Details angebracht werden sollten, griff man auf Basalt zurück, weil er leichter zu formen ist. Der Altarraum ist vom Kirchenschiff nicht getrennt, und im Westen sieht man im Gewölbe die Aussparung für den geplanten Kirchturm, am Südende sind zwei Portale in die Mauer eingelassen, deren größeres für die Kirchenbesucher bestimmt war, während die Geistlichen durch ein kleineres hätten eintreten können.

Über einigen der Spitzbogenfenster sind Darstellungen von Personen zu erkennen, darunter mit segnender Hand der raffsüchtige Bischof Erland (den die Bauern später verjagten) und König Haakon V. Ein Basaltsteinrelief im Altarraum zeigt die Kreuzigung mit der trauernden Maria. Die schon stark verwitterten Figuren sind in gotische Bögen gesetzt und von lateinischen Schriftzügen umrahmt. Details der Architektur und der Ausschmückung zeigen deutlich Zusammenhänge mit den Kirchen des übrigen Nordmeerraums. Parallelen für die Kreuzigung gibt es in Norwegen ebenso wie in England.

Immer härter verfuhr Erland mit den Bauern, um die Arbeiten an ›seiner‹ Kathedrale voranzutreiben. Eines Tages hatten die Färinger genug, und Erland mußte sein Bündel schnüren. Verständlich, daß die Färinger zunächst einmal eine größere Baupause einlegten. Bald darauf kam die Pest, an der innerhalb kurzer Zeit die Hälfte der Bevölkerung starb. Das ehrgeizige Projekt war von den Färingern allein einfach nicht mehr realisierbar. Mit der Abschaffung des Bistums im Gefolge der Reformation erlosch auf den Inseln das Interesse am Weiterbau, aber bis ins 19. Jahrhundert hinein hat es immer wieder Stimmen gegeben, die forderten, daß die Kathedrale von Kirkjuböur vollendet werden muß, damit so dieses Kunstwerk vor dem Verfall geschützt werden kann.

Unweit der Domruine steht am steinigen Ufer die helle Gemeindekirche von Kirkjuböur, die zunächst nur vorübergehend die Aufgaben des geplanten Doms übernehmen sollte, sie aber tatsächlich bis zur Reformation beibehielt. Ihre Feldsteinwände sind um 1200 gemauert worden, und nach einigen Änderungen wurde die Kirche 1872 erstmalig restauriert. Sie ist 22 m lang und 7,5 m breit, also bescheidener als der geplante Dom (26,50 × 11 m). Vom mittelalterlichen Inventar sind nur die Steine zweier Bischofsgräber übriggeblieben, die bei der zweiten Restaurierung von 1967 im Chor angebracht wurden. Die übrige mittelalterliche Ausstattung ist in Kopenhagen und im Färöischen Historischen Museum von Tórshavn ausgestellt.

Unter den Figuren und anderen Holzschnitzereien befinden sich außerordentlich wertvolle Arbeiten, die meisten aus der Zeit des Bischofs Johannes Teutonicus (1407–1420). Vielleicht stammt ein Teil davon aus der Apostelkirche in Bergen, die 1531 geschleift wurde. Gegen diese Ansicht spricht, daß man am Vorabend der Reformation derart wertvollen Schmuck wohl kaum noch bis zu den äußersten Außenposten der Christenheit verschifft haben dürfte.

Jeder versteht jetzt bestimmt: Färöer – das ist mehr als nur Schafe und Vögel.

Grönland – Subkontinent der Koexistenz
(Abb. 128–133)

Die größte Insel der Welt ist etwa fünfzigmal größer als das Königreich Dänemark, hat aber mit rund 50000 Einwohnern nur etwa 1 Prozent Anteil an der Bevölkerung des kleinen Königreichs. Grönlands südlichster Punkt, Kap Farvel, liegt etwa auf der gleichen Breite wie Oslo, der nördlichste ist nur siebeneinhalb Breitengrade vom Pol entfernt; der Abstand zwischen beiden Punkten beträgt in Luftlinie 2670 km, was der Strecke Dänemark–Nordafrika entspricht. An der breitesten Stelle beträgt die Ost-West-Entfernung über das Inlandeis 1050 km. Das sogenannte eisfreie Land zieht sich an der ganzen Küste entlang und umfaßt auf diesem schmalen Streifen ca. 342000 qkm. Die Eismassen auf Grönland machen ein Zehntel des ›Eisreichtums‹ unserer Welt aus. Bei Scoresbysund an der Ostküste erreicht das Inlandeis mit 3300 m seine größte Höhe. Das Klima an der Ostküste ist noch härter als an der Westküste. Insgesamt gibt es etwa hundertzwanzig Ansiedlungen, wovon elf in Ostgrönland liegen und insgesamt nur etwa 3000 Einwohner haben. Ammassalik-Distrikt an der Südostküste kommt schon allein auf 2500 Einwohner. Etwa 500 Menschen leben weiter im

Norden in und um Ittoqqortoormiit (Scoresbysund). In Nordgrönland gibt es sechs Ansiedlungen mit etwa 800 Menschen, die größte ist Qaannaaq (Thule) mit etwa der Hälfte aller
Einwohner dieses Distrikts.

Über Grönland sind mehrere Besiedlungswellen hinweggegangen, manche haben nur
einen Teil der riesigen Insel erfaßt. Die Eskimos haben natürlich nichts Schriftliches hinterlassen, wir teilen sie nach den Gegenden ein, wo die jeweilige Kultur entdeckt wurde. Gegen
Ende des 2. Jahrtausends v. Chr. erreichten die Träger der Independence-Kultur über den
Kanadischen Archipel den nördlichsten Teil der Insel. Etwa zur gleichen Zeit lebten an der
Westküste die frühesten Vertreter der Saqqaq-Kultur, und in der letzten Hälfte des 1. Jahrtausends v. Chr. tauchen in Westgrönland die Dorset-Leute auf. Um 900 kamen vom Norden die Vorväter der heutigen Urbewohner, die Thule-Eskimos. Es ist nicht sicher, ob diese
die Dorset-Eskimos verdrängt haben oder sich mit ihnen vermischten, sicher aber ist, daß
von allen Eskimokulturen ihre die potenteste ist. Die Thule-Eskimos verbesserten ein Gerät,
das schon den vorausgegangenen Kulturen unentbehrlich gewesen, von ihnen aber nur
mangelhaft ausgenutzt worden war: die Specklampe. Diese Lampe wird aus dem weichen
Fettstein geschnitten und mit Wal- oder Robbenspeck gespeist. Der Docht strahlt Licht und
Wärme aus und sorgt gleichzeitig dafür, daß der Speck in seiner Nähe weiteres flüssiges Fett
in die Pfanne abgibt, aus der der Docht Brennkraft bezieht. Die frühen Kulturen benutzten
diese Lampe nur zum Beleuchten und Heizen, die Thule-Eskimos auch zum Kochen. Was
sie ihren Vorgängern vor allem überlegen machte, waren die beiden Boote Kajak und
Umiak, die sie aus ihrer alten Heimat in Nordwest-Alaska mitbrachten. Der Kajak ist ein
geschlossener Einsitzer, dessen Konstruktion auf Treibholz und Tierknochen basiert, die
mit Robbenhaut überzogen sind. Der offene Umiak wird auch Frauenboot genannt.

Die Thule-Eskimos breiteten sich nach Süden aus und kamen im 11. Jahrhundert in
Berührung mit den Wikingern. Die Wikinger hatten sich unter Führung von Erik dem Roten
985 in Stärke von etwa dreißig Familien an einem südgrönländischen Fjord niedergelassen,
der natürlich den Namen Eriksfjord erhielt. Erik selbst war ein wüster Geselle, der sich auf
Island wegen seiner Gewalttätigkeiten die schlimmste Strafe eingehandelt hatte, die ein
Isländer sich vorstellen kann: Verbannung. Erik kannte die Berichte seines Landsmanns
Gunbjörn, den es einmal weit nach Norden verschlagen hatte und der behauptete, dort oben
auch Land gesehen zu haben.

Eriks Begleiter verteilten sich später auf zwei Gebiete, die meisten auf das im Süden, den
Ostgau, andere zogen nach Norden und bildeten den Westgau.

Trotz großer klimatischer Schwierigkeiten florierten beide Ansiedlungen. Eriks Sohn,
Leif der Glückliche, unternahm von Grönland aus jene Fahrt, die ihn nach Vinland (Neu-
fundland) in die Neue Welt führte. Um 1000 kam das Christentum nach Grönland. Erik
mochte von dem neuen Zeugs nichts wissen, seine Frau Thjodhild aber trat zum Glauben
Christi über. Mürrisch ließ Erik ihr ein Kirchlein bauen, ein viereckiges Gebetshaus aus
Torf, wie man sie auch in Irland und auf den schottischen Inseln gefunden hat, nicht größer
als 2 × 4 m, obendrauf mit einem Satteldach. Man muß Verständnis haben, daß Eriks
Einstellung gegenüber dem neuen Glauben sehr negativ war. Eine Saga berichtet nämlich,

Thjodhild hätte als Christin mit Erik nicht mehr das Bett geteilt: »... und dies war ihm sehr zuwider.«

Im Jahr 1126 wurde Grönland ein selbständiges Bistum, und in Garthar wurde ein Dom gebaut, der größer war als der später auf den Färöern begonnene. Überdies wurde er sogar fertig. Erhalten allerdings sind nur noch einige Grundmauern. Die 27 m lange und 16 m breite Kirche war aus Sandstein errichtet.

Garthar war gleichzeitig Thingstätte, aber nur bis 1261. Dann schloß der rigorose Zentralismus des Königreichs Norwegen Grönland als Provinz an das sogenannte Mutterland an. Etwa um die gleiche Zeit verschlechterte sich das Klima in Grönland und machte damit das Bauernleben fast unerträglich. Oft waren die Sommer so kurz, daß es nicht genug Heu gab, um das Vieh den langen Winter über am Leben zu erhalten. Ob die klimatischen Veränderungen oder Angriffe der verachteten *Skrällinger*, der dunkelhäutigen Thule-Eskimos, das Ende der Ansiedlungen auf Grönland herbeiführten, ist bis heute ungewiß.

Man vermutet, daß schon um 1350 der Westgau (etwa neunzig Höfe) aufgeben mußte, und um 1500 herum dürfte es mit dem Ostgau (etwa hundertneunzig Höfe) in der Gegend, wo heute Qaqortoq (Julianehåb) liegt, zu Ende gewesen sein. Neuere Forschungen stellen dies allerdings wieder in Frage. Ausgrabungen im Bereich des Westgaus ergaben, daß hier noch im 15. Jahrhundert einzelne Höfe bewirtschaftet wurden.

Ende des 16. und Anfang des 17. Jahrhunderts landeten des öfteren holländische Walfänger auf Grönland; sie handelten mit den Grönländern, aber von den Nordmännern gab es keine Spur mehr. Was man über die letzten Jahrhunderte der Nordmänner weiß, geht teilweise auf Funde zurück, die nach 1920 in Herjolfsnäs, nahe beim Kap Farvel, gemacht wurden. In den Gräbern fand man u. a. siebzehn Kapuzen aus dem späten Mittelalter, die einen Eindruck von der Fertigkeit dieser Menschen beim Verarbeiten von Wolle geben und auch belegen, daß es noch im 15. Jahrhundert Verbindungen mit Europa gab, denn diese Textilien entsprachen in ihrem Stil der zeitgenössischen Mode auf dem Kontinent.

Bis 1721 sollte es dauern, ehe sich wieder ein Europäer auf der Rieseninsel niederließ. Er war Norweger, und das Motiv seiner Reise kann wirklich eigenwillig genannt werden: Hans Egede war Pfarrer und beantragte beim König in Kopenhagen, nach Grönland gesandt zu werden, um die Nachkommen der Nordmänner wieder mit dem rechten Glauben vertraut zu machen. Als er die Westküste ein Stück hochgesegelt war, suchte er in einem Fjord eine Insel, die er nach seinem Flaggschiff ›Insel der Guten Hoffnung‹ nannte. Einige Jahre später verlegte er seine Station von der Insel auf das Land. Das von ihm bewohnte Haus steht heute noch in der Stadt, die er Godthåb (heute Nuuk) nannte.

Da Hans Egede keine Nordmänner finden konnte, wandte er seinen Missionseifer den Eskimos zu. Als der König ihm mit deutschen Herrnhutern eine Art Konkurrenz nach Grönland schickte, fühlte Egede sich in seiner Arbeit eingeschränkt. Ein Jahr später kamen die Pocken nach Grönland, und noch ein Jahr später, 1735, starb seine Frau daran. Bald darauf kehrte Egede nach Kopenhagen zurück und eröffnete ein Seminar für Grönland-Missionare. 1740 wurde er Bischof der Insel, die er für das Christentum gewonnen hatte. 1758 stirbt er mit 72 Jahren.

Damit ist es nicht zu Ende zwischen den Egedes und Grönland. Von seinen Söhnen entwickelt einer kaufmännische Fähigkeiten; er organisiert den Walfang in Eigenregie der Grönländer. Der älteste Bruder von Niels, Poul Egede, setzte die Missionsarbeit seines Vaters in Nordgrönland fort, gab das erste Wörterbuch des Eskimoischen heraus und übersetzte das Neue Testament in diese Sprache

Mitte des 19. Jahrhunderts griff der in Grönland als Sohn eines Herrnhuter Missionars geborene Samuel Kleinschmidt die Arbeit von Poul Egede auf. Er stellte in deutscher Sprache eine Grammatik des Eskimoischen zusammen. Im Gegensatz zu den meisten Schulmännern jener Zeit versuchte er nicht, alles in ein lateinisches Korsett zu pressen. Er erläuterte die Sprache aus ihren eigenen Gegebenheiten heraus und schuf so die Basis für ein handliches Schrift-Eskimoisch. Als ihm aus Berlin der Titel eines Ehrendoktors angeboten wurde, lehnte er ab: »Sowas gibt es in Grönland nicht.« Eine dänische Goldmedaille nahm er später zwar an, trug sie aber niemals, denn »Goldmedaillen passen nicht auf einen Anorak«.

Bis 1953 wurde Grönland von Kopenhagen aus verwaltet, dann erhielt es mit der damals angenommenen Verfassung den Status eines Amtsbezirks. Die Grönländer wurden juristisch gleichberechtigte Bürger Dänemarks, aber das nützte ihnen in der Praxis nur wenig.

Die Großspurigkeit und Reglementiermentalität der Kopenhagener Amtsstuben haben zu einer Solidarisierung der Grönländer untereinander geführt. Ethnisch reine Eskimos gibt es auf Grönland kaum noch, mehr und mehr mischen sich die eskimoische und die dänische Bevölkerungsgruppe. Und ein ethnisch reiner Däne, der schon lange in Grönland lebt oder gar als Kind dänischer Eltern dort geboren ist, betrachtet sich keineswegs unbedingt als braven Dänen. Je länger man in Grönland lebt, desto stärker wird man von dieser arktischen Welt fasziniert, desto fremder wird einem die Ameisenmentalität, die wir westeuropäischen Städter schon fast als selbstverständlichen Teil unseres Wesens empfinden. Aus der Ablehnung dieser Mentalität ist eine Gemeinsamkeit der Grönländer entstanden, die von Herkunft und Hautfarbe unabhängig ist. Man muß nicht einmal Däne oder Eskimo sein, um von dieser Gemeinschaft anerkannt und aufgenommen zu werden. Es gibt auch Mitteleuropäer, die sich nach Grönland abgesetzt haben und ihr neues Leben niemals mehr gegen das alte austauschen möchten. Eine großartige Natur und ein hartes Leben haben auf Grönland ein neues, für uns Zivilisationseuropäer nur schwer begreifbares Gemeinwesen geschaffen.

Noch über die Gemeinsamkeit der Grönländer hinaus greift das Verbundenheitsgefühl der zirkumpolaren Gemeinwesen. Auch jenseits des nördlichen Polarkreises hat ja die Inbesitznahme durch den weißen Mann die ursprünglichen Siedlungsgebiete auseinandergerissen. Die Wikinger haben auf Grönland um das Jahr 1000 damit angefangen, dasselbe geschah in Nordsibirien beim Vordringen der Russen und im Norden Nordamerikas, in den von Osten die Russen eindrangen, von Südwesten aber West- und Mitteleuropäer. Die Landkarte dort oben bekam ihr wohl endgültiges Muster, als die Vereinigten Staaten 1867 dem russischen Zaren Alaska abkauften.

Im zirkumpolaren Gebiet leben etwa 100 000 (in Grönland allein etwa 42 000) Menschen, die sich als *Inuit* bezeichnen, was nichts anderes bedeutet als ›Menschen‹. Sie lehnen den Begriff ›Eskimo‹ ab, der vermutlich aus einer der Sprachen der Algonkin-Indianer stammt und ›Rohfleischfresser‹ bedeutet. Im Norden Kanadas, Alaskas und Sibiriens leben zunehmend mehr *Weiße*, auch in Grönland immerhin fast 10 000. Um ihre gemeinsamen Interessen als Ureinwohner zu wahren, suchen die Inuit seit geraumer Zeit engeren Kontakt miteinander, und sie haben 1977 als feste Einrichtung die ICC, die *Inuit Circumpolar Conference*, geschaffen. Die sibirischen Inuit – nach offiziellen sowjetischen Angaben etwa 1200 – haben 1986 erstmalig mit einer kleinen Delegation teilnehmen können.

Grönland hatte bis 1953 den Status einer Kolonie, mit Lohn-Apartheit zwischen Eskimos und Dänen. Deswegen wurden die Dänen in den Vereinten Nationen als Kolonialherren beschimpft. Bei der Verfassungsreform von 1953 machten sie – reichlich überhastet und undurchdacht – Grönland zu einem dänischen Amtsbezirk, es wurde so allen anderen Teilen Dänemarks rechtlich gleichgestellt.

Bei Wahlen und anderen Abstimmungen kamen natürlich die wenigen grönländischen Stimmen in denselben Topf wie alle anderen. Das geschah auch 1972 bei der Volksabstimmung darüber, ob Dänemark der EG beitreten soll oder nicht. In Grönland war eine Mehrheit dagegen, aber die Insel rutschte dennoch in die EG hinein, weil in den anderen dänischen Amtsbezirken, also in Festland-Dänemark, die Mehrheit für den Beitritt war.

Damals erkannte man auch in Dänemark, daß der Status als Amtsbezirk eine unglückliche Konstruktion war, weil er den besonderen Lebensbedingungen der Grönländer nicht gerecht wurde. Die Dänen zeigten nun für alle die Grönländer Verständnis, die eine größere Selbstverwaltung forderten, also auf denselben Status der Autonomie hinsteuerten, den die Färöer bereits hatten.

Nach einer Abstimmung – allein auf Grönland – wurde dieser Status Anfang 1979 verwirklicht. Danach ging die neugewählte Landesregierung – mit Billigung der dabei federführenden dänischen Regierung – daran, ihr Verhältnis zur EG neu zu arrangieren. Die Brüsseler Herren in den dunklen Anzügen und mit den schwarzen Aktenköfferchen empfanden den Wunsch der Grönländer, die Mitgliedschaft durch einen Freihandelsvertrag zu ersetzen, zunächst als Frechheit. Erst langsam gewannen die Grönländer für ihre Wünsche Gehör, und seit Februar 1985 ist Grönland nur noch durch einen Freihandelsvertrag mit der EG verbunden. Seitdem haben sich die Beziehungen zwischen den 50 000 und den 300 Millionen bedeutend gebessert.

Und das ist auch deswegen wichtig, weil Grönland nach wie vor eine große strategische Bedeutung hat.

Kunst und Land

Alphabet: Dänisch und die anderen skandinavischen Sprachen kennen keine Umlaute. Das ü existiert als Vokal y, ö (in Dänisch ø geschrieben) und ä (æ) sowie å (früher aa) sind auch Vokale, und stehen *am Ende des Alphabets, in der Reihenfolge ä, ö, å*. Eigennamen mit Aa am Anfang sind unter å eingeordnet. Ein Däne mit dem Namen *Aaager* (Aa-ager – Flußacker) steht also nicht ganz am Anfang, sondern auf einer der letzten Seiten des Telefonbuchs.

Auf Mitteleuropäer wirkt Dänisch anfangs etwas naiv, weil das x durch ks ersetzt ist und auch sonst die Schreibweise von Worten alter Sprachen vereinfacht ist (z. B. sfäre, filologi). Tatsächlich aber ist dies nicht naiv, sondern ganz einfach praktisch.

Anholt: Insel im Kattegatt, nordöstlich von Grenå, 22 qkm. Wenige Einwohner im Winter, starke Touristeninvasion im Sommer. Höchste Erhebung im Westen der Sönderbjerg (48 m). Im Osten das Gebiet Örkenen (Wüste). Dauer der Überfahrt 2½ Stunden, gute Urlaubsmöglichkeiten, großartige Strände.

Bauta, Bautastein: Der Bauta kommt in ganz Skandinavien vor und wurde gewöhnlich in der Bronze- und Eisenzeit gesetzt, um einen Punkt von geographischer Bedeutung zu markieren. Der Bauta steht hochkant einzeln oder in Gruppen. Ursprünglich bezeichnete man als Bauta nur Steine ohne Inschrift, heute aber hat sich dieser Begriff auch auf andere Hochkantsteine erweitert. Bei der Einfahrt via Flensburg auf der B 76 trifft man den ersten Bauta direkt nördlich der Grenze. Er wurde nach 1945 von norwegischen KZ-Gefangenen zur Erinnerung an die Hilfe und Gastfreundschaft der dänischen Bevölkerung gesetzt.

Bier und Kultur: Fast jeder Däne weiß, daß die Carlsberg-Brauerei viel mit Kunstförderung zu tun hat. Hier eine Kurz-Geschichte der Brauerei und ihrer Gründer.

Jacob Christian Jacobsen (1811–1887) kehrte nach einer Ausbildung in München 1845 mit zwei Töpfen Hefe nach Kopenhagen zurück. Mit dieser Hefe schaffte er endlich, was er schon so lange versucht hatte: untergäriges Bier zu brauen. Damit traf er haargenau den Geschmack dänischer Biertrinker. Schon 1847 wurde es ihm im Stadtkern (Ecke Knabro- und Brolaggerstrade) zu eng, die neue Brauerei in Valby (heute Stadtteil) wurde nach seinem Sohn Carl *Carlsberg* genannt. Ein Erweiterungsbau (1870/71) erhielt den Namen *Ny Carlsberg*. Unter diesem Namen machte Carl Jacobsen (1842–1914) sich 1882 selbständig. Der 1876 von J. C. Jacobsen gegründete *Carlsbergfond* übernahm 1902 die beiden Brauereien *Gammel Carlsberg* und Ny Carlsberg. Im selben Jahr gründeten Carl und seine Frau Ottilia Jacobsen den *Ny Carlsbergfond*. 1906 wurde Carl Direktor von *Carlsberg Bryggerierne*, einer Fusion der beiden Brauereien. 1969 übernahm der Carlsbergfond die Aktienmehrheit der 1873 gegründeten Brauerei Tuborg, die seit 1894 ein Teil des Unternehmens *De Forenede Bryggerier A/S* war. Der Konzern heißt seit 1970 *Carlsberg Bryggerierne og Tuborgs Bryggerier, De Forenede Bryggerier A/S. Grøn* und *Hof,* die beiden Konkurrenten an der Theke, haben also dasselbe Stammhaus.

Nicht zusammengelegt wurden die beiden Fonds. Der Carlsbergfond fördert Naturwissenschaften und Mathematik, Philosophie, Geschichte und Sprachwissenschaften. Im Rahmen der Geschichtsförderung verwaltet er *Det Nationalhistoriske Museum* von Frederiksborg (Farbt. 21). Ny Carlsbergfondet widmet sich der Kunst und verwaltet in diesem Rahmen die Ny Carlsberg Glyptotek (S. 276).

Bjernede Kirke: Einzige Rundkirche Seelands und am besten bewahrte überhaupt (Abb. 83). Wurde um 1160 von Sune Ebbesen in zwei Stockwerken erbaut. Das zweite Stockwerk wurde im Mittelalter abgerissen, und ein Satteldach ließ die Kirche wie eine Bischofshaube wirken. Von 1890–1892 erfolgte eine Restaurierung, welche der Kirche wieder ihre ursprüngliche Form gab, die schlichter – aber auch phantasieloser – als die Haubenform ist. Die neun Gewölbefelder im Inneren werden von vier Säulen getragen.

Bogö: Insel zwischen Falster, Mön und Seeland, 13 qkm mit etwa 1000 Einwohnern. Die Insel ist mit Mön durch einen Damm verbunden. Die Mühle von Bogö ist von jenem holländischen Typ, der sich im letzten Jahrhundert durchsetzte. Im Dorf Gammelby eine spätgotische Kirche mit Fresken des Elmelunde-Meisters (s. a. S. 254), einer Altartafel aus dem Jahr 1655 sowie mit drei Schiffsmodellen aus dem 19. Jahrhundert.

Brahe, Tycho oder Tyge (Abb. 87): 1546 bis 1601, aus skandinavischer Adelsfamilie, gestorben und begraben in Prag. Er studierte Astronomie und kam 1570 nach Dänemark. 1572 entdeckte er einen neuen Stern und schrieb darüber 1573 das Werk *De Stella Nova.* Dadurch wurde er in der Gelehrtenwelt berühmt, und Frederik II. gab ihm die kleine Sundinsel Hven (heute Ven) zum

Lehen. Brahe führte eine Reihe genauer Messungen durch, auf denen Kepler aufbauen konnte. Brahe ging nach Prag, weil er mit Christian IV. Schwierigkeiten bekam, dem Brahes hochmütiges und aufbrausendes Wesen nicht lag. Er verließ Dänemark 1597 mit allen Instumenten und seinem Hofzwerg Jeppe.

Brandes, Georg (Abb. 95): Er lebte von 1842 bis 1927 und hat eine ganze Generation skandinavischer Schriftsteller zumindest in Dänemark, Norwegen und Schweden stark beinflußt, er gilt als der Mann des ›modernen Durchbruchs‹. Für ihn war die Romantik nur ein Intermezzo in der Entwicklung, und er forderte von der Dichtung, daß sie »Probleme zur Debatte stellen« soll. 1877 ging Brandes für fünf Jahre nach Berlin, und auch dort war er weder zu überhören noch zu übersehen. Danach hatte er in Dänemark eine Stellung als Professor. Gegen Ende der 80er Jahre orientierte Brandes sich sehr stark an Nietzsche und seinen elitären Vorstellungen. Damit wirkte er noch einmal befruchtend auf die kulturelle Debatte, aber diese Umorientierung markiert zugleich das Ende seines dauerhaften Einflusses.

Brobygård (Farbt. 15): Etwa 15 km nördlich von Faaborg (Fünen). Das einstöckige Hauptgebäude wurde 1673 fertig, der Nordflügel 1769. Kein Zugang zum Gutshof.

Christiania: Derzeitiger Name für einen Teil der früheren südlichen Befestigungen von Kopenhagen, etwa 10 ha groß, zahlreiche Gebäude (Werkstätten, Schuppen, Mannschaftsunterkünfte usw.). Christiania wurde 1971 vom Militär geräumt und sollte Kopenhagen zur Verplanung übergeben werden. Im Spätherbst 1971 drangen Hausbesetzer in das Gebiet ein und übernahmen es. Die öffentliche Hand fand sich damit ab und erklärte Christiania im März 1973 zu einem »befristeten sozialen Experiment«. Anfang 1986 wohnten etwa eintausend – vorwiegend jüngere – Menschen auf dem Gebiet. Es liegt ein Prinzipbeschluß vom Februar 1978 vor, wonach Christiania aufgelöst werden soll, aber noch ist unbestimmt, wann das geschehen wird. Christiania liegt im Stadtteil Christianshavn dicht bei der Erlöser-Kirche, deren spiralförmige Spitze von überall in der Stadt aus zu sehen ist. Buslinie 8.

Dänische Namen: Die Dänen geben ihren Kindern gern stark traditionsgebundene Vornamen. Die fünf häufigsten für Jungen bzw. Mädchen: Lars, Peter, Jens, Niels, Henrik – Anne, Kirsten, Hanne, Mette sowie auf dem geteilten fünften Platz Helle und Marianne. Wie die heutigen Nachnamen zeigen, müssen viele der Vornamen schon vor Jahrhunderten beliebt gewesen sein. 370000 Dänen heißen Jensen, 350000 Nielsen, 300000 Hansen, 203000 Pedersen, 190000 Andersen, 160000 Christensen und 150000 Larsen. Im Telefonbuch stehen die Jensens geordnet nach den Vornamen und innerhalb der Vornamen wiederum alphabethisch geordnet nach Berufen. Dabei gelten *Fru* (Frau) und *Frk.* (= *Fröken*, Fräulein) auch als Berufe. Alle ohne Beruf stehen am Anfang.

Danevirke (Danewerk): Befestigung bei Schleswig zwischen der Schlei und einem Sumpfgebiet südwestlich davon. Dürfte entgegen früheren Annahmen schon um 740 begonnen worden sein. Das Wallsystem mit Palisadenverstärkungen wurde nach dem Jahr 800 der ›Grenzstein‹ zwischen dem Reich Gudfreds und dem Karls d. Gr. Die Ziegelmauer (Absalonsmauer) soll nach späteren Quellen von Valdemar d. Gr. errichtet worden sein und gilt als das erste Ziegelbauwerk Dänemarks. Das Danewerk wurde zuletzt im Krieg von 1864 verteidigt. Die Dänen mußten sich zurückziehen, weil die Truppen des Deutschen Bunds über die zugefrorene Schlei hinweg zu einer Umfassungsoperation ansetzen konnten.

Danebrog: Dänische Nationalflagge, soll am 15. 6. 1219 während der Schlacht von Lyndaniz in Estland vom Himmel geschwebt sein und die von den Einheimischen hart bedrängten ›Kreuzfahrer‹

zum Sieg angefeuert haben. Vermutlich eine Gabe des Papstes an die dänischen Christentumverkünder und Reichsmehrer. Die Flagge wurde unter Erik VII. Reichsflagge. 1472 eroberten die Lübecker eine Flagge von den Dänen, die bis zu ihrer Zerstörung bei englischen Bombenangriffen auf die Hansestadt die älteste erhaltene Danebrog-Flagge war.

Danner, Louise Christine: Jungfer Louise Rasmussen kam 1815 unehelich zur Welt und durchlebte eins der ungewöhnlichsten Frauenschicksale Dänemarks. Ihre Mutter war Hausmädchen. Mit zwanzig Jahren wurde Louise beim Kgl. Theater als Ballettänzerin angestellt. Sie lernte Carl Berling kennen, den Urenkel des aus Deutschland eingewanderten Buchdruckers E. H. Berling, Gründer der noch bestehenden *Berlingske Tidende*. Carl Berling, von dem Louise ein Kind bekam, wurde 1848 Privatsekretär des gerade inthronisierten Königs Frederik VII. (1808/ 1848–1863). Louise Rasmussen schied 1842 aus dem Ballett aus, eröffnete 1844 ein Modegeschäft und nahm 1848 den Namen Danner an. Der schon als Kronprinz beim Volk beliebt gewesene Frederik (»Des Volkes Liebe ist meine Stärke«) erhob Frau Danner 1849 zur Baronesse. 1850 ehelichte er sie zur linken Hand und ernannte sie zur Lehnsgräfin. Louise Christine Danner überlebte den letzten Oldenburger um elf Jahre (Abb. 94).

Anfangs erregte diese Affäre des Königs gerade in royalistisch gesonnenen Kreisen erheblichen Ärger. Bald mußte man aber erkennen, daß Louise Christine auf den willensschwachen König einen positiven Einfluß ausübte. Anstoß indes erregte die Tatsache, daß auch der Einfluß von Carl Berling auf den König ständig wuchs. Frederik ließ 1848, nach leichten Tumulten in Kopenhagen, eine Verfassung ausarbeiten, die er im nächsten Jahr am Geburtstag des unehelichen Danner-Sohnes unterzeichnete. Der 5. Juni ist in Dänemark ein nationaler Gedenktag geworden.

Vor ihrem Tode vermachte die Lehnsgräfin ihr Vermögen, das den stattlichen Betrag von 7 Mio. Kronen erreicht hatte, wohltätigen Zwecken; sie ließ ein Heim für arme Frauen und ein anderes für arme Mädchen einrichten.

Deutsche Kirche und Schule: Unter den deutschsprachigen Gemeinden und Schulen im Ausland dürften nur wenige auf einen früheren Beginn verweisen können als die in Kopenhagen. Mehr ein Zufall (das Vorhandensein eines Glockenturms) führte dazu, daß die Gemeinde auch Kopenhagens älteste Kirche hat, die erstmals 1304 erwähnt ist, später aber als Gießerei zweckentfremdet war. Die Gemeinde wurde im Februar 1575 durch einen offenen Brief von Frederik II. gegründet. Etwa gleichzeitig begann auch der Schulunterricht.

Bezeichnend für die reiche und interessante Geschichte der *St. Petri-Kirche* (ursprünglich Skt. Peders Kirke) ebenso wie für die Dänemarks sind zwei Ereignisse, die einige Jahrhunderte auseinanderliegen.

Frederik V. (1723/1746–1766) ließ seinen Hofbaumeister eine »convenable und anständige Turmspitze« für die Kirche zeichnen, deren Bau er dann aus eigenen Mitteln bestreiten wollte. Der Kirchenvorstand lehnte den vom König huldvollst genehmigten Entwurf ab und drückte seinen Gegenvorschlag durch. Der König – ein absolut regierender Monarch – fügte sich dem Willen der Laienselbstverwaltung und strich nicht einmal verärgert den ausgelobten Zuschuß. – Wo sonst in Europa wäre so etwas damals möglich gewesen?

Von 1934–1960 war D. W. Görnandt Hauptpastor der Gemeinde. Zu Beginn dieser Zeit versuchten die nationalsozialistisch orientierten deutschen Christen auch die St. Petri-Gemeinde zu unterwandern. Von 1940 ab bemühten sich die politischen Trabanten der Besatzungsmacht, die Gemeinde im Sinne der Weltanschauung Hitlers zu domestizieren. Und 1945 mußte Görnandt gegen das auch in Dänemark herrschende Vorurteil argumentieren, wonach alle Deutschen für alle Taten unter dem Hakenkreuz verantwortlich waren. Die Gemeinde konnte ab 1945 Flüchtlingshilfe leisten, und Görnandt blieb im Amt, bis er als alter Mann 1960 seinen Abschied nahm. – Wo

sonst in der Welt ist so etwas damals möglich gewesen?

Deutsch: Wie im Text mehrfach erwähnt, ist das deutsch-dänische Verhältnis keineswegs problemfrei. Von dänischer Seite ist man wirklich bemüht, zu einer möglichst unbefangenen Nachbarschaft zu kommen, und auch am Verhalten der meisten Deutschen liegt es, daß die Dänen dabei sind, ihre Antipathien abzubauen. – Im Reiseverkehr liegen die Westdeutschen an der Spitze, und man kann sich praktisch überall mit Deutsch verständlich machen.

Egebjerggård: Nördlich von Odense (Fünen) fast am nördlichsten Punkt der Insel. Das Schloß wurde 1830/31 im klassizistischen Stil gebaut. Das Gut hieß bis 1932 Einsidelsborg.

Egeskov: Schloß ›Eichenwald‹ ist eins der am besten erhaltenen Renaissanceschlösser in Dänemark. Ursprung 1554, Doppelhaus mit zwei parallelen, zusammengebauten Längen und zwei massiven Ecktürmen im Osten sowie einem Treppenturm im Westen. Der Komplex steht auf Eichenpfählen direkt im Wasser. Restauriert und verändert (u. a. Ecktürme aufgestockt) 1881–1884. Mehrere Gärten aus verschiedenen Perioden, Museum mit Kraftfahrzeugen, Flugzeugen und Pferdewagen. – Zur Lage s. S. 185 (Farbt. 20).

Egtved-Fund (siehe Abb. 21): 1921 entdecktes Grab aus der Bronzezeit. Frau im Alter 18 bis 25, Größe etwa 160 cm. Haut, Haare, Nägel und Zahnkronen erhalten. Gekleidet in kurzen, gewebten Pullover und einen Rock, der doppelt um die Taille gewickelt war. Als Schmuck ein Gürtel mit Bronzeplatte sowie ein Hornkamm (Nationalmuseum, Kopenhagen).

Elmelunde-Meister: Unbekannter Meister, benannt nach seinen Fresken in der Kirche *Elmelunde* auf der Insel Mön (s. a. vordere Umschlaginnenklappe). Seine fruchtbarste Zeit liegt zwischen

Schloß Egeskov, Fünen

1480 und 1500. Hat auf Mön (Abb. 75), Falster und Bogö (s. S. 252) weitere Kirchen ausgeschmückt.

Ertholmene: Die ›Erbseninseln‹ liegen nördlich von Bornholm, etwa auf der Höhe von Svaneke. Sie bestehen aus drei Inseln – zwei sind bewohnt – und einigen Klippen. Auf *Christiansö* und *Frederiksö* alte Befestigungen (Abb. 122, 123). Die Klippe Österskär, etwa 300 m östlich von Christiansö, ist Dänemarks östlichster Punkt. Die Insel Gräsholmen ist Vogelschutzgebiet. Die Festung wurde 1684 von Christian V. angelegt und 1855 wieder geräumt. Die etwa 150 Bewohner sind von der Gemeindesteuer befreit, weil die ehemalige Festung sozusagen ein ›reichsunmittelbares Territorium‹ ist. Leider gibt der Staat zur Erhaltung der Inseln und ihrer Atmosphäre nur so viel dazu, wie er herausholt: nämlich nichts.

Eskimo-Funde: Zwei grönländische Jäger entdeckten 1977 im Norden der arktischen Insel ein Grab mit zwei Kleinkindern und sechs Erwachsenen, die vor etwa 350 Jahren durch Ertrinken oder Krankheit gestorben sind. Mumienfunde sind in Grönland mit seinem kalten Klima nicht selten; überraschend an diesem Fund ist, daß sich die Kleidung vollständig erhalten hat. Sie besteht fast

ausschließlich aus Robbenhaut und Rentierfell und stimmt mit den Kleidungsstücken überein, die ein norwegisches Gemälde von 1654 zeigt, das jetzt im Besitz der *Etnografisk Samling* in Kopenhagen ist. Diese Eskimos wurden in Grönland von einer dänischen Expedition – wie es so damals des weißen Mannes Gewohnheit war – eingefangen und nach Norwegen verschleppt.

Die Mumien wurden in Kopenhagen untersucht. Die dreier Erwachsener und eines Kindes sind jetzt im Landesmuseum in Godthåb (Nuuk) ausgestellt. Die ihnen beigegebenen Exponate stammen aus Gräbern derselben Zeit (um 1460).

Fanö: Dänemarks nördlichste Nordseeinsel auf der Höhe von Esbjerg, etwa 56 qkm groß und 2800 Einwohner. Die Westküste ist 17 km lang und hat einen sehr breiten Sandstrand (Abb. 5), den man auch mit Pkw befahren kann. Die Anlegestellen von Fanö hatten große Bedeutung, bevor der Hafen von Esbjerg gebaut wurde. Im Dorf *Sönderho* eine Kirche mit zahlreichen Modellen von Schiffen jener Zeit. In *Nordby* (Überfahrt von Esbjerg 20 Min.) das Inselmuseum in einem typischen Haus, dessen Einrichtung ca. 200 Jahre alt ist.

Fauna: Die Zusammensetzung der dänischen Tierwelt ist auf dem Land und in den Inlandsgewässern das Ergebnis der Wünsche des Menschen und seiner entsprechenden Tätigkeit. In Dänemark gibt es jetzt etwa fünfzig Arten von Säugetieren, weitere achtundzwanzig haben früher nachweislich in Dänemark gelebt, sind aber inzwischen ausgestorben oder ausgerottet worden, wie etwa Wolf und Wildschwein. Auch von den Vogelarten tauchen manche in Dänemark nicht mehr auf, wie der Seeadler und der Kranich. Der Storch war vor einigen Jahren eine Art Nationalvogel, mußte aber zugunsten des Schwans abdanken. Von 333 Vogelarten, die in Dänemark beobachtet wurden, brüten 163 im Land.

Das am häufigsten vorkommende Säugetier ist mit 3,3 Mio. Exemplaren die Milchkuh. Die Zahl der Pferde dürfte unter 40 000 liegen. – In Dänemark kreuchen und fleuchen Käfer und Schmetterlinge in 5000 Arten, während zu den ›übrigen‹ – die ja in keiner Statistik fehlen dürfen und im vorliegenden Fall wohl auch die dänische Kuh ›Karoline‹ enthalten – 23 000 Arten zählen.

Finsen, Niels Ryberg: 1860 geboren und schon mit 44 Jahren gestorben. Einziger Nobelpreisträger, der von den Färöern stammt. Befaßte sich mit der Verwendung von Licht als Heilmittel. Besonders beschäftigte ihn ultraviolette Bestrahlung. Von großer Bedeutung wurde seine Behandlung der Hauttuberkulose mit Lichtstrahlen. 1903 Nobelpreis der Medizin.

Fjord (in Schottland firth, deutsch Förde): Fjorde und Förden sind Bezeichnungen für Meeresbuchten. Diese Buchten haben allerdings verschiedene Entstehungsformen. Die Fjorde Norwegens und Schottlands sind unter Wasser gesetzte Täler glazialer Herkunft, an deren niedrigstem Bergkamm Verbindung zum Meer besteht. Diese eiszeitlichen Fjorde sind in der Mitte tiefer als am Rand. Die südschwedischen und dänischen Fjorde sind durch diluvial-glaziale Aufschüttungen eingefaßte Meeresteile.

Flora: 70 Prozent des dänischen Bodens werden bebaut, 11 Prozent sind Wälder, 10 Prozent sind von Gewässern, Mooren, Heiden und Dünen bedeckt. Auf dem Rest haben die Menschen sich breitgemacht. Die Bauern und Gärtner bauen alle vier Getreidesorten sowie Zuckerrüben, Tomaten und an einigen Stellen auf Bornholm Feigen an. Der Waldbestand ist durchweg zweite Generation, die erste fiel im Interesse des Häuser- und Schiffbaus schon zu Beginn der Neuzeit der Axt zum Opfer. Die Wälder bestehen – und das ist ein ganz großer Unterschied zwischen Dänemark und den anderen skandinavischen Ländern – überwiegend aus Laubbäumen.

Im Gefolge der Waldabholzung und der Schafhaltung konnte sich vor allem auf Jütland kein neuer Baumbewuchs entwickeln, und das Land versteppte. Anfang des letzten Jahrhunderts gab es in Dänemark 700 000 ha Heide. Nach den Gebietsverlusten von 1864 gingen die Dänen daran, das unfruchtbare Land umzubrechen, zu bebauen und zu bepflanzen. Fast 600 000 ha wurden so volkswirtschaftlich nutzbar gemacht. Entsprechend änderte sich auch die Flora.

Am eindrucksvollsten, weil am meisten durch Ursprünglichkeit geprägt, sind nach meinem persönlichen Empfinden die Heide- und Moorgebiete nördlich von Silkeborg, vor allem die um den Limfjord herum (s. auch Farbt. 13).

Flora Danica (Bücher): 1. Kräuterbuch von Simon Paulli, erschienen 1648. Es enthält die Namen und Beschreibungen von allen dänischen Heilkräutern, die auf 384 Holzschnitten abgebildet sind.

2. Gemeinschaftswerk dänischer Botaniker. Archiviert in 54 Bänden die gesamte Flora Dänemarks und zeigt sie auf 3240 handkolorierten Kupferstichen. Diese Bücher erschienen im Verlauf von vier Generationen zwischen 1761 und 1883.

Flora Danica (Geschirr): Ein Service, das von der Königlichen Porzellanmanufaktur hergestellt wurde und ursprünglich der russischen Zarin als

Wenn eine Hungersnot drohte, sammelten Mäuse, Waldratten und Vögel Vorräte und warnten dadurch die Menschen. Links eine Buche und bucheckernfressende Schweine, rechts eine Eiche mit einem Eichhörnchen und Eicheln sammelnde Mäuse

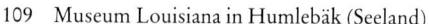

108   KOPENHAGEN   Thorvaldsen-Museum
109   Museum Louisiana in Humlebäk (Seeland)

110, 111 Schloß FREDERIKSBORG in Hilleröd, schönster Renaissancebau Dänemarks (Seeland)

112 Blick auf Schloß FREDENSBORG mit Parkanlagen (Seeland) ▷

113 HELSINGÖR   Schloß Kronborg (Seeland)

114 HELSINGÖR ›Herakles und die Hydra‹ von
Rudolf Tegner (Seeland)

115 HELSINGÖR   Holger Danske in den Kase-
matten von Schloß Kronborg (Seeland)

116 Keramikerkurs, Aktivurlaub auf Bornholm

117 In GUDHJEM (Bornholm)

120 HAMMERSHUS Dänemarks größte Burgruine (Bornholm) ▷

118 Kirche von Olsker, Detail (Bornholm)

119 Granitfelsen bei Tejn (Bornholm)

121   Hafen von GUDHJEM (Bornholm)

122 CHRISTIANSÖ und FREDERIKSÖ – die ›Erbseninseln‹ bei Bornholm

123 Touristenziel FREDERIKSÖ   124 GAASEDAL auf Vágoy (Färöer) ▷

125 VIDEREIDE im Norden der Inselgruppe (Färöer)

126 ELDEVIG (Färöer)

127 FAMIEN auf Suderö (Färöer)

128   Fangen des Mini-Lachses ›Lodde‹ in SAQQAQ (Westgrönland)

129   UUMMANNAQ nördlich der Disko-Bucht (Westgrönland)

130 Die Schlittenhunde werden fächerförmig
vorgespannt (Grönland)

132 Poq und Qiperoq kamen 1724 als erste
Grönländer nach Kopenhagen

131 Mit Schiffen dieser Größe segelten die Wikinger
bis Grönland

133 Robbenfang an der Westküste Grönlands in
ILULISSAT (Jakobshavn)

Geschenk zugedacht war (S. 100). Die Dekoration folgt den Illustrationen des Werks *Flora Danica*, das damals gerade in Arbeit war. Der Dekorateur der meisten Teile war Johann Christoph Baier, der 1768 von Meißen nach Kopenhagen geholt worden war.

Frederiksberg: Schloß, Park und Stadt, eingebettet in Kopenhagen (s. S. 24). Das Schloß wurde um 1700 in italienischem, klassischem Barock von Architekt Ernst Brandenburger für Frederik IV. erbaut. Heute Offiziersschule und daher nur nach Vereinbarung zu besichtigen. Frei zugänglich ist der Schloßpark mit dem Chinesischen Lusthaus und dem Apistempel. In einem Gebäude unmittelbar am Park ist das *Storm P. Museum* (s. S. 56) untergebracht. Der Park mit seinen Hainen und Kanälen ist ein beliebtes Ausflugsziel für Kopenhagener und Touristen.

Frederiksdal: Ortschaft und Schloß am See Furesöen. Das kleine Schloß wurde 1744/45 von dem Architekten Niels Eigtved erbaut. Eigtved war der Architekt von Frederik V. und hat sich durch Studienreisen in Frankreich und Italien sowie durch einen längeren Aufenthalt in Dresden auf seine Lebensarbeit vorbereitet. Sein Hang zum Freundlichen, nahezu Verspielten zeigt sich auch im Rokoko-Lustschloß von Frederiksdal.

Frederikskirken: Diese Kirche in der Nähe von Amalienborg wurde schon 1746 von Niels Eigtved begonnen, aber nicht vollendet. Die Bauruine stand über hundert Jahre und veranlaßte zahlreiche Architekten zu phantasievollen Plänen für den Bau der fehlenden Kuppel. Gekrönt wurde die Kirche von Ferdinand Meldahl, der in der zweiten Hälfte des 19. Jahrhunderts eine Art Architekturpapst in Dänemark war. Die 1894 vollendete Kuppel hat ihr Vorbild in der Peterskirche und gehört zu den größten der Welt. Eingesäumt wird die Kirche von Persönlichkeiten der Kirchengeschichte, unter denen natürlich Grundtvig nicht fehlt. Als eine Art Antichrist in dieser erlauchten Versammlung wirkt Sören Kierkegaard,

Mit der ›Flora Danica‹ (1648) erhielt »der gemeine Mann, der auf dem Land wohnt und nicht immer Mittel und Wege hat, Doktoren aufzusuchen«, das erste Heil- und Kräuterbuch gegen »verschiedene Krankheiten und Anfälle«

dessen Kupferplastik noch keine Patina überzieht. Wegen des Materials ihrer Kuppel wird die Kirche häufig auch *Marmorkirken* genannt.

Gorm der Alte: König von Dänemark, Vater von König Harald Blauzahn, verheiratet mit Thyra (ca. 950 bis ca. 985). Gorm ließ den sogenannten kleinen Runenstein von Jelling setzen, in dessen Text erstmalig das Wort Dänemark vorkommt: »König Gorm errichtete dieses Totengedenken für seine Frau Thorwi, Dänemarks Schmuck.« Für einen Wikingerkönig, den der Mönch Adam von Bremen »den grausamen« genannt hat, unge-

Frederikskirche (›Marmorkirche‹), Grundriß

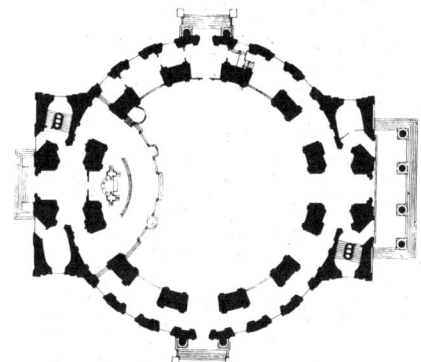

wöhnlich poetisch. Die Grabkammern des Ehepaares nahe bei der Kirche wurden schon im letzten Jahrhundert geöffnet und waren leer. Erst im Februar 1978 kam den Archäologen ein Einfall: Der getaufte Harald Blauzahn wird die Leichname seiner Eltern in die Kirche überführt haben. Man grub im Fundament der alten Holzkirche – und fand sie!

Großer-Belt, feste Verbindung: Seit dem Frühjahr 1986 scheint in die Seeschlange Leben zu kommen. Eine überwiegende Mehrheit der dänischen Parteien einigte sich auf ein Programm in Abschnitten: 1. Bau eines Eisenbahntunnels von Fünen zum Inselchen Sprogö im Großen Belt. 2. Parallel dazu Bau einer Eisenbahnbrücke von Sprogö nach Seeland im Osten. Die Bahn soll auf der Gesamtstrecke im Huckepack-Verkehr Pkw und Lkw befördern. Dieses Projekt soll 1992 abgeschlossen sein. Als Nr. 3 wird eine Hochbrücke von Fünen nach Sprogö gebaut und die Brücke Sprogö–Seeland auch für den bereiften Verkehr befahrbar gemacht.

Das alles soll 1997 fertig sein. Aber: Legen Sie lieber fünf bis zehn Jahre drauf.

Grönland-Expeditionen: 1906 unternahm die *Danmark* eine Expedition zur Nordostküste Grönlands, die von Mylius-Erichsen geleitet wurde. Die Expedition wollte an den Independence Fjord und in das Peary-Land vorstoßen. Der Vorstoß gelang, aber auf dem Rückweg kamen einige Mitglieder der Expedition um. Zur Klärung ihres Schicksals startete 1909 unter Leitung von Eijnar Mikkelsen die *Alabama* nach Nordostgrönland. Die Mitglieder der Alabama-Expedition fanden die Aufzeichnungen sowie Kartenskizzen der Umgekommenen. Ein Denkmal für die Danmark-Expedition wurde nach Zeichnungen von Kaare Klint als Arbeit von Kai Nielsen auf der Langelinie in Kopenhagen, wo in der Nähe die kleine Meerjungfrau steht, errichtet.

Mit der Auswertung der Aufzeichnungen von den Mitgliedern der Danmark-Expedition war die Vermessung der Ostküste Grönlands praktisch abgeschlossen. Begonnen hatte sie mit der sogenannten Frauenbootexpedition (1883–1885) von Gustav Holm. Der Marineoffizier unternahm die Expedition mit den Eskimobooten des Typs *Umiaq*, das etwa 10 m lang, offen und mit Fellen bespannt ist. Dieser Bootstyp wurde von Frauen gerudert und diente den Eskimos zur Beförderung von Lasten. Auf seiner Expedition entdeckte Holm an der ostgrönländischen Küste ein besiedeltes Gebiet, wo eine bis dahin unbekannte Gruppe von Eskimos lebte. In der Region *Ammassalik* legte Holm später einen Stützpunkt des Kgl. Handelsmonopols an.

Der im Ausland bekannteste dänische Polarforscher ist wohl Knud Rasmussen (1879 bis 1933), der 1909 die Station *Thule* in Nordgrönland gründete und von hier aus Expeditionen unternahm, die ihn auch nach Kanada und Alaska führten. Rasmussen, dessen Mutter eskimoischer Abstammung war, interessierte sich sehr für die Kultur der Eskimos. – Ein Denkmal für ihn steht an der Straße Strandvejen am Nordausgang von Kopenhagen. Sein Haus in Hundested auf Nord-Seeland ist jetzt ein sehenswertes Museum (s. S. 225).

Gyldensteen (Abb. 46): Östlich von Bogense (Fünen). Wurde 1640 für Reichsrat Gregers Krabbe erbaut. Im 18. Jahrhundert wurde das Innere umgebaut und das Gebäude um zwei niedrige Seitenflügel ergänzt. Im Garten verschiedene seltene Baumarten. *Zutritt nur nach Vereinbarung.*

Hagenskov: Südöstlich von Assens (Fünen) nahe bei Ebberup. Diente im Mittelalter als Pfalz, erstmalig erwähnt 1250. Anfang des 18. Jahrhunderts abgebrannt, gegen Ende des Jahrhunderts wiederaufgebaut. Gilt als eines der elegantesten Gebäude des Neuklassizismus. Hier wurde Corfitz Ulfeldt geboren, der eine Tochter von Christian IV. heiratete, die seinetwegen mehr als zwanzig Jahre im Gefängnis verbringen mußte (S. 79).

Hammershus: Burgruine an der Nordwestspitze von Bornholm. Angelegt um 1200 von den Erzbi-

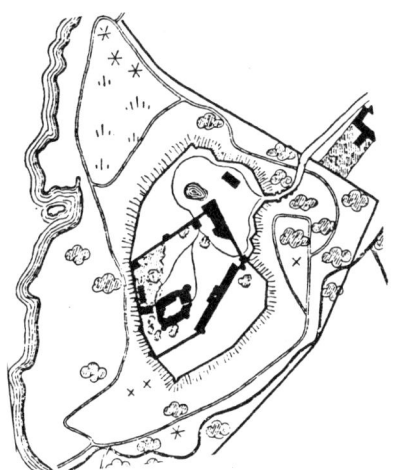

Festung Hammershus, Bornholm

schöfen von Lund. 1522 von den Dänen in Besitz genommen, 1525 für fünfzig Jahre an Lübeck verpfändet. In mehreren Kriegen teilweise zerstört, später nur noch als Gefängnis benutzt (1660/61 Leonora Christine, S. 79). 1742 geräumt, 1822 unter Denkmalschutz gestellt. Ursprünglich aus Feldsteinen gebaut, später Backstein, umgeben von einer 750 m langen Mauer. Die ›modernen‹ Teile aus Backstein, darunter die Kirche, wurden während der Verpfändung von den Lübeckern gebaut.

Heerweg: Älteste Landstraße Dänemarks, führt von Viborg nach Schleswig und folgt der Wasserscheide Jütlands. Der *Härvej* ist von Heeren selten benutzt worden, häufiger hingegen von Pilgern, Ochsentreibern, Händlern und Gauklern. Als erster hat Adam von Bremen im Jahr 1070

Schloß Hirschholm, Seeland

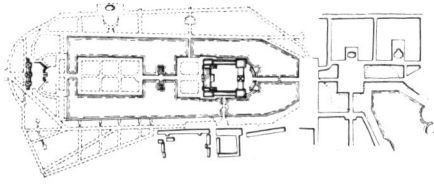

diesen Weg als Pilgerstraße beschrieben. Südlich von Viborg deckt sich die Streckenführung des Heerwegs mit der heutigen 13. Der Heerweg geht bei Schleswig durch das Danewerk nach Süden weiter und in die Salzstraße über. Er war bis ins 19. Jahrhundert hinein Achse und Rückgrat des Verkehrs in Jütland. – Es gibt viele Pläne, den Heerweg ganz oder teilweise für den Aktivurlaub (Wandern, Radfahren) zu erschließen. Dabei tauchen Probleme auf, die zunächst komisch wirken, aber doch echt sind: Damit der Heerweg größere Belastung durch Aktivurlauber vertragen kann, müßte er einen Grusbelag bekommen. Soweit, so gut. Aber ist dann der Heerweg noch der Heerweg?

Hirschholm: Schloß in Hörsholm, nördlich von Kopenhagen. Erbaut 1734–1744 von Laurids de Thurah. Geriet in Verruf, weil hier Johann Friedrich Struensee sich mit der Frau des geisteskranken Königs Christian VII. (1749/1766 bis 1808) verlustierte. Nach Struensees Sturz und Hinrichtung verfiel das Schloß, es wurde 1810 abgerissen. Auf dem Grundstück entstand 1822 eine Empirekirche.

Holger Danske: Dänischer Volksheld schwer bestimmbarer Herkunft. Soll mit Karl d. Gr. gegen die Araber gekämpft haben. Gelangte über Norwegen in Dänemarks Heldensagen. Schläft derzeit »irgendwo in Dänemark« – nach Ansicht der Seeländer im Schloß Kronborg (Abb. 115) – bis Dänemark in Not gerät. Dann wird er zum Schwert greifen.

Holmen: Ehemaliger Militärbezirk im Norden von Christianshavn. In den Grundzügen entstanden 1685–1692, später erweitert und vervollständigt. Die Hauptwache *Nyholm* wurde 1744 nach Zeichnungen des eingewanderten holländischen Architekten Philip de Lange erbaut. Die große Krone als Turmabschluß (s. S. 208) ist einmalig in der Architektur Dänemarks, sie ist weit kräftiger dimensioniert als die Krone auf dem Turm von Christiansborg.

Kastrup og Holmegaards Glasvärker: Dänemarks größter Hersteller von Kunst- und Gebrauchsglas, Kastrup wurde 1847 gegründet, Holmegaard schon 1825. Basis der Produktion von Holmegaard waren Sandlager in dieser Gegend und die umfangreichen Torfvorkommen von Holmegaard Mose. Dieses Moor *(mose)* ist mit 5,5 qkm Fläche Seelands größtes. In ihm wurden auch Funde aus der Zeit der Maglemosekultur (5500 v. Chr.) gemacht (Lage von Holmegaard s. S. 200).

Kopenhagener Museen
(s. Stadtplan S. 205)

Ny Carlsberg Glyptotek
Das Gebäude (1892–1897) der Glyptotek liegt direkt hinter dem Volkspark Tivoli und ist ein Werk des Architekten Jens Vilhelm Dahlerup, der auch das Kunstmuseum (S. 278) gebaut hat. Die Glyptotek ist eine Gründung der Neuen Carlsberg Brauerei, deren Stiftung Ny Carlsbergfond (1902) die Aufgabe hat, »in unserem Vaterlande im Dienst der Kunst zu wirken« und die auch die Glyptotek verwaltet.

Carl Jacobsen (S. 251) war in erster Linie an französischen Skulpturen interessiert (Glyptothek = Sammlung bearbeiteter Steine), sammelte später aber auch dänische Kunst, während sein Sohn Helge Jacobsen sich französischer Malerei annahm. Diese Interessenrichtungen prägen die Zusammensetzung der Sammlungen in der Glyptotek bis heute. Die Sammlung französischer Bildhauerei des 19. Jahrhunderts ist die größte außerhalb von Paris.

Außerdem gibt es zu sehen: Kunstgegenstände aus der Antike bis zum Fall Roms, mit dem Hauptakzent auf griechischer Kunst (eine weltberühmte Sammlung); größte Kollektion dänischer Bildhauerei nach Thorvaldsen.
Nicht verpassen: Nilpferd aus Alabaster von etwa 3000 v. Chr.; Kopf einer Athenerin aus Marmor, etwa 530 v. Chr.; Kopf des Pompejus (Marmor), etwa 60 v. Chr.; ›Mann und Frau‹ (1902) von Aristide Maillol; ›Sitzendes Mädchen‹, eine Repro-

duktion der in Horsens (S. 130) aufgestellten Henning-Plastik; Edouard Manets ›Absinthtrinker‹ sowie Bilder von Cézanne, Toulouse-Lautrec und Paul Gauguin.

Nationalmuseum
Das Kronprinzenpalais (1742–1744) wurde von N. Eigtved (s. auch S. 273) für den späteren Frederik V. erbaut und liegt hinter Christiansborg, auf der anderen Seite des Kanals. Es beherbergt seit 1853 mit dem Nationalmuseum Dänemarks größte kulturhistorische Sammlung, die auf die Königliche Kunstkammer von Frederik III. (1609/1648–1670) zurückgeht.

Das Nationalmuseum hat acht Abteilungen, von denen sieben im (1930–1936 erweiterten) Kronprinzenpalais untergebracht sind. Abteilung VII ist das Freilichtmuseum im Park *Sorgenfri*.
Abteilung I: Vorgeschichte bis Eisenzeit (etwa 12000 v. Chr. bis 1000 n. Chr.). Diese Abteilung ist eines der größten archäologischen Museen der Welt.
Abteilung II: Mittelalter und Renaissance in Dänemark, von der Christianisierung (um 1000) bis zum Beginn des Absolutismus (1660). Während die Mittelalter-Periode hauptsächlich Kircheneinrichtungen aufweist, zeigen die Exponate aus späterer Zeit besonders das tägliche Leben.
Abteilung III: Die Lebensumstände der besser gestellten Klassen von 1660 bis zum 19. Jahrhundert, darunter mehrere Einrichtungen sowie eine Spezialsammlung von Kleidungsstücken.
Abteilung IV: Ethnographische Sammlungen mit nicht-europäischen Exponaten. Größte Abteilung des Museums und eine der größten ethnographischen Sammlungen der Welt. Einzigartig ist die Eskimo-Sammlung mit Gegenständen aus der gesamten von Eskimos bewohnten Polarzone (s. auch ›Eskimo-Funde‹ S. 255 und 246 f.).
Abteilung V: Antiquitäten aus dem Orient und dem klassischen Altertum in Europa. In der griechischen Sektion zahlreiche Vasen.
Abteilung VI: Königliche Münzen- und Ordenssammlung. Norwegische, schwedische und dänische Münzen von der Wikingerzeit bis heute so-

wie eine Sammlung dänischer und ausländischer Orden und Medaillen von der Renaissance bis heute.

Abteilung VII: Freilichtmuseum *Sorgenfri* (Vom Hauptbahnhof zu erreichen mit den S-Bahnlinien A und Cc [beide Richtung Holte]. Fahrtzeit 25 Minuten, Fußweg etwa 10 Minuten. Oder S-Bahn Richtung Närum, Station Fuglevad. Fahrtzeit gleich, Fußweg etwa 5 Minuten). Über dreißig alte Gebäude aus allen Teilen Dänemarks und früher integriert gewesener Gebiete (Schleswig, Südschweden, Färöer). Einrichtung meist mit Originalstücken.

Abteilung VIII: Wissenschaftliche Abteilung, nicht öffentlich zugänglich.

Nicht verpassen: Tongefäß aus der Jüngeren Steinzeit; Sonnenwagen aus Trundholm, Bronze, mit vergoldeter Sonnenscheibe, um 1000 v. Chr. (s. S. 28); dänisches Kruzifix (vor 1100), eine der frühesten dänischen Christus-Darstellungen; die Weisen aus dem Morgenland, Elfenbein, etwa 1250; Punschschale aus Fayence in der Form einer Mitra, mit der dänischen Inschrift »Lange lebe König Christian VI.«; Adam und Eva, dänische Holzschnitzerei (1833); Verzierung eines Mangeltischs, mit der Inschrift »Wir können auf Rosen gehen«; Bauernhaus vor der Kattegat-Insel Läsö (S. 279) mit fast einem Meter dickem Reetdach; Gebrauchsgegenstände aus dem Gebiet Angmagssalik an der grönländischen Ostküste, das erst 1884 entdeckt wurde; tanzender Schiwa, 1799 in der damaligen dänischen Kolonie Trankebar gefunden; Statue einer Ägypterin aus der Zeit der 12. Dynastie; Goldmedaille zur Erinnerung an den Sieg der dänischen Flotte über die schwedische in der Bucht von Köge (S. 201) im Jahre 1677.

Thorvaldsen-Museum

Das Museum für den dänischen Bildhauer Bertel Thorvaldsen (1770–1844, Abb. 89) liegt nur einen Steinwurf vom Nationalmuseum entfernt, dicht am Schloß Christiansborg. Es wurde 1839–1848 von G. Bindesböll erbaut und gilt als das originellste Werk der klassizistischen Architektur in Dänemark (s. S. 24).

Da Plastiken in der Regel nach Skizzen und Modellen in kleinerem Maßstab entstehen, ist im Thorvaldsen-Museum in der einen oder der anderen Form das Lebenswerk des Bildhauers zu finden, das heute über ganz Europa verstreut ist. Die Skizzen von Thorvaldsens Hand verraten mehr vom Temperament des Künstlers als die kühlen Marmorstatuen.

Während seines langen Aufenthalts in Rom hat Thorvaldsen selbst Kunstgegenstände gesammelt, die auch in seinem Museum gezeigt werden: Ägyptisches, Griechisches, Etruskisches und Römisches, daneben Gemälde vorwiegend von zeitgenössischen Künstlern, die zu seinem Freundeskreis gehörten. Ein Gemälde des in Kopenhagen ausgebildeten deutschen Malers D. C. Blunck zeigt ›Dänische Künstler in der Osteria La Gensola zu Rom‹, darunter auch Thorvaldsen.

Theatermuseum

Das Theatermuseum liegt im Stallflügel des Schlosses Christiansborg. Seinen Kern bildet das 1766 gegründete Hoftheater. Es gibt einen Überblick über dänische Theater-, Opern- und Ballettkunst und deren Geschichte.

Zeughausmuseum (Töjhusmuseet)

Im Arsenal (1598–1604), unmittelbar am Schloß Christiansborg, liegt das Zeughausmuseum. Am Eingang begrüßt ein rot uniformierter Portier die Besucher mit militärischer Ehrenbezeugung. Die Sammlung besteht aus Waffen und anderem Kriegsgerät, das teils auf allen Schlachtfeldern Europas Tod und Verderben gebracht hat, teils aber nach langer Wartung wegen Überalterung eingemottet werden mußte. Besonders sehenswert ist der fast 160 m lange Kanonensaal.

Museum für Kunstgewerbe (Kunstindustrimuseet)

Das Museum für Kunstgewerbe wurde unter Mithilfe des Ny Carlsbergfonds 1890 gegründet. Es liegt heute am Ende der Bredgade, die zwischen der Marmorkirche und dem Schloß Amalienborg zum Kastell, zur Langelinie und zur kleinen

Meerjungfrau führt. Das Gebäude (1752–1757) war früher ein königliches Hospital, das Frontispiz über dem Eingang zeigt den ›Barmherzigen Samariter‹ von J. C. Petzold, einem deutschen Bildhauer, der 18 Jahre in Dänemark tätig war.

Neben moderner angewandter Kunst aus dänischen Werkstätten zeigt das Museum europäisches Kunsthandwerk vom Mittelalter bis zur Gegenwart sowie Arbeiten aus islamischen Ländern und Fernost.

Museum des dänischen Widerstands
(Frihedsmuseet)
Das Museum des dänischen Widerstands gegen die deutsche Besatzungsmacht im Zweiten Weltkrieg liegt in einem eigenen flachen Gebäude (1957) kurz vor der Langelinie und der Meerjungfrau am Ende der Amaliegade, die über den Schloßplatz von Amalienborg führt. Es zeigt Art und Umfang dänischer Widerstandsaktionen, die teilweise mit abgeworfenem englischen Material und gemeinsam mit abgesprungenen englischen Spezialisten durchgeführt wurden.

Königliche Sammlungen Schloß Rosenborg
Schloß Rosenborg (Farbt. 23) liegt dicht am alten Stadtkern. Es wurde 1606–1633 von Christian IV. erbaut und gehört zu den charmantesten Schlössern Skandinaviens. Die dänischen Könige haben es niemals als Residenz bewohnt, wohl aber sich zeitweise dort länger aufgehalten, als letzter 1801 Christian VII. Königliches Familienmuseum wurde Rosenborg 1833, ab 1858 hieß es ›Chronologische Sammlung der dänischen Könige‹.

Rosenborg ist nach wie vor persönlicher Besitz der Krone. Gezeigt werden u. a. die Kronjuwelen und Porträts der königlichen Familie sowie Gegenstände aus der Zeit vom 16. bis 19. Jahrhundert. Dazu gehören: Kleidung, Waffen, Schmuck und andere Gold- und Silbergegenstände, Bergkristalle und andere Mineralien, in sich geschlossene Sammlungen von Glas-, Porzellan- und Elfenbeingegenständen. Die Möblierung der jeweiligen Ausstellungsräume paßt zur betreffenden Periode.

Nicht verpassen: Oldenburger Trinkhorn aus der Zeit um 1470, vergoldetes Silber, ältestes Stück des Museums, vermutlich Eigentum von Christian I., dem ersten Oldenburger auf dem dänischen Thron; Bronzebüste Christians IV.; Krönungssessel und Silberlöwen in der Festhalle; Serviceteile von *Flora Danica* (S. 272).

Staatliches Kunstmuseum
(Statens Museum for Kunst)
Das Staatliche Kunstmuseum liegt an der Östervoldgade, keine fünf Minuten vom Schloß Rosenborg entfernt. Das Gebäude (1889–1896) stammt von dem Glyptotek-Erbauer Jens Vilhelm Dahlerup, von dem Tobias Faber, Leiter der Kunstakademie, sagt, er habe »sich mit großer Freude und wechselndem Resultat« in allen Stilarten versucht. Ein Um- und Erweiterungsbau (Eva und Nils Koppel, 1966–1970) mildert den pompösen Charakter des Eingangs.

Die Sammlungen gehen auf eine Königliche Galerie zurück, die 1824 eröffnet wurde. Zu dem heutigen Umfang hat Ny Carlsbergfond erheblich beigetragen. Das Museum hat eine holländisch-flämische Kollektion (speziell 17. Jh.), eine italienische, eine deutsche, eine französische sowie eine kleinere spanische Kollektion. Umfangreich ist die Sammlung französischer Werke aus dem 20. Jh. Die dänische Sammlung zeigt die Entwicklung der Malerei in Dänemark und ist mit Abstand auf diesem Gebiet die größte des Landes. *Nicht verpassen:* ›Christus, der leidende Erlöser‹ von Andrea Mantegna; ›Porträt eines Mannes‹ von Tizian; ›Christus in Emmaus‹ von Rembrandt; ›Porträt eines Unbekannten‹ (Miniatur) von John Hoskins; ›Badende Frau‹, Terrakottaskulptur von Henri Laurens. – Bei den Dänen Bilder von Jens Juel, Constantin Hansen, Egill Jacobsen und Richard Mortensen.

Hirschsprung-Sammlung
(Den Hirschsprungske Samling)
Die Sammlung von Heinrich Hirschsprung (S. 204) liegt in einem Park, der direkt hinter dem Staatlichen Kunstmuseum beginnt. Das klassizi-

stische Gebäude wurde 1911 fertiggestellt, es ist eine Arbeit von H. B. Storck.

Die Sammlung besteht hauptsächlich aus dänischen Gemälden sowie einigen Skulpturen des 19. Jahrhunderts. Eingerichtet ist das Museum teilweise mit selbstentworfenen Möbeln aus den Häusern dänischer Künstler.
Nicht verpassen: Ein Porträt (1814) von C. W. Eckersberg, das vermutlich Anna Magnani, eine italienische Freundin Thorvaldsens, darstellt; Christen Köbkes ›Porträt des Landschaftsmalers Frederik Södring‹ und die Skizze für ein Bild von Queen Victoria, ausgeführt von Laurits Tuxen.

Kopenhagener Stadtmuseum
(Köbenhavns Bymuseum)
In der Vesterbrogade, etwa zehn Minuten zu Fuß vom Hauptbahnhof in einem Haus, das 1786 für die Königliche Kopenhagener Schützengesellschaft ausgeführt wurde. Im Sommer erkennbar an dem großangelegten Modell von Kopenhagen zu Beginn der Neuzeit im Vorgarten.

Das Museum zeigt die Entwicklung und Geschichte Kopenhagens, darunter sog. Bürgermeister-Pokale, die von Bürgermeistern in Auftrag gegeben wurden. Unter der Sammlung von Porträts und dem Nachlaß bekannter Bürger nimmt der Kierkegaard-Raum eine besondere Stellung ein. Die ersten Meter der Nebenstraße Absalonsgade sind wie eine Straße zu Anfang des 20. Jhs. gestaltet.

Kronborg: Burg und später auch Schloß an der engsten Stelle des Öresunds bei Helsingör. Ursprünglich als Burg Krogen für Erik VII. Anfang des 14. Jahrhunderts zur Sicherung des Sundzolls gebaut. 1574–1584 zu einem vierflügligen Renaissanceschloß umgebaut, wobei auch die Bastionen verstärkt wurden. Abgebrannt 1629, danach von Hans van Steenwinckel d. J. wieder erbaut und modernisiert. Seitdem mehrfach erweitert. Von 1785 bis 1926 Kaserne, danach fast ständig restauriert. Seit Mitte der 60er Jahre arbeiten drei Steinmetze an der Restaurierung der Sandsteinskulpturen, die fast vierhundert Jahre alt sind. Die Steine

wurden – wie vor vierhundert Jahren – aus Gotland geholt. Nach dem Behauen lagern sie ein Jahr im Freien, damit sie ihre Taufrische verlieren. – Teilweise zugänglich. – Im Keller sitzt schlafend Holger Danske (s. S. 275).

Läsö: Insel im Kattegatt, südwestlich von Frederikshavn, 112 qkm. Älteste Kirche in *Vesterö* (13. Jh., Flügelaltartafel 1475, Votivschiff 1807). Kirche *Byrum* aus demselben Jahrhundert, Kalkmalereien ›St. Georg und der Drache‹, Altartafel 1450. Hafenkirche Vesterö im alten Stil 1953/54 erbaut, mit Turm nach Osten. – Museumshof mit Tangdach und dänischer Bockmühle. – Trachten aus der Zeit von Margarete I., deren Schiff vor Läsö strandete. Hohe Düne Danzigmand, benannt nach einer dort gestrandeten *Danzig*. – Überfahrt 1¼ Stunde, breite flache Strände, viele Möglichkeiten zum Sonnenbaden, Ferienhäuser.

Louisiana: s. S. 228.

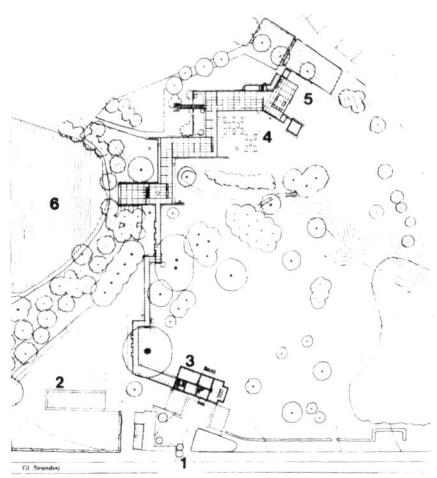

Museum Louisiana 1 Besuchereingang 2 Hof 3 Hauptgebäude 4 Cafeteria 5 Bücherei 6 Öresund

Marsch: Ursache für die Entstehung der fruchtbaren Marschgebiete an der Nordseeküste sind

Ebbe und Flut sowie die gelegentlich auftretenden Sturmfluten. Das Meer schwemmt bei Flut Tonschlamm (Schlick), Lehm und Sand, Torf und andere organische Stoffe wie auch Muscheln an. Diese bleiben liegen, wenn das Wasser bei Ebbe wieder abfließt. Nach einem gewissen Zeitraum kann man das Gebiet eindeichen und den fruchtbaren Boden urbar machen. – Sturmfluten bringen oft auch Tod und Verwüstung: Die größte an der Nordsee ertränkte 1634 zwischen Ribe und Tondern 6200 Menschen und 50000 Haustiere. Sie spülte 1300 Bauernhöfe, 28 Mühlen und 19 Kirchen weg.

Molererde: Moler ist ein dünnplattiges Kieselgestein aus der Zeit vor 50 Mill. Jahren (Tertiär), entstanden aus den Panzern mikroskopisch kleiner Kieselalgen (Diatomeen) und kommt in Nordjütland vor. Molererde gibt es nur auf *Morsö* und der kleinen Nachbarinsel *Furö* – sonst aber nirgendwo auf der ganzen Welt. Diese Erde ist eine Mischung aus Lehm und Moler. Gut sichtbar sind die Vorkommen bei Hanklit und Feggeklit auf Morsö. An den Küsten der Insel trifft man häufig auf Fossilien aus dem Tertiär.

Morsö: Liegt im Limfjord und ist die Insel mit dem kleinsten der vielen Nyköbings (Handelsstadt 1299). Brücke nach Thy zur 11. Höchste Erhebung 89 m. Blick auf fünfzig Kirchen. Nordostspitze mit der Düne Feggeklit und der Stelle, wo Hamlet seinen Stiefvater erschlagen haben soll (S. 59). Feggeklit und Hanklit bestehen aus Molererde (s. oben). Im ehemaligen Kloster Dueholm *Morslands historiske Museum*, mit Sammlungen aus vorgeschichtlicher und geschichtlicher Zeit. 200 km Küste, mehrere Strände. Südlich von Nyköbing Jesperhus Blumenpark und die Anpflanzungen von Legind Bjerge. Hier Brücke über den Salling Sund zum Festland (Skive).

Motorradmuseum: Heiße Feuerstühle aus der guten alten Zeit zeigt ein Museum in Stubbekö-

bing auf Falster: etwa hundert Motorräder, die ältesten sind vom Anfang dieses Jahrhunderts.

Nielsen, Carl (1865–1931): Dänemarks vielseitigster und wohl auch bedeutendster Tonkünstler, dessen fünischer Humor und Wirklichkeitssinn für die grassierende Spätromantik nicht viel übrig hatte. Nielsen war Militärmusiker, Orchesterleiter im Kgl. Theater und Direktor des Konservatoriums. Konsequent entwickelte er einen eigenen Stil, von dem man sagt, er spiegele taghell die dänische Landschaft wider und sei durchströmt von fünischer Wesensart.

Nyhavn: Die Ostseite des Stichkanals *Nyhavn* (Neuer Hafen) war ein Jahrhundert lang bis in unsere sechziger Jahre die – recht kurze – Bannmeile des Vergnügens in Kopenhagen.

Heute sind die beiden Seiten des Stichkanals ein ›Museum‹ für Holzschiffe (s. auch Umschlagvorderseite). Nur noch in wenigen Kneipen auf der Ostseite dröhnen die Musikboxen, und in einigen Lokalen kann man dänisch, international und nur selten billig speisen. Auf dem Zweimastschoner *Isefjord* kann man essen und als Amateur ein wenig Leichtmatrose spielen. Seit Sommer 1980 gehört die ›fröhliche‹ Seite von Nyhavn zur Kopenhagener Fußgängerzone.

Öresund, feste Verbindungen: Architekten, Ingenieure und Politiker sind schon seit langem von der Idee fasziniert, die beiden Seiten des Öresund durch feste Verbindungen miteinander zu verknüpfen. Geplant ist eine Eisenbahnbrücke auf der Strecke Helsingör–Helsingborg sowie eine Kombination von Tunnel und Straßenbrücke zwischen Amager (südl. von Kopenhagen) zur flachen Insel Saltholmen nach Malmö hinüber. Saltholmen soll Kopenhagen-Kastrup als internationalen Flughafen ablösen. Diese Projekte sind aber den Dänen irgendwie eine Nummer zu groß. Immer wieder drücken sie sich um schwedische Vorschläge, gemeinsam mit der Realisierung des Gesamtprojekts zu beginnen, herum.

Örsted, Hans Christian (Abb. 90): Ist in der Welt der Wissenschaft hauptsächlich als Entdekker der Magnetwirkung von elektrischem Strom bekannt. Tatsächlich aber war sowohl der Wissenschaftler als auch die Kulturpersönlichkeit Örsted (1777–1851) außerordentlich vielseitig, und seine Interessen erstreckten sich über die Naturphilosophie bis hin zur Literatur der Romantik. Er sorgte für die Errichtung der Polytechnischen Lehranstalt, deren erster Leiter er war und von 1829 bis zu seinem Tod blieb. H. C. Örsted liegt auf dem Assistens Kirkegård – dem dänischen Gotha, dessen Seiten aus Grabsteinen bestehen – begraben.

Rundkirchen: (Farbt. 37, 38, Abb. 61, 83, 118): In ganz Dänemark sieben, davon vier auf Bornholm. Entstanden um 1200. Wehrkirche mit kleinen Fenstern und Türen und mit schmalen Gängen. Mitten in der Kirche ein wuchtiger Pfeiler, der den Kirchenbesuchern den Blick zum Altar versperrt. Diesen Nachteil hat man in der *Österlars-Kirche* durch Aushöhlen des Mittelpfeilers auszugleichen versucht. Kirchenraum und Mittelpfeiler sind reich verziert, vor allem mit Fresken. Der Mittelpfeiler ging über den Kirchenraum hinaus durch ein weiteres Stockwerk, das als letzte Zuflucht diente. Ursprünglich war darüber noch eine Wehranlage.

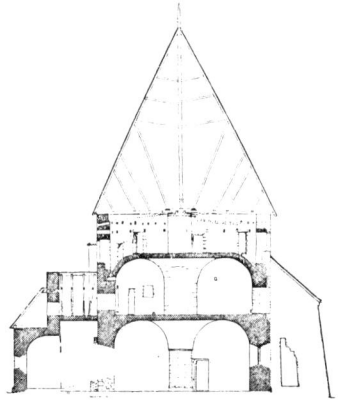

Ols Kirke, Bornholm (s. S. 240)

Samsö: Insel im südlichen Kattegatt, auf der Höhe von Horsens. 114 qkm groß, rund 6000 Einwohner, während der Sommerwochen etwa 25 000 Touristen. Fährverbindung von Salvig nach Hov in Jütland (Dauer 1¼ Stunde), sowie von Kolby Kås nach Århus und Kalundborg (Dauer jeweils rund 2 Stunden). Wie schon die eben genannte Touristenzahl zeigt, hat Samsö viel zu bieten, obgleich einige Strände etwas steinig sind. Die kulinarischen Spezialitäten Samsös sind gebratener Aal mit Apfelmus und Samsö-Spargel.

Skamlingsbanken: Höchste Erhebung Nordschleswigs (113 m), hübscher Rundblick, südl. Kolding (S. 127) in Küstennähe. Kristallisationsort der Dänen in ihrer Abwehrfront gegen Loslösungsbestrebungen von Schleswig-Holstein. Das hohe Denkmal wurde 1863 errichtet und schon im Jahr darauf von den Preußen gesprengt. Bestimmt nicht unverdrossen, aber doch unverzagt haben die Dänen es nach Kriegsende aus den gesprengten Brocken wieder aufgebaut.

Skjoldemose: Nordwestlich von Svendborg (Fünen) bereits im Mittelalter erwähntes Schloß, in der heutigen Form 1662 fertiggeworden. Die Giebel stammen aus dem Jahr 1858.

Spöttrup (Farbt. 6): Bei Rödding in Nordjütland. Erbaut im 14. Jahrhundert, 1404 im Besitz des Bischofs von Viborg. Völlig nach Gesichtspunkten der Verteidigung und Unterbringung größerer Truppeneinheiten geplante Wasserburg. Im Staatsbesitz, restauriert entspricht ihr Bild jetzt dem des 16. Jahrhunderts.

Tegner, Rudolph (Abb. 114): Aus Schweden stammender Bildhauer und Maler (1873–1950), dessen wichtigste Skulpturen in den 20er Jahren entstanden. Ein Museum mit Skulpturenpark bei Dronningmölle in Nord-Seeland zeigt sein Schaffen, das stark realistisch geprägt, zugleich aber klassisch veredelt ist.

Tiköb: Kleiner Ort in Nord-Seeland zwischen den Seen Esrum und Gurre. Die Kirche der Ortschaft ist ein typischer Repräsentant der dänischen Treppengiebelkirchen des 12. und 13. Jahrhunderts. Der gezackte Treppengiebel als Blende des Turmdachs ist bezeichnend für den dänischen Kirchenbau und einer der wenigen architektonischen Züge, die mit Sicherheit dänischen Ursprungs sind.

Tiköb, Treppengiebelkirche

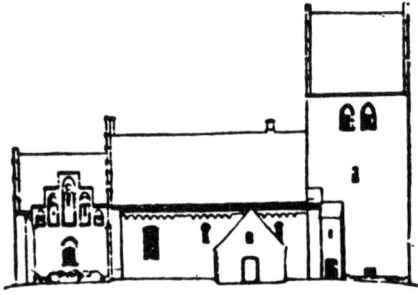

Ven: Insel im Öresund, die früher Hven hieß und zu Dänemark gehörte. Auf der 7½ qkm großen Insel wohnte von 1576–1597 der Astronom Tyge Brahe (Abb. 87, S. 252). Er baute hier die beiden Observatorien *Uranienborg* und *Stjerneborg*, von denen nur noch Fragmente erhalten sind. Die Insel mit der kleinen Kirche von Sankt Ibb ist ein geradezu idyllischer Platz mitten in der meistbefahrenen Wasserstraße der Welt. Ven ist leicht von Landskrona in Schweden zu erreichen, schwieriger ist es von Dänemark aus: Fast alljährlich wagt sich eine Reederei an den Ven-Verkehr, bald danach kommt aber die Pleite.

Wedellsborg: Nahe dem Kleinen Belt, etwa 20 km südöstlich von Middelfart auf Fünen. Das Hauptgebäude stammt aus dem Jahr 1706. Das Gut ist seit mehr als dreihundert Jahren im Besitz der Familie Wedell.

Westwall: *Vestvolden* heißt die Befestigung, die von 1888–1892 zum Schutz der Hauptstadt angelegt wurde. Der Wall ist etwa 15 km lang, er beginnt an der Köger Bucht und endet im Norden bei dem Moor Utterslev Mose. Nach der Niederlage Deutschlands im Ersten Weltkrieg wurden die Befestigungen 1920 geräumt. Die Wälle (Höhe bis zu 10 m) und die Gräben (bis zu 6 m breit) sind gut erhalten. Sie werden jetzt als Freizeitgebiet erschlossen. Man fährt am Westwall entlang, wenn man vom Roskildevej auf den Motor-Ring-veijen abbiegt.

Windmühle bei Ulfborg: Die Windmühle bei Ulfborg (West-Jütland) ist sozusagen eine Mühle der dritten Generation. Sie ist nicht zum Mahlen von Getreide bestimmt, sondern zum Produzieren von Energie. Sie ist von den Schülern dreier privater Schulen gebaut worden und soll diese Schulen mit Strom versorgen. Ihr Betonturm ist 60 m hoch, die drei Flügel sind je 27 m lang und wiegen 5 t.

Yding Skovhöj: Mit 173 m Dänemarks höchste Erhebung, gelegen etwa 2 km westlich der E 3, etwa 4 km bevor sie Skanderborg erreicht. Die Auszeichnung ›Höchster Berg‹ ist in Dänemark dreimal vergeben worden. Bis 1847 galt der *Himmelbjerget* (147,2 m) (Abb. 28) als der höchste. Dann entdeckten die Landvermesser des Generalstabs, daß der *Ejer Bavnehöj* (170,95 m) über den Himmelbjerget hinausragt. 1941 maß man noch genauer und ermittelte für den *Yding Skovhöj* eine Höhe von exakt 172,66 m (alle Mitteljütland).

Raum für Reisenotizen

Anschriften neuer Freunde, Foto- u. Filmvermerke, neuentdeckte gute Restaurants, etc.

Danksagung

Während der Arbeit an diesem Buch erhielt ich von *Danmarks Turistråd* sowie von der *Abteilung Presse und Kultur des dänischen Außenministeriums* Hilfen und Hinweise, die mit keiner anderen Bedingung verknüpft waren als dem Wunsch, daß der Autor nach bestem Wissen und so objektiv wie möglich berichtet. Besonders wertvoll waren die Hinweise von *Inger Hahn* und *Kurt Nielsen* sowie von *Inger Lindegaard, Knud Plougmann, Bent Rying* und *Jörn Anker Nielsen.* Aus dem Kollegenkreis kam Unterstützung von *Ernst Siegfried* und *Hans Christian Hansen* sowie von *Johannes Dose.* Wichtig waren die Gespräche mit *Ole Winther* und *Annika Wirkberg.*

Literaturhinweise

Beim Vorbereiten und Schreiben des Manuskripts zu diesem Buch habe ich mich sehr stark auf die dänische Tagespresse sowie auf Hörfunk- und Fernsehsendungen und auf bereits vorhandene Literatur gestützt. Hierzu gehörten vor allem der Reiseführer ›Danmark rundt‹ (Kopenhagen, 1974), ›Danish Museums‹ (Kopenhagen, 1966), ›Dänemark‹ (Kopenhagen, 1971), ›Parkplätze der Literatur‹ (Flensburg, 1969) sowie die Bände 1–10 von ›Gyldendals Leksikon‹ (Kopenhagen, 1977–1978), dem jüngsten umfangreichen Lexikon, das in Dänemark erschienen ist. Wichtige Referenzwerke waren außerdem ›N. F. S. Grundtvig, Tradition und Erneuerung‹, Kopenhagen 1983, ›Levevillkår i Danmark‹, København 1984, ›Att slå bro pa dansk‹, København 1986 und das Heft ›Nordschleswig und die deutsche Volksgruppe in Dänemark‹, Husum 1985.

Als nächster Nachbar im Norden taucht Dänemark in der deutschsprachigen Literatur aller Sektoren häufig auf. Es ist unmöglich, hier auch nur einen geringen Teil einzeln zu erwähnen.

1977 erschien in Stuttgart in der Serie ›Geistige Begegnung‹ die Anthologie ›Dänemark‹ von Heinz Barüske. Wer an den Dänen, ihrer Geschichte und Kultur tiefergehendes Interesse hat, wendet sich an: *Det danske Selskab* (Kultorvet 2, DK 1175, Kopenhagen K), die eigene Publikationsserien, darunter Bücher über Formgebung, Architektur, Volkshochschulen und Volksbüchereien, herausgibt.

Abbildungsnachweis

Inga Aistrup, Vedbäk   Abb. 8, 9, 21, 27–32, 44, 48, 50–52, 54–56

Lore Bermbach, Düsseldorf   Abb. 63, 70, 118, 119, 121

Danish Tourist Board, Kopenhagen   Umschlaginnenklappe vorn; Farbt. 8, 10, 22, 26, 28, 38; Abb. 2–7, 10–17, 18–20, 22–24, 25, 26, 33–35, 37–43, 49, 53, 62, 65, 67, 71, 74, 76–86, 88, 89, 90, 92, 93, 94, 96–101, 103–107, 109–117, 120, 122, 123, 130–132

Francis J. Dean, Kopenhagen   Umschlagvorderseite

Wedigo Ferchland, Varde   Farbt. 3, 5–7, 8; Abb. 125, 128, 129, 133

Kalmar & Alan, Färöer   Abb. 124, 126, 127

Gerhard Kerff, Hamburg   Umschlagrückseite; Farbt. 12, 15, 20, 33–36; Abb. 36, 46, 47, 57–61, 64, 66, 68, 69, 72, 73

Niklas Kjeldsen, Helsinki   Abb. 102

Hans Joachim Kürtz, Möltenort/Kiel   Farbt. 21, 25, 27, 30

Adam Paltorp   Farbt. 9, 23, 29, 32, 37

Royal Danish Ministry of Foreign Affairs, Kopenhagen   Abb. 1, 45, 87, 95, 108

ZEFA, Düsseldorf (Ferchland, Mohn, Saller, Schneiders, Waldkirch)   Farbt. 1, 2, 4, 11, 14, 24, 31, 39

Die Textabbildungen wurden folgenden Werken entnommen:

Dänemark – Ein offizielles Handbuch, Kopenhagen 1971

Tobias Faber: *Architektur in Dänemark*

Kjeld Heltoft: Hans Christian Andersen as an artist, Kopenhagen 1969

Merian Europa: Neunundachtzig der schönsten Städtebilder aus der Archontologie und den Topographien, Bärenreiter-Verlag, Kassel 1965

Zeittafel zur Geschichte Dänemarks

um 12000 bis 8000 v. u. Z.	Erste Besiedlung im Anschluß an die letzte Eiszeit
um 5000	Fischer- und Jägerkulturen
ab 2800	Mittelsteinzeit geht zu Ende, Einzelgräberkultur
1800	Ältere Bronzezeit, Spiralornamentik
1000	Jüngere Bronzezeit, Luren, Wellenbandornamentik
500	Vorrömische Eisenzeit, Bauernsiedlungen auf Jütland
0	Römische Eisenzeit, Funde römischer Herkunft
400	Germanische Eisenzeit, Goldhörner von Gallehus
800	Wikingerzeit, Funde von Jelling, Ladby und Lindholm Höje, Bau des Lagers Trelleborg, Baubeginn am Dannewerk, erste Holzkirche
804–810	König Gudfred und Karl der Große grenzen ihre Reiche gegeneinander ab. Hedeby (Haithabu) an der Schlei wird gegründet
810–812	König Hemming und Karl der Große legen die Grenze an der Eider endgültig fest
vor 900	Alfred d. Gr. tritt einen Teil Englands an die dänischen Wikinger ab
vor 986	Christianisierung, König Harald Blauzahn
ab 980	König Svend Gabelbart unternimmt regelmäßige Plünderungszüge die englische Küste entlang
1013	Dänemark beherrscht England
1042	Union England-Dänemark aufgelöst
um 1060	Svend II., Einteilung Dänemarks in acht Bistümer, Beginn eines einheitlichen Rechtswesens
1085	Letzter Versuch der Ausdehnung nach Westen, Ende der Wikingerzeit
1104–1134	König Niels, zentrale Verwaltung, erster Erzbischof (Lund)
1157–1182	Valdemar I. (d. Gr.), Kampf gegen die Wenden, 1167 Gründung von Kopenhagen, 1169 Eroberung der Insel Rügen, 1178 Absalon Erzbischof von Lund
1182–1202	Knud IV., Mecklenburg und Pommern tributpflichtig, Knud verweigert dem Deutschen Kaiser den Lehnseid
1202–1241	Valdemar II. (der Sieger), Eroberung Holsteins und Estlands, Verlust Holsteins 1227, Südschonen wird Europas zentraler Heringsmarkt, Grundsteuer wird eingeführt (Grundbuch *Valdemars Jordebog*), erste Stadtrechte, Landschaftsgesetze
nach 1241	Lehnssystem wird eingeführt, Kirche größter Grundbesitzer und von Steuern befreit
1259–1286	Erik V., Unterzeichnung der Handfeste, Adel hat Mitspracherecht
nach 1286	Innere Unruhen, Krieg mit Norwegen und in Norddeutschland, wirtschaftlicher Niedergang, ganz Dänemark an holsteinische Grafen verpfändet, die 1332–1340 das Land beherrschen (Interregnum)
1340–1375	Valdemar IV. Atterdag, innere Konsolidierung, 1361 Eroberung Gotlands, Krieg gegen die Hanse, 1370 Friede zu Stralsund erweitert Einfluß der Hanse auf Königsmacht

1376–1387	Oluf III.; Margarete, Tochter Valdemars und Mutter Olufs, ist Regentin. 1380 erbt Oluf Norwegen von seinem Vater Haakon VI.
1387–1412	Margarete I., 1389 Sieg über Schweden, ganz Skandinavien unter einer Krone, 1397 Bestätigung der Reichseinheit durch den Adel aller Teile Skandinaviens, Erik VII. wird König des Gesamtreichs, de facto regiert Margarete
1412–1439	Erik VII., Stellung der Handelsstädte wird gestärkt, Einführung des Sundzolls, gemeinsame Erhebungen dänischer und schwedischer Adliger, schließlich Absetzung Eriks
1440–1448	Christoffer III., 1443 Kopenhagen Hauptstadt, Zerfallserscheinungen in der Union, 1441 Bauernaufruhr in Nordjütland
1448–1481	Christian I., 1460 Vergleich zu Ribe, Christian wird Herzog von Schleswig und Graf von Holstein (die Schleswig-Holsteinische Frage findet 1920 ihre formelle und 1945 ihre endgültige Lösung)
1513–1523	Christian II., 1521 Städte erhalten Monopol für Handwerk und Einzelhandel, Adelsaufruhr führt zur Absetzung des Königs
1534–1536	Grafenfehde: Bürger und Bauern, von Lübeck unterstützt, für Wiedereinsetzung Christians. Adel siegt
1534–1559	Christian III., 1536 Reformation führt zur wirtschaftlichen Stärkung der Krone und Festigung der Adelsmacht, ab 1550 weitere Stärkung des Adels durch Anstieg der Getreidepreise, Boden gehört zu 47 % der Krone, 47 % dem Adel und 6 % freien Bauern
1563–1570	Nordischer Siebenjähriger Krieg, Dänemark gegen Schweden um die Ostseevorherrschaft, endet unentschieden
1588–1648	Christian IV., großangelegtes Planen und Bauen im Reich, unglückliche Außenpolitik, 1645 Friede zu Brömsebro: Verlust von Ösel und Gotland, der mittelnorwegischen Provinzen und Halland (heute Südwestschweden)
1648–1670	Frederik III., Kriege gegen Schweden, 1660 Verlust aller Ostprovinzen, Staatsfinanzen zerrüttet, 1660 Ständetag in Kopenhagen, Absolutismus und Erbmonarchie werden gegen Adel durchgesetzt und erhalten im Königsgesetz von 1665 rechtliches Fundament
1675–1679	Krieg gegen Schweden endet mit Niederlage
1683	Reichsrecht für Dänemark
1687	Gesondertes Reichsrecht für Norwegen
1688	Einheitliche Maße und Gewichte, Heeresreform mit Übergang zu stehendem Söldnerheer (überwiegend Deutsche), Steuerfreiheit für Adel abgeschafft, Erbadel vom Hof verdrängt, ausländische Adlige strömen ein
1700–1721	Teilnahme am Großen Nordischen Krieg gegen Schweden bringt keine Wiedererwerbungen
etwa 1660–1740	Lage der Bauern verschlechtert sich ständig, 1740 Erbuntertänigkeit
1701	Landmiliz (15 000 Bauern) ergänzt Söldnerheer
etwa 1700–1750	Rinderpest und fallende Kornpreise bewirken Wirtschaftskrise
etwa 1750–1807	Geschickte Königsberater halten Dänemark aus europäischen Kriegen heraus, Proviantlieferungen an die Kriegführenden lassen Wirtschaft aufblühen
1788	Erbuntertänigkeit aufgehoben, 1804 gefolgt von Aufhebung der Leibeigenschaft in Schleswig-Holstein

1801	Seeschlacht gegen britische Flotte vor Kopenhagen
1807	Britische Flotte bombardiert Kopenhagen und erobert dänische Flotte, Dänemark verbündet sich mit Frankreich
1813	Staatsbankrott
1814	Friede zu Kiel, Norwegen geht an Schweden verloren
1815	Holstein und Lauenburg werden Mitglieder des Deutschen Bunds
1848–1850	Dreijähriger Krieg, Aufruhr Schleswig-Holsteins, verursacht durch Erbfolgefragen und damit verbundene Gefährdung der Sonderstellung von Schleswig und Holstein. Diplomatische Intervention Preußens führt nach dänischen Siegen zum Unentschieden
1849	Frederik VII. unterzeichnet das Juni-Grundgesetz und damit das juristische Ende des Absolutismus, Zweikammerparlament, Wahlrecht für ›Selbsternährer‹ über 30, Unterrichtspflicht und Versammlungsfreiheit, keine Pressezensur
1857	Öresundzoll wird abgeschafft
1863	Novemberverfassung dehnt Geltungsbereich des Grundgesetzes auf Schleswig aus
1864	Deutscher Bund erklärt Dänemark Krieg, Preußen und Österreicher rücken auf das Dannewerk vor. Im Frieden zu Wien tritt Dänemark Schleswig-Holstein und Lauenburg ab
1901	Kabinett Estrup, das letzte ›Königskabinett‹, tritt ab, seitdem Regierungsbildung de facto allein Sache des Parlaments
1912	Christian X. wird König
1915	Oberhaus verliert Privilegien; allgemeines, gleiches und geheimes Wahlrecht, auch für ›Frauen und Dienstboten‹
1918	Island erhält Souveränität, verbleibt aber in Personalunion
1920	Abstimmung in Schleswig führt zur Wiedergewinnung von Nordschleswig
1933	200 000 Arbeitslose bei Jahresbeginn
1940	Einmarsch deutscher Truppen am 9. April, eine Woche später erste Geburt im Königshaus (heute Margarethe II.)
1944	Island erklärt sich für selbständig
1945	Dänemark wird durch Selbstauflösung der Besatzungsmacht frei und erklärt sofort Verzicht auf Ausdehnung in Richtung auf die Eider
1947	Christian X., Symbol der Unbeugsamkeit während zweier Kriege und einer Besetzung, stirbt
1948	Färöer erhalten Autonomie
1949	Dänemark tritt der Nato bei
1953	Grundgesetzreform bestätigt De-facto-Regelung von 1901, Einkammerparlament (Folketing), weibliche Erbfolge
1955	Bonner Erklärungen normalisieren die Beziehungen zwischen Dänemark und der Bundesrepublik Deutschland
1972	Frederik IX., der ›gute Nachbar aller Dänen‹, stirbt. Nach fast 600 Jahren erhält Dänemark mit Margarethe II. wieder eine Königin
1972	Volksabstimmung mit klarer Mehrheit für EG-Beitritt

Praktische Reisehinweise

Unter Mitarbeit von Bettina Ponto Oesten

Adressen

Verkehrsämter

Jede Stadt in Dänemark, die etwas auf sich hält, besitzt ein eigenes Verkehrsbüro. Die Büros sind Ihnen bei allen Fragen und Problemen, die im Urlaub entstehen, behilflich. Bei den örtlichen Verkehrsbüros erfahren Sie auch am besten, was die Stadt in puncto Kultur zu bieten hat, wo man Fahrräder mieten kann, welche Wanderrouten am schönsten sind usw.

Die Büros in Dänemark sind mit dem internationalen Informations-i gekennzeichnet.

Zentrale in Kopenhagen
Danmarks Turistråd
Vesterbrogade 6 D
DK-1620 Kopenhagen V
Ø +45–1–11 14 15

Touristeninformation für Dänemark
H. C. Andersens Boulevard 22 A
DK-1553 Kopenhagen V
Ø +45–1–11 13 25

Vertretung in der Bundesrepublik
Deutschland
Dänisches Fremdenverkehrsamt
Glockengießerwall 2
2000 Hamburg 1
Ø 040–32 78 03
Telex 21 51 94 dk d

Vertretung für Österreich
Dänisches Fremdenverkehrsamt
Ferstelgasse 3/4
A-1090 Wien
Ø 42 22 97
Telex 11 52 58

Vertretung für die Schweiz
Verkehrsbüro für Dänemark und Island
Münsterhof 14
CH-8001 Zürich
Ø 2 11 90 23
Telex 81 30 20

Deutschsprachige Institutionen

Botschaften
Botschaft der Bundesrepublik Deutschland
Stockholmsgade 57
2100 Kopenhagen Ö
Ø +45–1–26 16 22
Botschaft der DDR
Svanemöllevejen 48
2100 Kopenhagen Ö
Ø +45–1–29 22 77

Botschaft der Republik Österreich
Grönningen 5
1270 Kopenhagen K
Ø +45–1–12 46 23

Schweizerische Botschaft
Amaliegade 14
1256 Kopenhagen K
Ø +45–1–14 17 97

Konsulat der Bundesrepublik Deutschland
Kystvej 18
6200 Apenrade (Aabenraa)
∅ + 45–4–62 14 64 und 62 14 65

*Honorarkonsulate der Bundesrepublik
Deutschland*
Hasserivej 139
9000 Ålborg
∅ + 45–8–13 12 33
Havnegade 4
8100 Århus C
∅ + 45–6–12 32 11
Vagervej 4
6700 Esbjerg
∅ + 45–5–12 75 44
Rimmensgade 9–11
9900 Frederikshavn
∅ + 45–8–42 00 11
Batterivej 7
4220 Körsör
∅ + 45–3–57 05 86
Frisegade 26, ›Merkurgaarden‹
4800 Nyköbing/Falster
∅ + 45–3–85 27 00
Vestre Kaj 16
Postbox 9
4700 Nästved
∅ + 45–3–73 18 11
Slotsgade 18–22
5000 Odense
∅ + 45–9–14 14 14
Store Torv 12
3700 Rönne/Bornholm
∅ + 45–3–95 22 11
Dalavegur 8
3800 Thorshavn/Färöer
∅ 298–1 20 94
Sydkajen 14
7100 Vejle
∅ + 45–5–82 00 11

Aktivurlaub

Der Sommer in Dänemark ist ausgesprochen schön; natürlich am schönsten, wenn es nicht gerade wochenlang hintereinander regnet, aber mit Regen muß halt im Norden Europas stets gerechnet werden. Und selbst dann, wenn es mal in Strömen gießt, muß das nicht gleich das Ende aller Urlaubsglückseligkeit bedeuten: Dann hängt man sich eben einen Regenmantel um, zieht die Stiefel an und wandert durch die Heide, besteigt die Dünen, geht zum Wasser oder sogar ins Wasser (es gibt Urlauber, für die es nichts Schöneres gibt, als im dänischen Sommerregen zu baden).

Aber gehen wir mal davon aus, daß die Sonne scheint. Dann wird der Urlaub in Dänemark erst recht zum Aktivurlaub: Wandern, reiten, segeln, surfen, angeln. Es gibt kaum etwas, was man im dänischen Sommer nicht unternehmen kann. Für diejenigen, die sich für dänische Geschichte und Kultur interessieren, gibt es u. a. die zahlreichen Schlösser, die alle auf ihre besondere Art einen sehr guten Eindruck von dänischer Königstradition vermitteln sowie die alten Gutsherrenhöfe, die z. T. in hochrangige Hotels und Restaurants umfunktioniert worden sind.

Urlauber, die Dänemark per Fahrrad erkunden wollen, erhalten Tourenvorschläge kostenlos in jedem i-Büro. Für Ritter auf dem schmalen Sattel ist das Land so etwas wie ein Schlaraffenland; wenige Steigungen (und die Steigungen, die es gibt, sind erträglich), abwechslungsreiche Natur, viele Campingmöglichkeiten und Wanderherbergen und nicht zuletzt breite Fahrradwege.

Das kommt nicht von ungefähr: Das Fahrrad gehört zum festen Inventar der Dänen, und die Autofahrer nehmen in der Regel große Rücksicht auf alle, die sich da vor ihren Augen abstrampeln.

Andenken und Shopping

Was kaufe ich mir als Andenken? Diese Frage stellt sich wohl für jeden am Ende seines Urlaubs. In Dänemark dürfte sich für den Urlauber eher die Frage stellen: »Was nehme ich nicht mit nach Hause?« Natürlich gibt es da den üblichen Souvenirkitsch, der in Dänemark eigentlich gar nicht soooo kitschig ist: kleine bärtige Holzwikinger oder die H. C.-Andersen-Meerjungfrau in Miniformat. Typisch dänischer geht es nicht. Doch von diesen Andenken mal ganz abgesehen, gibt es ein riesiges Angebot an dänischem Design, das in aller Welt einen guten Ruf genießt. Kaufenswert sind Holz- und Handarbeiten für Küche und Wohnzimmer. Wer mehr anlegen möchte, kann dänische Formgebung auch in Glas, Keramik, Leder oder Metall erstehen. Einige Kaufhäuser (in Kopenhagen: Magasin du Nord und Illum) haben qualitativ hochstehende Angebote auf diesem Sektor. Bei größeren Einkäufen lohnt es sich, den Versand durch das Warenhaus an die eigene Heimatadresse vornehmen zu lassen, weil die Mehrwertsteuerersparnis gewöhnlich die Portoausgaben übersteigt.

Nach wie vor sehr gefragt sind Holzschuhe dänischen Fabrikats. Gefragt sind auch – und jetzt bewegen wir uns schon in der etwas kostspieligeren Abteilung – dänische Pelze, die ausgesprochene Qualitätsware

sind. Auch wenn es nicht gleich zum Kauf kommen muß: Ein Besuch in einer Kopenhagener Kürschnerei (Birger Christensen) lohnt sich schon.

Überdurchschnittlich gut gearbeitet ist ebenfalls dänisches Gußeisengeschirr, das jetzt sein Comeback in der modernen Küche feiert. Empfehlenswert sind hier insbesondere die Erzeugnisse mit den Markenzeichen Copco.

Anreise

Von Mitteleuropas *Straßen* über die deutsch-dänische Grenze nach Jütland. Außerdem *Autofähren* Warnemünde – Gedser und Travemünde – Gedser sowie Puttgarden – Rödbyhavn, im Sommer Verbindung zwischen Kiel und Korsör (Seeland) oder Kiel – Bagenkop (Langeland).

Für *Zug- und Autofahrten* gilt: Anreise nach Fünen am günstigsten über die jütländische Landgrenze. Nach Kopenhagen und ins übrige Seeland sowie nach Schweden über die ›Wassergrenze‹.

Von Südnorwegen Verbindungen nach Hirtshals, Frederikshavn und Thyborön (alle Nordjütland) sowie nach Kopenhagen.

Von Schweden ab Göteborg nach Frederikshavn, ab Varberg an der R 2 nach Grenå, von Helsingborg nach Helsingör oder Grenå, von Landskrona und Malmö nach Kopenhagen sowie von Limhamn nach Dragör (bei Kopenhagen).

Zentrum des *Luftverkehrs* ist Kastrup bei Kopenhagen, mit Verbindungen in die ganze Welt.

Ärztliche Versorgung

Bundesbürger, die während ihres Urlaubs in Dänemark einen Arzt benötigen, ›fallen‹ unter die EG-Verordnung 1408/71. In der Praxis bedeutet dies, daß die ärztlichen Kosten von der dänischen Krankenkasse getragen werden, wenn Sie in einem EG-Land wohnen. Um von diesem Service Gebrauch machen zu können, müssen Sie jedoch ein Formular mit der Bezeichnung E 111 mitbringen, als Bestätigung dafür, daß sie in Ihrem Heimatland normal versichert sind. Dieses Formular erhalten Sie auf Anfrage bei Ihrer Krankenkasse. Von dem Gratis-Service ausgeschlossen sind Bundesbürger, die privat versichert sind, doch werden die Kosten der ärztlichen Behandlung nach Rückkehr in die Bundesrepublik in der Regel zurückerstattet. Urlauber aus Österreich und der Schweiz, die einen dänischen Arzt aufsuchen, tragen die Behandlungskosten selber.

Kommt es zu einem akuten Krankheitsfall, rufen Sie in Kopenhagen am besten den Notarzt (lägevagt, rund um die Uhr, auch sonn- und feiertags) unter der Nummer 0041 an. Normalerweise verstehen die Telefonisten Deutsch, wenn nicht, dann auf jeden Fall Englisch. Außerdem hat jedes dänische Krankenhaus eine Ambulanz (Erste-Hilfe-Station), die Skadestue heißt.

Direkten Kontakt mit der *Polizei* und der *Rettungsstation* bekommen Sie unter der Nummer 000. Benötigt man zahnärztliche Hilfe, findet man die *Zahnärzte* im gelben Teil des Telefonbuchs unter ›tandläger‹.

In Kopenhagen erreichen Sie den Notdienst der Zahnärzte unter der Nummer 380251.

Auskunft

Die Informationsbüros mit dem internationalen Kennzeichen i sind in ganz Dänemark hervorragend organisiert und während der Hochsaison auch an den Wochenenden geöffnet. Verständigungsschwierigkeiten dürften Sie hier nicht haben. Die Mitarbeiter beherrschen in der Regel mehrere Sprachen fließend.

Autofahren

Verkehrsregeln

Schnelles Fahren in Dänemark können Sie gleich vergessen. Die dänische Polizei ist da sehr streng und verpaßt Ihnen in Windeseile eine happige Geldstrafe, wenn Sie beim Zuschnellfahren erwischt werden. Also, ab der deutsch-dänischen Grenze Tempo drosseln, der Rat ist wirklich ernst gemeint.

In *Ortschaften* gilt ein Tempolimit von *50 km/h*. Für rasante Autofahrer sicherlich eine Zumutung, aber trösten Sie sich: Wer langsam fährt, sieht mehr, und vielleicht entdecken Sie ja plötzlich und ganz unverhofft eine schöne Kirche oder ein altes strohgedecktes Fachwerkhaus, an denen Sie sonst ahnungslos vorbeigebraust wären. Auf *Landstraßen* darf es dann mit *80 km/h* schon etwas schneller zugehen. Die Höchstgeschwindigkeit auf *Autobahnen* liegt bei *100 km/h*. Und nochmals: Kommen Sie nicht auf die Idee, auf die Tube zu drücken, die dänische Verkehrspolizei arbeitet in der Urlaubssaison fleißig und ist häufig dort, wo man sie am wenigsten erwartet.

Anlegen der Sitzgurte ist in Dänemark obligatorisch.

Benzin

Ein guter Rat auch zum Benzin. Die Benzinpreise in Dänemark liegen deutlich über denen der Bundesrepublik (gilt nicht für Diesel). Also: Vor Grenzüberschreitung unbedingt noch mal auftanken. Die meisten dänischen Tankstellen haben bis in die späten Nachtstunden offen, die dazugehörigen Kioske sind außergewöhnlich gut sortiert.

Außerhalb der Geschäftszeiten ist Tanken an automatisierten Tankstellen möglich. Beste ›Scheidemünze‹ sind die Zwanziger in Landeswährung.

Bleifrei tanken können sie praktisch an allen größeren Tankstellen.

Automobilclubs
FDM
Blegdamsvejen 124
DK-2100 Kopenhagen Ö
Ø +45–1–38 21 12

Autoverleih
In Dänemark sind alle bekannten internationalen Autovermieter vertreten, daneben auch kleinere Vermieter, deren Adressen man am besten in den i-Büros erfragt.

Folgender Preisvergleich ist einem neuen Katalog entnommen (Preisangaben in US-Dollar): Ford Escort pro Woche in Dänemark 80, in der Bundesrepublik 140. Nicht alles also ist in Dänemark teurer.

Banken

Wie in den meisten Ländern Europas sind auch die Banken in Dänemark inzwischen hochautomatisiert und -computerisiert. In den größeren und kundenintensiven Banken ziehen Sie normalerweise am Eingang eine Nummer und warten dann, bis sie auf einem kleinen Schirm über der Kasse aufleuchtet. Das Personal ist in der Regel sehr sprachenkundig und hilfsbereit. Beim Geldwechseln bekommen Sie als Zugabe häufig Stadtpläne und Prospekte. Beim Umtausch wird gewöhnlich eine Gebühr berechnet.

Geöffnet mo–mi 9.30–16 Uhr, do 9.30–18 Uhr, fr 9.30–16 Uhr. An Brennpunkten des Reiseverkehrs (Flughäfen, große Bahnhöfe) Wechselschalter auch abends und am Wochenende.

Bauernhof-Ferien

Ländliche Idylle, Bauernalltag, hautnaher Kontakt mit der Natur, das können Sie in Dänemark auf zwei Arten haben:
1. Sie wohnen in einem Gästezimmer auf dem Bauernhof und werden somit als Teil der Familie angesehen. Sie essen zusammen mit Ihren Gastgebern – normalerweise zwei oder drei deftige Mahlzeiten am Tag. Außer, daß Sie Ihr Zimmer selber saubermachen, haben Sie keine Pflichten. Schließlich sind Sie ja im Urlaub.
2. Wer lieber für sich bleiben und seine Mahlzeiten selber zubereiten möchte, wohnt in einer eigenen Wohnung entweder direkt auf dem Hof oder in unmittelbarer Nähe. Bis auf Bettwäsche, Handtücher und Geschirrtücher ist alles vorhanden.
Preis pro Person pro Tag
DKK 160 einschl. Halbpension
DKK 185 einschl. Vollpension

Kinder bis zu drei Jahren erhalten eine Ermäßigung von 75 Prozent, für Kinder zwischen vier und elf Jahren zahlen Sie die Hälfte.

Die Bauernhöfe sind alle mit Bad und Toilette ausgestattet und werden regelmäßig von den örtlichen Touristenbüros besichtigt.

Behinderte

In Dänemark versucht man, Behinderten die gleichen Chancen zu geben wie den übrigen Bürgern des Landes. Das gilt natürlich auch für den Transport. Die skandinavische Luftfahrtgesellschaft SAS, die Danair sowie auch andere Fluggesellschaften sind Behinderten bei Ankunft und Abreise im Kopenhagener Flughafen Kastrup und auf innerdänischen Flughäfen behilflich. Ebenso die Dänischen Staatsbahnen (DSB) auf Reisen in Dänemark.

Bei Anreise vom Heimatland nach Dänemark empfiehlt es sich, mit dem jeweiligen nationalen und internationalen Transportunternehemen im Heimatland in Verbindung zu treten. Es gilt für alle Transportunternehmen, daß man sich möglichst frühzeitig mit ihnen in Verbindung setzt und über die Behinderung informiert.

Bei Planung eines Urlaubs in Dänemark sollten Sie sich als Behinderter mit dem Dänischen Verkehrsamt in Verbindung setzen. Hier erhalten Sie detaillierte Information über Unterbringung, Essen, Museen, Sehenswürdigkeiten und Veranstaltungen, die sich besonders auf Behinderte eingestellt haben.
Weitere Einzelheiten erhalten Sie auf Anfrage bei:
Bolig-, Motor- og Hjälpemiddeludvalget
(Wohnungs-, Transport- und Hilfsmittelausschuß)

Hans Knudsens Plads 1A
DK-2100 Kopenhagen Ö
✆ + 45–1– 29 78 99
Einzelheiten über Wanderherbergen mit Behinderteneinrichtungen erhalten Sie bei:
Organisationen Danmarks Vandrerhjem
Vesterbrogade 39
DK-1620 Kopenhagen V
✆ + 45–1– 31 36 12

Bevölkerung

Fangen wir mal ganz nüchtern und sachlich an: Die rund 5,1 Millionen Dänen leben auf einer Fläche von 43 069 Quadratkilometern, auf einem Quadratkilometer also etwa 116 Dänen. Die Hauptstadt heißt Kopenhagen und hat etwa 1,5 Millionen Einwohner, einschließlich aller Vororte im Großraum Kopenhagen. Der Rest der Bevölkerung verteilt sich auf die Halbinsel Jütland, die Inseln Fünen, Lolland, Bornholm sowie auf zahlreiche kleinere Inseln, die in der Nordsee, Ostsee, Skagerrak und Kattegat verstreut liegen. Dänemark ist eine Monarchie, sogar die älteste der Welt.

So, und jetzt möchten Sie wahrscheinlich eine Charakteristik des typischen Dänen haben. Nun, einen typischen Dänen gibt es eigentlich gar nicht. Selbst in einem so kleinen Land wie Dänemark sind die Unterschiede von Region zu Region recht groß.

Die Kopenhagener sind wie alle Großstädter etwas überheblich, sehr gesellig und haben ihre eigene Sprache, oder sagen wir besser: Sprachmelodie. Die ganz Überheblichen behaupten immer: »Nur in Kopenhagen wird Dänisch gesprochen.« Die typische Kopenhagenerin ist modisch bewußt, wenn auch nicht unbedingt elegant, emanzipiert, sie hat naturblondes oder gebleichtes Haar. Der Kopenhagener kann manchmal etwas brummig wirken, taut über einem Bier aber normalerweise auf, erzählt dann gern lustige Geschichten und findet partout kein Ende.

Die Bevölkerung auf Fünen ist leichtblütig, lustig, unkompliziert und musikalisch. Fragen Sie mich, so finde ich den Füner Dialekt am melodischsten. Die Kopenhagener wären da natürlich anderer Meinung.

Die Nord-Jütländer sind die Schwerblütler unter den Dänen; melancholisch, manchmal etwas dröge, reserviert, ja, fast weltfremd. Der Nord-Jütländer ist sich selbst genug. Doch hinter seinem verschlossenen Gesicht verbirgt sich sein ganz eigener, trockener Humor, für den er bei seinen Landsleuten berühmt-berüchtigt ist. Sein Dialekt ist für Kopenhagener schwer verständlich, weshalb er von seinen hochnäsigen Brüdern in der Großstadt quasi als Ostfriese Dänemarks behandelt wird. Aber das kümmert den Nord-Jütländer wenig. Er liebt seine Natur und freut sich, daß er nicht in der Großstadt zu leben gezwungen ist.

Die Süd-Jütländer sind die weltoffensten aller Dänen. Kein Wunder, sind sie doch praktisch mit zwei Kulturen großgeworden – der deutschen und der dänischen. Wer in Süd-Jütland – oder Nordschleswig, wie dieser Landesteil auch genannt wird – seinen Urlaub verbringt, dürfte mit der Verständigung niemals Probleme haben. Die Nordschleswiger sind zweisprachig. Und auch sie haben natürlich ihren eigenen Dialekt – Sönderjydsk –, in den viele deutsche Wörter hineingeflossen sind.

Kurzum, wer es sich schon zutraut, diese vielen Mutationen des Dänischseins doch noch auf einen gemeinsamen Nenner zu bringen, der könnte guten Gewissens sagen: Dänen sind gemütlich, humorig und kinderfreundlich, essen und trinken gerne und gut – und viel; sie sind stolz darauf, daß der liebe Gott sie zu Dänen gemacht hat, freuen sich, wenn Touristen ihr Land loben, und haben einen ausgesprochen gut entwickelten Riecher dafür, wie man eine nette Atmosphäre schafft und andere dazu bringt, sich wohlzufühlen.

Boote, Segelboote

Dänemark ist das Land der Segler. Das behaupten nicht nur die Dänen selber, sondern auch viele Touristen, die Jahr für Jahr ihren Urlaub auf nordischen Gewässern verbringen. Und weil gerade das Segeln als Nationalsport der Dänen gilt, sind auch die Bootsvermieter zahlreich vertreten. Hier ein paar davon:

Copenhagen Boat Center
Kalkbränderihavnsgade 22
DK-2100 Kopenhagen Ö
✆ + 45–1–18 31 22
Maritim Camping AS
Jyllinge
DK-4000 Roskilde
✆ + 45–2–38 83 58
Auslieferung in ganz Dänemark.

Ruder- und Paddelboote können Sie durch die jeweiligen Verkehrsbüros mieten. Wie auf dem Gudenåen, so gibt es auch auf einigen anderen Flüssen Teilpauschalreisen.

Bootsfahrten
In größeren Badeorten hat man die Möglichkeit, Boote für eine bestimmte Route zu

mieten oder an Gemeinschaftsfahrten teilzunehmen. Besonders interessant und abwechslungsreich sind Fahrten durch den Limfjord und um die Nordspitze Jütlands (Grenen genannt, dort stoßen Skagerrak und Kattegat aufeinander) oder durch die Inselwelt der Gewässer um Fünen.

Cafeterias

»Gemütlichkeiten Sie sich in einem unserer Cafeterias«, war mal in einem deutschen Werbeprospekt einer großen dänischen Supermarktkette zu lesen. Natürlich war damit gemeint: Machen Sie es sich in einer unserer Cafeterias gemütlich. Und gemütlich, das sind die Cafeterias, also die kleineren Selbstbedienungsrestaurants, wirklich. Jedenfalls, wenn man nichts Großes erwartet, denn für Gourmets sind die Cafeterias nicht da. Man bekommt halt das, was man nach einem anstrengenden Einkaufsbummel oder einer langen, ermüdenden Autofahrt braucht, und das zu durchaus angemessenen Preisen. Die Cafeterias schließen häufig am frühen Abend.

Camping

In Dänemark gibt es über 500 Campingplätze, die über das ganze Land verteilt liegen. Alle sind von *Campingrådet* (dänischer Campingrat) anerkannt und haben einen hohen Standard. Angabe des Standards (1–3 Sterne) auf dem Hinweisschild.

Dänische Campingplätze verfügen alle über gute sanitäre Einrichtungen, haben eigene Trinkwasserversorgung und gute Bo-

denverhältnisse. Ein 2-Sterne-Platz stellt darüber hinaus Kocheinrichtungen zur Verfügung und bietet Spielmöglichkeiten für die Kinder. Die 3-Sterne-Plätze werden rund um die Uhr beaufsichtigt und betreiben eigene Geschäfte, die sich normalerweise in unmittelbarer Nähe des Platzes befinden. Viele Campingplätze haben zusätzlich Swimmingpool, Gemeinschaftsräume, eine Cafeteria sowie einfach ausgestattete Zimmer, Hütten oder fest stationierte Wohnwagen, die in der Hochsaison vorzugsweise auf Wochenbasis vermietet werden. Es empfiehlt sich auf jeden Fall, vor Urlaubsantritt einen Platz zu mieten, dies gilt natürlich vor allem in der Hochsaison. Bitte fügen Sie das Rückporto in Form von internationalen Antwortscheinen bei (erhältlich im Postamt).

Campingplatzverzeichnis
Der Dänische Fremdenverkehrsrat und der Campingrat geben ein Verzeichnis der 1-, 2- und 3-Sterne-Campingplätze heraus. Das Verzeichnis erhalten Sie kostenlos beim Dänischen Fremdenverkehrsamt. Ein ausführlicheres Verzeichnis aller anerkannten Campingplätze wird jedes Jahr vom Campingrat herausgegeben. Das Verzeichnis findet man auf den Plätzen, im Buchhandel und an Kiosken sowie bei den Automobilclubs. Auf Einsendung von DKK 32 zuzügl. Porto DKK 20 wird es Ihnen von folgender Stelle übersandt:
Campingrådet
Skjoldsgade 10
DK-2100 Kopenhagen Ö

Campingausweis
Ausländische Urlauber müssen einen internationalen Campingpaß (FICC–AIT–FIA)

haben. Beachten Sie bitte folgende Regeln: Jede Familie muß im Besitz eines Campingpasses sein, d. h. Ehepaare oder Zusammenlebende und Kinder unter 18 Jahren, die noch zu Hause wohnen. Ab 18. Lebensjahr muß jeder seinen eigenen Paß mitbringen. Wer keinen hat, kann sich auf dem ersten dänischen Platz einen ausstellen lassen. Der ist dann aber nur in Dänemark und für das laufende Kalenderjahr gültig.

Campingpreis

Der Durchschnittspreis für eine Übernachtung beträgt DKK 27 (etwa DM 8,–) für Erwachsene und die Hälfte für Kinder.

Campingverbote

Bitte denken Sie daran, daß es in Dänemark nicht gestattet ist, im Campinganhänger, Wohnmobil, Auto oder Zelt außerhalb der Campingplätze zu übernachten, es sei denn, daß der Grundstückbesitzer dies ausdrücklich erlaubt hat. Camping auf Park- und Rastplätzen ist ebenfalls nicht erlaubt. Vergessen Sie bitte auch nicht, daß Camping am Strand oder in den unter Naturschutz stehenden Dünen ein hohes Bußgeld zur Folge haben kann. Wäre doch ärgerlich, wenn Sie gleich bei Urlaubsbeginn einen ordentlichen Batzen Geld an die dänische Polizei loswürden. Die Dänen setzen sich sehr intensiv für die Erhaltung ihrer Natur ein und sind für jede Rücksichtnahme dankbar.

Caravaning

Auf nahezu allen zugelassenen Campingplätzen gibt es Abstellmöglichkeiten für Wohnwagen und Campingbusse. Auskunft im Verzeichnis der Campingplätze.
Vermietung von Wohnwagen:
Midtvejs Caravan
DK 8900 Randers   ✆ + 45–6–44 30 69

DanMenu

Über 700 Restaurants, Kros (dän. Name für Gastwirtschaft) und Hotels in ganz Dänemark bieten das DanMenu an – mittags 12–15 Uhr und/oder abends. Das DanMenu (zwei Gänge) besteht aus gutem dänischen Essen – häufig regionale Spezialitäten – zu einem festen Preis. Ab 1. Mai 1986 DKK 68 (einschließlich MWSt und Bedienung).
Sparhinweis: Cafeterias mit TOURIST MENU. Hier werden ebenfalls zwei Gänge zu einem Festpreis von DKK 45 serviert.

Eisenbahn

Es ist ein ungeteiltes Vergnügen, in Dänemark mit dem Zug zu fahren. Ein dichtes Eisenbahnnetz ermöglicht schnelles und angenehmes Reisen. Zwischen Kopenhagen und den größeren Städten verkehren Schnellzüge (lyntog) mit nur wenigen Haltestellen. Moderne Intercity-Züge verbinden die größeren dänischen Städte im Stundentakt in beiden Richtungen. Außerdem gibt es noch Nahverkehrszüge (lokaltog).

Die Abteile sind sauber und bequem, die Zugbegleiter sind zuvorkommend und häufig zu kleinen Späßen aufgelegt, die Mitreisenden sind halt nette Dänen. In praktisch allen Schnell- und Intercityzügen gibt es gut sortierte Kioske. Während der Fahrt mit der Zugfähre über den Großen Belt (Meeresarm zwischen Seeland und Fünen) sind die Kioske geschlossen. Dafür kommt aber, falls man während der Überfahrt im Abteil bleiben möchte, eine Zugstewardeß mit einem Servicetrolley durch jeden Wagen.

Ein besonderer Service wird auch den Zugpassagieren angeboten, die während der Reise ihre Ruhe haben wollen (die Abteile können manchmal ein wenig laut sein – klar, Dänen unterhalten sich gern). Jeder Intercity-Zug hat deshalb Abteile für die etwas Geräuschempfindlichen (Stillekupé) eingerichtet. In diesem Abteil stört keiner den anderen. Und wenn einer trotzdem mal versehentlich den Mund aufmachen sollte, dann wird er von seinen stummen Mitpassagieren höflich, aber nachdrücklich auf das kleine Schild an der Tür aufmerksam gemacht: Schschtt…

Neu bei den Dänischen Staatsbahnen (DSB) sind auch die Abteile für Familien in der 2. Klasse. Der Preis ist derselbe wie bei normalen Abteilen, nur müssen die Plätze im voraus bestellt werden. Das gilt übrigens für alle Schnell- und Intercity-Züge. Eine Platzkarte kostet DKK 10 und kann unter der Rufnummer (innerhalb Dänemarks): 01-14 88 80 bestellt werden.

Sparhinweis: Die Fahrkartenausgabe der DSB gibt Ihnen über verschiedene Ermäßigungen Auskunft. Reist man z. B. zu dritt oder mit mehreren zusammen, bekommt man eine Gruppenkarte mit einem Rabatt zwischen 20 und 50 Prozent, je nachdem, wie groß die Gruppe ist. Mit einer Landeskarte (Landsrejsekort) kann man innerhalb eines Monats alle DSB-Züge und innerdänischen Fähren der 2. Klasse in Anspruch nehmen.

Elektrizität

Im allgemeinen 220 V Wechselstrom. In den Badezimmern mancher Hotels keine Steckdosen, darum lohnt es sich, einen passend großen Spiegel mitzubringen, damit man Rasierapparat und Frisierstab auch im Zimmer benutzen kann.

Essen und Trinken

Da leuchten die Augen der Dänen, da vergessen sie alle Sorgen und Probleme, da fängt das wahre Leben für sie erst an. Ein Däne wird sich zur Not damit abfinden, daß er in einer winzigen Zweizimmerwohnung ohne Bad und ohne warmes Wasser leben muß, aber auf sein Bier und sein Smørrebröd verzichten – das wäre ganz einfach zu viel verlangt.

Wer seinen Urlaub in Dänemark verbringt, muß eins wissen: Dänisch essen ist lecker, aber keineswegs gesund. Natürlich gibt es auch die feine französische Küche, italienische Restaurants und leichtbekömmliche internationale Gerichte. Und natürlich haben auch die Inder, Pakistanis, Araber und Chinesen längst entdeckt, daß die Dänen es exotisch mögen. Die Hauptstadt Kopenhagen hat sich in den letzten Jahren zu einem Mekka für Gourmets entwickelt, und die Kopenhagener verfolgen aufs Genaueste, was sich in der Restaurationsbranche so alles tut. Jeden Freitag können sie in einer großen Hauptstadtzeitung nachlesen, ob ein Restaurant unter dem kritischen Blick und der verwöhnten Zunge zweier berühmt-berüchtigter Journalisten Gnade gefunden hat.

Die Köche wissen natürlich, daß ihnen unter Umständen der Besuch der Journalisten ins Haus steht und geben sich mit der Zubereitung und dem Servieren deshalb größte Mühe. Nicht etwa, daß die Restaurationsbesitzer glauben, sie könnten nach dem

Journalistenbesuch erleichtert aufatmen und dem Gast wieder die gelb umrandeten Salatblätter unterjubeln. Oh, nein! In den Restaurants herrscht stets höchste Alarmbereitschaft, denn die Damen Journalisten lassen sich häufiger blicken. Ausgeschnittene Bilder von ihnen hängen in allen Küchen.

Aber zurück zur typisch dänischen Küche, denn der Urlauber will es ja auch mal auf die einheimische Art haben. Der echte Däne (der also, der von französischen Kleinstportionen überhaupt nichts hält) steht auf dem Standpunkt: je fetttriefender und schwerbekömmlicher, desto besser. Da wird die völlig unschuldige Lachsscheibe in einer süß-sauren Senfsauce ertränkt, da verschwinden die kleinen süßen meeresfrischen Krabben hinter einer Masse von Tubenmayonnaise, und die knusprig-leichte Scholle versinkt hilflos unter der giftig-gelben Remouladenlast. Das Komischste bei all dem ist: Es schmeckt auch noch gut, ja, sogar sehr gut, nur hinterher fragt man sich beim Anblick des aufgeblähten Bauches, ob eine Krabbe pur oder trockener Lachs es nicht schon getan hätte.

Trotzdem: Sie dürfen sich das Store Kolde Bord (das große kalte Büffet), auf dem sämtliche dänische Spezialitäten vereint sind, auf gar keinen Fall entgehen lassen. Das gleiche gilt für dänisches Bier (Tuborg, Carlsberg, Faxe), das wegen seines unverkennbaren Geschmacks in aller Welt, von Tokio bis Vancouver, von Santiago bis Tromsö, gerühmt wird.

Fahrradferien

Das Gefühl der Freiheit und Unabhängigkeit macht einen Fahrradurlaub so attraktiv.

Radler kehren dem Alltag den Rücken und wenden sich der Natur zu.

Dänemark ist das ideale Fahrradland mit einem feinmaschigen Netz schmaler, asphaltierter Landstraßen ohne dichten Autoverkehr. Und die größeren Straßen haben alle Fahrradwege.

Die Orte liegen nah beieinander, zum Strand und dem erfrischenden Bad ist es auch nicht weit.

Dänemark hat sich auf Fahrrad-Urlauber sehr gut eingestellt, überall gibt es Pauschalangebote für Touren. Die Organisation *Dansk Cykelferie* (Dänische Fahrradferien) ist ein Garant für Qualität – und ein Garant für Vielfalt.

Bei den Pauschalreisen brauchen Sie sich eigentlich nur auf Ihr Fahrrad zu setzen und loszustrampeln – für alles andere, Unterkunft, Ausrüstung, Karten, Routenbeschreibung – haben örtliche Experten gesorgt, die die Touren bereits geradelt sind und deswegen wissen, wie man den ärgsten Verkehr vermeidet. Überfahrten mit der Fähre werden für Sie ebenfalls im voraus gebucht, ebenso die Unterkunft in einem Hotel oder einer Wanderherberge.

Die Touren von Dansk Cykelferie dauern zwischen 4 und 14 Tagen. Der Mindestpreis beträgt DKK 1000. Dansk Cykelferie ist die Dachorganisation für alle Veranstalter von Pauschalfahrradtouren. Die Touren sind in einem Sonderprospekt ausführlich beschrieben. Auf Anfrage erhältlich bei:

Dansk Cykelferie
c/o DVL-Rejser
Kultorvet 7
DK-1175 Kopenhagen K
✆ +45–1–13 27 27,
Telex: 15 227

299

Fahrradurlaub auf eigene Faust

Wenn Sie Ihren Fahrradurlaub lieber selbst organisieren möchten, ist Ihnen das Büro des Dänischen Fremdenverkehrsrates (Dansk Turistråd) bei der Tourenplanung mit Karten, Hotel-, Wanderherbergs- und Campingplatzverzeichnis behilflich. Außerdem haben die meisten dänischen Touristenbüros eigene Tourenvorschläge. Durch die i-Büros erfahren Sie auch, wo es Fahrräder zu mieten gibt. Der Tagespreis liegt zwischen DKK 20 und 50, der Wochenpreis zwischen DKK 100 und 200. Für Tandems müssen Sie 50 Prozent mehr bezahlen. Es wird eine Anzahlung bis zu DKK 500 oder die gesamte Miete im voraus verlangt.

Näheres über das Fahrradland Dänemark erfahren Sie bei

Dansk Cyklist Forbund
Kjeld Langes Gade 14
DK-1367 Kopenhagen K
✆ +45–1–14 42 12.

Oder fragen Sie nach dem Prospekt ›Fahrradferien in Dänemark‹ in den Büros des Dänischen Fremdenverkehrsrates in der Bundesrepublik Deutschland, Österreich und in der Schweiz. Außerdem gibt es die Karte ›Radwandern in Dänemark‹ (33 DKK, 5. Aufl. 1986) mit einer Unmenge von Hinweisen und Informationen.

Wichtige Verkehrsregeln

Besondere Vorsicht ist geboten, wenn Sie an einer Straßenkreuzung *nach links* abbiegen wollen. Verhalten Sie sich wie ein Fußgänger. Also: Bleiben Sie auf der rechten Seite, bis Sie an der gegenüberliegenden Straßenecke sind. Dort warten Sie, bis die Straße frei ist oder bis die Ampel grün wird, bevor Sie in die neue Richtung fahren. Diese Regel wurde eingeführt, um die Radfahrer vor dem ›harten‹ Verkehr zu schützen.

Feiertage

1. Januar
Gründonnerstag (ist in den meisten skandinavischen Ländern ein ganzer Feiertag. Die Geschäfte sind überall geschlossen.)
Buß- und Bettag (Anfang Mai)
Christi Himmelfahrt
Pfingstmontag
5. Juni (Nationalfeiertag)
25. und 26. Dezember

Ferienhäuser

Die meisten Ferienhäuser in Dänemark sind Privateigentum, es gibt sie für jeden Geschmack und Geldbeutel. In der Regel liegen sie in unmittelbarer Nähe vom Strand. Nicht weniger attraktiv sind aber die Ferienhäuser im Landesinnern in der Nähe einer typischen dänischen Kleinstadt, an einem See oder am Waldrand.

Was kostet ein Ferienhaus?

Der Mietpreis hängt natürlich ganz von der Lage und vom Komfort des Hauses ab. Die Preise sind auch von Region zu Region unterschiedlich. An der Ostsee bezahlt man normalerweise weniger als an der Nordsee. Noch preiswerter können Sie es am Limfjord in Nordjütland und am Isefjord in Nordwestseeland haben. Und außerhalb der Saison fallen die Preise um 40 bis 60 Prozent. Die meisten Häuser sind winterfest und eignen sich auch für einen Urlaub außerhalb der Sommermonate.

Die Ferienhäuser werden auf Wochenbasis vermietet – normalerweise von Samstag bis Samstag.

Preise 1986
Niedrigste Preisklasse
Relativ einfach eingerichtetes Haus ohne Dusche, aber mit WC, Strom, kombiniertem Aufenthalts- und Eßraum, Küche, ein oder zwei Schlafräumen mit Etagenbetten.
In der Saison von DKK 1400 bis DKK 1800 pro Woche.
Mittlere Preisklasse
Modern eingerichtetes, neueres Haus mit WC, Dusche, Kalt- und Warmwasser, Kühlschrank, Wohn- und Eßzimmer, 2–3 Schlafräume.
In der Saison von DKK 1800 bis DKK 3200 pro Woche.
Höchste Preisklasse
Ferienhaus in erstklassiger Lage oder exklusives Haus am Strand mit u. a. Geschirrspülmaschine, Kamin oder Kaminofen und Sauna.
In der Saison ab DKK 3200 pro Woche.

Ihr Ferienhaus buchen können Sie in der Bundesrepublik Deutschland u. a. bei:
Skandinavisches Reisebüro, 1000 Berlin
DanCenter, 2000 Hamburg (größtes Angebot für ganz Dänemark)
Reisebüro Fast, 2000 Hamburg
Reisebüro Norden, 4000 Düsseldorf
ADAC Reise GmbH, 8000 München
NUR TOURISTIC, 6000 Frankfurt
DAN TOUR, 2390 Flensburg
Ferienhausvermittlung Wagner, 3000 Hannover
Wolters Reisen, 2800 Bremen

Ferienhotels und Ferienzentren

Urlaub in einem Ferienhotel ist in den letzten Jahren immer beliebter geworden. Es ist eine Kombination von Hotel und Ferienhaus. Der Gast genießt den Service und die Einrichtungen eines normalen Hotels und ist gleichzeitig so frei und ungebunden, als wenn er in einem Ferienhaus seinen Urlaub verbringt.

Jede Familie wohnt in einer eigenen, gut eingerichteten Wohnung mit Schlafplätzen für zwei bis acht Personen. Eine Kochnische ist vorhanden, für den Fall, daß man sich selbst versorgen möchte. Für das Sauber- und Bettenmachen sind Sie selbst zuständig.

Der aktive Urlauber kommt, wenn er sich für ein Ferienhotel entscheidet, voll auf seine Kosten. Hier ein typisches Beispiel für die Sport- und Vergnügungsangebote eines Ferienhotels: Restaurant, Kaminzimmer, Kinderkino, Spielzimmer, Fernsehzimmer, Diskothek, Tischtennisraum, Trimm-Dich-Geräte und Sauna, Volleyballplatz und großes Hallenbad sowie Badminton- und Tennisbahn. Außerdem können Fahrräder, Reitpferde und Segelboote gemietet werden.

In der Saison (Ende Juni bis Anfang September) sowie zu Weihnachten, Ostern und in den dänischen Herbstferien (Mitte/Ende Oktober) beträgt der Preis (1986) pro Woche für 2–8 Personen DKK 1250–4300.

Natürlich ist er von Lage, Zimmergröße, Komfort sowie dem Ausmaß der Serviceeinrichtungen abhängig. Außerhalb der Saison bekommen Sie erhebliche Ermäßigungen.

Feuer im Freien

Feuer im Freien ist in Dänemark während der Sommersaison *streng verboten*. Auch Spirituskocher und Propangasgeräte fallen unter den Begriff ›offenes Feuer‹.

Fernsehen und Kino

Ausländische Filme laufen im Originalton und mit Untertiteln in Dänisch. Darum lohnt es sich, wenn der Abend verregnet oder die Reisekasse leer ist, nach dem Fernsehprogramm zu fragen.

Film und Foto

Kaufen Sie am besten schon vor Urlaubsbeginn, weil einige Marken in Dänemark schwerer zu bekommen sind. Auch liegen die Preise auf dem höheren skandinavischen Niveau (u. a. 22% Mwst.).

Fischen und Angeln

Von keinem Ort Dänemarks ist es weiter als 55 Kilometer zur Küste, und dann gibt es ja zusätzlich noch die zahlreichen Wasserläufe und Seen, die ausgesprochen fischreich sind. Ein gutes Land für Angler und Fischer.

Hochseeangler können während der Saison mit dänischen Fischkuttern aufs Meer fahren und dort ihr Abendessen (wenn sie Glück haben einen ganzen Fischvorrat für die Tiefkühltruhe) aus dem Wasser holen. Die Kutterkapitäne tun das natürlich nicht umsonst, aber Schröpfer sind sie auch nicht. Für größere Gruppen von Anglerenthusiasten empfiehlt es sich, ein Boot zu chartern. Von Kopenhagen, Helsingör und Frederikshavn kann man das ganze Jahr zum Meeresfischen auslaufen. Eine besondere Erlaubnis oder eine Angelkarte braucht man dabei nicht.

Auch *Küstenangler* können einfach drauflosfischen, ohne sich vorher eine Erlaubnis einholen zu müssen. Trotzdem sollten Sie immer auf eventuelle örtliche Verbote und auf die geltenden Naturschutzbestimmungen achten. Vergessen Sie auch nicht, daß es bei starkem Sturm auf den Buhnen an der jütländischen Westküste lebensgefährlich sein kann. An dänischen Küsten fängt man besonders: Lachs, Meerforelle, Dorsch, Hornhecht, Makrele, Steinbutt, Scholle, Flunder, Kliesche und Aal.

Wer im *Süßwasser* angeln will, braucht dafür eine Erlaubnis. Die Angelrechte an Seen und Flüssen sind praktisch überall in Privatbesitz. Normalerweise sind sie an örtliche Sportangelvereine verpachtet, die Tages- oder Wochenkarten vergeben. Eine Tageskarte kostet zwischen DKK 20 und 40, Wochenkarten bekommt man ab DKK 75.

Die örtlichen Touristenbüros geben Ihnen weitere Einzelheiten, und häufig werden hier auch Angelkarten ausgestellt. Anschriften dänischer Angelvereine erhalten Sie unter folgender Anschrift:

Danmarks Sportsfiskerforbund
Worsäesgade 1
DK–7100 Vejle
℡ +45–5–820699

Ein Pauschalangebot für Angelferien schließt in der Regel den Aufenthalt in einem Hotel oder einem Kro (Landgasthaus) mit Halb- oder Vollpension ein. Mit im Preis enthalten ist auch die Anglerkarte. Ein siebentägiger Aufenthalt in einem Kro mit Halbpension und Angelkarte kostet etwa DKK 1450.

In der Bundesrepublik Deutschland können Sie Ihren Angelurlaub über folgende Touristikunternehmen buchen:
Meeressport Touristik Kurt Muskat GmbH, 2000 Hamburg
Individuelle Angel- und Jagdreisen Kloth KG, 2557 Reinbek
Ostsee-Angel-Charter, Heinz Beutler, 2304 Stein/Laboe
Reisen und Fischen Deis, 4600 Dortmund

Freikörperkultur

Es gibt eine Dansk Naturist Union, die der International Naturist Federation angeschlossen ist. Sie ist der Dachverband von etwa zehn Vereinigungen im ganzen Land.

Geld

Dänemark ist kein billiges Land. Das werden Sie als Urlauber spätestens dann erfahren, wenn Sie in der ersten dänischen Autobahnraststätte eine Tasse Kaffee bestellen, obwohl Autobahnpreise in den seltensten Fällen etwas über das allgemeine Preisniveau aussagen; es gibt natürlich auch preiswerten Kaffee. Die Lebensmittel- und Ge-

tränkepreise liegen aber fast immer höher als in Mitteleuropa, für die Preisbewußten lohnt es sich also, einige Vorräte mitzubringen.

Die dänische Währung wird in Kronen und Öre gerechnet. Man benutzt als Abkürzung jetzt DKK.

Eine Krone hat 100 Öre. Das kleinste Geldstück ist fünf Öre, das höchste zehn Kronen. Die Zehn-Kronen-Münze ist kleiner als die Fünf-Kronen-Münze. Es gibt Scheine zu 20, 50, 100, 500 und 1000 Kronen.

Eine Krone entspricht (Sept. 1986) etwa DM 0,26.

Geschäftszeiten

Werktags 9–17.30 Uhr, sa 9–13 Uhr. In Kopenhagen haben einige Supermarktketten länger geöffnet. In den Zentren der Sommertouristik gibt es außerdem kaum ein Geschäft, das um Punkt 17.30 Uhr seine Türen schließt.

Golfurlaub

In Dänemark gibt es 49 Golfplätze. Wenn Sie also in Dänemark Ihrem Lieblingssport nachgehen wollen: zum nächsten Golfplatz ist es nie sehr weit. Die leicht hügelige Landschaft ist fürs Golfspielen geradezu ideal, die Plätze sind alle gut gepflegt.

Als Urlauber brauchen Sie nur einen gültigen Mitgliedsausweis von einem anerkannten Golfclub, um in Dänemark spielen zu können. Die Greenfees sind gering. Nur der Golfplatz von Rungsted bei Kopenhagen ist da etwas happiger und verlangt bis zu DKK 120 pro Tag. Im allgemeinen liegen die Preise zwischen DKK 50 und 70 an Werktagen und zwischen DKK 40 und 100 an Feiertagen. Die meisten dänischen Golfclubs haben komfortable Clubräume mit Bad, Umkleidekabinen und Aufenthaltsräumen sowie Golfgeschäft und Ausrüstungsverleih. Und brauchen Sie einen Trainer, so ist der natürlich in der Regel auch vorhanden.

Weitere Einzelheiten über Golfplätze, Öffnungszeiten, Turniere usw. erfahren Sie bei:
Dansk Golf Union
Bredgade 56
DK–1260 Kopenhagen K
✆ + 45–1–13 12 21.

Grönlandferien

Grönlandreisen sind nur für den interessant, der bereit ist, für einen Urlaub von zwei Wochen über DM 2500,– hinzublättern. In Grönland gibt es nur wenige Hotels, und die sind nicht gerade billig.

Die Hauptaktivitäten im Urlaub sind Bergwanderungen und Hundeschlittenfahrten. Der kulturell Interessierte wird als Ziel *Narssarssuag* weit im Süden wählen. Von hier aus kann man den Hof des Grönlandentdeckers, Eriks des Roten, und den ehemaligen Bischofssitz Garthar besuchen.

Gottesdienste in deutscher Sprache

In der evangelischen St. Petri-Kirche in Kopenhagen werden das ganze Jahr Gottesdienste auf deutsch (10 Uhr) abgehalten. Für Südjütland, und hier vor allem in den Städten Apenrade, Hadersleben, Tondern und Sonderburg, gilt das ebenfalls. In der Zeitung für die deutsche Minderheit ›Der Nordschleswiger‹ mit Pressehaus in Apenrade (✆ + 45–4–62 38 80) erfahren Sie nähere Einzelheiten über Beginn der Gottesdienste.

Eine Urlauberseelsorge finden Sie im Juli und August in folgenden Orten:
Allinge (Bornholm), Blåvand-Oksby, Blåvand-Vejers und Ho (Westjütland), Ebeltoft (Ostjütland), Gilleleje (Seeland), Hals (Nordjütland), Henne Strand (Westjütland), Lökken und Hune-Blokhus (Nordjütland), Marielyst (Falster), Neksö (Falster), Nordby (Fanö), Nyköbing (Seeland), Ringköbing und Hvide Sande (Nordjütland), Römö (Westjütland), Skagen (Nordjütland).

In Kopenhagen gibt es außerdem zwei katholische Gemeinden und eine reformierte.

Haustiere

Wenn Sie Ihren Hund oder Ihre Katze mit in den Urlaub nehmen wollen, gelten bei der ›Einfuhr‹ besondere Veterinärbestimmungen. Die dänischen Zollbehörden verlangen eine Schutzimpfung gegen Tollwut. Sie sollten Ihre Vierbeiner mindestens 30 Tage und höchstens 12 Monate vor dem Urlaub impfen lassen. Die Impfbescheinigung muß einen amtlich vorgeschriebenen Wortlaut haben. Erkundigen Sie sich danach bei Ihrem Tierarzt.

Hotelferien

Der weitaus größte Teil der dänischen Hotels ist ganzjährig geöffnet und im Herbst und Winter genauso urlaubsfreundlich wie in der Hochsaison – besonders dann, wenn sie Schwimmbad und Sauna haben. Außerhalb der Saison bieten viele Hotels erhebliche Ermäßigungen an. Andere – z. B. die großen Stadthotels – offerieren während der Saison Sonder- und Pauschalangebote zu günstigen Preisen.

Das *Hotelverzeichnis* ist eine Gesamtübersicht über Hotels, Kros, Motels, Appartements und Pensionen in Dänemark. Herausgeber ist der Dänische Fremdenverkehrsrat. Das Verzeichnis erhalten Sie auf Anfrage in den Auslandsbüros des Fremdenverkehrsrates. Adressen auf S. 289.

1986 gelten während der Saison folgende Doppelzimmerpreise:

Kopenhagen	jeweils pro Nacht
Niedrigste Preisklasse ohne Bad	DKK 300– 450
Niedrigste Preisklasse mit Bad	DKK 460– 750
Mittlere Preisklasse mit Bad	DKK 635–1350
Höchste Preisklasse mit Bad	DKK ab 950

übriges Dänemark	jeweils pro Nacht
Niedrigste Preisklasse ohne Bad	DKK 150–210
Niedrigste Preisklasse mit Bad	DKK 195–290
Mittlere Preisklasse ohne Bad	DKK 210–285
Mittlere Preisklasse mit Bad	DKK 300–510
Höchste Preisklasse ohne Bad	DKK 210–460
Höchste Preisklasse mit Bad	DKK ab 540

Fast immer ist das Frühstück im Preis enthalten, Mehrwertsteuer und Service stets.

Ein Erlebnis ganz besonderer Art ist das Wohnen auf einem dänischen Herrensitz.
Gl. Vrå Hovedgård
Gl. Vrävej 66, Tylstrup, DK–9380 Vestbjerg   ✆ +45–8–261377
Hotel Scheelsminde
Scheelsmindevej 35, DK–9100 Ålborg ✆ +45–8–183233
Schloß Sostrup
Gjerrild, DK–8500 Grenå ✆ +45–6–384111
Bygholm Parkhotel
Schüttesvej 6, DK–8700 Horsens ✆ +45–5–622333
Ulriksholm Schloßpension
Kölstrup, DK–5300 Kerteminde ✆ +45–9–391544
Herrensitzpension Steensgaard
Steensgaard 4, DK–5642 Millinge ✆ +45–9–619490
Schloß Dragsholm (vorzugsweise Gruppen) DK–4534 Hørve   ✆ +45–3–453366

Vorausbuchungen für Hotels im Raum Kopenhagen schriftlich unter folgender Adresse:

Hotelbooking Kopenhagen
Hovedbanegården
DK–1570 Kopenhagen V
oder telefonisch (mo–fr 9–17 Uhr) unter
∅ + 45–1–12 28 80.
Hotelschecks
● Ein Hotelscheck gilt als Bezahlung für
  eine Person und eine Übernachtung
● Das Frühstück ist im Preis enthalten
● Kinder unter vier Jahren übernachten kostenlos
● Kinder unter zwölf Jahren übernachten
  zum halben Preis
Zwei Schecksysteme machen den Hotelauf-
enthalt in Dänemark bequemer und auch
günstiger:
Der *Budgetcheck* ist in etwa 70 Hotels an-
wendbar, die einfachere Zimmer ohne Bad/
Toilette haben. Für einen Budgetcheck zahlen Sie etwa DKK 130.
Der *Dancheck* gilt für etwa 60 größere dänische Hotels. Alle Zimmer haben Bad/To-
ilette, und die Serviceeinrichtungen sind im
allgemeinen sehr gut. Der Preis für einen
Dancheck liegt bei etwa DKK 220 (s. auch
›Kroferien‹ S. 307).

Insellager

Diese Ferienlager finden nicht nur auf den
Inseln statt. Neue Urlaubsform seit 1970.
Sollen soziales Verständnis schaffen, Verständnis für Natur- und Kulturwerte sowie
Verständnis dafür, wie eine menschen-
freundliche Umwelt aufgebaut und erhalten
werden kann. Es finden Kurse von ein bis
drei Wochen Dauer statt. Es gibt Möglichkeiten für Vegetarier, Homosexuelle,
Volksmusik-Freunde, Radfahrer, Theater-

Amateure und Kinder. Tip für Finanz-
schwache: Wer beim Auf- und Abbauen
hilft, hat diese Arbeitswoche gratis.

Zentralstelle für die insgesamt zwölf Lager:
Ölejre
Vendersgade 8
DK–1363 Kopenhagen K
∅ + 45–1–11 55 81.

Jedermannsrecht

In Dänemark sind die Strände fast überall
frei zugänglich, auch über Privatbesitz hinweg. Jedoch vom nächsten Wohnhaus 50 m
Abstand halten. Zelten über Nacht nur auf
dafür vorgesehenen Plätzen oder nach aus-
drücklicher Erlaubnis des Grundstückbesit-
zers.

Karten

Für ganz Dänemark genügt eine Karte, z. B.
Kort over Danmark (1:500 000) vom Geo-
dätisk Institut in Kopenhagen. Sehr hilf-
reich ist auch die »Straßenkarte mit Sehenswürdigkeiten« (1:300 000) von Kümmerly
+ Frey. Für Radfahrer ›Radwandern in Dänemark‹ (1:510 000).

Kinder

Selbst wenn in Dänemark die Geburtenrate
in den letzten Jahren rapide zurückgegangen
ist, heißt das noch lange nicht, daß die Dänen für Kinder nichts übrig haben. »Kinder

gehören zum Leben dazu.« Der Meinung sind die Dänen nach wie vor, sonst gäbe es in den Restaurants ja keine Kinderstühle und auf den Fähren keine Wickeltische.

Die meisten Campingplätze und Hotels haben eigene Kinderspielplätze und/oder -räume, die örtlichen Fremdenverkehrsbüros veranstalten Kinderfeste und -ausflüge, und bei jedem Stadtfest ist dafür gesorgt, daß Kinder voll auf ihre Kosten kommen.

Alle größeren Hotels sind Ihnen bei der Beschaffung eines Babysitters behilflich.

Kleidung und Klima

Das dänische Klima entspricht dem in Schleswig-Holstein, auf Seeland hat man aber weniger Wind und Regen. Vorsichtshalber damit rechnen, daß der ganze Urlaub ein Pulloverurlaub wird – um so schöner ist es dann, wenn es anders kommt. Schnelle Wetterumschläge sind keine Seltenheit, auf jeden Fall gehört auch der Regenmantel ins Reisegepäck.

Kroferien

Preiswert und sehr dänisch sind die Ferien im Kro (Gasthaus auf gehobenem Niveau). Viele dieser Kros sind schöne, guterhaltene Fachwerkhäuser, umgeben von gepflegten Gärten oder Parkanlagen.

Das besondere an den Kros sind die Gastfreundschaft und die gemütliche Atmosphäre. Am bekanntesten sind sie aber wohl für ihr gutes, deftiges Essen. Die meisten Kros sind klein und haben eine begrenzte Zahl von Gästezimmern. Deshalb sollten Sie Ih-

ren Kro-Urlaub zeitig buchen. Bestellen Sie den Informationsprospekt ›Dänische Kroferien‹.

Der Preis für einen Kro-Aufenthalt variiert von Region zu Region. Ein Doppelzimmer mit Vollpension kostet durchschnittlich DKK 160–345 einschließlich Mehrwertsteuer und Service. Für eine Übernachtung mit Halbpension zahlen Sie DKK 150–325 (Doppelzimmer ohne Bad), und DKK 230–375 für ein Doppelzimmer mit Bad. Kinder unter 12 Jahren übernachten zum halben Preis.

Sparhinweis: Der Zusammenschluß *Dansk Kroferie* (Dänische Kroferien) bietet ab 1. Mai 1986 Kroschecks zum Preis von DKK 170 pro Person (Übernachtung im Doppelzimmer mit Bad/Toilette sowie Frühstück) an. Einige Kros erheben einen Zuschlag von DKK 30 pro Nacht. Auf Zimmer ohne eigenes Bad erhalten Sie eine Ermäßigung von DKK 30 pro Nacht. Kinder unter vier Jahren übernachten kostenlos, Kinder unter zwölf Jahren zum halben Preis. Die Kroschecks müssen vorher entweder bei einem Reisebüro oder bei Dansk Kroferie bestellt werden:
Dansk Kroferie
Horsens Turistbureau
Kongensgade 25
DK–8700 Horsens
✆ +45–5–62 38 22

Landkarten: siehe Karten

Leihwagen: siehe Autoverleih

Nachtleben

In Dänemark tut sich bei weitem nicht soviel, wie man nach dem etwas anrüchigen

Ruf des Landes erwarten könnte. Trotzdem, wer Nachtmensch ist und sich amüsieren will, der entdeckt besonders in der Hauptstadt Kopenhagen viel interessantes Pflaster. Die meisten größeren Hotels haben eigene Nachtclubs und Diskotheken. Wer das Nachtleben außerhalb der Hotels erkunden möchte, hat die Qual der Wahl. Am meisten Stimmung ist – vor allem natürlich während des Sommers – in den zahlreichen Diskos. Lassen Sie sich von Ihrem Hotel oder von einem Touristenbüro einige gute empfehlen. Denn es gibt auch solche, die man vielleicht später in schlechter Erinnerung hat. Die Kopenhagener Istedgade, das winzige dänische Pendant zur Hamburger Reeperbahn, ist so, daß man dorthin besser zu zweit oder in Gruppen geht.

Der Tourist wird sich wundern, wie beschwingt und ausgelassen es an Sommerabenden auf den Straßen Kopenhagens – und auch in anderen Städten – zugeht. Bis in die späte Nacht hinein. Dann herrscht geradezu italienische Stimmung. Es wird behauptet, Dänen verlassen ihr Land im Juni und Juli nur sehr ungern. Denn eigentlich haben sie ja alles, was sie zur Erholung brauchen: Blühende Parks, frische Meeresbrisen, breite Strände, gemütliche Straßencafés – und das Allerwichtigste: lange, helle Nächte. Da werden wintermüde skandinavische Seelen plötzlich wieder munter. Ja, das wahre dänische Nachtleben, das findet eigentlich unter offenem Himmel statt.

Naturschutz

Wie alle Skandinavier sind auch die Dänen sehr umweltbewußt. Sie legen großen Wert darauf, daß ihr Land und seine Natur nicht verschmutzt und durch gedankenlose Überbeanspruchung verschlissen wird.

Parken

In Dänemark ist die Parkplatzsuche manchmal – und in den Hauptverkehrszeiten natürlich besonders – eine genau so nervenaufreibende Sache wie in anderen Ländern. Und finden Sie endlich einen, ist dieser in der Regel zeitlich begrenzt und parkscheibenpflichtig (den Zeiger der Parkscheibe stellen Sie immer auf die gerade geltende Uhrzeit). Lassen Sie Ihren Wagen trotzdem über die erlaubte Zeit hinaus stehen, so klebt bei Ihrer Rückkehr mit 99prozentiger Sicherheit ein Strafzettel an der Windschutzscheibe.

Parkuhren schlucken in Dänemark etwa sieben Kronen pro Stunde. Dafür können Sie zeitlich unbegrenzt parken – natürlich nur dann, wenn die Uhr stündlich gefüttert wird. Die Zahl der Billet-Automaten nimmt rasant zu. Vorbei ist es mit dem ›Abparken‹ der Restzeit des vorherigen Platzbenutzers.

Vielleicht sollten Sie auch als motorisierter Urlauber in der Großstadt ab und zu eines der öffentlichen Verkehrsmittel benutzen.

Plantagen

So heißen in Dänemark die Anpflanzungen, mit denen das Land aufgeforstet wird. Die geltenden Vorschriften sind meistens auch auf deutsch und englisch ausgeschlagen.

Polizei und Notruf

In ganz Dänemark ∅ 000.

Post

Die Öffnungszeiten dänischer Postämter variieren von Landesteil zu Landesteil. In der Provinz öffnen sie normalerweise um 10 Uhr und schließen um 17 Uhr, im Großraum Kopenhagen öffnen die größeren Postämter eine halbe bis eine Stunde früher und schließen später. Das Postamt im Kopenhagener Hauptbahnhof schließt um 21 Uhr, samstags früher. Sonntags ist es von 10–16 Uhr geöffnet.

Die allgemeine Öffnungszeit ist samstags 10–12 Uhr.

Radfahren: siehe Fahrradferien

Reisezeit

Spitzenzeit Mitte Juni bis Ende August. Wer Dänemarks Landschaft und Service in Ruhe genießen will, besucht es schon von etwa Anfang Mai ab. Im September und Oktober kann man bei Strandspaziergängen und anderen Nieselwalzen die Melancholie des herannahenden Winters erleben.

Restaurants: siehe ›Essen und Trinken‹

Schiffsverbindungen am Öresund

Über den meistbefahrenen Sund der Welt bestehen zwei Arten von Schiffsverbindun-

gen. Die Fähren zwischen Helsingör und Helsingborg sowie zwischen Dragör bei Kopenhagen und Limhamn bei Malmö wickeln den Durchgangsverkehr über den Sund ab. Die beiden Verbindungen vom Hafen Nyhavn in Kopenhagen nach Landskrona und ebenfalls von dort nach Malmö sind mehr für Ausflüge gedacht.

Eine besondere Attraktion auf der Strecke nach Malmö sind die Hydrofoils (Tragflächenboote): Überfahrt in nur 40 Minuten.

Telefon

Die dänischen Münztelefone sind ein Kapitel für sich. Seit Jahren nämlich sind sie Gegenstand einer heftigen Debatte, und das, weil sie heimtückische Geldschlucker sind. Sie geben einmal eingeworfenes Geld nicht wieder her. Auch dann nicht, wenn man sich mitten in der Nummer verwählt hat und wieder auflegt oder keine Antwort bekommt. Das soll sich 1986 ändern. In Kopenhagen können Sie in Zukunft auch deutsche Münzen benutzen (1 DM-Münze), die in einer schmalen Rille angebracht werden. Die Münzen werden vom Apparat automatisch geschluckt je nach Länge des Gesprächs. Wenn Sie sich kurz fassen, können Sie sogar kostenlos telefonieren, denn der Zähler fängt erst nach 13 Sekunden zu ticken an.

Wenn Sie in Jütland ein Münztelefon benutzen (Mindestbetrag immer DKK 0,50), gibt der Apparat sogar wieder heraus. Das geschieht folgendermaßen: Angenommen, Sie haben ein 10-Kronen-Stück hineingeworfen, aber, wie der Digitalanzeiger zeigt, nur für eine Krone telefoniert. Werfen Sie dann 1 Krone in den Geldschlitz, so bekommen Sie Ihre zehn Kronen wieder zurück, nachdem Sie den Hörer aufgelegt haben. Ganz Dänemark hat ein einziges Netz; alle Nummern fangen seit dem Herbst 1986 mit Null an und sind achtziffrig (vom Ausland: ohne Null und siebenziffrig).

Dieser Reiseführer gibt Telefonnummern, die Sie vermutlich von zu Hause aus anwählen werden, wie folgt an: + für Ausland (00 in der BRD), 45 für Dänemark, dann die regionale Anwählziffer (zwischen 1 und 9), schließlich die Teilnehmernummer.

Trinkgelder

Werden auch in Dänemark gegeben und genommen, aber nicht so üppig wie in Südeuropa. In Restaurants überall Inklusivpreise, über die man beim Zahlen hinausgehen kann, aber nicht muß. Dem Taxifahrer gibt man normalerweise ein paar Kronen auf den Fahrpreis drauf, besonders dann, wenn man viel Gepäck dabeihat.

Verkehr: siehe Autofahren

Wanderherbergen

Die Jugendherbergen sind für Gäste aller Altersklassen geöffnet, sind also für jeden Wanderer da. Die meisten der insgesamt 95 Herbergen in Dänemark sind in älteren, renovierten Häusern eingerichtet und vermitteln deshalb häufig eine urgemütliche Atmosphäre. Andere sind ganz neu. Für alle trifft zu, daß sie einen guten Standard aufweisen. Eine Gästeküche für Selbstversorger gibt es praktisch überall.

Matratze, Bettdecke und Kopfkissen werden von der Herberge ausgeliehen. Bettwäsche oder einen genehmigten Leinenschlafsack müssen die Gäste selber mitbringen. Gefütterte Schlafsäcke sind nicht erlaubt. Die Schlafräume haben heute oft nur vier bis sechs Betten und eignen sich deshalb hervorragend für Familienunterbringung. Eine entsprechende Vorbestellung ist unbedingt ratsam.

Ratsam ist natürlich auch, daß Sie sich einen Herbergsausweis besorgen. Dieser wird in vielen Herbergen ausgestellt oder beim Jugendherbergsverband, 4930 Detmold.

Haben Sie keinen Ausweis bei sich, können Sie an Ort und Stelle eine Gästekarte zum Preis von DKK 119 lösen. Für eine Nacht gibt es auch Gästekarten zum Preis von DKK 18 pro Person. Dazu kommt ein Übernachtungspreis von DKK 40–43 pro Person. Für Übernachtungen in Familienzimmern wird ein geringer Aufschlag erhoben.

Die meisten Herbergen bieten Mahlzeiten zu besonders günstigen Preisen an. Für ein warmes Gericht zahlen Sie etwa DKK 32, für das Frühstück etwa DKK 27. In vielen Herbergen können Sie sich darüber hinaus Eßpakete für den folgenden Tag bestellen. (Alle Preise und Gebühren 1986).

In der Hauptsaison sollten Sie auf jeden Fall die Übernachtung im voraus buchen, für Schul- und andere Gruppen ist die Vorbestellung sogar obligatorisch.

Ein kostenloses Verzeichnis über dänische Wanderherbergen erhalten Sie beim Dänischen Fremdenverkehrsrat. Ein ausführlicheres Verzeichnis (ca. DKK 22 zuzüglich Porto) schickt Ihnen auf Anfrage die Dachorganisation dänischer Wanderherbergen:

Organisationen Danmarks Vandrerhjem
Vesterbrogade 39
DK–1620 Kopenhagen V

Wanderungen

In Dänemark werden ganzjährig Märsche und Wanderungen veranstaltet. Für diejenigen, die lieber allein losziehen, gibt es ein besonderes Angebot: Viertägiger Aufenthalt in Wanderherbergen zu DKK 355 (Kinder unter zehn Jahren DKK 265). Das größte Wanderereignis in Dänemark ist der Heerwegsmarsch, der jährlich am 28. und 29. Juni durchgeführt wird.

Zeitungen

Die meisten dänischen Ferienorte legen schon mittags oder am frühen Nachmitag deutsche Zeitungen vom selben Tag aus. Auch die gewohnte Illustrierte kommt – wenn auch mit ein oder zwei Tagen Verspätung. Die Preise pro Exemplar sind mit Betriebskosten belastet und darum höher als zu Hause.

Zoll

Seit Juni 1986 ist die zollfreie Einfuhr von Bier nach Dänemark auf 10 Liter pro Person ab 17 Jahre beschränkt. Diese Freimenge ist unabhängig davon, wo das Bier gekauft worden ist und wie lange man sich in Dänemark aufhalten wird.

Seit Januar 1986 gelten neue Zollbestimmungen, wenn die einzuführenden Waren zollfrei eingekauft wurden, z. B. in einem Duty Free Shop auf einer Fähre, im Flugzeug oder auf dem Flughafen. In diesem Fall gelten folgende Freimengen:
Mindestalter 17 Jahre:
Spirituosen mit mehr als 22 % Alkohol: 1 Liter
oder Süßwein: 2 Liter
oder Sekt: 2 Liter
Tischwein: 2 Liter
Zigaretten: 200 Stück
oder Zigarren: 50 Stück
oder Zigarillos: 100 Stück
oder Tabak: 250 g
Mindestalter 15 Jahre:
Kaffee: 500 g
oder Kaffee-Extrakt: 200 g
Tee: 100 g
oder Tee-Extrakt: 40 g
Kein Mindestalter:
Parfum: 50 g
Eau de Toilette: ¼ l
Andere Waren im Höchstwert von DKK 375 (rund DM 100,–).

Eine Kombination aus zollfrei eingekauften Waren und aus Waren, die im EG-Land gekauft, auf die also die üblichen Abgaben entrichtet worden sind, ist möglich. Die Gesamtmenge der eingeführten Waren darf jedoch die Höchstgrenzen nicht überschreiten, die für die Einfuhr aus einem EG-Land gilt. Andernfalls ist Zoll zu entrichten.

Gleichzeitig ist die Grenze für abgabenfreie Einfuhr anderer Waren auf DKK 2800 erhöht worden.

An den Festlands-Grenzübergängen wird seit Juli 1986 die grüne Europa-Plakette akzeptiert. Das bedeutet für alle Bürger eines EG-Landes, die nichts zu verzollen haben und die die besonderen Einfuhrregeln (wie z. B. für Tiere, Pflanzen, Waffen etc.) einhalten, daß sie mit der Plakette auf der Windschutzscheibe langsam an der Zollkontrolle vorbeifahren können ohne anzuhalten (was früher auch schon Brauch war, aber ohne Plakette).

Register

Personen

Aalto, Alvar 31, 137
Abildgaard, Nicolaj A. *53f.,* 100, 101
Absalon, Erzbischof 12, 17, 18, 22, 30, 32, 78, 190, 194, 286
Adam von Bremen 274, 275
Alfred der Große 286
Ancher, Anna 55, 140
Ancher, Michael 55, 140
Andersen, Hans Christian 53, 61, 79, *80,* 116, 123, 125, 128, *180,* 182, 187, 188, 195, 206, 230 (Abb. 92, 93)
Andersen, Jens Poul 63, 64, 230
Ansgar, Hl., Bischof 7, *11f.,* 109, 110
Arnfred, Tyge 195
Atterdag s. Valdemar Atterdag

Bach, Johann Sebastian 62
Baggesen, Jens 187
Baier, Johann Christoph 273
Balanchine, George 61
Balling, Erik 66
Barüske, Heinz 98
Becken, Hartmann 31
Berg, Claus 29, 133, 180, 185
Bergman, Ingmar 65
Bering, Vitus 130
Berling, Carl 253
Berling, E. H. 253
Bernadotte, Folke Graf 121, *125*
Binck, Jacob 53
Bindesböll, Gottlieb 23, 24, 277
Bindesböll, Thorwald 140
Birkedal, Uffe 72
Bismarck-Schönhausen, Otto Fürst von 8, 124
Bissen, Hermann Vilhelm 32, 128, 190
Björnson, Björnstjerne 61, 72
Blicher, Steen Steensen *80,* 97
Blixen, Karen 55, *97f.*
Blixen-Finecke, Bror 97
Blunck, D. C. 277
Böggild, Mogens 49
Bonnesen, Carl 135
Bording, Anders 79
Bosc de la Calmette, Antoine 199

Bournonville, August 62
Böyesen, Lars Rostrup 53
Brahe, Knud 129
Brahe, Tycho 129, *252, 282* (Abb. 87)
Brandenburger, Ernst 273
Brandes, Georg 98, *252* (Abb. 95)
Brecht, Bertold 60
Brenno, C. E. 226
Bröchner, Hans 77
Broddenbjerg-Gott *28*
Brorson, Hans Adolph 107
Bugenhagen 7
Bundegaard, Anders 135
Busch, Wilhelm 126
Busset, Martin 30
Buxtehude, Diderik 62

Carlsen, Henning 66
Carstens, Lambrecht Daniel 133
Carstensen, Georg 233
Christensen, Kay 55
Christian I., König 278, 287
Christian II., König 30, 208, 287
Christian III., König 30, 53, 128, 287
Christian IV., König 19, 20, 30, 54, 79, 128, 193, 197, 206, 208, 226, 252, 274, 278, 287
Christian V., König 31, 201, 255
Christian VI., König 22, 60, 117, 277
Christian VII., König 31, 68, 138, 275, 278
Christian VIII., König 233
Christian X., König 122, 288
Christiansen, Ole Kirk 129
Christoffer III. 18, 287
Cimbern 135, 137, 138
Classen, J. F. 225
Le Clerc, J. A. 31
Le Corbusier 102
COBRA *52*
Corfitz Ulfeldt 79, 274
Cranach, Lucas 29

Daa, Claus 200
Dagmar, Königin 194
Dahl, Knud 123
Dahlerup, Jens Vilhelm 276, 278

Dajon, Nicolai 31
Danner, Louise Christine 193, 253 (Abb. 94)
David, Jacques-Louis 54
Dietrich, Marlene 65
Dietz, Ludwig 7
Dieussart, François 30
Dinesen, Isak 97
Dinesen, Thomas 97
Drevlov, Aksel 97
Dreyer, Carl Th. 65, 116

Ebbesen, Niels 134
Ebbesen, Sune 252
Eckersberg, Christoffer Wilhelm *54, 279*
Egede, Hans *248*
Egede, Niels 249
Egede, Paul 249
Egevang, Robert 237
Eigtved, Niels 31, 226, 273, 276
Elfelt, Peter 64, 230
Elmelunde-Meister 199, 200, 252, *254f.*
Engel, Carl Ludwig 23
Engländer 22, 127
Erik V., König 17, 286
Erik VII., König 253, 279, 287
Erik der Rote *247*
Eriksen, Edward 51
Erland, Bischof 245
Eskimos *247, 249f.,* 276
Ewald, Johannes 79

Faber, Tobias 9, 10, 11, 21, 23, 30, 143, 226, 278
Fabris, J. 226
Fahlberg, Carl Albert Hansen 97
Falck, Sophus 23
Färinger 227
Finsen, Niels Ryberg 256
Flor, Christian 70
Floris, Cornelius 30
Frederik I., König 14, 30
Frederik II., König 19, 252, 254
Frederik III., König 128, 202, 204, 206, 276, 287
Frederik IV., König 225, 226, 273
Frederik V., König 22, 31, 60, 200, 227, 254, 273, 276 (Abb. 96)

313

319

DuMont Kunst-Reiseführer

- Ägypten und Sinai
- Algerien
- Belgien
- Bulgarien
- Bundesrepublik Deutschland
- Das Allgäu
- Das Bergische Land
- Bodensee und Oberschwaben
- Bremen, Bremerhaven und das nördliche Niedersachsen
- Die Eifel
- Franken
- Hessen
- Köln (Herbst '86)
- Kölns romanische Kirchen
- Die Mosel
- München
- Münster und das Münsterland
- Zwischen Neckar und Donau
- Der Niederrhein
- Oberbayern
- Oberpfalz, Bayerischer Wald, Niederbayern
- Ostfriesland
- Die Pfalz
- Der Rhein von Mainz bis Köln
- Das Ruhrgebiet
- Sauerland
- Schleswig-Holstein
- Der Schwarzwald und das Oberrheinland
- Sylt, Helgoland, Amrum, Föhr
- Der Westerwald
- Östliches Westfalen

- Württemberg-Hohenzollern
- Volksrepublik China
- DDR
- Dänemark
- Frankreich
- Auvergne und Zentralmassiv
- Die Bretagne
- Burgund
- Côte d'Azur
- Das Elsaß
- Frankreich für Pferdefreunde
- Frankreichs gotische Kathedralen
- Korsika
- Languedoc-Roussillon
- Das Tal der Loire
- Lothringen
- Die Normandie
- Paris und die Ile de France
- Périgord und Atlantikküste
- Das Poitou
- Die Provence
- Savoyen
- Südwest-Frankreich
- Griechenland
- Athen
- Die griechischen Inseln
- Alte Kirchen und Klöster Griechenlands
- Tempel und Stätten der Götter Griechenlands
- Korfu
- Kreta
- Rhodos
- Großbritannien
- Englische Kathedralen

- Die Kanalinseln und die Insel Wight
- London (Herbst '86)
- Schottland
- Süd-England
- Wales
- Guatemala
- Das Heilige Land
- Holland
- Indien
- Ladakh und Zanskar
- Indonesien
- Bali
- Irland
- Italien
- Elba
- Das etruskische Italien
- Florenz
- Gardasee, Verona, Trentino
- Ober-Italien
- Die italienische Riviera
- Von Pavia nach Rom
- Das antike Rom
- Rom in 1000 Bildern
- Rom – Ein Reisebegleiter
- Sardinien
- Sizilien
- Südtirol
- Toscana
- Venedig
- Japan
- Der Jemen
- Jordanien
- Jugoslawien
- Karibische Inseln
- Kenya
- Luxemburg
- Malta und Gozo
- Marokko

- Mexiko
- Unbekanntes Mexiko
- Nepal
- Österreich
- Kärnten und Steiermark
- Salzburg, Salzkammergut, Oberösterreich
- Tirol
- Wien und Umgebung
- Pakistan
- Papua-Neuguinea
- Portugal
- Madeira (Herbst '86)
- Rumänien
- Die Sahara
- Sahel: Senegal, Mauretanien, Mali, Niger
- Die Schweiz
- Tessin
- Das Wallis
- Skandinavien
- Sowjetunion
- Rußland
- Sowjetischer Orient
- Spanien
- Die Kanarischen Inseln
- Katalonien
- Mallorca – Menorca
- Südspanien für Pferdefreunde
- Zentral-Spanien
- Sudan
- Südamerika
- Südkorea
- Syrien
- Thailand und Burma
- Tunesien
- USA – Der Südwesten

»Richtig reisen«

- Algerische Sahara
- Amsterdam
- Arabische Halbinsel
- Australien
- Bahamas
- Von Bangkok nach Bali
- Berlin
- Budapest
- Cuba
- Elsaß
- Finnland
- Florida
- Friaul-Triest-Venetien
- Griechenland
- Griechische Inseln
- Großbritannien
- Hawaii

- Holland
- Hongkong
- Ibiza/Formentera
- Irland
- Istanbul
- Jamaica
- Kairo
- Kalifornien
- Kanada/Alaska
- West-Kanada und Alaska
- Kreta
- London
- Los Angeles
- Madagaskar
- Malediven
- Marokko

- Mauritius
- Mexiko und Zentralamerika
- Moskau
- München
- Nepal
- Neu-England
- Neuseeland
- New Mexico
- New Orleans
- New York
- Nord-Indien
- Norwegen
- Paris
- Paris für Feinschmecker
- Peking/Shanghai
- Philippinen

- Rom
- San Francisco
- Die Schweiz und ihre Städte
- Seychellen
- Sri Lanka
- Südamerika 1, 2, 3
- Süd-Indien
- Texas
- Thailand
- Toscana
- Toscana und Latium
- Tunesien
- Venedig
- Wallis
- Wien
- Zypern